高等教育工程造价专业系列教材
GAODENG JIAOYU
GONGCHENG ZAOJIA
系列教材

工程项目管理

（第2版）

GONGCHENG XIANGMU GUANLI

主编 / 叶堃晖　　主审 / 曹小琳

重庆大学出版社

内容提要

本书以工程项目建设周期为逻辑起点,系统介绍工程项目从策划到收尾的全过程管理理论与方法,为读者建构了一个较为完整的工程项目管理知识体系。全文用丰富的案例辅助讲解工程管理基本理论,力求做到理论与实际结合。此外,为适应新形势下我国工程管理的理念与实践,及其对当代工程管理人才提出的要求,本书吸收工程管理理论与实践的最新成果,增加了 BIM 技术、可持续建设等章节,并在其他章节里补充相应的内容。

本书可作为高等院校工程管理、工程造价、土木工程及其他相关专业的本科教材使用,也可供工程建设领域的工程技术人员、工程管理人员等参考使用。

图书在版编目(CIP)数据

工程项目管理/叶堃晖主编. --2 版. --重庆:
重庆大学出版社,2022.8(2025.1 重印)
高等教育工程造价专业系列教材
ISBN 978-7-5624-9804-9

Ⅰ.①工…　Ⅱ.①叶…　Ⅲ.①工程项目管理—高等学校—教材　Ⅳ.①F284

中国版本图书馆 CIP 数据核字(2022)第 038227 号

高等教育工程造价专业系列教材
工程项目管理
(第 2 版)
主编　叶堃晖

责任编辑:王　婷　　版式设计:王　婷
责任校对:王　倩　　责任印制:赵　晟

*

重庆大学出版社出版发行
出版人:陈晓阳
社址:重庆市沙坪坝区大学城西路 21 号
邮编:401331
电话:(023) 88617190　88617185(中小学)
传真:(023) 88617186　88617166
网址:http://www.cqup.com.cn
邮箱:fxk@ cqup.com.cn(营销中心)
全国新华书店经销
重庆长虹印务有限公司印刷

*

开本:787mm×1092mm　1/16　印张:18.5　字数:463 千
2017 年 2 月第 1 版　2022 年 8 月第 2 版　2025 年 1 月第 12 次印刷
印数:22 001—25 000
ISBN 978-7-5624-9804-9　定价:49.00 元

前 言
QIANYAN

（第 2 版）

改革开放四十多年来，我国建筑业走过了改革创新、加快增长的发展历程，为社会经济作出了贡献。近年来，我国建筑业全面深化改革，加快转型升级，朝着高质量发展目标打开了新局面。当前，传统建筑与数字化、信息化、智能化技术加速融合，这种融合全面延伸至工程项目建造全过程，由此形成了不少与智慧建造有关的概念、理论与实践。很多人主张，建筑业的节能减排是助力实现碳达峰、碳中和链条中非常重要的一环，应从建筑材料生产、施工建造、运营维护全生命周期推动行业全产业链绿色低碳化。此外，蔓延至全球各国的新冠肺炎疫情不仅对疾病治疗、精神健康等方面产生连锁反应，也深刻影响着建筑业的运行与发展。从宏观的社会经济发展格局到中观的产业运行环境再到微观的建设项目生产过程，建筑业实现的新发展都反过来对传统的工程项目管理理论提出与时俱进的更新要求。

在重庆大学出版社林青山、王婷等老师的积极鼓励和大力支持下，我组建了由陈安钰、肖亮、陈凡琦、张温柔、李悦然、桑美月、龙吴燕、韩新禹、洛元等人构成的修订小组。一年多来，我们全面梳理整本教材的结构体系和篇章内容，小到文字表述，大到内容更新，都努力吸收消化本教材（第 1 版）自发行以来兄弟院校师生的使用反馈，也紧密结合我国建筑业改革与发展动态。尤其是在广联达科技股份有限公司提供的数字建造案例的辅助下，我们积极扩充智慧建造等内容。这样一来，既可保持第 1 版的体系和特点，也可补充时代元素，深化实践色彩，增强教材时效性。

如第 1 版一样，本教材以建设工程项目为对象，以工程项目管理为主线，全面而系统地阐述工程项目管理的理论与方法，吸取国内外工程项目管理的最新成果，内容新颖、体系完整。本书可作为高等院校工程管理、工程造价、房地产开发与管理、工程财务管理等专业的本科教材，也可作为从事相关领域研究的专业人士、研究人员的学习参考用书。

因编者水平有限，书中难免有遗漏及不当之处，欢迎读者批评指正。

编者

2022 年 4 月于化龙桥

目 录

第1章　概论 ………………………………………………………………………………… 1

1.1　项目与工程项目 …………………………………………………………………… 1

1.2　项目管理与工程项目管理 ………………………………………………………… 4

1.3　工程项目管理内容及知识体系 …………………………………………………… 6

1.4　工程项目建设程序 ………………………………………………………………… 7

1.5　工程项目管理变革与发展 ………………………………………………………… 10

本章小结 …………………………………………………………………………………… 15

习题研讨 …………………………………………………………………………………… 15

第2章　工程项目策划 ……………………………………………………………………… 17

2.1　基本概念及意义 …………………………………………………………………… 17

2.2　工程项目范围管理 ………………………………………………………………… 19

2.3　工程项目前期策划 ………………………………………………………………… 28

2.4　工程项目实施策划 ………………………………………………………………… 34

本章小结 …………………………………………………………………………………… 43

习题研讨 …………………………………………………………………………………… 43

第3章　工程项目组织 ……………………………………………………………………… 45

3.1　工程项目组织概述 ………………………………………………………………… 45

3.2　工程项目组织设计原理 …………………………………………………………… 46

3.3　工程项目组织形式 ………………………………………………………………… 49

3.4　项目经理部和项目团队 …………………………………………………………… 54

3.5　工程项目管理组织构建 …………………………………………………………… 56

本章小结 …………………………………………………………………………………… 58

习题研讨 …………………………………………………………………………………… 59

第4章　合同管理 …………………………………………………………………………… 61

4.1　合同管理概述 ……………………………………………………………………… 61

4.2　工程合同管理的主要内容 ………………………………………………………… 63

4.3　工程索赔 ………………………………………………………… 69

4.4　工程索赔案例 ………………………………………………… 73

本章小结 …………………………………………………………… 75

习题研讨 …………………………………………………………… 75

第 5 章　采购管理 ………………………………………………… 77

5.1　工程项目采购概述 …………………………………………… 77

5.2　工程采购管理的内容与流程 ……………………………… 79

5.3　工程项目采购模式 …………………………………………… 80

5.4　采购模式的选择与应用 …………………………………… 93

本章小结 …………………………………………………………… 95

习题研讨 …………………………………………………………… 95

第 6 章　质量管理 ………………………………………………… 97

6.1　质量管理概述 ………………………………………………… 97

6.2　质量管理的方法与工具 ……………………………………… 101

6.3　设计阶段的质量管理 ………………………………………… 106

6.4　施工阶段的质量管理 ………………………………………… 109

6.5　质量事故处理 ………………………………………………… 113

本章小结 …………………………………………………………… 117

习题研讨 …………………………………………………………… 117

第 7 章　进度管理 ………………………………………………… 119

7.1　进度管理概述 ………………………………………………… 119

7.2　工程项目进度计划 …………………………………………… 121

7.3　流水施工方法 ………………………………………………… 123

7.4　网络进度计划技术 …………………………………………… 132

7.5　进度控制 ……………………………………………………… 148

7.6　网络计划优化 ………………………………………………… 156

7.7　关键链项目进度管理 ………………………………………… 164

本章小结 …………………………………………………………… 166

习题研讨 …………………………………………………………… 167

第 8 章　成本管理 ………………………………………………… 169

8.1　成本管理概述 ………………………………………………… 169

8.2　工程项目成本管理的环节及原则 ……………………………… 175

8.3　各阶段成本管理 ……………………………………………… 177

8.4　与成本控制相关的其他内容 …………………………………… 186

本章小结 …………………………………………………………… 187

习题研讨 …………………………………………………………… 187

第9章　风险管理 …………………………………………………… 189

9.1　工程项目风险管理概述 ………………………………………… 189

9.2　工程项目风险识别 ……………………………………………… 192

9.3　工程项目风险估计 ……………………………………………… 195

9.4　工程项目风险评价 ……………………………………………… 197

9.5　工程项目风险应对与监控 ……………………………………… 199

本章小结 …………………………………………………………… 202

习题研讨 …………………………………………………………… 202

第10章　职业健康安全与环境 …………………………………… 203

10.1　工程项目安全生产管理 ……………………………………… 203

10.2　职业健康安全与环境管理 …………………………………… 219

10.3　安全文明施工 ………………………………………………… 222

本章小结 …………………………………………………………… 229

习题研讨 …………………………………………………………… 230

第11章　收尾管理 ………………………………………………… 231

11.1　工程项目竣工验收概述 ……………………………………… 231

11.2　竣工验收标准 ………………………………………………… 233

11.3　工程项目竣工验收的程序 …………………………………… 234

11.4　工程项目交付与收尾 ………………………………………… 235

11.5　工程项目后评价 ……………………………………………… 239

本章小结 …………………………………………………………… 245

习题研讨 …………………………………………………………… 245

第12章　工程项目管理信息化 …………………………………… 247

12.1　工程项目管理信息化概述 …………………………………… 247

12.2　BIM 与工程项目管理 ………………………………………… 253

12.3　BIM 在我国的发展与应用 …………………………………… 256

12.4 信息技术在质量管理中的应用分析 ·· 258

12.5 信息技术在进度管理中的应用分析 ·· 261

12.6 信息技术在成本管理中的应用分析 ·· 263

12.7 信息技术在安全生产管理中的应用分析 ···································· 265

本章小结 ·· 269

习题研讨 ·· 269

第 13 章 可持续建设 ·· 271

13.1 可持续建设概述 ··· 271

13.2 绿色工程项目管理 ··· 275

13.3 利益相关者管理 ··· 279

本章小结 ·· 282

习题研讨 ·· 283

参考文献 ·· 285

第 1 章 | GAILUN

概　论

【本章导读】

★ 本章主要介绍工程项目管理的基本概念,通过概念辨析来讲解工程管理的基本内容。

【本章重点】

★ 项目和工程项目的概念与特征
★ 项目管理和工程项目管理的概念与特征
★ 工程项目管理的内容及知识体系
★ 工程项目建设程序与管理目标

随着我国社会经济发展和城镇化建设进入新阶段,从国家重大科技计划到产业发展再到城市基本建设,项目都是重要的载体,覆盖生产生活的方方面面。项目种类繁多,规模参差不齐,形态差别大,发展过程的影响因素多,时常涌现各种各样的不确定性。用与项目特征和任务匹配的管理技术和管理手段,有效地管控项目周期活动,是实现项目目标的关键。工程项目作为项目群体中最典型、最常见的类型,与社会经济发展密切相关。因此,项目管理基本原理在工程建设领域的应用与发展,对提高质量、节约投资、缩短周期、保护环境等方面,都有重要的意义。

1.1　项目与工程项目

1.1.1　项目的概念与特征

项目无处不在、无时不有,项目遍及社会经济各个角落。例如,航空航天、基础设施、科学研究、房地产开发、工程咨询、软件开发等,都常用"项目"方式予以组织。2020 年,我国基础设施投资总额为 18.67 万亿元,较往年增长 0.9%,产生了大量项目。随着我国城镇化建设不断推进,项目类型和总量还会增加。各种项目纷至沓来,在不断提升社会经济发展动力的同时,也为社会提供了数以千万计的就业机会,推动了经济增长和社会进步。

面对种类繁多的项目形态,人们给出了多种项目定义和理解。事实上,不同的组织和机构按照自身的认知阐述项目的本质特征,从表 1.1 罗列的定义足以见之。

表 1.1　不同组织或机构对项目的界定

组织或机构	项目的本质特征
国际化标准组织(ISO10006)	由一系列有起止时间、相互协调和受控的活动组成的特定过程。过程的实施是为了达到规定的目标,包括时间、成本和资源等约束条件
美国项目管理协会 (Project Management Institute,PMI)	为完成某一独特的产品或服务所做的一次性努力
世界银行	同一性质的投资,或同一部门内一系列有关或相同的投资,或不同部门内的一系列投资
《中国项目管理知识体系纲要》	项目是创造独特产品、服务或其他成果的一次性工作任务

上述定义各有侧重点,但都总结了项目的概念要素。比如,项目作为被管理对象,是在一定的约束条件下(时间、资源、技术、客户要求、环境承载等),为实现特定的目标而开展的一次性、动态性的任务过程。按照这个理解,有 6 个方面的特征:

①一次性。正如很难找到两片完全相同的树叶一样,地球上也很少有两个一模一样的项目。项目有明确或可界定的开始与结束时间,要求在这个时段内完成特定的工作任务。项目的一次性决定着项目运行过程会遇到各式各样的不确定性,项目组织不可能采用一成不变的方式来处理项目事务。高效完成各种工作内容,成为项目一次性特征的延伸性要求和客观挑战。

②目标性。项目因有特定目标(如交付期限、质量等级、规模大小)而存在。例如,提出在某个时段内建成的水利工程应实现防洪蓄水等功能性目标。在资源受限条件下,为达到特定的发展目标,应有计划地引导项目主体分工协作,密切配合。

③约束性。世界上很少见到没有任何约束的项目形态,项目开展要受到包括时间、环境、资源、技术、资金、人力、信息等在内的条件或环境约束。典型的例子是施工方被要求在某个日期前完成特定范围的工程任务。约束性条件为开展项目策划、组织、协调、控制等活动提供分析切入点和思考着力点。

④周期性。项目从启动到竣工交付要经历准备、启动、实施、收尾、交付等多个阶段。每个阶段任务一环紧扣一环,形成一个完整的项目周期。因物理形态、建设规模、投资强度、建设难度等差异,项目表现出明显的周期特色与阶段差异。

⑤系统性。不论是工程规模、工作内容,还是主体范围,项目都可成为一个系统。系统内各要素互相联系、互为补充,作用与反作用,共同形成一个有机的整体。将项目当作一个系统,能更好地整合资源要素,协调各方矛盾,实现预定的项目目标。

⑥组织临时性。项目开展以拥有职责分工明确的组织机构为前提,由不同角色的主体执行项目工作内容。待项目建设周期结束时,组织若无例外便可解散。

1.1.2　工程项目的概念、特征和分类

1) 工程项目的概念及特征

工程项目是项目家族中最典型、最常见的一个门类。三峡工程、北京奥运会体育场馆都是有广泛影响力的工程项目。除了一般民用建筑外,工程项目还分布在石油化工、交通运输、能源利用、水利水电等领域。这些工程项目都是投资发展载体,受到投资人的青睐。一般认为,工程项目是为达到预期的目标,投入一定数量的资源要素,在约束条件(如进度、质量、成本、环境保护)下,经过策划、决策、组织、实施、控制与评价等程序,形成固定资产的一次性事业。同样地,工程项目拥有 6 方面的特征:

①有约束条件和明确的建设目标。工程项目实施过程受到多方面约束,在给定的工期内(时间约束),在有限的人力、物力、财力等条件下(资源约束),达到可接受的质量标准、生产能力和技术水平等(质量约束)。工程项目建成后,要形成特定的功能,满足客户需求。因此,建设方向和建设目标是明确的。

②工程项目应遵守基本建设程序,通常要经历项目建议书、可行性研究、规划设计、建设准备、施工过程、竣工验收、交付使用等阶段。

③工程项目具有一次性和不可逆转性。主要表现在建设地点相对固定、不可移动、设计单一性、施工单件性。工程项目建设程序若是在某一阶段出现问题,其导致的损失可能难以挽回,或可能引起一系列后果。

④建设周期长、风险大。工程项目投资量大,社会经济技术考量的因素多,意味着项目管理团队要善于平衡,尽力避免建造过程耗时多,以及因不确定性、建设风险而产生的管理失效。

⑤管理复杂性和系统性。一方面,工程项目管理要克服技术限制,解决资金问题,平衡现场矛盾,沟通利益诉求。在工程项目围墙之内,管理问题相对清楚;但工程项目围墙之外,管理问题复杂得多。另一方面,要与宏观社会经济发展环境,以及项目所在地的物流系统、交通组织、基础设施、市场运行等方面形成特定的联结关系。工地围墙内外复杂性,要求项目经管及其他人员要有足够的驾驭能力,储备相应的知识及技能。

⑥工程项目性能的持久性。工程项目建成投入使用后,将在一定范围发挥持久的社会经济效益。为此,工程设计、实施和运行需要立足长远,相应的建设及运营应有利于社会经济协调发展以及环境改善。因此,要重视项目后评价,积累项目建设及运营经验,以实现可持续建设与运营。

2) 工程项目分类

工程项目种类繁多,正确认识工程项目种类是分类管理的前提,也是规避不必要损失的重要环节。通常而言,工程项目有以下 5 种分类方式。

①按投资再生性分为基本建设项目和更新改造项目。前者包括新建、扩建、改建、迁建、重建等;后者包括技术改造项目、技术引进项目、设备更新项目等。

②按项目用途分为生产性建设项目和非生产性建设项目。前者如工业、农业、林业、水利、气象、交通运输、邮电通信、商业和物资等设施建设；后者如住宅建设、文教卫生建设、公用事业建设、科学实验研究等。

③按建设过程分为预备项目、筹建项目、在建项目、投产项目和收尾项目。

④按投资规模分为大型项目、中型项目和小型项目。

⑤按投资来源渠道分为国家投资建设项目、银行信用筹资建设项目、自筹资建设项目、引进外资建设项目、资金市场筹资建设项目等。

1.2 项目管理与工程项目管理

1.2.1 项目管理的概念和特征

项目管理是一个宽泛的概念，试图对项目管理给出一个完整的定义并非易事，但不妨通过对比分析现有的定义来提炼概念要素。《中国项目管理知识体系》将项目管理定义为：以项目为对象的系统管理，通过临时性的柔性组织开展高效的计划、组织、指挥和控制，在综合、协调、优化的运作下实现全过程的动态管理和特定的发展目标。美国项目管理协会认为，项目管理的主要任务是综合应用各种知识、技能、手段和技术等要素，将其投入到项目活动中，以满足或超过项目所有者对项目的需求和期望。项目管理通过合理运用与整合47个项目管理过程，根据内在逻辑关系，把这些过程归纳为启动、规划、实施、监控和收尾等5个管理过程组。相比之下，我国项目管理知识体系更强调对管理组织的要求，而美国项目管理协会更突出业主的满足程度。

现有项目概念将项目管理视为运用多种方法的一种全过程管理。简言之，项目管理是指项目组织在有限的资源条件约束下，为达到项目所设定的建设目标，运用系统理论和方法对项目各种活动进行的计划、组织、协调、控制等工作。判断是否是项目管理，主要根据5个方面：

①项目管理集成系统理论和方法。项目管理不但涉及传统管理理论（如系统论、信息论、行为科学等），同时也涉及现代管理方法（如数学分析、线性规划、网络技术等）。特别是21世纪以来，随着计算机技术、信息技术、通信技术、智能技术的不断发展，项目管理虚拟化、信息化、数字化、智能化趋势越来越明朗。

②项目管理工作需要多部门、多专业、多工种通力协作（如经济、法律、管理、技术）。项目的一次性特征让管理者鲜少能够找到直接可用的管理模式，也难有一成不变可供复制的经验。项目部人员构成多维，其专业背景、从业经历、文化素养参差不齐，矛盾冲突在所难免。项目的自身因素和外在约束条件，使得项目管理的不确定因素增多，管理复杂化程度非同一般。

③项目管理依托于项目组织。项目成功建设并投入使用，需要多部门、多专业的执行主体以及各部门和专业的相互交融、分工有序、密切配合。项目组织是项目管理的执行主体，其设置的部门专业人员应各尽其才，灵活运用专业知识、技能、方法和工具，处理项目建设问题，确保项目管理目标如期保质地得到实现。

④项目管理重在创造性。项目以一次性、约束性为特征。不同于一般的管理实务,项目管理存在许多难以精准把握的方面。即使项目相似,也会因要素差异而让原有的经验变得无效。为此,解决项目产生的问题需要项目管理团队拥有创造性思维和解决方法,对项目开展有效的管控。

⑤项目管理应有整合性。受限于因素多样性,整合多方资源,在多个相互冲突的目标和方案中实现管理绩效最优,是项目管理的一大难点。应通过项目组织的努力,把项目系统各个要素有机地整合在一起,最大可能地实现项目目标最大化。例如,项目业主要求工期缩短,可在质量目标不受影响的前提下合理分配人力、物力等资源,提升流水节拍,砍掉各工种的无效时间。

1.2.2　工程项目管理的概念、特征和分类

工程项目管理是项目管理基本理论和方法在工程领域的应用和发展,是项目组织及人员实现所要求的功能和质量、所规定的时限、所计划的费用预算等目标,采用系统的理论和方法,发挥计划、控制、协调、监督等职能作用,开展全面、科学、有序、明确的管理活动。工程项目管理对象是工程项目,工作内容涵盖建设项目管理、工程设计项目管理和施工项目管理等方面。因工程项目具有独特性,工程项目管理表现出与众不同的特征:

①工程项目管理是多主体的管理。工程项目管理的利益主体多,包括建设单位、承包商、咨询企业、供应商、政府部门、监理公司等。不同的利益主体出于各自的立场和诉求,围绕同一项目开展各种管理活动,形成多主体混合的项目管理局面。例如,建设单位负责把握总体目标和投入资源要素,工程承包单位承担施工现场管理任务,咨询单位对工程建设过程中遇到的问题提供咨询与服务。

②目标管理是工程项目管理的核心。工程项目管理目标包括质量、进度、成本、安全、环境等方面,工程项目管理应围绕事先预定的目标去制订工作任务分配方案。实践中,项目管理主体负责检查、收集、分析工程项目的实施情况,通过与计划作比较,发现偏差并及时纠偏,确保目标得以实现。

③工程项目管理是全过程的管理。工程项目有明确的建设目标、有限的资源条件及清晰的功能要求,这些都构成工程项目的约束条件。工程项目有生命周期,且生命周期各阶段相互联系、相互作用,故要求工程项目管理立足全过程、全方位,设计综合管控手段。工程项目方案、规划、设计、施工以及后期的交付试运行,都有各自的质量、成本、时间等目标要求,只有权衡各阶段利弊,解决各阶段目标设计衔接矛盾,才能实现整体最优。在实践中,全过程综合管理要求在不同阶段充分利用现有资源条件,科学、高效地完成全过程综合管理。例如,施工单位从项目开始到项目结束,要实时监控项目进展,保证各个目标按时、按质完成。

此外,工程项目管理还有其他特征要素。例如,以合同管理为纽带权衡工程项目管理的复杂性,要求采用科学的管理手段,创造性地解决工程及其背后的管理问题,更加突出工程项目经理的核心作用。

按工程项目参与方的工作性质和组织特征,可将工程项目管理划分为:

①业主方的工程项目管理:开发方、投资方和由咨询公司提供的代表业主方利益的项目管理都属于业主方的。业主方是工程项目生产过程的集成者,业主方的项目管理是管理的

核心。

②设计方的工程项目管理：其目标包括设计成本目标、设计进度目标、设计质量目标，以及项目的投资目标。工程项目投资与建设目标能否实现预期目标，与设计质量密切相关。

③施工方的工程项目管理：施工总承包方和分包方的项目管理属于施工方的工程项目管理。

④供货方的工程项目管理：材料和设备供应方的项目管理属于供货方的项目管理。

⑤建设项目总承包方的工程项目管理：建设项目总承包有多种形式，如"设计-采购-施工"总承包（Engineering-Procurement-Construction）、"设计-施工"总承包（Design-Build）等，都属于建设项目总承包方的项目管理。

此外，还有工程技术咨询单位的项目管理以及政府部门的项目管理等。

1.3　工程项目管理内容及知识体系

工程项目管理组织需要面对繁重的工作任务，解决资源有限的问题，对工程项目开展全面管控。工程项目管理学科体系日臻完善，形成相对稳定的知识体系。例如，美国项目管理协会公布的项目管理知识体系（Project Management Body of Knowledge，PMBOK）包括 9 个领域：范围管理、时间管理、费用管理、质量管理、人力资源管理、沟通管理、风险管理、采购管理、综合管理。中国建筑业协会工程项目管理委员会借鉴国际通行做法，结合我国项目管理实践，提出《中国工程项目管理知识体系》（Chinese Construction Project Management Body of Knowledge，C-CPMBOK）（图 1.1）。相较于 PMBOK，C-CPMBOK 更加细化，知识体系更加广泛，对我国开展工程建设管理活动更有指导意义。

C-CPMBOK 总结我国工程实践，有助于规范我国工程管理实务操作，提升工程项目管理效率。C-CPMBOK 覆盖工程项目全生命周期各阶段，具体包括 13 个部分。

①范围管理。主要是界定工程活动范围，对项目结构予以分解。其包括为完成工程建设任务，围绕项目目标必须完成的各项活动，覆盖从项目建议书到竣工验收交付全过程。

②项目规划。作为管理工作纲领性文件，工程项目规划给出管理目标、依据、内容、组织、资源、方法、程序和措施，为项目管理组织给出努力的方向和标准，减少因环境变化而对任务完成造成的不良影响。

③项目组织。遵照组织设计原理，立足项目特点，确定科学、合理的组织结构，明确组织各部门及各主体的管理目标和责任分工。

④项目采购。结合设计方案、业主方案、工程合同所规定的数量、技术要求和质量标准开展采购活动。项目采购应满足项目进度、质量安全、成本规划和环境管理要求。

⑤质量管理。质量形成过程就是建设全过程，要在不同的阶段（包括项目建议书阶段、可行性研究阶段、设计阶段、施工阶段和竣工阶段）编制质量计划、质量控制和质量持续改进方案，达到对质量的高效控制。

⑥进度管理。主要包括进度计划编制、实施与提升，结合工程质量和工程费用的要求对进度计划进行优化和管理。

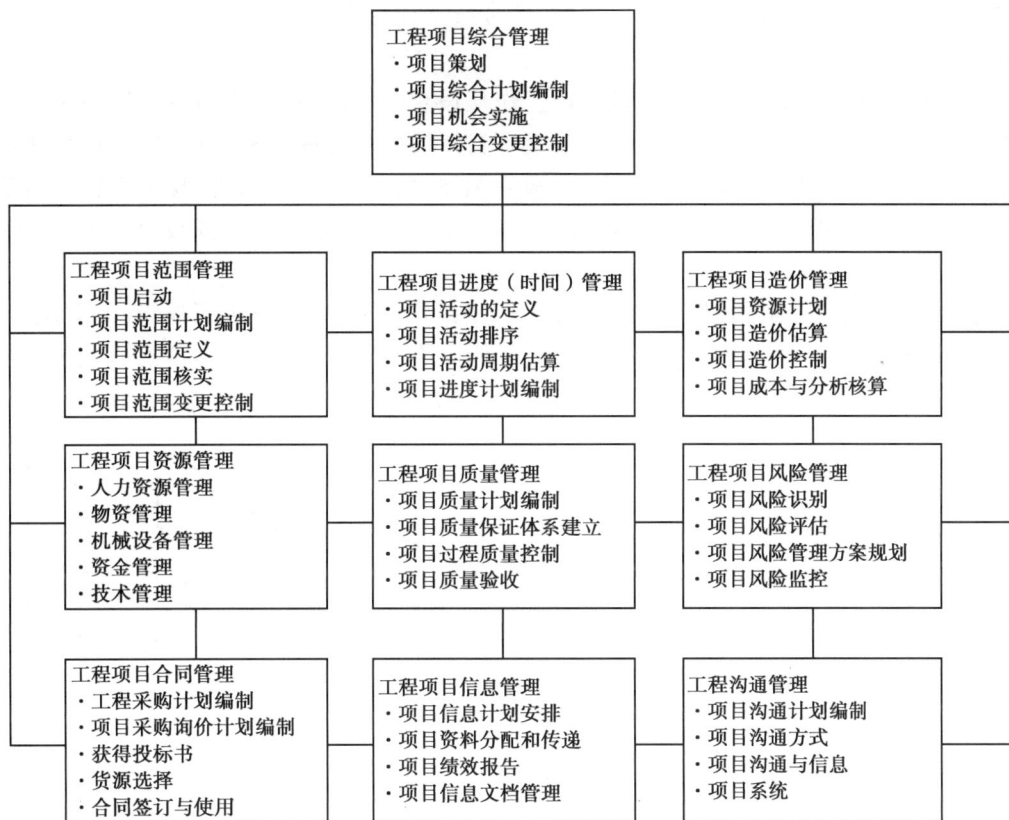

图 1.1　中国工程项目管理知识体系模块

⑦成本管理。是指为确保工程项目总成本费用不超过目标值,围绕成本规划、成本核算、成本控制、成本分析与考核等开展的工作。

⑧合同管理。包括项目合同策划、评审、合同实施与控制、合同终止与评价。

⑨资源管理。资源管理的对象主要包括人力资源、材料、设备、资金、技术等,其管理内容包括资源管理计划、资源管控、资源管理考核等。

⑩风险管理。包括风险识别、风险评估、风险评价、风险控制等环节。在风险控制阶段,要制订、选择和实施风险处理方案,达到降低项目总体风险的管理目的。

⑪收尾管理。包括竣工验收依据与标准、竣工验收程序、交付和收尾、后评价等。

⑫职业健康安全管理。根据项目特点和建设要求,编制职业健康安全生产技术措施计划,制订职业健康及安全生产事故应急救援预案,完善应急准备措施。

⑬信息化管理。通过收集、存储以及动态、及时的信息处理和有组织的信息流通,使项目管理人员全面、及时、准确地获取信息,以支持项目决策和计划实施。

1.4　工程项目建设程序

工程项目建设程序科学总结了以往建设工作的实践经验,反映了建设工作固有的客观规律和人类对建设活动及其规律的认知积累,是建设项目科学决策和活动开展的重要基石。

工程项目建设过程应遵循必要的建设程序,违反这个建设程序将导致严重的经济损失或工程事故。

工程项目建设程序是指建设项目各项工作从设想、选择、评估、决策、设计、施工、竣工、验收的所有环节形成的先后次序。按照建设项目发展的内在联系和发展过程,可将建设程序分成若干阶段,每个阶段有着大小不一、前后关联的工作内容。当前,我国工程项目建设总量大、种类多,只有遵循基本建设程序,才能保证良好的建设秩序,提高投资效率和行业竞争力。

如图1.2所示,我国工程项目建设程序分为项目建议书、可行性研究报告、方案设计、建设准备、工程施工、生产准备、竣工验收、交付使用等阶段。概括起来,主要包括项目决策和项目实施两大阶段。项目建议书阶段和可行性研究阶段为项目决策阶段,其他4个阶段为项目实施阶段。

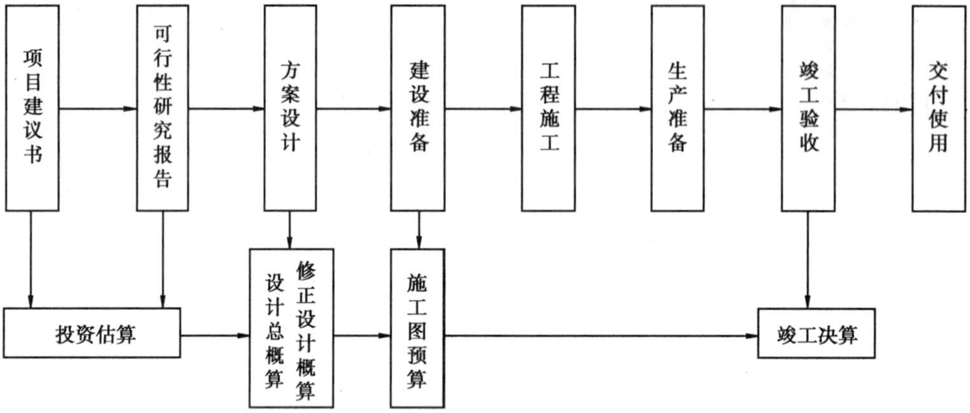

图1.2　工程项目建设程序

（1）项目建议书阶段

项目建议书也称为机会研究或初步可行性研究,是指项目建设筹建单位或项目法人,根据国家和地方中长期规划、产业政策、生产力布局、国内外市场、当地内外部条件,提出的项目建议文件,是对拟建项目形成的框架性设想。因此,项目建议书论述项目设立的必要性和可行性,把项目投资设想变为概略性投资建议,为投资人是否进行下一步工作提供决策参考。

受项目建设规模、建设难度、市场需求、业主偏好等影响,建议书形式及内容有所区别,但总结起来主要有6个方面的特征:

①建设项目提出的必要性。要分析拟建项目的背景、地点以及行业规划等内容,给出支持项目建设的必要性。例如,针对改建项目要说明企业情况;对引进技术和设备的项目,要说明国内外技术差距、进口理由、工艺及生产条件等方面。

②产品方案、拟建规模和建设地点的初步设想。包括产品的市场分析与预测、产品年产值、产品方案设想、建设地点及规模论证等。

③资源情况、建设条件、协作关系等初步分析。如资源供给可行性及可靠度,主要协作条件情况、项目拟建地点水电及其他公用设施、地方材料供应等。对引进的设备及技术,还要着重分析其具备的条件和资源落实情况(如材料、电力、交通运输等)。

④投资估算和资金筹措设想。根据前期掌握数据,对项目进行投资估算或匡算。倘若

部分投资者看重该部分内容,在项目资料允许的情况下还可以开展详细估算。

⑤进度安排。包括建设前期工作安排(项目询价、考察、谈判、设计等)及项目建设需要的时间和生产经营时间等。

⑥经济效益和社会效益。主要包括项目投资的内部收益率、贷款偿还期、盈利能力、偿债能力等财务指标。部分项目可能重视建设项目的社会效益和社会影响,这时也要求一并评估。

(2)可行性研究阶段

项目建议书获得通过之后,就可着手开展可行性研究。可行性研究是指在尽职调查的基础上,通过市场分析、技术分析、财务分析和国民经济评价,对项目投资建设的必要性、可行性和合理性进行技术经济综合研究,为项目决策提供依据。其核心在于比较方案,给出评价意见,遴选最佳方案。

对新建或改建项目的可行性研究,要从技术经济角度开展全面分析,预测投产后经济效益。在既定的范围内对方案进行论证和选择,要做到合理利用资源,实现预定的经济、社会、环境等建设目标。有人认为,当前对建设项目的可行性研究突出经济效果方面,对建设项目在环境和社会等方面的表现考虑不多,时常违背可持续发展观的“三重底线”。

可行性研究应形成可行性研究报告。对建设项目来说,可行性研究报告一般包括总论,市场需求预测和拟建规模,资源、原材料、燃料和公用设施条件,专业化协作,建厂条件和厂址方案,工程设计方案,环境保护,生产组织形式和管理系统,进度计划,投资估算和资金筹措,经济评价等内容。其他项目(如工业项目)可行性研究报告主要包括总论,市场预测,资源条件评价,建设规模与产品方案,场址选择,技术方案、设备方案和工程方案,主要原材料、燃料供应及节能、节水措施,总图、运输与公共辅助工程,环境影响评价,劳动安全、卫生与消防,组织机构与人力资源配置,项目实施进度,投资估算与融资方案,财务评价,国民经济评价,社会评价,风险与不确定性分析,研究结论与建议等。

项目可行性研究报告经批准后,项目正式“立项”。经批准的可行性研究报告,是初步设计的依据,不能随意修改或变更。部分专业人士编制的可行性研究报告,其目标和观念相对落后,套话连篇,重形式、轻内容,缺乏翔实可靠的实地调查,对市场现状及未来发展预期不足,投资必要性论证不充分;技术、财务和经济可行性论述存在缺陷,且对许多风险因素预测不足,应对措施准备不力。当前,我国深化投资体制改革,可行性研究出现一些新变化。可行性研究不应只是为了迎合政府及投资管理部门审查,而应更加贴近市场,反映市场发展需求,对技术、财务和经济可行性的论述更加科学、规范,更加重视不同方案比选,切实落实“谁投资,谁决策,谁收益,谁承担风险”的原则。

(3)设计方案阶段

可行性研究报告通过之后,建设单位就会委托设计单位,按照可行性研究报告有关要求、方案及业主要求来编制设计文件,作为后续建设项目安排和工程施工组织的依据。设计工作分为两阶段开展:初步设计和施工图设计。对于技术复杂且缺乏设计经验的建设项目,还可以按三阶段开展设计,即初步设计、技术设计和施工图设计。

初步设计是整个设计构思基本成型的阶段,要求明确拟建工程在指定地点和规定期限内进行建设的技术可行性和经济合理性,要给出主要技术方案、总造价和技术经济指标。初步设计应编制设计总概算。

技术设计是各种技术问题的定案阶段，应解决好重大技术问题（如工艺流程、建筑结构、设备选型及数量），对初步设计进行补充和修正，编制修正总概算。

施工图设计是在初步设计和技术设计的基础上，完整表达建筑物外形、内部空间尺寸、结构体系、构造状况及建筑群的组成和周围环境的配合，还包括各种输送系统、管道系统、控制系统、建筑设备的设计和选型。在工艺方面，应明确设备型号、规格以及非标准的制造加工图。施工图设计的深度应满足设备材料的选择与确定、非标准设备的设计与加工制作、施工图预算编制、建筑工程施工和安装要求。施工图设计完成后，要编制施工图预算。

（4）建设准备阶段

为保证工程项目建设目标得以实现，在开工前应做好准备工作，主要包括征地、拆迁、场地平整，完成施工用水、用电、道路等准备工作，组织设备、材料订货，准备施工图纸，组织施工招投标，精选施工单位等工作。按规定具备开工条件后，方可开工。建设工程开工前，建设单位应按照有关规定向工程所在地县级以上建设行政管理部门申请施工许可证。

（5）工程施工阶段

该阶段是项目决策与物化、建成投产发挥投资效益的关键环节。施工单位要完成设计文件中规定的全部房屋、设施、构筑物等建设任务；设备供应商要提供合格的设备和安装服务；监理单位接受业主委托，提供监理服务，在确保质量、工期和投资等目标实现的前提下，达到竣工标准要求。在建设实施阶段也应组织生产准备工作，衔接好建设与生产，推进建设阶段转入生产经营阶段。就生产准备而言，一般有 5 个工作重点：

①组建管理机构，制定管理制度。

②招收并培训生产人员，组织人员参加设备的安装、调试和工程验收。

③签订原料、材料、协作产品、燃料、水、电等供应及运输的协议。

④进行工具、器具、备件等的制造或订货。

⑤其他必需的生产准备。

（6）竣工验收及交付使用阶段

当建设项目按照设计文件的内容全部完工后，应组织竣工验收。该阶段是工程建设过程的最后一个环节，是投资成果转入生产和使用的标志，对促进建设项目及时投产、发挥投资效果、总结建设经验意义重大。验收合格后便可交付使用，同时按照合同约定开展保修工作。

1.5 工程项目管理变革与发展

与其他学科一样，项目管理学科经历了漫长的发展历程，其相关理论知识广泛应用到研发、建设、管理等领域。任何事物都难以永恒不变，工程项目管理也正是在外部环境瞬息万变的情况下保持着继承与创新，在理论形成与应用方面实现自身发展及内外融合的态势。

1.5.1　传统工程项目管理

人类脱胎于自然,获得自然的乐趣,也在认识自然规律之后,利用自然规律改造自然条件为人类服务,从而形成并发展工程项目管理理论和方法。小到一栋房屋建筑,大到关系国计民生的重大工程,我国建设者在项目管理过程中积累了丰富的经验。事实上,中华民族是人类历史上对工程项目和工程项目管理认识最早、最有深度和广度的民族之一,在古代中国文献里不乏有项目管理方面的记载(表1.2),留给后人宝贵的项目管理知识和史实资料,形成中国乃至世界古典的项目管理思想与方法。

表 1.2　古代中国关于项目管理思想的记载

文献史料	主要思想
《考工记》	记载人类最早的工程项目成本预算与工程项目施工管理和控制方法
《辑古纂经》	记载唐代夯筑城台的"功"
《营造法式》	汇集北宋以前建筑项目的"材料消耗定额"和"劳动消耗定额"等,是采用定额进行工程项目成本管理最早的记载

上述关于项目管理的记载为发展项目管理理论做出了重要的贡献。例如,《梦溪笔谈》中记载了丁谓建宫的例子。宋真宗大中祥符年间,宫中着火,由丁谓主持重建。重建宫室需要烧砖,但取土遥远。于是丁谓下令从大街取土,大街便开凿成大渠,将汴河水引入渠中。这样,从各地运输来的建筑材料,都通过汴河和大渠直接运至宫门口。重建工作完成后,用废弃的瓦砾灰烬回填入渠,将水渠恢复成街道。丁谓在工程中一举解决建筑材料获取、运输、建筑垃圾处理等3个问题,节约了时间和资金。

1.5.2　近代工程项目管理

近代项目管理理论始于18世纪60年代的工业革命,自20世纪起得到快速发展。其中,甘特图是项目管理理论发展的一个里程碑,是该时期项目管理工具的典型代表。随后,项目计划评审技术(Project Evaluation and Review Technique, PERT)、关键路径法(Critical Path Management, CPM)、项目工作分解结构(Work Breakdown Structure, WBS)技术和项目挣值技术(Earned Value Management, EVM)以及项目全寿命周期管理(Project Life Cycle, PLC)等,在20世纪40—60年代形成并获得极大发展。随着理论深入及实践积累,项目管理技术或工具加快发展,理论方法更加完善。20世纪70年代,项目管理专业化初见端倪。

伴随项目管理理论和方法体系的构建,各种项目管理协会从20世纪60年代开始涌现。其中,最具有代表性的是欧洲国家组成的国际项目管理协会(International Project Management Association, IPMA)和以美洲国家为主而成立的美国项目管理协会(Project Management Institute, PMI)。这些行业协会对相关理论的修改和完善,以及项目管理知识系统的研究、分析和推广意义重大。

20世纪60年代,华罗庚教授从国外引进项目管理思想。1964年,他提倡推广使用"统筹法",并在《统筹方法平话及其补充》一书中提出包括调查研究、箭线图绘制、寻找矛盾及资源优化配置等一套系统且符合我国当时国情的项目管理方法,对我国项目管理的发展起到不可替代的助推作用。1964 年,西南"三线"建设工地采用统筹法取得巨大成功;1970 年上海炼油厂的酚精炼扩建改建工程采用统筹法,缩短了工程工期,取得巨大成功。此后,华罗庚在全国推广统筹法和优选法,把数学方法用于生产实际,为工农业生产服务,取得可观的经济效益。

1.5.3　现代工程项目管理

现代工程项目管理是围绕项目一次性、约束性等典型特征所开展的管理活动,凡是具备相应特征的活动都可以采用现代项目管理理论和方法。目前,项目管理已广泛应用到科学研究、建筑房产、软件开发等领域中。

20 世纪 80 年代,知识经济促使全球范围内出现各种各样的项目形态,且大多数项目规模越来越庞大,复杂程度超出想象。对更加符合时代发展的项目管理方法的需求,在很大程度上促使现代项目管理理论和方法的发展。随后这些理论和方法不断突破应用领域,得到更加广泛的创新与发展。

过去周而复始的生产过程,在知识经济中逐渐被创新取代,创新成为时代最强音。小到软件开发,大到国家建设,创新无处不在。知识经济中的创新活动在很大程度上也迎合现代项目管理理论和方法的发展诉求。事物的创新发展也具备项目的特点(如一次性、不可预见性等),项目管理技术和方法在需要创新的领域得到应用,助推现代项目管理理论形成。

我国开始接触国外项目管理方法是在 20 世纪 80 年代。1980 年,世界银行规定发展中国家的世界银行贷款项目必须委托国外项目管理咨询公司进行管理。1982 年,中国第一次采用世界银行贷款项目的鲁布革水电站引水导流工程,运用项目管理方法对工程施工进行管理。其结果是,工期缩短,造价降低,经济效益明显。鲁布革水电站项目管理的成功是我国工程管理发展事业的地标性事件,随后我国逐渐开始推进项目管理理论和方法。例如,逐步采取大中型项目前期项目经理负责制(1983 年)、企业整顿并任命项目经理(1984 年)、试点项目管理(1987 年)及全面推行项目管理(1991 年)。

当前,我国已经全面实施项目管理制度,在工程建设领域不断积累项目管理经验,强制实行"项目法人责任制""工程建设监理制度""建设项目招标投标制度""投资项目资本金制度""建设工程合同制度"等工程项目管理体系。

项目法人责任制是指经营性建设项目由项目法人对项目的策划、资金筹措、建设实施、生产经营、偿还债务和资产保值增值实行全过程负责的一种项目管理制度。项目法人责任制规定国有单位经营性基本建设大中型项目在建设阶段必须组建项目法人。

工程建设监理制度是指工程监理单位受建设单位委托,根据法律规定、工程建设标准、勘察设计文件及合同,在施工阶段对建设工程质量、造价、进度、投资进行控制,对合同、信息进行管理,对工程建设相关方的关系进行协调,并履行建设工程安全生产管理法定职责的服务活动。《建设工程监理范围和规模标准规定》规定国家重点建设工程、大中型公用事业工程、成片开发建设的住宅小区工程、利用外国政府或者国际组织贷款、援助资金的工程或国家规定必须实行监理的其他工程必须实行监理。

建设项目招标投标制度是建设单位对拟建的工程项目通过法定的程序和方法吸引承包单位进行公平竞争,从中选择条件优越者来完成建设工程任务的行为。《招标投标法》规定,在中华人民共和国境内进行下列工程建设项目包括项目的勘察、设计、施工、监理以及与工程建设有关的重要设备、材料等的采购,必须进行招标:大型基础设施、公用事业等关系社会公共利益、公众安全的项目;全部或者部分使用国有资金投资或者国家融资的项目;使用国际组织或者外国政府贷款、援助资金的项目。

国务院《关于固定资产投资项目试行资本金制度的通知》(国发〔1996〕35号)规定,各种经营性固定资产投资项目,包括国有单位的基本建设、技术改造、房地产开发和集体投资项目,试行资本金制度,投资项目必须首先落实资本金才能进行建设。此制度可有效控制投资规模,促进国民经济持续、快速、健康地发展,也是深化投融资体制改革、优化投资供给结构的重要手段。

建设工程合同是承包人进行工程建设、发包人支付价款的合同。建设工程合同实质上是一种特殊的承揽合同。为了指导建设工程合同当事人的签约行为,维护合同当事人的合法权益,住房和城乡建设部、国家工商行政管理总局制定了相关的示范文本。现有的示范文本有《建设工程施工合同(示范文本)》(GF-2017-0201)、《建设工程勘察合同(示范文本)》(GF-2016-0203)、《建设工程造价咨询合同(示范文本)》(GF-2015-0212)等。

1.5.4　工程项目管理发展趋势

当今的工程项目管理呈现出多样化的发展趋势,项目总体控制(Project Control)、一体化管理(Integrated Management)、项目群和项目组管理、工程项目组织扁平化、基于项目的管理及企业层面的项目管理等方面受到更多关注。

(1)工程项目总体控制

工程项目总体控制是在项目管理基础上结合控制论发展起来的,强调项目目标控制和项目增值的重要性,适用于大型建设工程管理需要的组织模式。项目总体控制需要借助现代信息系统,对信息进行收集、处理和传输,用信息流控制物质流,为决策者策划、协调和控制等提供支持。

【案例1.1】　上海世博会建设项目总体控制

2010年,上海世博会工程建设采用了总体项目管理的范式,是我国投资规模大(220亿元人民币)、建设规模大(建筑面积约200万m^2)、工期紧、组织关系复杂及影响因素众多的大型工程项目。项目管理顾问团队参与该项目的管理工作,研究分析项目管理的重大问题。

一是分析影响项目推进过程中遇到的关键问题,确定世博会工程建设总原则、总方针,研究项目进度节点控制、质量、投资控制和安全管理等目标,对世博会工程建设的关键技术和管理问题进行总体部署策划与实施支持。

二是进行子项目的分解及项目群归集优化,界定不同项目的管理深度和管理内容,制订指挥部各职能部门和项目部的分工、工作界面,明确各指令路径,提出各部门各单位之间的信息关系,对指挥部办公室的组建进行策划支持。

三是编制项目建设大纲,形成建设项目系列管理手册,并制订各项管理制度和办法,对相关管理文件和制度进行总体策划,促进管理工作规范化、科学化。

四是定期编制总体项目管理工作月度报告,对项目实施过程中出现的管理问题进行分析和研究,提出对策;解决某些突发事件或特殊事项,供指挥部决策参考。

五是派人员到指挥部现场，与指挥部办公室各处室对接，直接参与各项工作，全面支持各部门各岗位管理工作。

六是对工程建设中遇到的重大管理问题进行专题研究。

（2）一体化管理

21世纪以来，大型建设项目层出不穷，传统的单个项目管理理论和方法似乎很难应用于大型项目的工程实践。运用复杂理论分析研究大型项目，采用针对性的管理理论和方法进行管理变得很有必要。一体化管理融合多种管理理论，处理多种信息，整体展示形象，可以辅助管理者开展大型项目管理工作。上海世博会建设工程就是大型群体复杂项目一体化管理的一个典型案例。与北京奥运会类似，上海世博会建设工程规模巨大、项目类型多样、管理问题众多。建设单位在管理中重视多个理论的应用（如复杂理论、系统工程学、项目管理学、多项目管理理论、控制理论、组织理论等），以多个学科为指导，对世博会工程建设多个大型项目进行一体化管理，积累了工程项目一体化的实践经验。

（3）项目群和项目组管理

多项目的集合管理构成项目群管理，即通过协调统一，控制项目联系以获取单独管理无法获得的效应。项目群有两个典型特征：一是每个项目都与其他项目相互联系、相互影响，任何项目都无法离开其他项目而单独存在；二是项目群是一个系统的过程，前后项目之间具有很强的相似性，前面项目的经验可以为后续项目的改进提供支持。

项目组管理已得到学术界和企业界的认可与重视，其重点是建立战略项目管理办公室，即在项目资源和战略计划指导下，进行项目、项目群的选择和支持，通过项目评价选择、多项目组合优化，实现项目战略目标。

（4）组织扁平化

管理层级增加会导致信息传递失真、决策链加长，从而降低组织效率。工程项目组织扁平化发展趋势是适应竞争的必然选择。当前，工程项目管理的影响因素多，加上信息技术发展迅速，使得工程项目管理环境变化。为应对项目管理诸多风险，项目管理组织扁平化能减少官僚主义，加强内部沟通；提高管理效率，减少管理成本；也有利于激发员工创造性，使得项目管理组织能够对环境变化作出快速反应。扁平化组织结构的建设要在制度建设中落实，其管理制度不仅要符合国家相关法律法规和公司规章制度，还要立足于国情和项目的实际特点。例如，在国际工程项目中是否有以合同管理为核心的理念，当前的管理团队是否有扎实的技术先行经验，安排生产时要清楚生产责任、边界条件是什么、项目资源配置情况等。

（5）由基于项目的管理向企业级项目管理转变

大多数项目管理工作都立足于项目层面。项目存在，管理活动存在；项目消亡，相应的管理活动随之消失。建立在项目管理的基础之上，企业级项目管理思想与方法也得到不断发展。企业级项目管理遵循现代项目管理思想和方法，要求项目管理人员重视项目管理组织中各项"例外"事务。管理人员要首先研讨分析组织战略目标，将战略目标分解成可执行的项目子目标（包括项目、项目群和项目组合等），再运用项目管理方法完成相应的项目管理工作。

企业级项目管理是从企业角度出发的项目管理。在管理过程中，项目管理职业化作用巨大，要求建立相应的项目管理程序、标准和体系，配备项目管理办公室，使得企业更加了解项目的影响，以便作出科学合理的决策。企业要建立项目管理信息系统、基于网络的组织内部项目团队及虚拟项目团队的报告系统。

(6)国际合作机会增多,管理趋于国际化和信息化

一方面,国际工程项目增多,促使国内建筑企业积极开拓海外工程业务,参与更大范围的市场竞争;另一方面,在某些地区开展的大型复杂项目,受限于本国技术、经验等原因,业主不得不在国际市场中寻求支持。现阶段,国内经济市场正处于发展的转型期,我国在国际上所扮演的角色也越发地举足轻重,这一发展形势为工程项目管理带来新挑战和新机遇。尤其是工程项目管理中,一些涉及跨国建设项目的工程更是使其逐渐向国际化趋势发展。此外,伴随着全球信息化,信息时代的到来与相关技术水平的不断完善,使其在社会各领域中的应用范围越加广泛。工程项目管理为实现自身的信息化发展,也积极将信息化技术应用到工程项目管理当中。同时,信息化技术在工程项目管理中的应用,不仅实现了工程项目管理的信息化发展,综合效益也得到一定程度的保障,提高了工程项目管理领域的市场竞争力。

【本章小结】

本章讲解了项目的多种定义及其主要特征,将项目管理和工程项目管理界定为针对项目和工程项目而进行的管理活动。其中,工程项目管理内容及知识体系是保障工程项目管理顺利实施的重要条件。此外,本章还给出我国基本建设程序,将其分为项目建议书、可行性研究、方案设计、建设准备、工程施工、生产准备、竣工验收、交付使用等阶段。最后,还分析了工程项目管理理论与方法的变革与发展。

【习题研讨】

1.简述项目和工程项目的概念和特征。

2.简述项目管理和工程项目管理的概念和特征。

3.简述工程项目管理者需要注意的管理内容和应该具备的管理知识?

4.简述我国的工程建设基本程序。

5.简要谈谈工程项目管理发展历程和发展趋势。

第 2 章

GONGCHENG
XIANGMU
CEHUA

工程项目策划

【本章导读】

★ 本章主要介绍工程项目策划的目的、意义、编制方法、编制流程，以及工程项目
范围管理。

【本章重点】

★ 工程项目策划的概念及意义
★ 工程项目策划流程
★ 工程项目范围管理的概念与界定
★ 工程项目结构分解方法
★ 可行性研究报告内容与作用
★ 施工组织设计的编制

2.1 基本概念及意义

一个工程项目是由许多子系统构成的集合，具有一次性、暂时性、复杂性、不确定性
等特点。工程项目特点对工程项目管理提出要求，决定着项目目标实现的难易程度，要
求管理者结合项目资源及所处的建设环境，事先对工程项目管理进行科学合理的策划
和安排。

2.1.1 工程项目策划的概念

工程项目策划是在项目实施之前，对项目情况展开研判、构想、分析与论证并最终做出
决策的过程，它是工程项目管理知识体系十分重要的构成部分。工程项目策划分为项目前

期策划和项目实施策划。前期策划重在定义工程项目建设的任务和意义,明确建设目的和里程碑事件。按照我国基本建设程序划分,工程项目前期策划主要发生在项目建议书和可行性研究报告阶段。工程项目实施策划是在项目立项之后,以实现决策阶段所拟订的目标为方向,形成具有指导性的实施方案。实施策划具体包括工程项目管理规划大纲、工程项目管理实施规划、工程项目管理实施手册3部分。简言之,工程项目前期策划和实施策划分别回答工程项目能否立项、立项之后如何实现工程目标等问题。从前期策划到实施策划经历了一个从概念模糊、方案深化、调整完善等阶段,最后形成行动计划。

2.1.2 工程项目策划的重要性

工程项目前期策划的主要任务是分析建设环境,识别项目需求,明确项目目标,如同为项目注入"基因"。优良的"基因"可以从根本上杜绝项目的"先天不足",确保项目建设顺利展。因此,工程项目策划统领工程建设过程、建成投产和使用寿命管理各个环节。

工程项目策划工作确立项目的发展方向和发展规格。倘若策划阶段给出的定位是错误的,将导致项目建设失败。前期失误往往是后期难以弥补的。以成本管控为例,工程项目建设策划对工程项目成本影响最大。据统计,前期费用一般占到总投资的5%,却左右着85%以上的总投资。相比之下,施工阶段实行成本控制,节省的潜力占总投资的5%~15%。将项目阶段性累计投资与各阶段对项目影响程度绘制成曲线,如图2.1所示。

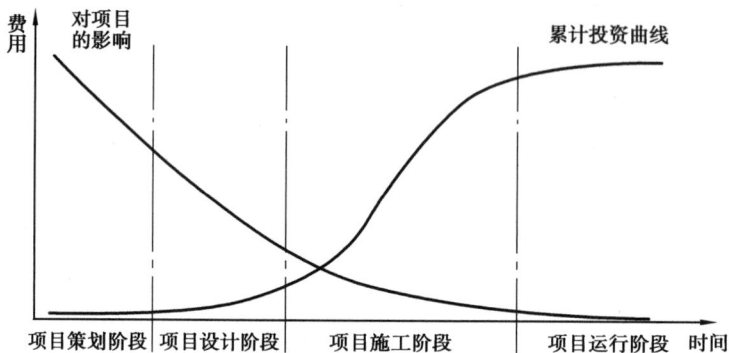

图 2.1 项目累计投资曲线与影响曲线

前期策划阶段出现失误,工程建成后将无法正常运行或达不到预期效果;或者虽可运行但产品或服务难以被市场接受;又或是运行费用高,效益低,缺乏竞争力以及工程建设变更频繁,造成投资、进度、质量的目标变化无法实现。工程项目策划描绘项目整体构思和目标体系,决定着所有建设任务的总体实现程度,对全局产生重要的影响。前期策划应切实解决拟建项目面临的实际问题,充分估判项目能否满足业主、国家、社会、环境等方面要求。反之,若不对工程项目开展前期策划,容易造成顾此失彼,影响工程项目的投入产出,甚至导致工程项目建设失败,给业主带来经济损失,给社会、环境造成负面影响。

2.2 工程项目范围管理

2.2.1 工程项目范围的界定与管理

1) 工程项目范围管理概念

工程项目范围管理对项目"应该包括什么"和"不应该包括什么"给出明确的描述。它考虑项目开展过程中的各项活动,以及为完成项目所必需的专业技术和管理作业。以确定并完成工程项目建设任务为目标,明确各参与方的职责和权限,保证工程项目开展管理工作的充分性和有效性。

工程项目范围既包括产品范围,又包括为完成工程项目所必须完成的活动,如前期策划与执行、设计、施工和施工管理等内容。

工程项目范围管理是工程项目管理的前提,对项目计划和工作分解具有重要意义。明确的项目范围可帮助项目管理团队对项目目标达成共识,分清责任,促使团队成员同心协力实现目标。科学合理地确定工程项目范围,有利于后期优化施工组织管理,保证工作有效实施。若对工作任务范围界定不清,将会引发后续工作混乱,造成不必要的损失。同时,有效的范围管理可以防止项目范围随意变动,出现"钓鱼工程""无底洞工程"等现象。

2) 工程项目范围管理步骤

工程项目范围管理覆盖工程项目全生命周期,包括从项目建议书开始到竣工验收交付使用为止的各种活动,具体分为 5 个阶段:

(1) 启动阶段

启动阶段是工程项目范围管理工作的基础和重要时点,此阶段主要通过分析产品描述、发展规划、标准选择、历史信息等要素,确立项目章程、项目经理、项目约束和假设条件等。编写项目章程是该阶段的难点和重点,常使用收益测量方法、约束优化法和专家判断法等工具和方法。

(2) 范围规划

工程项目范围规划给出工程项目可行性研究报告推荐的各种方案、工程合同、设计、任务书、范围管理说明书等,是后续工程项目决策要点。该阶段的重点是依据产品分析、收益成本分析等内容,制订范围说明书和范围管理计划。常用工具和方法有产品分析(如价值工程、价值分析)、收益成本分析等。

(3) 范围界定

工程项目范围界定把工程项目范围规划中的主要工作细目分解成更小、更易操作的单元。该阶段的重难点是依据项目范围说明书,将可交付成果分解成更小、更好管制的单元。该阶段应用的工具和方法有工作分解技术、工作分解结构模板等。

（4）范围核实

本阶段要求正式认定工程项目范围。为保证工程项目范围有效性,需要借助参与者(投资者、建设单位、利益相关者等)的研讨正式确定项目范围,是对有关工程范围管理工作结果的正式认可。该阶段的工作集中在项目范围核实过程,经常使用项目范围检验表、项目工作分解结构检验表等工具和方法。

（5）范围变更控制

对工程项目范围变更进行控制,即在工程项目实施过程中,控制各参与主体(建设单位、设计单位和施工单位等)提出的工程变更。该阶段主要分析影响范围变动的因素,对这类因素进行合理管控,涉及项目范围变更控制系统、项目绩效度量技术及补充计划等工具和方法。

3) 工程项目范围界定

在项目实施之前,工程项目管理组织应明确项目范围,编写项目范围说明书,作为进行项目策划、设计、计划、实施和评价的依据。项目范围的确定以及项目范围说明书是一个相对的概念,并非特指某一个文件。项目建议书、可行性研究报告、项目任务书,以及设计和计划文件、招标文件、合同文件,都是定义和描述项目范围的文件。这些文件为项目的进一步实施形成基础,总体上是一个对项目不断细化和完善的过程,前期的文件自然就成为后面文件范围确定的依据。

确定项目范围主要依据以下资料:

①项目目标定义或范围说明书。

②环境条件调查资料。

③项目限制条件和制约因素。

④同类项目的资料。

⑤其他资料,如合同条款、项目概况及阶段性成果、项目约束条件等。

这里的项目范围说明书,是界定项目范围最重要的文件之一。它明确项目应该达到的要求和可交付的特征,并在此基础上约定项目利益相关者希望达到的项目范围,为未来项目决策提供管理基准。随着项目的实施,需要对范围说明进行修改、细化和提升,以反映项目内外部环境变化。

工程项目范围说明书通常包括项目建设目标、可交付成果、技术标准、范围描述和范围变更处理等内容。

a.项目建设目标:项目要达到的期望产出,包括成功实现项目必须满足的数量标准。例如,在12个月内完成建筑总造价不高于800万元且符合功能要求的建筑物。

b.可交付成果:是指阶段性或最终交付物,是为完成某一过程、阶段或项目而必须交付的、可验证的产品、成果或提供服务的能力。例如,在2020年6月30日完成筏板基础工程;2020年10月31日完成二号楼主体工程。

c.技术标准:项目必须达到的技术要求。若无法达到技术标准,则无法保证满足客户的最终使用要求。例如,房屋建设必须满足《工程建设标准强制性条文》,房屋检验要符合《建设工程施工质量统一验收标准》(GB 50300—2013),等等。

d.范围描述:用于告知项目参与者和业主未来项目成功完成状态的文字或图表。例如,外墙采用面砖,楼宇设置安防,单元设置对讲系统等。

e.范围变更处理:范围变更无法避免,项目管理团队要对范围变更保持审慎态度,所有变更要经设计人员、造价人员等审核,确保经济合理、技术可行。

以下两个案例可帮助大家更好地理解工程项目范围管理。

【案例2.1】 某工程管线因年久失修需要重新铺设。项目管理人员认为该项目范围简单,但却不清楚项目管线要经过地质坚硬的地区,开挖管线道困难重重,故在开展工程范围管理工作的时候,没有预估地质产生的进度、成本等方面影响。

【案例2.2】 某工程项目地处市中心,工程开工后,项目管理团队发现进度偏差较大。经分析后发现,施工现场狭小,建筑废弃物大量堆放,给附近居民带来不便,也导致他们进入工地受阻。因此,在开展项目范围管理时,要考虑施工场地狭小问题,采取有效的应对措施,充分估测对后续施工产生的影响。

4) 工程项目范围控制

工程项目规模大、影响因素多、建设周期长、参与主体多。建设过程难免受到各种技术、管理、经济等因素的影响。因此,即便工程项目范围计划得再精细,也不可避免地会发生变更。

工程项目范围变更是指在实施合同期间项目工作范围发生改变。与工程项目范围变更对应的是范围变更控制,即项目管理团队要确定变更范围,对造成范围变更的因素施加影响,以确保这些变化给项目带来益处,当变更发生时能对实际变更管控自如。要达到更好的控制效果,必须将范围变更控制与其他控制过程(如进度控制、成本控制、质量控制、采购控制、风险控制等)结合起来。

(1)工程项目范围变更要求

工程项目自身特点以及项目所处环境复杂多变,都是项目范围发生调整的起源,具体表现为工程最终产品和工程服务范围增减。工程项目范围变更不合理,会造成工期拖延、成本增加和质量下降。

一般认为,工程项目范围变更管理应符合3点要求:

①项目范围变更要有严格的审批程序。

②范围变更后应调整相关的计划方案。

③对项目范围的重大变更,应有影响分析报告。

(2)工程项目范围变更内容

工程项目范围变更控制,首先要明确控制内容,对变更内容要有合理管控,设法使变更内容朝着有利的方向发展。

工程项目范围变更内容主要有:

①对引起项目范围变更的原因和条件进行识别、分析和评价。

②所有工程项目范围变更都要经过核实、认可和接受。

③需要进行设计的工程项目范围变更,要先进行设计。

④涉及施工阶段的变更,必须签订补充合同文件后才能实施。

⑤控制变更使工程项目尽量不与原来核实的目标发生偏离,或确保偏离最小化。

（3）工程项目范围变更控制依据

要根据项目前期目标、进度计划、分析报告等文件,按照项目范围和项目分解结构文件,对项目范围进行管控。

①可行性研究报告。经批准的可行性研究报告是工程项目范围控制的依据。项目构成、质量标准、使用功能、项目产品、工程进度、估算造价等都要视为变更控制的依据,成为范围变更控制的约束。造价限额是控制工程项目范围变更的一项有力措施,如果初步设计概算造价高于可行性研究报告的10%,则必须报原审批单位批准。

②工作结构分解结果。工作结构分解而成的项目结构图,应作为控制项目范围变更的重要依据。

③设计文件及工程概算材料。设计文件是控制工程项目范围变更的直接依据,任何涉及设计的范围变更和过程变更都要以原设计文件为依据。

④工程施工合同。工程施工合同文件,包括补充合同文件,是控制项目范围变更的直接依据。

⑤工程项目实施进度报告。进度报告反映项目范围的执行状态,对在未来可能引起不利影响的潜在问题向项目组织发出警示信息。

⑥各有关方面提出的工程变更要求,包括变更内容和变更理由。工程参与方均可按照自己的要求、设想和期望,提出范围变更请求,启动范围变更程序。

⑦遵循《建设工程施工合同（示范文本）》关于工程变更的通用条款。

施工阶段作为工程项目全生命周期内项目范围变更发生频率最高的一环,对本阶段范围变更进行控制尤为重要。一般认为,本阶段要依据工作范围描述、技术规范和图纸、变更指令、进度计划、进度报告,做好范围变更控制工作。

（4）工程项目范围变更控制的方法

灵活应用工程项目范围变更控制方法,要以提升项目范围变更控制效率,促使项目范围变更控制高效为前提。常见的方法有5种:

①投资限额控制法:用投资限额约束可能增加项目范围变更。

②合同控制法:用已签订的合同限制可能增加的项目范围变更。

③标准控制法:用技术标准和管理标准限制可能增减的项目范围变更。

④计划控制法:用计划控制项目范围变更。如需改变计划,应对计划进行调整并经过核实和审批。

⑤价值工程法:利用价值工程提供的提高价值的五条途径,分析工程项目范围变更效果,以作出是否变更的决定。追求功能和成本比值的提高,而不是单纯追求降低成本或片面追求较高功能。

5) 工程项目范围变更控制系统

工程项目范围变更的控制重在变更管理,应确保变更有序进行。开展变更控制应构建有效的范围变更控制系统,遵循基本程序,主要包括以下6个步骤:

（1）变更申请

变更申请分为由业主提出的变更、由承包商提出的变更和由咨询工程师提出的变更。

其中,业主提出的变更多数是为提高项目的使用功能和质量要求;承包商提出的工作范围变更主要是便于施工,同时也需考虑满足在项目现有功能的前提下降低费用和缩短工期;咨询工程师提出的变更大多是发现设计存在缺陷而需要修改原方案,由咨询工程师自己完成或指令承包商完成修改工作。

(2)审查和批准变更

范围变更应遵循必要的审查和批准手续。即咨询工程师与业主积极协商,在达成一致意见后发出变更令。业主可以在一定程度上(指由于变更使项目费用增加的金额或导致工期延长的天数)授予咨询工程师批准变更的权力。在咨询工程师批准工作范围变更时,遵循"变更后的项目建成功能不降低,变更工作在技术上可行,业主同意支付变更费用,变更工作对总工期的影响不大"等原则。

(3)编制变更文件和发布变更令

变更文件一般由变更令和变更令附件构成。咨询工程师应在实施项目之前确定变更令的标准格式,便于发生变更时使用。变更令通常包括以下内容:

①变更令编号和签发日期。

②项目名称和合同号。

③变更原因和变更说明,包括发出变更命令的合同条款、变更工作开始实施的日期、承包商对变更工作提出增加费用或延长工期的请求、变更工作的具体内容和变更令附件。其中,变更令附件包括变更工作的工程量表、设计资料、设计图纸和其他与变更工作有关的文件。

④先前变更产生的累计费用额,此次变更增加或减少的费用额,累计总变更费用额。如先开始变更工作,后估算费用,可在双方协商确定费用额后再发变更费用的指令或书面确认原变更令的费用额。

⑤业主名称、业主授权代表签字。

⑥咨询工程师名称、咨询工程师授权代表签字。

⑦承包商名称、承包商授权代表签字。

(4)承包商向咨询工程师发出对变更工作要求额外支付的意向通知

我国《建设工程施工合同示范文本》的规定:承包人在工程变更确定后的 14 天内,提出变更工程价款报告,经工程师确认后调整合同价款。开始变更估价的前提条件是承包商提出变更工程价款报告。

按照 FIDIC 合同条件,应在发出下列通知之后才可以开展变更工作的估价:

①由承包商将其对变更工作索取额外费用或变更费率和价格的意图通知咨询工程师,或由咨询工程师将其改变费率和价格的意图通知承包商。

②承包商应在收到咨询工程师签发的变更令后,在变更令(或合同)规定时间内,向工程师发出该通知,否则视为承包商自动放弃调整合同价格的权利。咨询工程师改变费率或合同价格的意图,可在签发的变更令中作出说明,也可以单独向承包商发出此意向通知。

(5)变更工作的估价

下面给出工程施工承包合同确定变更工作费率(单价)或价格的程序。根据变更工作估价的相关规定有:采用合同规定的费率和价格进行变更工作的估价;如合同中未包括适用于该变更工作的费率和价格,则应在合理的范围内以合同的费率和价格作为估价的基础;若咨询工程师认为合同中没有适用于该变更工作的费率和价格,则在与业主和承包商进行协商后,由咨询工程师和承包商议定合适的费率和价格;如双方在协商后未达成一致意见,则咨询工程师应确定他认为适当的费率和价格,并通知承包商,同时呈交一份副本给业主。

在最终确定费率和价格之前,咨询工程师应确定暂行费率和价格,以便有可能作为暂付款,在当月签发的支付证书中支付给承包商。同时,在确定变更工作价格时应特别注意货币支付比例和变更工作的价格调整。

(6)变更工作的实施和支付

如果承包商已按咨询工程师的指令实施变更工作,咨询工程师应将已完成或部分完成的变更工作费用加入合同总价中,同时列入当月的支付证书中并支付价款给承包商。但也有合同规定,只有在完成全部变更工作后,才能支付变更工作的费用。

2.2.2 工程项目结构分解

工程项目结构分解是工程项目范围管理的一项重要工作。其内容主要包括:立足项目整体视角,将项目分解成相互关联、相互影响的工作单元,明确工作内容和管理边界,理清各个系统与工作单元之间的关系,全面了解各子系统的内部联系,充分评估工程实施中需要重视的各项工作,保证目标的可实现性。

1)基本概念与内容

工程项目结构分解应对完成工程项目目标和任务所需的工作展开分析,给出工程项目所有活动及其组合方案,以界定工程项目的系统边界,明确各个子系统与工作单元之间的关联。

工程项目结构分解要遵循序渐进的模式,随着工程项目进展而不断细化。一般说来,工程项目组织应根据项目范围说明书分析项目结构,主要内容包括:

①工程项目系统的目标和任务。从宏观上认识工程项目的系统范围,包括工程范围和责任范围。例如,工程设计单位根据工程设计文件,通过分析确定其工作内容和在该内容下应承担的责任等。

②工程项目分解结构。将工程项目系统目标和任务逐步分解,得到不同层次的子系统和工作单元。可从上到下、由粗到细,将项目分解成系统的、相互关联的组成部分,明确项目范围管理所需的工作要素。

③工作单元定义。通过项目规划、详细设计、制订工作计划和责任的分配,将项目目标落实到具体的工作单元上,从质量、工期、成本、责任主体、实施条件等方面对工作单元进行详细的定义和说明。

④工作单元界面。主要涉及界限划分与定义、工作逻辑关系分析、实施顺序安排等。该工作要求工作单元之间的接口合理,必要时应书面说明工作界面;在项目设计、计划和实施中,注意界面之间的联系和制约;在项目实施过程中,注意变更对界面的影响。

2)工程项目分解结构

工程项目分解结构(Project Breakdown Structure,PBS)是项目计划最基本的方法,一般表现为一种层次化的树状结构。任何项目系统都有其自身的结构,都可以进行结构分解。

常见的分解结构如下：

①系统分解结构(Engineering Breakdown Structure,EBS)：将工程项目系统按功能、专业(技术)分解为一定细度的工程子系统。

②目标系统结构(Objective Breakdown Structure,OBS)：将目标系统分解成为系统目标、子目标、可执行目标。

③成本分解结构(Cost Breakdown Structure,CBS)：将项目总成本依据预算或成本核算体系分解为各成本要素。

④组织分解结构(Organizational Breakdown Structure,OBS)：描述负责每个项目活动的具体组织单元,它是将工作包与相关部门或单位分层次、有条理地联系起来的一种项目组织安排图形。

⑤工作分解结构(Works Breakdown Structure,WBS)：定义整个工程项目的工作范围。根据项目管理工作的需要,可进行不同层次的分解,具体分为总目标、里程碑、工作包、任务、活动,以满足对工程项目进行时间、费用、质量的计划和控制管理。它是按照一定的逻辑关系将工程项目划分为可管理的结构单元。

此外,还有资源分解结构(RBS)、合同分解结构(CBS)、风险分解结构(RBS)等,这些都是针对分解的对象不同而派生出来的,但彼此相关,往下还可以进行多角度的结构分解。例如,成本分解结构一般以工作结构分解为前提,然后可按工程建设投资分解、工程量清单分解等。

3) 工程项目分解结构原则

工程项目分解结构难有普遍适用的原则,一般按照系统分析的方法和实际工作的经验要求,结合工程建设的特点和项目自身的发展规律,在满足项目实施者和后继管理者工作要求的基础上,遵循以下6条基本规则：

①保证工程项目内容完整。工程项目是一个整体,任何部分的缺失都将造成整个工程项目的缺陷。因此,在开展工程项目分解结构时,不能遗漏项目的任何组成部分。

②一个项目单元只能从属于一个上级单元,不能同时从属于两个上级单元。

③相同层次的项目单元应具有相同的性质。上层单元在分解后,其下层单元应该有相同的性质；如其下层单元都表示功能,或都表示要素,或都表示实施过程等。避免出现功能、要素、实施工程等相互交叉的现象。

④项目单元能明确区分不同的工作内容和责任者。项目单元一般都有较高的独立性和整体性,单元之间的工作责任、界面应尽可能小且明确,这样才方便项目目标和责任的分解和落实以及成果的评价。若是有两个部门共同承担责任,则必须清楚地说明双方的权责界限。

⑤要为工程项目计划和实施控制服务。项目分解结构必须有助于项目管理工作的开展,体现其合理性。比如：要便于使用工期、质量、成本、合同和信息等管理的方法和手段,要考虑人员、货物、资金和信息的使用效率,注意功能之间的有机组合,分解后的项目在结构上应有一定的弹性,方便扩展项目范围、内容和变更项目的结构。

⑥符合要求的详细程度。工程项目分解结构的详细程度,应根据具体项目的技术经济特点,综合考虑项目规模、范围、复杂程度、项目风险、管理人员素质等因素,合理确定分解的层次、幅度、各层次的隶属关系,保证工程项目可以实现全生命周期的管控。分解层次以4~6层为宜,层次太少会使每个单元的信息量和管理跨度过大;反之,分解过细会使结构失去弹性,管理效率降低。

4) 工程项目分解结构方法

工程项目分解结构方法随着项目的特点的不同而变化,基本是依据项目管理者的经验和技能来进行分析,且将分解效果在项目设计、计划和实施过程中体现出来。

常见的工程项目分解结构方法有两大类:

(1)对技术系统进行分解(又称为结构化分解方法)

该方法包括按功能区间的分解和按要素的分解。这里的功能是工程建成后应该具有的作用,常常是在一定的平面和空间上所起的作用。工程项目的运行可以看作工程所属的各个功能综合作用的结果。

将项目的总功能目标逐步分解为各个部分的局部功能目标,并以此形成目录,详细地说明该功能的特征(如面积、技术结构、技术装备、采光、通风等)。例如,一栋办公大楼可以分为办公室、会议室、展览厅、停车场、公用道路等;一个工业厂房可能划分为生产和服务功能,如毛胚生产、机械加工、冲压、装配等。对于一个复杂系统的工程,还可以再细分其子功能,例如办公室又可以分为财务处、人事处等科室。

此外,按要素进行分解:一个功能面包括各个专业要素,如一个车间的结构可分为厂房结构、吊车设施、设备基础和框架等;各功能面上又可分为电器设施、器具、生产设备、办公设备等。由此可见,要素具有鲜明的专业特征。有些要素还可以进一步分解为子要素。例如,厂房结构可分解为基础、柱、墙体、屋顶及饰面等,而电气设施又可分为供电系统和照明系统等。

一般地,还可以将一个工程项目依次分解为单项工程、单位工程、分部工程、分项工程。

①单项工程:具有独立的设计文件,具备独立施工条件并能形成独立的使用功能,竣工后能够独立发挥其生产能力或使用效益。

②单位工程:具有独立的设计文件,具备独立施工条件并能形成独立使用功能,但竣工后不能独立发挥生产能力或工程效益的工程,如土建、给排水、电力、通风供暖等。

③分部工程:按部位、材料和工种进一步分解单位工程后出来的工程,如土建部分的基础工程、主体工程、装饰装修工程等。

④分项工程:能够单独地经过一定施工工序就能完成,并且可以采用适当计量单位计算的建筑或安装工程,如基础工程中的土方开挖、垫层施工、土方回填等。

(2)按实施过程进行分解(又称过程化分解方法)

工程项目的实施过程通常可以分解为5个阶段:前期决策、规划设计、实施建设、竣工验收、项目运营。在实施过程中,必须考虑各阶段项目的管理特点。如在规划设计阶段,应在技术系统的基础上进行分解,包括设计阶段划分、设计工作管理模式;在实施阶段,主要考虑实施的分包方式,是采用"设计—采购—施工"总承包,还是采用分阶段分专业平行承包,同时还要考虑是分阶段实施,还是一次性全面实施;在竣工验收和运营阶段考虑试生产的准备工作的安排、工程验收的模式以及验收工作的划分等。

图2.2为一栋楼和楼外工程项目的分解结构图,从中可以看出分解的具体思路和方法。

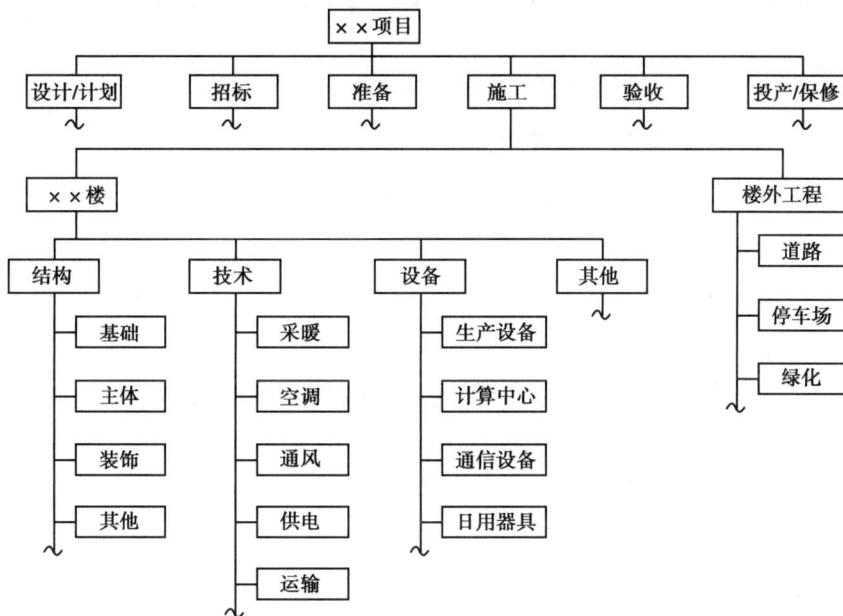

图2.2 某工程项目分解结构

5) 工程项目结构编码设计

在工程项目结构图绘制之后,需要设计一个统一的编码体系,以便对各任务、子任务、单元进行识别和管控。同时,信息技术的快速发展便于网络分析、成本管控、数据存储与调用、统计分析,对每个项目进行编码成为现代化信息处理的要求。

工程项目管理者应该建立整个项目统一的编码体系,确定编码规则和方法,使每一个号码对应唯一的一个单元,并在全生命周期的各阶段里,在项目各个单元的查找、变更、费用计算、进度管理、资源安排等各个方面都能应用或者参考这个编码体系,以此提高项目管理的效率。

根据分解结构图,项目编码采用"父码+子码"的方法进行编制。结构的每一个层次对应代码的一位数字,典型的编码是利用一位阿拉伯数字,这样每层的关键活动不能大于9,如果不能满足要求,则每一层次可以利用两位阿拉伯数字编码,以此增加灵活性。

如图2.3所示,编码由5位数组成,第一位表示处于第0级的整个项目,该项目编码1,第二位是表示处于第1级的子项目(子工作单元)的编码,和第一位配合使用得到该项目下一层次的子项目(子工作单元)编码分别为11、12、13、14。以此类推,则在下一层次的任务编码分别用111、112、121、122等进行表示,照此方法依层次向下编码,直至最小单元。

```
                        ┌─────────┐
                        │  10000  │                    项目
                        └────┬────┘
        ┌───────────┬────────┴────────┬─────────────┐
   ┌────┴────┐ ┌────┴────┐      ┌─────┴───┐    ┌─────┴───┐
   │  11000  │ │  12000  │      │  13000  │    │  14000  │        子项目
   └────┬────┘ └────┬────┘      └────┬────┘    └────┬────┘
    ┌───┴──┐    ┌───┴──┐         ┌───┴──┐    ┌──────┼──────┐
 ┌──┴──┐┌──┴─┐┌─┴──┐┌──┴──┐  ┌──┴──┐┌─┴──┐┌─┴──┐┌──┴──┐┌──┴──┐
 │11100││11200││12100││12200│ │13100││13200││14100││14200││14300│   任务
 └─────┘└────┘└────┘└──┬──┘  └─────┘└────┘└────┘└────┘└────┘
                       ┆
                  ┌────┴────┐
                  │  12200  │   子结构图                          项
                  └────┬────┘                                      目
          ┌───────────┼───────────┐                               单
     ┌────┴───┐  ┌────┴───┐  ┌────┴───┐                           元
     │  12210 │  │  12220 │  │  12230 │
     └────────┘  └───┬────┘  └────────┘
               ┌─────┴─────┐
          ┌────┴───┐  ┌────┴───┐
          │  12221 │  │  12222 │
          └────────┘  └────────┘
```

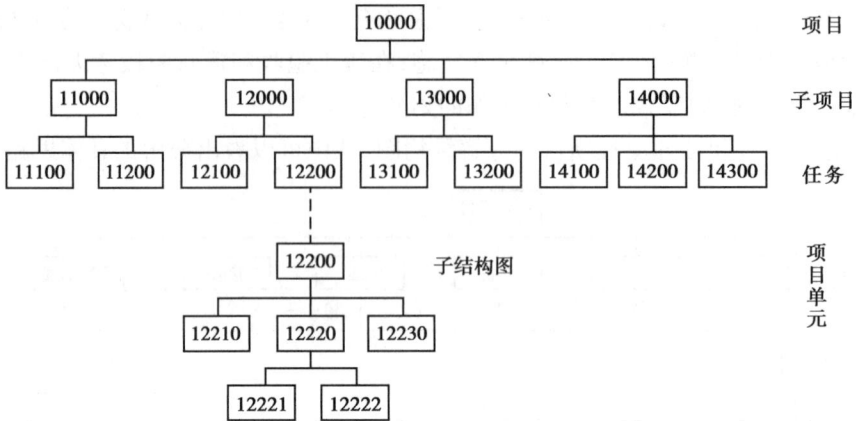

图 2.3　项目结构示意

2.3　工程项目前期策划

2.3.1　概念、作用及要求

1）工程项目前期策划的概念及特点

前期策划一般指从项目构思到项目批准立项的过程，是确保工程项目实施符合质量、环境与职业健康安全管理体系要求的前提下，做好合同履约和全过程控制的基础，对工程项目成败有着非常重要的作用。项目前期策划工作具有以下 3 个特点。

（1）目标明确，需求模糊

前期策划工作属于前期论证阶段，在此阶段决策意见和建议来自专业人士的头脑风暴和会议讨论。因此，在此阶段决策目标尚不明晰，许多决策内容也还在讨论阶段。这就导致项目前期工作的第一个特点即项目前期工作具有极大的不确定性，方案可能推倒重来，项目需求不明确，决策过程比较模糊。

（2）多专业管理困难

在项目前期决策过程中必须设计多个专业的前期规划工作。就建设工程项目而言，前期设计阶段涉及建筑、结构、给排水、强弱电、节能、暖通等多专业间的图纸设计。各个专业之间又是相互关联、相互配合的。因此，在项目前期决策阶段进行管理会比较困难，稍有不慎就会出现各专业之间的矛盾冲突，若不及时处理会造成后期项目运行阶段存在难以解决的问题。

（3）成果特殊，涉及多方

项目策划成果有其标准策略和项目清单，清单的内容涉及许多参与方。因此，必须和参与方共同夯实清单，保证成果的准确性。该过程是影响项目策划好坏的重要环节，这种需要项目组外部配合完成的工作很难保证工作质量。

2) 工程项目前期策划的作用

工程项目前期策划的主要任务是寻找项目机会(项目构思与选择),确定项目目标(目标设计),定义项目对项目进行详细的技术经济论证(可行性研究),使整个项目建立在坚实可靠的基础之上。

(1)前期策划是项目方向确立的依据

项目构思和目标设计是确定方向的问题。工程项目由目标决定任务,由任务决定技术方案,如果方向出错,就会导致后面一系列工作偏航,客户不满意,项目效益低、缺乏竞争力等问题。

(2)前期策划是整个项目成败的关键

前期策划是工程项目的孕育阶段,项目构思和项目目标影响全局,不仅对工程建设、运行状况和使用寿命起着决定性作用,而且对工程的整个上层系统都有极其重要的影响。

3) 工程项目前期策划的要求

前期策划阶段是决定一个项目成功与否的关键,对前期策划工作必须予以充分重视。基于以上特点,前期策划应注意3个要求:

①策划是一个知识管理的过程,应重视对同类项目的经验和教训的分析。根据实际的情况判断事物变化的趋势,围绕活动的任务或目标,对所采取的方法、途径、程序等进行构思。要通过现场调查、详细方案设计、研究评价工作的深化、细化,合理地定义及规划项目自身。

②策划是一个以创新求增值的过程,应坚持开放性的工作原则。要重视策划阶段的组织形式,建立合适的组织架构,配备专业团队,集思广益,避免决策者单方面的主观策划。

③策划是一个动态的过程,应重视论证和调整。要在充分了解项目基本信息的基础上,运用系统科学的方法全面有效地进行策划。同时,前期策划要随着信息变化而进行动态调整,做出适宜的目标规划,以提高目标实现的可能性,确保后续建设项目的质量和进度,从而提高整个项目的效益。

2.3.2 工程项目前期策划流程

工程项目前期策划一般按4个步骤展开。

1) 项目构思与选择

项目构思是项目发起之源,是找寻项目机会的过程。项目构思往往产生于对解决上层系统问题的期望与设想,或者是满足上层系统的实际需要,又或是实现上层系统的战略目标或者战略计划。

2) 目标设计与定义

通过识别分析工程项目建设的内外因素,提出项目目标因素,进而构建目标系统。通过对目标的书面说明,形成项目定义,最终完成项目建议书。

（1）环境调查与问题研究

对企业所处的市场环境条件进行详细的调查研究，识别分析工程项目建设存在的内外部问题。

（2）项目目标设计

在分析内外部问题的基础上，结合企业自身战略需求，提出项目目标因素。通过对项目目标因素的优化组合，形成项目目标系统，也就是最终要实现的发展目标。

（3）项目定义与总体方案

在可行性前提下划定项目目标范围，对各个目标作出说明。对项目总体实施方案进行策划。

（4）编制项目建议书

对环境条件、存在问题、项目总目标、项目定义和总体方案进行说明与深化，并提出可行性研究需要考虑的细节问题。

3）可行性研究

从技术、经济、环境、社会等角度分析论证项目总目标和总体实施方案，是前期策划阶段最关键的工作，最终成果为可行性研究报告。

4）项目评价与立项决策

在可行性研究报告的基础上对项目进行财务评价、国民经济评价和环境影响评价等，为项目的最终决策提供依据。建立在项目评价和可行性研究报告的基础上，再决定是否给予立项。

2.3.3　工程项目目标设计

每个工程项目目标都难以孤立存在，不同目标之间存在彼此矛盾的关系，有些目标甚至是"牵一发而动全身"。比如，工程项目管理是在给定的时间内，在有限的资源（资金、劳动力、设备材料等）条件下，以尽可能快的进度、尽可能低的费用完成项目工作任务。因此，工程项目管理的三个主要目标是质量、进度和成本。三大目标在建设周期内有着对立与统一的关系。

①它们构成项目管理的目标系统。在很多情况下，为实现其中一个目标就得牺牲其他两个。例如，考虑缩短项目工期，就得增加资源投入，相应地会增加项目成本。如果不采取任何防范措施，项目质量就会下降。

②它们相互联系、相互影响，构成一个不可分割的整体。任何只强调最低成本、最高质量、最短工期的做法都是片面的。例如，适当提高项目质量标准（功能要求），会造成投资和建设工期的增加，但能够节约项目建成使用后的运营成本和维修费用。

③它们的对立统一关系，不仅仅体现在项目总体上，还反映在项目构成的各个单元上，以及项目管理目标的基本逻辑关系上。

现如今，工程项目管理目标已悄然发生变化。除了传统的三大目标（质量、进度和成本），人们对工程项目管理的诉求越来越多，其中很重要的一点是反映客户满意度。客户处于整个项目的核心位置，工程项目建设的终极目标就是让客户满意，使客户能够接受完成的项目。随着社会经济发展,人们对工程项目的环境、健康和安全管理提出了更高的要求和执行更严格的监管。此外,可持续发展要求工程项目管理注意经济、社会、环境三方面的平衡。倘若过多地重视工程项目经济效益而对可持续性考虑不足,将不利于工程项目发挥其社会和环境效益,还可能导致难以挽回的人身伤亡和财产损失。项目目标是工程项目管理的核心,在策划阶段对项目目标要有完整及长远的考虑。因此,工程项目管理人员在确定项目目标时务必要十分慎重。

2.3.4 可行性研究

1) 基本概念

可行性研究是在投资决策之前,对项目技术、经济、社会、环境等方面进行全面调查,分析项目有利和不利的条件,论证项目建设必要性、财务盈利性、经济合理性、技术先进性和适应性,以及建设条件的可能性和可行性,对项目建成后的经济效益、社会效益、环境效益等予以预测和评价,为项目立项提供决策依据。可行性研究应遵照科学、客观、公正的原则,编制人员要坚持实事求是的态度完成可行性研究的编制,减少甚至避免项目决策的失误。

在 2004 年投资体制改革之前,可行性研究报告是项目审批依据,所有项目均要经历项目建议书、可行性研究报告和开工报告 3 个程序。2004 年,国务院颁布《国务院关于投资体制改革的决定》,投资项目管理由单一审批制变成审批、核准和备案三种制度相结合的投资管理制度,可行性研究报告的作用随之发生变化。现阶段只有政府投资项目和使用政府性资金的企业投资项目需要审批,可行性研究报告仍是其项目批准的 3 个环节之一。可行性研究在减少和避免投资决策失误、保障投资效益等方面有着重要意义,因此无论是否需要审批,投资方都应该高度重视。

2) 可行性研究的阶段划分

可行性研究有广义和狭义之分。广义的可行性研究包括投资机会研究、初步可行性研究和详细可行性研究;狭义的可行性研究指详细可行性研究。如表 2.1 所示,从投资机会研究到详细可行性研究是一个论证不断深化的过程。

表 2.1 可行性研究各阶段的区别与联系

工作阶段	工作内容	工作成果	研究作用	估算精度	研究费用占投资费用比例
投资机会研究	鉴别投资方向;寻求投资机会;确定初步可行性研究的范围;确定辅助研究的关键方面	项目建议书	对投资方向进行初步筛选,确定是否需要进行初步可行性研究	±30%	0.2%~1.0%
初步可行性研究	确定项目的选择标准;确定是否开始可行性研究、辅助研究	初步可行性研究报告	判定是否有必要进行详细可行性研究	±20%	0.25%~1.25%

续表

工作阶段	工作内容	工作成果	研究作用	估算精度	研究费用占投资费用比例
可行性研究	开展详细调查研究；进行深入的技术经济分析和效益论证；进行多方案比选；确定项目可行性	可行性研究报告	作为投资决策的重要依据	±10%	大型项目 0.8%~1% 中小型项目 1%~3%

3）可行性研究的依据

①国家法律法规。

②国家和地方的社会经济发展规划。

③企业发展战略和发展规划。

④项目建议书及其批复文件。

⑤可行性研究委托单位意见及委托合同。

⑥国家批准的资源报告、国土开发整治规划、工业基地规划、江河流域规划、路网规划等。

⑦拟建设场址的地理、气象、水文、地质、生态等自然情况资料和经济、文化等资料。

⑧工程技术、经济方面的规范、标准、定额等规范性文件。

⑨国家统一颁发的有关建设项目的经济评价参数。

⑩国家进出口贸易政策及关税政策。

⑪项目合资、合作方签订的协议书或意向书。

⑫其他相关数据资料。

4）可行性研究报告的内容结构

可行性研究主要包括三个部分：第一是市场研究，是项目存在的前提；第二是技术研究，是项目实现的手段；第三是经济研究，是项目运营的目标。可行性研究报告没有固定的格式框架，下面给出的框架仅供参考。

（1）总论

对报告全文的综述，主要包括项目背景、可行性研究结论、主要技术指标、存在问题和对策建议等。

（2）项目背景及发展概况

对项目提出的背景及缘由、项目发起人基本情况和项目发展概况予以描述，阐述项目建议书的编制审批过程。

（3）市场分析及拟建规模

描述市场调查过程及结果，针对产品方案、产品市场的供需现状及趋势、对市场风险进行分析，最终得出项目建设规模。

（4）资源条件情况

根据项目性质的不同而调整，资源开发性项目首先应符合资源总体开发规划要求，符合资源综合利用要求，符合节约资源及可持发展要求，接着论证资源开发利用可行性，生产性项目需要对主要材料和辅助材料、能源动力的供应情况进行分析论证。

（5）建设条件及场址方案

分析建设条件及场址的自然和社会条件。自然条件包括地理、气象、水文、地质等，社会条件包括当地经济文化现状、基础设施配套情况、项目征地、拆迁、移民的情况。

（6）工程技术方案

对工程技术方案、设备方案和工程建设方案进行描述，确定技术方案的合理性和先进性。

（7）环境影响评价、劳动保护与安全卫生

包括对项目所在地的生态环境情况进行调查，分析生产主要污染源、污染物的排放情况和确定处理方案，以及对项目建设生产人员的职业危害、劳动安全、消防措施等。

（8）企业组织与劳动定员

包括企业组织形式与制度、人员需求及教育培训情况等内容。

（9）项目实施进度计划

实施进度计划包括项目实施各阶段的人员组织、工作安排、资金投入等内容。

（10）投资估算与资金筹措方案

估算项目固定投资总额，分析资金使用计划，明确资金筹措方案等。

（11）项目财务、经济效益、社会影响评价

对项目进行财务评价、国民经济评价和社会影响评价。其中的社会影响包括对项目与当地的政治、文化、科技、国防的适应性进行分析论证。

（12）风险和不确定性分析

对项目风险进行识别、估计、分析，最终提出风险防范对策。

（13）可行性研究结论与建议

围绕项目是否可行得出结论，详细说明方案优缺点，对尚无法确定的内容要予以陈述。

（14）财务报表及其他附件

将财务报表和其他需要在可行性研究报告中体现的材料作为附件编入可行性研究报告中。

5）可行性研究报告的作用

①作为工程项目投资决策的依据。通过研究分析项目资料，论证工程项目建设的必要性和可行性，技术方案的经济性，为项目投资决策提供参考和支持。

②作为编制设计任务书的依据。可行性研究对项目的基础数据进行分析和论证，为设计任务书的编制提供基础限额指标。

③作为向银行等金融机构申请贷款或向社会筹集资金的依据。金融机构在批准项目贷款申请前，一般要审查建设项目的可行性研究报告，以对项目进行全面准确的评价。由于金融机构相对缺乏专业的项目管理人员，所以很大程度上要依托可行性研究报告的内容进行判断。

④作为与相关单位签订合同或协议的依据。可行性研究报告明确了项目技术经济指标,可以以此为依据签订项目设计合同、设备采购合同等。

⑤作为向有关政府部门报批审查的依据。可行性研究报告是获得政府部门颁发投资许可的依据,也是向规划、建设、环境等部门申请建设许可及其他证件的重要材料。

⑥作为项目开展相关科研实验、设置组织机构、开展人员招聘培训等工作的依据。

⑦作为项目后评价的依据。在竣工投产后,对项目的生产经营情况开展项目后评价。此时需要将可行性研究报告中制订的生产纲要、技术标准、经济效果指标等内容作为评价的依据。

2.4 工程项目实施策划

2.4.1 概念、作用和要求

1) 工程项目实施策划的概念

工程项目实施策划指的是在项目立项之后,根据前期策划确立的基本目标,对项目实施做出事先安排,将项目构思转变成可操作的工作计划。工程项目实施策划包括工程项目管理规划大纲、工程项目管理实施规划、工程项目管理实施手册3个部分。《建设工程项目管理规范(GB/T 50326—2017)》将前两者统称为项目管理规划。

①工程项目管理规划大纲:由企业管理层或由其委托的项目管理单位在投标之前组织编制,在项目管理过程中作为投标人的项目管理总体构想或项目管理宏观方案,用于指导项目投标和签订合同要求的文件。

②工程项目管理实施规划:由项目经理在项目开工之前组织编制,是对工程项目管理规划大纲的细化与深化,用于指导施工项目实施阶段管理。

③工程项目管理实施手册:上述实施规划的操作性文件,针对工程施工所编制的实施手册为施工组织设计。

2) 工程项目实施策划的作用

①对项目构思和项目目标开展更为详细的论证。在确定项目总目标后,论证工程项目实施策划分析研究总目标能否实现,总目标确定的费用、工期、功能要求能否得到保证。制订详细的工程项目管理目标,作为指导工程项目建设的依据。

②对项目目标的实现方法、措施和过程进行安排。它涉及项目目标分解过程,要求策划更细致的目标组合,为中间决策提供依据。

③必须考虑实施战略问题。如合同模式、里程碑计划、技术系统的实施策略,对项目实施进行全面评估和预测。作为项目管理规范,需在项目管理过程中落实执行。

④应形成项目管理工作指南和实施控制依据等技术管理文件。实施策划既是对项目管理实施过程展开监督、跟踪和诊断的依据,又是最后评价和检验项目管理实施成果的标准,以及对项目管理人员绩效评估的重要参考文件。

⑤说明实施过程中所需要的技能和资源,是业主和项目其他利益相关者需要了解和利用的信息。

3) 工程项目实施策划的编制要求

(1) 应包括对目标的研究与分解

应详细地分析项目总目标,理清总任务,使项目参与方对总目标尽早达成共识。

(2) 应符合实际

①反映环境要求:包括对环境的调查与分析,注意评估环境因素的制约和要求,保证规划的科学性和实用性。

②反映项目本身的客观规律性:应按照工程项目的规模、技术要求、逻辑关系做计划,不能片面或过分地缩短工期和压缩费用。

③反映项目相关方的实际情况:包括业主的资金实力、材料设备采购能力、管理协调能力;承包商技术实力、劳动力水平、机械设备情况、生产效率和管理水平、过去同类工程的经验,以及对项目资源投入的保障能力等;设计单位、供应商、分包商完成相关任务的能力等。在编制过程中,应当充分了解业主的实际情况,对项目各方进行调查摸底,确保规划所作的各项安排与项目相关方的实际情况相匹配。

(3) 内容的全面性和系统性

工程项目管理实施策划的内容多、涉及面广,需要对项目管理的各个方面及各种要素进行统一安排。

(4) 应有弹性,留有余地

由于编写策划时不可能全面准确地预测未来,工程项目策划需留有足够的弹性,充分考虑以下多方面要素:

①由于市场、环境、气候等因素发生变化,原计划的目标和规划内容可能不符合实际情况。

②项目投资者的新需求。

③有关方面的变化,如政府部门要求、新法律法规的颁布实施,项目实施点的周边居民干扰等。

④可能存在的项目计划、设计考虑不周、错误或矛盾。

⑤实施过程中出现的工程质量、安全等问题。

(5) 必须包括风险分析和防范措施

项目处于动态变化之中,使项目目标的实现存在很多不确定因素。因此,对可能发生的干扰因素,应事先进行必要的预测和科学的分析,提出防范措施,最大限度降低风险发生造成的损失。

4) 工程项目实施策划的执行要求

落实组织责任。将工程项目管理规划所确定的各个目标落实到相关部门、组织及个人,保证计划得到贯彻执行。

①动态性。工程项目管理规划建立在许多假设条件的基础上,会有与工程实际不符之处。因此,该规划应随着实际情况作动态调整,动态管理在成本管理、进度管理等方面都格

外重要,在实践中更加注重与相关信息技术相结合,如借助 BIM·5D 技术实现工程施工的动态管理。

②层次性。在项目开展初期,信息比较缺乏、技术方案还不够明确,项目实施计划比较粗略。此后,项目目标不断细化、技术逐渐清晰,这时应当对规划的相关部分进行细化。一方面要确定控制目标,另一方面要制订可操作的制度和程序。

③协调性。项目管理规划包含项目管理的各个职能,贯穿项目建设的各个阶段,是由各种专项计划组成的。这些计划既相互独立,又相互联系。在规划执行过程中,专项计划往往由不同的组织或部门负责,当其中某项计划因实际情况发生调整时,应及时与其他计划进行协调,并作出相应的调整。

2.4.2 工程项目管理规划大纲

工程项目管理规划大纲由项目管理团队按照招标文件及发包人对招标文件的解释、工程现场情况、发包人提供的信息和资料、市场信息以及投标决策意见编写而成。它具有战略性、全局性和宏观性。战略性体现在内容上的高屋建瓴;全局性反映在针对的是整个工程项目生命周期,而不是某个部分或局部,更不是工程项目生命周期的某个阶段;宏观性表现在涉及工程所处的经济社会环境、管理作业、组织流程都是相对宏观的。

1)编制依据

工程项目管理规划大纲的编制应充分掌握工程现状,一般要参照可行性研究报告,设计文件、标准、规范及规定,招标文件、合同文件及发包方对招标文件的解释,工程现场调查结果,工程投标信息,企业法定代表人的投标决策,发包人提供的工程资料和信息,等等。

2)编制程序

工程项目管理规划大纲的编制需要由浅入深,层层递进,严格按照一定的程序,如图2.4所示。

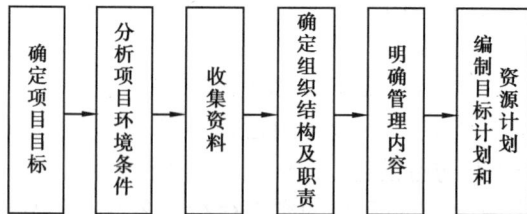

确定项目目标 → 分析项目环境条件 → 收集资料 → 确定组织结构及职责 → 明确管理内容 → 编制目标计划和资源计划

图 2.4 工程项目管理规划大纲编制程序

此外,制订项目目标和资源计划是整个编制过程的关键,对实现项目目标和合理使用资源有着重要意义。

3)编制内容

依照《建设工程项目管理规范》(GB/T 50326—2017)的要求,工程项目管理规划大纲包括15项内容,见表2.2。

表 2.2　工程项目管理规划大纲内容

组成部分	各部分内容
项目概况	项目范围描述、实施条件分析和项目管理基本要求等
项目范围管理	对项目过程范围和最终可交付的工程范围进行描述。可通过工作分解结构图实现,并对分解的各单元进行编码及编码说明
项目管理目标	合同要求的目标(合同规定的目标必须实现) 企业自身要完成的项目目标
项目管理组织	组织结构形式、组织构架、项目经理、职能部门、主要成员人选及拟建立的规章制度等
项目采购与投标管理	建立采购管理制度,内容包括项目资源采购活动的基本管理目标、工作内容,采购过程控制措施,内部监督程序及其管理要求 建立投标管理制度,内容包括:投标活动的基本管理目标、工作内容,投标过程控制措施,内部监督程序及其管理要求
项目进度管理	应包括进度的管理体系、管理依据、管理程序、管理计划、管理实施和控制、管理协调等内容 应说明招标文件(或招标人要求)的总工期目标及其分解、里程碑事件及主要工程活动的进度计划、施工进度计划表、保证进度目标实现的组织、经济、技术、合同等措施 工期目标与总进度计划不仅要符合招标文件提出的总工期要求,而且应考虑环境条件的制约、工程规模和复杂程度、承包人资源投入强度;在制订总进度计划时应参考已完成的当地同类工程的实际进度状况 应采用横道图的形式,注明主要的里程碑事件
项目质量管理	包括管理依据、程序、计划、实施、控制和协调等方面,主要描述质量目标规划和主要施工方案
项目成本管理	提出编制成本计划的总体原则。成本目标规划应包括总成本目标,按照主要成本项目进行成本分解的子目标,保证成本目标实现的技术组织措施 成本目标规划应留有余地或浮动区间 成本目标的确定应反映工程范围、特点、性质、承包人责任、现场条件、施工方案等因素
项目安全生产管理	确定安全生产管理的方针和目标,建立项目安全生产责任制度 根据合同要求,确定项目安全生产管理的范围和对象,制订项目安全生产管理计划 识别可能的紧急情况和突发过程的风险因素,编制项目应急准备与响应预案
绿色建造与环境管理	建立项目绿色建造与环境管理制度,确定绿色建造与环境管理的责任部门,明确管理内容和考核要求 制订绿色建造与环境管理目标,实施环境影响评价,配置相关资源,落实绿色建造与环境管理措施

续表

组成部分	各部分内容
项目资源管理	编制人力资源需求、配置和培训计划 编制劳务需求、配置和培训计划 编制工程材料与设备的需求和使用计划 编制项目施工机具与设施需求、使用和保养计划 编制项目资金需求、收入和使用计划
项目信息管理	与项目组织相适应的信息流通系统 信息流动中心的建立与规划 项目信息管理软件的使用和选择 工程项目信息管理实施方案
项目沟通与 相关方管理	以项目为媒介所涉及的个人和组织之间的信息沟通
项目风险管理	对风险因素进行预测、估计风险量、风险控制、转移或自留
项目收尾管理	包括工程收尾、管理收尾、行政收尾等内容

2.4.3　工程项目管理实施规划

工程项目管理实施规划一般由项目管理者组织编制，是工程项目管理规划大纲的细化和发展。

1）编制要求

编制要求由项目经理组织编写，反映获得招标文件、签订合同、项目实施过程的管理策略等变化。若需对工程项目管理规划大纲有原则性修改，应报请企业批准。为满足工程项目建设的需求，编制要求应尽量细化，尽可能用图表表示。

2）编制依据

编制依据主要包括工程项目管理规划大纲、项目条件和环境资料、工程合同文件（如项目管理责任书，施工合同等）、类似项目的资料等。

3）规划内容

《建设工程项目管理规范》（GB/T 50326—2017）规定工程项目管理实施规划的 17 项内容，见表 2.3。

表 2.3　工程项目管理实施规划内容

组成部分	各部分内容
项目概况	工程特点、建设地点及环境特征、施工条件、项目管理特点及总体要求等

续表

组成部分	各部分内容
项目总体工作计划	工程项目管理目标、项目实施总工期和阶段划分,资源投入的总体安排等
组织方案	编制项目结构图、组织结构图、合同结构图、编码结构图、工作流程图、任务分工表、职能分工表 合同所规定的项目范围与项目管理责任 项目经理部的人员安排 项目管理总体工作流程 项目经理部各部门责任 工程分包策略和分包方案、材料供应方案,设备供应方案 新设置制度一览表及引用组织已有制度一览表
设计与技术措施	编制设计与技术管理计划,包括:为实现设计与技术目标而规定的组织结构、职责、程序、方法和资源等的具体安排 确定项目技术管理措施,包括技术规格书、技术管理规划、施工组织设计、施工措施、施工技术方案及采购计划
进度计划	进度图、进度表、进度说明,编制能反映工艺关系和组织关系的计划,及其与进度计划相应的人力计划、材料计划、机械设备计划、大型机具计划及相应的说明
质量计划	质量目标和要求;质量管理组织和职责;所需的过程、文件和资源;产品(或过程)所要求的评审、验证、确认、监视、检验和试验活动,以及接收准则
成本计划	编制说明,对工程范围、投标竞争过程及合同条件、承包人对项目经理提出的责任成本目标、项目成本计划编制的指导;成本计划指标;工程计划成本汇总表
安全生产计划	包括项目安全生产管理范围和对象,针对不同安全事故的预防措施及施工方案等内容
绿色建造与环境管理计划	绿色建造计划应包括绿色建造方位和管理职责分工、绿色建造目标和控制指标、重要环境因素控制计划及响应方案、节能减排及污染物控制的主要技术措施及绿色建造所需的资源和费用 环境管理计划侧重于施工单位实施施工环境保护的项目环境管理要求,绿色施工计划侧重于绿色建造的设计、施工一体化要求
资源需求与采购计划	首先得出资源需要量,列出资源计划矩阵,然后结合进度计划进行编制,列出资源数据表,画出资源横道图、资源负荷图和资源累积曲线图 资源供应计划。资源供应计划是进度计划的支持性计划,满足项目资源需求。项目管理实施规划应分类编制资源供应计划,包括:劳动力,材料设备采购、储存计划;大型工具、器具供应计划等 采购计划应包括采购工作范围、内容及管理标准、采购信息、检验方式和标准、供方资质审查要求、采购控制目标及措施等内容
信息管理计划	信息需求分析、信息编码系统、信息流程、信息管理制度及人员职责等
沟通管理计划	信息沟通方式和途径、信息发布、信息使用权限、沟通管理计划的调整等

续表

组成部分	各部分内容
风险管理计划	列出项目过程中可能出现的风险因素清单,包括由于环境变化导致的风险;由项目工作结构分解获得的工程活动风险;由施工参加各方产生的风险等 对风险出现的可能性以及造成的损失作出估计 对各种风险进行确认,根据风险量列出风险管理的重点,或按照风险对目标的影响程度来确定风险管理重点 对主要的风险提出防范措施 落实风险管理责任人
项目收尾计划	项目收尾计划 项目结算计划 文件归档计划 项目创新总结计划
项目现场 平面布置图	按施工总平面图和单位工程施工平面图的设计和布置的常规要求进行编制
项目目标控制计划	包括技术措施、经济措施、组织措施及合同措施
技术经济指标	包括技术、经济、管理(进度、质量、成本、安全、节约)、效益等方面

2.4.4 施工组织设计

1)施工组织设计的概念

施工组织设计是施工项目管理工作的重要组成部分。通过编制施工组织设计,可以全面考虑拟建工程的各种施工条件,拟订合理的施工方案,确定施工顺序、施工方法和劳动组织,统筹安排施工进度计划;为设计方案在经济、技术和实施上的合理性、科学性和可行性论证提供依据;将各参建方更好地组织、协调在一起。

施工组织设计是编制其他计划的重要依据,是以工程项目为对象而编制的,其实质就是施工计划。主要任务是把工程项目在整个施工过程中所需的人力、材料、机械、资金和时间等因素,按照经济技术规律,科学合理地进行安排,使之达到耗工少、速度快、质量高、成本低、安全好、利润多等要求。

根据国家或业主对拟建工程的要求,施工组织设计应对人力、物力和空间等展开科学合理的部署,为施工的节奏性、连续性和均衡性提供最优方案。因此,它是拟建工程从施工准备到竣工验收阶段进行规划和指导的技术经济文件。

2)施工组织设计的分类

(1)按编制的对象和范围分类

一般分为施工组织总设计、单位工程施工组织设计、分部分项工程施工组织设计。

施工组织总设计。以整个项目为对象,一般是对特大型工程、多个单位工程组成的群体建筑或住宅小区,确定施工总部署以及各部分的衔接和相互关系。它对整个项目进行统筹规划、分步实施战略性规划,用于对单位工程施工组织进行总体性的指导和协调阶段性的目标管理与控制。

单位工程施工组织设计。以单位工程为对象,用于指导施工全过程中各项施工活动的技术、组织和经济,将建筑物的蓝图转化为实物的总文件,是施工组织总设计的具体化。

分部分项工程施工组织设计。对一些施工技术复杂、有特殊要求的关键分部分项工程,一般都需要单独编制施工组织设计。

(2)按设计阶段分类

当项目设计按两个阶段进行时,施工组织设计分为施工组织总设计(扩大初步施工组织设计)和单位工程施工组织设计。

当项目设计按三个阶段进行时,施工组织设计分为施工组织设计大纲(初步施工组织设计)、施工组织总设计和单位工程施工组织设计3种。

3)施工组织设计的编制原则

①符合国家有关法律法规、现行规范,符合地方规程、行业标准。

②满足建筑施工合同或招标文件中关于工程项目进度、质量、工程造价等管理目标的要求。

③积极开发和推广运用新技术、新工艺、新材料及新设备。

④坚持科学的施工程序和合理的施工顺序,做到资源的优化组织和合理配置,采用流水施工和网络计划的方法,实现均衡施工,努力实现科学合理的经济技术指标。

⑤积极响应国家关于低碳、节能、环保方面的方针与政策,采取先进的技术和管理措施,推广建筑节能和绿色施工。

⑥与建筑施工单位质量、环境、职业健康安全、项目管理规范四合一标准的有效结合,贯彻质量、环境、职业健康安全管理要求。

4)施工组织设计的内容

施工组织设计是为了解决整个建设项目施工的全局性问题,要求简明扼要、重点突出,安排好主体工程、辅助工程和公用工程的相互衔接和配套。施工组织设计的复杂程度一般要根据工程规模大小、结构特点、技术复杂程度和施工条件的具体情况而定。复杂或特殊工程的施工组织设计需详尽,小型建设项目或具有丰富施工经验的工程可简略。

单位工程施工组织设计是为了指导施工活动,要求具体明确,解决好各工序、各工种之间的衔接配合,合理组织平行流水和交叉作业,提高施工效率。施工条件发生变化时,施工组织设计需及时修改和补充。施工组织设计的内容要结合工程特点、施工条件和技术水平进行综合考虑,一般包括7个方面,如表2.4所示。

表 2.4　施工组织设计内容

工程概况及特点	拟建工程的性质、规模、建设地点、气象、地质、结构特点、设计概况、设计单位、监理单位、勘察单位、建设期限、承包方式等
施工部署和施工准备工作计划	根据工程情况,结合人力、材料、机械设备、资金、施工方法、合同规定交付使用的条件等,全面部署施工任务,合理安排施工顺序; 对拟建工程可能采用的几个施工方案进行定性、定量的分析,通过技术经济评价,选择最佳方案
施工进度计划	施工进度计划反映最佳施工方案在时间上的安排,它采用计划的形式,使工期、成本、资源等方面达到最优; 使工期、成本、资源等通过优化调整后达到既定目标,在此基础上编制相应的人力和时间计划、资源需求计划和施工准备计划
拟投入主要物资计划	给出工程计划分次分批投入的物资计划
施工(总)平面图	施工(总)平面图是施工方案及施工进度计划在空间上的全面安排。它把各种资源、材料、构件、机械、道路、水电供应网络、生产、生活活动场地及各种临时工程设施合理地布置在施工现场,最后设计出施工总平面布置图或单位工程、分部工程的施工总平面布置图
技术措施	一个工程项目,除选择合理的施工方案和进度计划安排之外,还应注意采取各项措施,确保质量、工期、文明安全以及成本的降低
主要技术经济指标	包括施工工期、全员劳动生产率、资源利用系数、质量、成本、安全、节约材料及机械化程度等指标

5) 工程项目管理实施规划与施工组织设计的差异

如表 2.5 所示,工程项目管理实施规划与传统的施工组织设计有着密切的关系,也有实质的区别。

表 2.5　工程项目管理实施规划和施工组织设计的区别

差异点	工程项目管理实施规划	施工组织设计
文件的性质	一种规范性管理文件,产生管理职能	一种技术经济文件,服务于施工准备和施工活动,产生技术效果和经济效果
文件的范围	涉及施工项目管理全过程,即从投标开始至交付使用后进行服务的全过程	所涉及的范围只是施工准备阶段和施工阶段
产生基础	为了提高施工项目的综合经济效益,以目标控制为主要内容而编制	为了组织施工,以技术、时间、空间的合理利用为中心,使施工正常进行而编制
实施方式	以目标管理的方式进行编制和实施,目标管理的精髓是以目标指导行动,实行自我控制	以技术交底和制度约束的方式实施,没有严格的要求和考核标准

【本章小结】

工程项目策划是在项目实施之前对项目情况进行分析和决策,以项目立项为界分为前期策划和实施策划两个阶段。工程项目策划是从一个抽象的概念通过科学的方法将项目逐渐明晰,最终形成可操作的方案。它对工程项目全生命周期有着直接且深远的影响。

工程项目范围管理的核心是对项目外部及内部各组成部分之间的边界进行界定,对范围变动进行有效控制,保障项目的顺利实施。其中一个重要的工具是工程结构分解。

工程项目前期策划的阶段包括项目构思与选择、项目目标设计与项目定义、可行性研究、项目评价与立项决策。最终形成的文件主要有项目建议书、可行性研究报告。工程项目实施策划阶段包括工程项目管理规划大纲、工程项目管理实施规划和工程项目管理实施手册。

【习题研讨】

1.简述工程项目策划的概念及其分类。

2.论述工程项目策划的作用及意义。

3.简述项目范围说明书的主要内容。

4.简述工程项目结构分解的概念及其原则。

5.简述工程项目范围变更的控制系统。

6.简述工程项目管理规划大纲和工程项目管理实施规划及其编制的步骤。

7.分析施工组织设计与工程项目管理实施规划的差别。

第 3 章 GONGCHENG XIANGMU ZUZHI

工程项目组织

【本章导读】

★ 本章主要讲解工程项目组织的基本概念、设计原理与运行模式。

【本章重点】

★ 工程项目组织的设计原则
★ 工程项目组织的主要形式
★ 项目经理部和项目经理责任制

3.1　工程项目组织概述

3.1.1　广义与狭义

狭义的工程项目组织是工程项目各方按照阶段性管理工作组建的临时性组织,由承担工程项目管理任务的人、单位、部门组合而成。一般情况下,按管理职能设置职位(部门),要求各部门按项目管理流程开展属于自己管理职能范围的工作。工程项目管理组织主要是指项目经理部或项目管理小组等,按对象差异可以分为业主的项目管理组织、承包商的项目管理组织、项目管理公司的项目管理组织等。不同对象下的工程项目组织在管理目标、工作责任和任务分工方面联系密切,一体化要求高,构成适应特定工程项目管理需要的组织系统。

广义的工程项目组织由负责完成项目结构图中各项工作的人、单位、部门组合的群体,有时还包括为项目提供服务或与项目有关系的部门,如政府机关、单位或个人等。广义的工程项目组织按项目工作流程开展工作,其成员按合同、任务书、工作包说明等规定的任务开展工作。其成员可以包括政府、业主、承包商（设计承包商、施工承包商，或设计施工一体化承包商）、供应商（材料供应商、设备供应商）、分包商（专业分包商、劳务分包商）、监理单位、咨询单位、运营单位以及其他利益相关方等参与者。

3.1.2　工程项目组织的发展与变化

工程项目组织如同其他组织一样也经历了一个缓慢变迁的过程。由最初的砖瓦房、平房等小型工程组织，发展成为如今高楼大厦、高架桥、高速公路等大型工程组织形态。伴随我国工业化和城镇化进程，以及人民生活水平的不断提高，跨区域或超大型的工程项目愈发多样。典型的工程有三峡工程、南水北调、西气东输、西电东送等。这些工程按传统方式仅仅依靠单个企业或者一个区域内的企业来完成所有的建设任务已变得不可能。因此，传统的工程项目组织常常很难满足现代工程项目建设的需要。

跨区域工程项目组织是为了完成跨越区域的工程建设任务而设置的，通常受到自然、环境、经济、社会、文化和地理条件等因素的影响。只有建立运作高效的项目团队，才能确保该类工程项目建设目标得以实现。跨区域工程项目组织部门为该系统的构成要素，它们围绕跨区域工程项目的工期、质量、成本、环境与安全等建设目标而协同工作。

如今，工程项目越来越复杂，参与方越来越多。特别是随着信息技术的飞速发展，很多参与方在地域上的离散合作给大型项目组织管理增加不小的难度。为有效开展工程项目活动，需要对更多的资源要素进行系统管理，推行一体化管理模式。随着智能建造技术在建筑行业应用和发展，逐渐形成虚拟化工程项目管理组织，在提高现场施工方案的合理性与科学性的同时，也有效地提高分包协调管理能力和信息沟通效率。

建筑市场竞争越来越激烈，企业仅凭自身的资源和能力很难能满足发展需要，一些中小企业在网络经济环境下更加灵活多变地参与市场分工，它们为更好地生存和增强竞争力，热衷于一种新的组织形式——"虚拟组织"。所谓"虚拟组织"指的是许多不同的企业，各自专门负责整个业务流程中具有竞争优势的几项活动，实质上是一种特殊的跨企业、跨空间的项目组织形态。通过彼此的合作网络完成全部的企业成果，组织中的各个企业独立运行。组织成员的地位完全平等，共同承担风险，可能只从事最具有竞争优势的业务活动，每个成员组织都具有相当的弹性。

新型或大型工程项目不断涌现，要求项目各参与方打破常规，创新项目组织方式。高效的工程项目组织能根据工程特点，建设出满足约束条件且资源消耗最少、质量最高和效益最好的工程产品。

3.2　工程项目组织设计原理

工程项目管理面临繁重的工作任务、有限的建设工期和明确的质量目标。如何在有限的时间内整合有限的资源，是项目管理团队需要着重考虑的。工程项目组织是为完成工程建设项目任务而组建的临时性团队，是管理工程项目的人和任务的组合。只有适合工程特点和建设任务的工程项目组织，才能把来自不同团队的人员集合起来，提高管理效率。

3.2.1 工程项目组织的特点和作用

工程项目组织与生产组织、慈善组织、教育组织相似,既有组织的一般特点,又有自己的运行目标、专业技能和活动范围。

1) 工程项目组织的特点

①临时性。每个项目都是一次性的。相应地,工程项目组织也应是临时性的。它随着项目的产生而开始,随着项目的竣工而结束;短到单个分部分项工程的生命周期,长到多个建设项目的生命周期。

②柔性。单件性、阶段性和固定性是工程项目的生产特点,这些特点受工程项目及周边环境的影响大。当环境发生变化时,如业主的要求改变、政策变化等,工程项目组织都应作出应对。工程项目组织必须有适应环境变化的能力,对不断变化的情况或突发事件做出反应。

③完整性。项目组织要对全生命周期内的各种矛盾和冲突进行管理和协调。例如,从概念方案到规划设计再到施工阶段,都要由项目组织来完成。这个组织是动态变化的,不同的阶段需要有不同的专业工种人员加入,从而构成完整的管理体系。

上述特点决定了工程项目组织是工程项目管理的重心。一个项目一旦建立有效的组织系统,工程项目管理就能成功一半。

2) 工程项目组织的作用

工程项目组织是项目管理的保障。一个有效的项目组织应能够高效地完成项目管理目标,积极应对外界变化,满足组织成员生理、心理、社会和发展需要,组织成员需要有集体意识,为完成项目建设目标而共同努力。

工程项目组织能够形成权力系统。随着组织的创建,各部门应形成相应的权力。权力是项目管理工作的需要,是管理地位形成的前提,是组织活动的反映。项目组织要合理分层、分跨度。层次多,权力分散;层次少,权力集中。

工程项目组织能够形成责任制。责任制是工程项目组织的核心,建立健全岗位责任制,确保组织有效运行。组织中每个成员规定的管理和生产活动,就是每个成员应履行的责任。

工程项目组织应形成信息沟通体系。信息沟通在工程项目组织中扮演着重要的角色,下级以报告或其他形式向上级传递信息,同级不同部门之间通过横向传递信息来实现沟通协作。

3.2.2 工程项目组织设计的原则

没有哪个组织在所有项目环境中都是高效的。事实上,设计工程项目组织需要管理者或所有者充分平衡各方利益与矛盾,满足工程项目建设需求。一般认为,工程项目组织设计要遵循7项原则:

(1) 目的导向

为产生组织功能,实现项目管理的总目标,就需要因目标设事、因事设机构定编制,按编制设岗位定人员,以职责定制度授权力。

(2) 精干高效

组织人员的设定以实现项目所要求的工作任务为原则,尽量精简机构,做到精干高效,力求一专多能、一人多职。

（3）管理跨度和管理层次统一

管理跨度是指在一个组织系统中上一级领导直接领导下属的数目。管理层次是组织结构中从最高管理者到执行者之间管理层的数量。管理跨度越大，管理者管理的人员越多。管理层次越多，组织的纵向深度越大。两者之间密切相关，层次多，跨度小；层次少，跨度大。工程项目经理在创建组织时，要根据以往经验和项目特点设计切实可行的层次和跨度。

（4）责任与权力相平衡

应明确投资者、业主及其他利益相关者之间的经济关系、职责和权限，通过合同、计划、组织规则等文件予以明确。

组织关系应符合责任与权利对等的原则，主要包括：

①权责对等。业主有一项合同权益，必是承包商的一项合同责任；反之，承包商的一项权益，又必是业主的一项合同责任。

②权力制约。如果组织成员有一项权力，且行使该权力必然会对项目或其他成员产生影响，则该项权力应受到制约，防止滥用。例如，业主和工程师对承包商的工作有检查权、认可权、指令权，监理工程师有权要求检查承包商的材料、设备、工艺，甚至包括破坏性检查。行使这项权力应有相应的合同责任，如果检查结果表明材料、设备和工艺符合合同规定，则应由业主承担相应的损失。

③权力保护。合同规定承包商有一项责任，则相应地应有完成这项责任后的奖励政策，以体现对项目参与方权益的保护。例如，在承包合同中应有工期延误罚款的最高限额规定、索赔条件、仲裁条款。

④风险分配。为防范和控制风险，将风险转移给其他方，则应承担相应的风险责任；通过风险分配，加强责任，更好地执行计划。

（5）适用性与灵活性

新组织设置应考虑与原组织的适应性，充分利用管理者过去的管理经验，充分考虑用户及其他利益相关者，以及业主相关职能部门等多种关系。项目组织结构应有利于项目参与方开展交流合作。应保持最小规模，最大可能地使用现有部门的人员。

（6）保证人员和责任的连续性和统一性

由于项目有阶段之分，组织任务和人员投入也是分阶段、非连续的，这就容易造成责任体系中断、责任盲区和短视行为。一旦出现这种情况，将造成工程项目损失。因此，必须从人员、组织、过程、信息系统等方面，确保项目管理的连续性和一致性。

①许多项目工作最好由一个单位或部门全过程实施、全面负责。例如，实行建设项目业主责任制，在工程中采用总承包方式。

②项目主要承担者应对工程最终结果负责，与项目效益挂钩。现实中，业主通常希望承包商能提供全面（包括设计、施工、供应）、全过程（包括前期策划、可行性研究、设计和计划、工程施工、物业管理等）的服务，甚至希望承包商参与项目融资。采用目标合同，使其工作与项目的最终效益相关。

③防止责任盲区。对业主来说，非业主自身责任原因造成的损失，最终却由业主承担。例如，由于设计拖延造成施工现场停工，业主必须赔偿施工承包商的工期和费用，而设计单位却没有或仅有很少的赔偿责任。

④减少责任连环。过多的责任连环会损害组织责任的连续性和统一性。例如,业主将土建施工发包给一个承包商,而将其中商品混凝土发包给另一供应商;而商品混凝土供应商所用的水泥又由业主与水泥供应商签订另外的合同,如此复杂的合同关系会给项目管理带来很多麻烦。

⑤保证项目组织的稳定性,包括项目组织结构、人员、规则、程序的稳定性。

(7)合理分权

工程项目任何组织单元都应为实现组织目标而承担一定的角色、任务和责任,也必须拥有相应的权力、手段和信息,才能确保任务得以完成。工程项目组织是一种有分权的组织,鼓励多样性和创新必然要分权,只有分权才能调动下层的积极性和创造力。反之,没有分权或分权不当都会导致组织没有活力或失控、决策渠道阻塞,项目管理者会陷于日常的细节中而难以有足够的时间进行决策和控制。

3.3　工程项目组织形式

工程项目组织形式是指在工程项目管理中处理管理层次、管理跨度、部门设置和上下级关系的组织结构类型,主要有职能式组织、项目式组织和矩阵式组织 3 种。

3.3.1　职能式组织

在人类社会发展过程中,当手工作坊发展到一定的规模时,企业需要设置对人、财、物和产、供、销进行管理的职能部门,这就催生了初级的职能组织机构。职能式组织的基本特点是按专业技术或专业分工,确定管理职能,如图 3.1 所示。

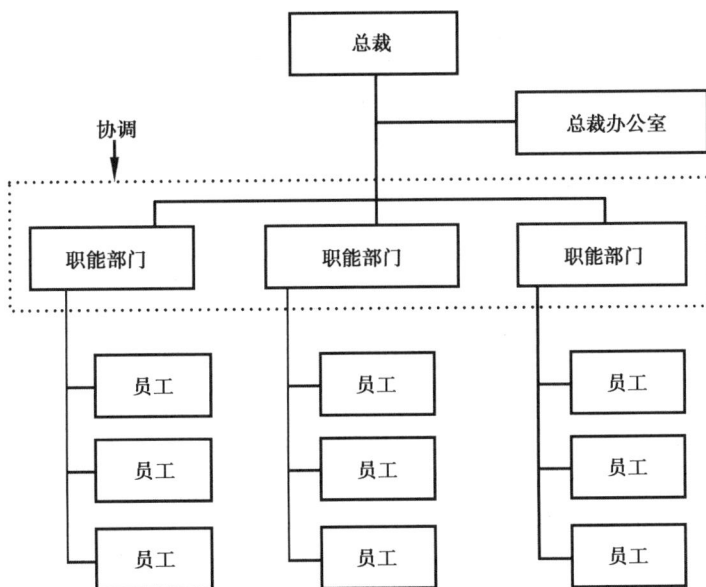

图 3.1　职能式组织结构

职能式组织通过职能部门通力合作，或各个职能部门相互合作来完成组织任务。各个职能部门经理对本部门的工作有独立的管理权力和职责，部门职员只接受本部门经理的领导，各部门之间是合作关系，而非领导与被领导的关系。

（1）职能式组织的优点

①专业化程度高，能充分发挥专业成员的专业技能，保障项目实施的专业化需求。

②符合临时性特点，实现一人多职的组织设计原则，技术专家可在多个项目上同时工作，保证人员的灵活使用。工作效率有保证，避免专业人员配置的浪费。

③为职能部门掌握专业技术和管理经验奠定连续性的基础。工程项目组织是一种临时性组织，以职能人员的专业为基础，有利于积累项目管理知识和经验。

（2）职能式组织的缺点

①由于各个职能部门都参与项目管理，容易造成责任不明，且各部门为本部门利益可能互相推诿，管理效率很难保证。

②不同职能部门的人员，如果既受原职能部门经理的领导又受项目经理的领导，项目经理的权力就受到削弱。

③职能部门人员保持原有职能部门任务，对当前的项目工作可能不够重视。

④职能部门有日常工作，项目和客户的利益往往得不到优先考虑，客户难以成为活动和关注的焦点，而以客户为中心、让客户满意正是现代工程项目管理的核心目标。

⑤项目管理涉及多个部门，人员选择的随机性大，部门之间沟通协调缓慢，组织中缺乏横向的、直接的沟通。

⑥项目的适应性差。项目的权力多集中在公司，当外界条件发生变化时，项目组织很难迅速作出反应。

3.3.2　项目式组织

项目式组织以项目为工作对象，根据项目工作任务设置部门架构。项目成员按照任务需要和特点进行配置，在项目建设期间接受项目经理的领导。完成这个项目的所有资源都分配给这个项目，且专门为该项目服务。有专职的项目经理，对项目成员拥有完全的管理权力和行政能力。

项目式组织结构可大可小，如图3.2所示。

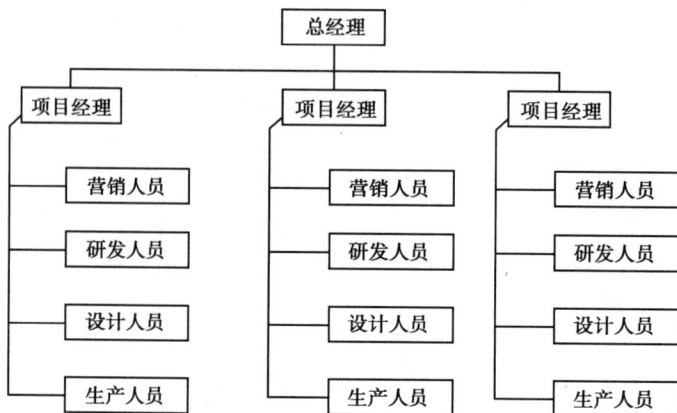

图3.2　项目式组织结构图

当建筑企业面临多个项目同时开工建设时,项目式组织可以有效地组织项目团队,对工程项目实施分级管理。公司专注战略决策事务,项目部专注于项目决策与事务管理。项目式组织适用于工期要求紧的项目,但是,这种组织偏向横向管理项目,在建筑生产中应用不是很广泛。

(1)项目式组织的优点

①确保项目经理对项目成员有直接的领导权,项目成员只需服从项目经理的领导,有利于组织成员的沟通协调。

②易吸引一些在技术领域有才能和实力的专家作为项目成员。

③项目目标单一明确,成员能够全面理解和集中精力完成目标,充分发挥团队精神和积极性。

④权力集中能够使沟通和决策速度加快,对项目和客户的变化快速作出反应,提高组织柔性和应变力。

(2)项目式组织的缺点

①项目部为了自身利益,预先储备关键资源,抢用企业资源,造成人员或设备等资源的浪费。

②项目部容易形成一个封闭的系统,企业和项目之间难以协调。

③集权管理对项目经理的能力提出要求,项目经理素质直接影响项目管理质量。

④对每一位成员来说,缺少一种事业的连续性和保障,项目完成后每一个成员都面临个人去向问题。

3.3.3 矩阵式组织

矩阵式组织也是现代建筑企业常用的一种组织形式,其结构形式呈矩阵状,项目管理人员由企业有关职能部门派出并接受业务指导,受项目经理的直接领导。

典型的矩阵式组织结构,如图 3.3 所示。

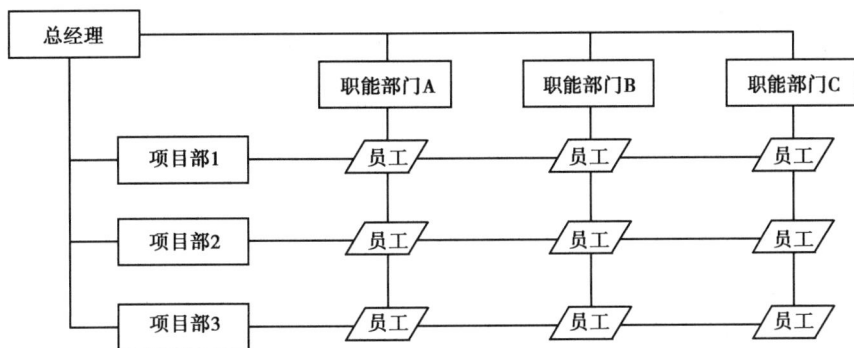

图 3.3 矩阵式组织结构图

工程项目矩阵式组织遵照职能和项目原则,既发挥职能部门的纵向优势,又吸收项目组织的横向优点,有利于项目经理组织项目管理,项目经理对调配到本项目的人员拥有管理权和配置权。当人力不足或成员不得力时,可以向职能部门要求补充更换,确保职能部门为项目实施提供各种资源。职能部门负责人有权根据项目需要和闲忙程度,在项目之间调配本部人员。一个专业人员可以为不同的项目服务,避免人才闲置或短缺。

工程项目矩阵组织的每一个成员,接受原职能部门负责人和项目经理的双重领导,矩阵式组织也就存在两条指挥线。一条顺着职能线下达,另一条顺着项目线下达。在矩阵式组织管理中,为避免横向和纵向指令的矛盾对工作产生影响,职能部门和项目部门必须协调一致,两个部门的职责权限应界定清楚。

根据职能经理和项目经理权力不同,存在三种组织模式:弱矩阵式组织、平衡矩阵式组织和强矩阵式组织。弱矩阵式组织以纵向工作指令为主,职能式组织的特点明显,项目特点不明确。在弱矩阵式组织的基础上,平衡式项目组织中职能经理和项目经理权力相互平衡,但在实践中很难达到绝对平衡。强矩阵式组织强调以横向工作指令为主,项目经理对整个项目负责并管理,有权根据项目需要调动和支配各个职能部门的资源。强矩阵式组织比弱矩阵式组织或平衡式组织更能确保项目目标的实现,当一家公司希望建立强矩阵的组织形式时,项目经理一般从内部提拔,并且需要曾在组织的不同职能部门中参与过项目工作。在弱矩阵的组织结构中,公司会考虑从组织外招聘人才,要求其了解项目的技术并熟悉项目所处的行业。

（1）工程项目矩阵式组织的优点

①项目部和职能部各自发挥自己的优势,前者负责组织项目的实施,后者负责提供资源和技术支持。

②以尽可能少的人力确保多个项目管理的效率,提高人力资源利用率。通过职能部门的协调工作,避免专业人才的短缺和闲置。

③项目组织以完成项目为目标,能形成一个团结的项目团队。同时,个人在项目中的工作业绩易于确定,也能调动个人的积极性。

④矩阵式组织更加强调横向和纵向协调管理,整合企业资源,优化资源配置。

⑤矩阵式组织将职能原则和项目原则相结合,实现企业长期例行性管理和项目一次性管理的一致。

⑥有利于人才培养,使不同知识背景的人相互取长补短,拓宽知识面。

（2）矩阵式组织的缺点

①违背命令统一性原则。组织成员接受职能部门负责人和项目经理的双重领导,当领导之间发生矛盾、意见不一致时,将影响当事人的工作。在双重领导下,若组织成员过于受控于职能部门,将削弱其在项目上的凝聚力。

②组织成员如果身兼多职参与多个项目管理,往往难以确定项目的优先顺序,有时难免顾此失彼。

③矩阵式组织的结合点多,内部人际关系、业务关系、沟通渠道等都较复杂,容易造成信息膨胀,引起信息流不畅或失真。

④组织结构横向和纵向结合的复杂性,使项目经理和职能经理的权力和责任很难清楚界定,导致争夺权力和推诿责任的局面。

3.3.4　工程项目组织形态选择

在工程项目管理领域,所有项目并不存在普遍适用且最为有效的组织形式,最好的组织形式其实是最切合项目特点、最能满足建设要求的。项目经理应有能力根据项目特征选择适合项目的组织形式。并且,在工程生命期内项目组织结构会不断改变,在不同阶段可以采用不同的工程项目组织形式。

建筑企业都比较倾向选择结构扁平化的组织形式。在扁平的组织结构中管理跨度加宽,管理者面对更多的职员,有利于了解项目状况,提高决策的民主程度,工作积极性也会大大提升;管理层次减少,可以节省管理费用,也使得组织具有更大的适应性,可以对复杂多变的环境和客户需求迅速作出回应。扁平化的结构更能适应现代项目管理需要,但管理跨度的增大对管理者提出更高的要求,管理者必须有较高的专业技术、管理素质和充沛的精力来承担繁重的项目任务。

影响选择项目组织形式的基本因素有项目规模、工期、成本、高层管理人员的经营理念和洞察力、项目管理组织的经验等。选择工程项目组织形式既要参照现行的办法,也应有个性化的考量,注意以下 3 个要点:

(1)掌握各种不同类型项目组织形式的特点

表 3.1 罗列了主要项目组织形式的特点,在实践中可以对比应用。

表 3.1 不同类型项目组织的特点

特 征	组 织				
	职能式	项目式	矩阵式		
			弱矩阵式	平衡矩阵式	强矩阵式
项目经理权限	很少	全权管理	有限	一般	大
资源配置效率	差	好	一般	较好	高
环境适应性	差	好	一般	较好	高
沟通便利性	困难	容易	较困难	一般	容易
组织稳定性	差	好	一般	较好	高
客户满意度	差	好	一般	较好	高

(2)分析项目的特征,了解项目的实施进度

清楚项目自身的情况,如规模、难度、结构、复杂程度等。如果项目规模小,项目组织结构就不宜太复杂;如果项目规模大,项目组织结构可以采用矩阵式组织。如果项目同时实施,则需要组织结构强有力的保证,组织结构可以扩大;如果分期开发,则相当于将大的建设项目划分成几个小的项目组团,组织结构可以减小。比如,职能式组织适合于项目规模小、外界环境不复杂和技术特征明显的项目;项目式组织适合于以生产为主的企业从事的大型、复杂项目;矩阵式组织适合于需要提供多种专业和资源支持的大型和复杂的项目。

(3)结合企业组织状况与管理者自身情况选择组织形式

要考虑企业的组织状况,如同时进行的项目数量、在项目中承担的任务范围等。如果企业同时负责的项目过多,建议采用矩阵式组织。此外,项目经理要将组织特点、项目特征与管理者的知识、经验、管理特点、个性结合起来综合分析,确定适合的组织形式。职能式、矩阵式和项目式组织对项目经理的综合素质和能力要求依次增高。

3.4　项目经理部和项目团队

项目经理部是工程项目组织的核心,是建设生命周期内为完成工程项目最高的责任机构和组织结构,负责项目的统筹管理,且以在项目经理部编制下的项目经理为核心。在工程招投标中,发包方很关注投标方项目经理的身份和能力,强调其工程管理经验及其带领的项目经理部的质量,必要时还会要求项目经理部进行答辩。

3.4.1　项目经理和项目经理部

1) 项目经理

项目经理是工程项目承建企业的法定代表人在所承建项目上的委托代表和责任主体。项目经理一旦受聘,就成为该项目管理的组织者和领导者,必须具备各方面的管治和领导能力。

①妥善处理矛盾的能力。在工程建设过程中,矛盾随时随处可见,职员之间、部门之间、项目和企业之间都可能出现矛盾。因此,项目经理要利用沟通、协调等方法和经验化解矛盾,使其对项目产生的负面影响最小化。

②做出正确决策的能力。工程项目随时可能遇到突发情况,也会面临工程技术、施工方案、经济与技术的矛盾、人员补充等方面的选择问题,要求项目经理要善于抓住工程建设的主要矛盾,权衡得失,作出整体最优的决策。

③社交与谈判的能力。项目经理除了要协调好项目内部的关系外,还要关注属地化管理问题,与项目外部甚至公司外部建立各种业务上的关系,如协议、合同、谈判等。要通过自己的谈判技巧和社交能力来赢得别人的信任和合作,确保项目的顺利完工。

④应变能力。项目的一次性、单件性决定着项目很难找到成功的模式。这就要求项目组织应具有一定的柔性,能对项目自身及周边环境作出反应。此时,项目经理的应变能力起到关键作用,要有足够的应变知觉和应变行动力。

⑤促成项目团队团结合作的能力。项目经理应具备一定的亲和力,敢于承担责任,在困难面前镇定自若,在成员面前能树立威信,还要让每一个成员认可自己对项目的重要性和贡献,形成以其为中心的项目团队,共同为实现项目目标而努力。

⑥专业的项目管理知识和素质。项目经理需具备经营管理、财务管理、人事管理、信息管理等方面的专业知识,此外还应有高尚的职业道德和良好的心理素质。

国际的项目管理职业资格制度有美国项目管理学会的 PMP 认证体系、国际项目管理协会的 IPMP 的认证体系等。此外,我国还建立监理工程师、造价工程师、咨询工程师、建造师等执业资格制度及投资建设项目管理师、招标师等职业水平证书制度。这些资质的认可度高,获得相关资格认证能证明人员具有从事相应工作的水平。

2) 项目经理部

项目经理部是在项目经理的领导下成立的临时性组织。为充分发挥项目经理部主体作用,必须设计好、组建好、运转好项目经理部,发挥其应有的职能。项目经理部直属项目经理领导,接受企业业务部门的指导、监督、检查和考核,并随着项目的完成而解体。

(1)项目经理部的作用

项目经理部在整个工程项目管理全过程中,作用十分突出:负责项目全过程生产经营的管理和服务的双重职能。为项目经理决策提供信息依据,执行项目经理的决策意图,并向项目经理全面负责。具备团队精神,完成企业所赋予的项目管理任务;凝聚管理人员的力量,调动其积极性;协调部门之间、管理人员之间的关系;实行岗位责任制,做好管理工作;沟通项目经理部与公司之间、环境之间的关系。代表企业履行工程承包合同的主体,对项目产品和建设单位负责。

(2)项目经理部的设立原则

设立项目经理部要遵循一定的原则:要根据所设计的项目组织形式设置项目经理部。不同的组织形式对项目经理部的管理力量和管理职责提出不同的要求,同时也提供不同的管理环境。要根据项目的规模、复杂程度和专业特点设置项目经理部。要随着项目的开工而设立,随着项目竣工而解体。要有运作有效的规章制度。

(3)项目经理部的解体条件

当项目临近结束时,项目经理部的解体工作即列入日程。项目经理部解体应具备的条件如下:项目已经竣工验收;与各分包单位已经结算完毕;已协助企业管理层与分包人签订"工程质量保修书";"项目管理目标责任书"履行完毕,经企业管理层审计合格;已与企业管理层办理有关手续。

3.4.2　项目经理责任制

项目经理责任制是指以项目经理为主体的项目管理目标责任制,是项目管理的基本制度,实施项目管理责任制是搞好项目管理的关键。其主要作用如下:

①项目经理责任制确定项目经理的地位,项目经理是企业法定代表人在承包项目上委托的代理人。在项目管理中,项目经理是项目目标的承担者和实现者,要管控项目实施过程,对项目的成果目标要向建设单位负责,对项目管理的效益性目标要向企业负责。

②项目经理责任制确定企业的层次(企业管理层、项目管理层和劳务作业层)及其相互的关系。企业管理层先建立项目管理制度,规范项目管理;再加强计划管理,服务于项目生产要素配置和动态管理;之后对项目管理层的工作进行全过程的指导、监督和检查。项目管理层执行和服从企业管理层的管理。

③项目经理责任制确定项目经理的具体责任和权限。通常而言,项目经理的责任主要包括:主持编制项目管理实施规划,对项目目标进行系统管理;对资源进行动态管理;对授权范围的利益进行分配;参与工程竣工验收;处理项目经理部解体的善后工作等。相应地,项目经理也拥有多方面的权限,包括参与项目招投标和合同签订;参与组建项目经理部;主持项目经理部工作;决定授权范围内的项目资金的投入和使用;参与选择和使用具有相应资质的分包人;在授权范围内协调和处理与项目经理有关的内、外部关系等。

3.4.3　项目团队

项目团队是指为确保项目的有效实施而建立的团队。它不仅指被分配到某个项目工作的一组人员,更是指一组相互联系的人员同心协力地工作,最终实现项目目标。要使这一团队成为一个高效运作的团队,就需要项目团队中每一个成员共同努力。

构建一支高效的项目团队,应注意 5 个要点:

①确立项目团队目标,并且团队成员应围绕项目目标确定自己的工作目标和职责范围。

②建立一个绩效考核体系,对团队成员进行绩效评估。绩效考核的存在必然会使团队存在内部竞争,通过这种竞争机制充分发挥团队的积极性和创造性。

③建立有效的激励机制,激发项目团队成员的积极性和创造性,使项目成员为实现项目目标而努力。

④建立有效的沟通渠道,对项目团队进行冲突管理。冲突是不可避免的,不能一味地回避或压制冲突,否则,不仅不能解决冲突,还会给项目的未来埋下隐患。

⑤组建并培训项目团队成员。一个项目的成功与否与项目团队成员的素质有着紧密的关系。

3.5　工程项目管理组织构建

有效的项目组织管理能提高项目的管理生产效率,加速实现预期的建设目标。建立有效的工程项目管理组织应该注意 4 条原则。

1)组织结构应适宜、有效

(1)编制好组织管理计划

由于施工过程是由多专业在不同阶段按照一定的顺序进行的,每个阶段有不同的技术和管理重点,对项目组织构成的要求也不同;并且项目组织管理贯穿项目施工整个过程,需要随着项目进展进行动态管理;此外,由一个施工阶段进入另一个施工阶段,项目施工会伴随着项目组织结构调整而产生一些诸如人事、薪酬等组织管理问题,需要提前制订解决方案。因此,编制项目组织管理计划尤为必要。

编制项目的组织管理计划,就是要识别并确定项目施工的重要阶段,做好各个阶段的组织结构设计以及人力资源计划,此外还应预测并分析各个阶段之间可能会产生的冲突和矛盾,预先制订好解决方案。

(2)建立新的组织结构模式

项目组织结构设计主要考虑的是,如何给项目经理部成员合理分配工作,最大限度地发挥项目经理部成员的能力;如何落实项目团队成员的责任,提高项目团队的执行力;如何通过监督检查提高工作任务的执行效果。另外,如何建立沟通渠道确保项目内部信息沟通得及时、充分、畅通,以及确保与上级组织、业主、设计、监理和国家行政部门等项目利益相关者之间的沟通畅通。要达到上述目的,必须根据项目施工管理的总体思路进行组织结构模式创新。它可以是前面三种主要的项目组织管理形式的叠加或组合,也可以是其中一种的变形。

(3)做好组织工作流程设计

为确保上述组织结构能正常运行,必须对项目施工过程中所涉及的所有职能管理工作进行详细的工作流程设计,明确各个阶段、阶段之间的约束条件以及项目团队人员各个阶段的工作程序。除质量管理工作流程外,还应做好技术管理工作流程、进度管理工作流程、安全管理工作流程、材料管理工作流程、施工现场管理工作流程、项目核算工作管理流程、施工现场临时用电管理流程等职能管理的工作流程。这些管理流程是项目组织结构的支持性文件,能为项目各项管理工作的顺利进行奠定基础。

(4)明确工作管理职责

为了保证项目组织的正常运行,还应对那些比较复杂的、同时涉及多个管理人员的工作管理职责进行详细说明。在具体实施中,可以采用职责分配表来反映工作任务与管理人员之间的关系。

2)沟通渠道应畅通、开放

建立畅通、开放的沟通渠道,以确保项目团队成员及利益相关者能及时、准确地得到所需信息。一旦信息不能及时、准确地传递,将会严重影响项目的正常进行,甚至会给项目带来不可估量的损失。建立良好沟通渠道可以从3个方面入手:

①识别沟通需求。识别沟通需求就是充分考虑与项目施工相关的包括项目经理、技术(生产、商务)经理、职能管理层管理人员等项目内部团队成员和业主、设计单位、监理单位、质量监督机关、安全监督机关在内的项目外部的利益相关者的信息沟通需求,包括谁需要信息,何时需要以及如何向他们传递等。

②建立沟通渠道。项目经理部要根据沟通需求识别结构,结合项目组织的管理职能分配,建立沟通渠道,确保信息能及时、准确地发送给信息需求者。

③制订信息发布计划。项目经理部依据要沟通事件的性质,确定信息的发布形式。有些信息需要通过制订正式文件,如重要的会议纪要和谈话记录等;有些信息只需进行传阅,如项目组织上级公司的文件;有些信息是一些公用信息,如工程图纸、项目检验与试验计划等;还有些非常重要的信息需要在正式的场合由项目经理来亲自宣布,如上级紧急事项的通知、重大自然灾害预防的动员等。

3)合理地解决冲突

①项目内部的冲突处理对策。项目内部的冲突大致可以分为人际关系造成的冲突和工作关系造成的冲突两种。对这两种类型的冲突应采取不同的对策:解决由人际关系造成的冲突首先要分析原因,最好由项目领导出面说服冲突双方自行解决,从根本上解决冲突,不会在双方之间留下阴影;对因工作关系引起的冲突处理的基本原则是"对事不对人",即要认真分析引起冲突的原因,让冲突双方充分阐述自己的理由,必要时要从第三方处获得有关冲突的信息,并与冲突双方进行沟通并确认。

②项目与外部之间的冲突处理对策。项目与外部发生的冲突一般是由于项目与外部的相关利益,或是项目施工违反某些规定而引发的。在处理第一种冲突时,要仔细分析外部相关者所追求利益的合理性与可能性,以及他们对利益的关注程度;同时分析项目失去这个利益将会带来的损失,以及项目为得到这个利益将付出的代价。第二种冲突的处理一般采取积极态度,主动执行行政管理机关的整改决定,并制订相应的措施,杜绝再发生此类问题。

4)加强项目团队建设

作为工程项目施工活动的组织者和实施者,项目团队的综合管理能力直接影响项目目标的实现。因此,加强项目团队建设,确保成员具备应有的工作能力,并能够协调一致地工作非常重要。

①团队培训。团队培训是提高团队综合能力的重要手段。在项目施工过程中,项目经理部要根据工作需要对项目团队成员进行针对性的培训,以提高他们解决问题的能力。主要方法有:a.标杆学习,将优秀管理实践者树立为标杆,组织团队向其进行学习。b.体验式培训,聘请专业的培训机构对团队进行体验式培训以提升团队凝聚力。c.专业技术知识培训,将本项目涉及的普遍专业技术知识进行集中培训。

②打造差异化团队。在团队中确立在本企业甚至本行业内独树一帜的管理方法或行为方式,以形成区别于其他团队的显著特征,增强团队成员的归属感,使其产生置身其中的自豪感。可以按照项目所承接工程的规模进行差异化选择。在进行差异化设计时,应先调查与分析本企业(行业)项目团队管理的一般状况,然后在此基础上,根据项目团队的实际情况,在某些方面进行大胆的变革,形成自己独特的团队风格。

③创建学习型团队。营造浓厚的学习氛围,鼓励并为团队成员提供学习的机会,是使团队保持活力、创建学习型团队的有效手段。在实际工作中,要创建学习型团队,首先要为成员创造一个良好的学习条件,包括建立内部网络、专门阅览室、带薪学习制度等。其次,项目经理部(尤其是项目经理)要带头学习或者树立学习典型。再次,及时为团队成员提供学习信息,帮助每个职工做好职业发展规划。最后,加强团队成员对非工作时间的管理,教育他们在学习中寻找乐趣。此外,还要定期组织团队成员进行学习交流。

④构建虚拟团队。项目经理部按照团队成员的共同兴趣、爱好,有计划地组织兴趣活动小组。按照具体情况,可以组织多个虚拟团队,但至少建立一个有竞争力的虚拟团队(如篮球队、足球队)进行重点建设,建立正式的组织活动机构,对内定期组织正式的活动,对外代表项目团队参加活动。通过组织内部活动,可以拉近全体团队成员的距离,通过虚拟团队的形象折射团队形象。

【本章小结】

项目组织通常是临时性组织,具有柔性和完整性。在设计项目组织形式时,要遵照目的导向、精干高效、管理跨度和管理层次统一、责任与权力相平衡、适用性与灵活性、保证人员和责任的连续性和统一性、合理分权等原则。

项目组织有职能式组织、项目式组织、矩阵式组织等形式。在工程实际中要根据项目特点和所处的环境进行优化选择。

项目经理是项目承建企业法定代表人在所承建项目上的委托代表人和责任主体。它统领项目管理的整个过程。项目经理应具有相应的领导能力,如善于处理矛盾的能力、决策能力、社交谈判能力、应变能力、鼓励团队成员的能力和具备项目管理的专业知识和素质。项目经理部是项目管理的领导班子,置于项目经理的领导之下。项目经理责任制是指以项目经理为责任主体的项目管理目标责任制度,是项目管理的基本制度,实施项目经理责任制是搞好项目管理的关键。

【习题研讨】

1.简述工程项目组织的设计原则。

2.列举主要项目组织的形式及其主要特征。

3.项目经理通常应具备哪些领导能力?

4.项目经理部和项目经理责任制的作用分别是什么?

第 4 章 | HETONG GUANLI

合同管理

【本章导读】

★ 本章主要介绍工程合同管理,具体包括合同及相关概念、合同关系、工程合同,合同管理阶段和索赔管理等内容。

【本章重点】

★ 合同管理的内容
★ 建设工程索赔作业

4.1　合同管理概述

围绕工程项目建设任务,项目参与方(如业主、承包商、设计单位、监理单位、供应商等)产生大量的合同关系,对这些合同关系开展行之有效的管理,是确保工程建设顺利进行的前提条件。工程合同约定工程项目的成本、工期、质量等目标,明确当事人各方的权利、义务和责任。因此,合同管理贯穿工程项目建设全过程。

4.1.1　合同与合同管理

合同关系遍及社会的各个角落,对社会生产生活的顺利运行至关重要。《民法典》第464 条将合同定义为:民事主体之间设立、变更、终止民事法律关系的协议。目前对工程合同的定义尚未有明确的规定,但是我国《民法典》第 788 条规定:建设工程合同是承包人进行工程建设,发包人支付价款的合同。建设工程合同包括工程勘察、设计、施工合同。这里的"承包人"是指在建设工程合同中负责项目勘察、设计、施工任务的一方;"发包人"是指在建设工程合同中委托承包人进行工程项目的勘察、设计、施工任务的建设单位(业主或项目法人)。

有关工程合同的定义，一般可以理解为工程参与方就各自的权利与义务达成契约，具有法律效力，为工程建设纠纷提供依据和解决办法。建设工程合同明确工程内容、质量要求、工期、费用等内容。相应地，合同管理可以理解为针对这一系列合同（契约）的管理，不仅要对合同执行进行管理，也要对合同签订与索赔予以管控。

4.1.2　传统意义上的合同关系

工程项目建设一般要经历前期决策、勘察设计、工程施工、交付投产、维修改造等阶段，既有建筑、土建、水电、设备安装等专业设计和施工活动，也需要采购材料、设备、资金、劳动力和服务。在社会化大生产和专业化分工背景下，规模大的工程项目可能有几十个甚至成百上千个单位参与其中，它们之间的分工协作很大程度上依赖所构建的合同关系。

工程项目建设过程实质就是一系列工程合同签订和履行的过程，这里的合同包括两大个方面：

1) 业主方的合同关系

业主根据工程需要确定项目整体建设目标。为实现这一目标，将建设工程勘察、设计、施工、设备和材料供应等工作委托出去，与相关单位签订各类合同，例如：

①咨询（监理）合同。业主与咨询（监理）单位签订的合同。咨询（监理）单位负责工程项目的可行性研究以及勘察、设计、施工中的一项或几项工作。

②勘察合同。业主与勘察单位签订的合同，勘察单位负责工程项目的地质勘察任务。

③设计合同。业主与设计单位签订的合同，设计单位负责工程项目的设计工作。

④供应（采购）合同。当由业主直接负责设备和材料供应时，业主需要与有关的材料和设备供应单位签订供应（采购）合同。

⑤工程施工合同。业主与承包人签订的工程施工合同，承包人可以选择单独承包或联合承包。

⑥贷款合同。业主与金融机构签订的合同，按照资金来源又可细分为合资合同、BOT合同、PPP合同等。

2) 承包方的合同关系

承包方是工程施工的主要承担者，是工程施工合同的执行者。承包方通过竞争获得工程的承包权，与业主签订工程施工合同或工程总承包合同。工程施工合同和承包方是任何建设工程不可缺少的必要要素。总承包或施工承包经发包方同意，可以将自己承包的部分工作交由第三方完成。所以，承包方的合同关系也并非简单，看似独立但又相互联系的各种合同往往构成合同链条，要求管控一体化：

①分包合同。总承包将承包工程的部分任务发包给具有相应资质条件的分包单位，签订分包合同；但是除总承包合同约定的分包外，必须经由建设单位认可。分包合同的签订双方是总包与分包。

②供应合同。承包方为工程施工进行的材料和设备采购，应与供应商签订供应合同。

③运输合同。承包方为解决材料和设备的运输问题而与运输单位签订的合同。

④加工合同。承包方将建筑材料、构配件、特殊构件加工任务,委托给加工承揽单位而签订的合同。

⑤租赁合同。承包方因工程施工需要施工设备、运输设备、周转材料等。当有些设备和材料在现场使用率较低,或承包方不投入大量资金购置时,可以采用租赁方式,与租赁单位签订租赁合同。

⑥劳务供应合同。承包方与劳务供应商之间签订的合同,由劳务供应商提供工程需要的劳务。

⑦保险合同。承包方按施工合同要求为工程及相关人员购买保险,与保险公司签订保险合同。

4.1.3　工程合同管理的特点

工程合同管理是指对工程项目合同的订立、履行、变更、终止、违约、索赔、争议处理等进行的管理。它不仅有与其他行业合同管理相同的特点,还因行业的特殊性和项目的专业性而表现出与众不同的特征:

①合同管理周期长。相较于其他合同,工程合同有效期长。在合同履行过程中,会出现许多原先订立合同时未预料的情况。为妥善解决可能出现的问题,必须长期跟踪和管理工程合同,对合同修改、补充等情况做好记录和管理。

②合同管理效益显著。有效的合同管理可以帮助企业发现、预见并设法解决可能出现的问题,避免纠纷,节约不必要的诉讼费用。通过有理有据的书面合同和履约记录,企业可以提出增补工程款项等相关签证,通过有效的索赔,合法正当地获取应得利益。可见,合同管理能够产生效益,合同中蕴藏着潜在的、有时甚至是巨大的经济效益。

③合同变更频繁。工程合同不确定因素多,变更频繁,企业面临大量的签证、索赔和反索赔工作。因此,工程合同管理是动态、及时和全面的,合同履约管理应根据变更及时调整。

④合同管理系统性强。业主、承包商等市场主体往往涉及众多合同,合同种类繁多,合同管理应处理好技术、经济、财务、法律等方面关系,通过合理的、系统化的管理模式分门别类地进行。

⑤合同管理法律要求高。工程合同管理要求管理者熟悉普通企业所要了解的法律法规,也应熟知工程建设的专业法律法规。因建设领域的法律、法规、标准、规范和合同文本众多,且不断更新,工程项目合同管理人员必须在充分学习最新法律法规的前提下,结合企业和项目的实际情况做好合同管理。

⑥合同管理信息化要求高。工程合同管理涉及大量信息,应建立合同管理信息系统,及时收集、处理、利用和共享各类信息。

4.2　工程合同管理的主要内容

一般而言,合同关系自签订之日起到双方权利义务履行完毕而自然终止。工程合同管理全过程与项目建设阶段划分有关,讲解如下。

4.2.1 合同策划阶段

1）合同策划阶段的主要内容

合同策划是在工程项目实施前对整个工程项目合同管理方案预先作出的安排和设计，从合同管理的组织、方法、内容、程序和制度等方面作出计划，努力减少合同争议和纠纷，保证整个项目目标的实现。

合同策划阶段的管理主要包括以下7个方面：

①合同管理组织机构设置及专业人员配备。

②合同管理责任及其分解。

③项目采购模式和合同类型的确定。

④项目结构分解体系和合同结构体系设计，包括合同打包、分解和合同标段划分等。

⑤招标方案和招标文件设计。

⑥合同文件和主要内容编制。

⑦主要合同管理流程设计，包括投资控制、进度控制、质量控制、设计变更、支付与结算、竣工验收、合同索赔和争议处理等。

2）合同类型的选择

合同类型、合同条件与合同条款的选择关系到合同双方应承担的风险水平。依照不同的计价方式，合同类型通常分为以下3种：

（1）总价合同

总价合同包括固定总价合同和可调总价合同。前者以不改变合同总价为方式，在合同履行过程中，双方均不能随意提出对合同总价调整的要求。该类合同的承包方承担全部的风险，合同报价一般比较高。可调总价合同考虑到合同期较长的情况，在固定总价合同的基础上，增加合同履行过程中因市场价格浮动对承包价格调整的条款，可以降低承包方的风险。

（2）单价合同

单价合同又可分为固定单价合同和可调单价合同。根据购买人提供的物料清单填报单价，并以此作为依据签订承包合同。这种合同比较常见，适用范围较广，风险分配较为合理，承包方只按合同规定承担部分风险。

（3）成本加酬金合同

发包方向承包方支付实际费用，通常会加一笔酬金作为卖方的报酬。费用包括直接费用与间接费用，直接费用指专用于项目开支的费用，间接费用是按合同约定的方式另外支付给承包人应得的酬金。成本加酬金合同最常见的有3种：成本加固定比例酬金合同、成本加固定酬金合同、成本加激励酬金合同。

工程项目采用何种合同类型不能一概而论。工程项目的不同部分成不同阶段也可能采用不同类型的合同。业主必须根据实际情况，综合考虑项目的复杂程度、设计深度、工期紧迫程度以及施工技术的先进程度，权衡利弊后选择最适合的合同形式。因项目采购模式对工程计价方式影响大，在选择合同类型后时需要综合考虑项目的采购模式。

4.2.2 招标采购阶段

1)招标方式的选择

工程项目招标有公开招标、邀请招标和协议招标等方式,各种招标方式各有特点和适用范围。我国《招标投标法》第十条规定:招标仅分为公开招标和邀请招标,但是在国际工程中议标或者竞争性谈判等也是常见的承发包方式。一般要根据发包模式、合同类型、业主拥有的招标时间(工程项目紧迫程度)、业主的项目管理和期望控制工程建设的程度来决定。

①公开招标(无限竞争性招标),是指招标人以招标公告的方式邀请不特定的个人或组织投标。对业主来说,公开招标选择范围越大,越有利于选取理想的承包商。承包商之间竞争越公平,越有利于降低报价。但是公开招标程序多、时间较长,业主管理工作繁琐,既需要准备资格审查文件和招标文件,还要组织资格审查、现场踏勘、澄清、评标等工作。各项工作必须严格认真,以防承包商利用围标、假借他人名义等不正当行为参与竞争。

②邀请招标(有限竞争性招标),是指招标人以投标邀请书的方式邀请特定的个人或组织投标。业主根据工程项目特点,有目标、有条件地选择承包商,邀请他们参加工程项目的投标竞争。由于不需要资格预审,邀请招标可以简化程序,节约招标费用和时间。业主对所邀请的投标人较了解,可以降低风险。因被邀请的投标人较少,业主可能遗漏一些技术上、报价上有优势的承包商,最终获得的报价可能不理想。

为此,邀请招标会限定在特殊情况下使用,比如:

a.专业性强,特别是在施工经验、技术装备、专业技术人员等方面有特殊要求的。

b.工程不大,若公开招标会使业主在时间和资金上耗费不必要的精力。

c.工期紧迫、涉及专利保护或保密工程等。

d.公开招标后无人投标的。

③协议招标,是业主直接与承包商进行合同谈判,因没有竞争从而使得承包商报价较高,工程合同价格自然也会较高。协议招标一般是一对一谈判,无须准备大量的招标文件,也无须复杂的管理工作会节约不少时间。

协议招标一般也会限定在特殊情况。比如:业主对承包商十分信任,如承包商资信好,业主对承包商十分了解;工程具有特殊性,如军事工程、保密工程、特殊专业工程和由个别承包商控制的专利技术工程等;采用成本加酬金合同的情况;在国际工程中,承包商帮助业主进行前期策划、可行性研究、初步设计。当业主决定立刻启动项目时,一般会采用议标形式签订合同。

2)招标采购阶段的主要内容

合同管理并非始于合同签订之时,招投标过程中形成的文件都构成合同文件的组成部分。在招标投标阶段应保证合同条件的完整性、准确性、严格性、合理性与可行性。

该阶段合同管理的主要内容有:编制招标文件,严格把关投标人的资格预审,依法组织招标。组织现场踏勘,编制投标方案和投标文件。做好开标、评标和定标工作。合同审查工作。组织合同谈判和签订。提供履约担保等。

3）工程合同订立

工程合同订立是指发包人和承包人之间友好协商，对工程合同内容达成一致后而订立合约的过程。

（1）订立工程合同的形式

《民法典》第四百六十九条规定："当事人订立合同，有书面形式、口头形式和其他形式。法律、行政法规规定采用书面形式的，应当采用书面形式。当事人约定采用书面形式的应当采用书面形式。"书面形式是指合同书、信件和数据电文（包括电报、电传、传真、电子数据交换和电子邮件）等可以有形地表现所载内容的形式。

工程合同涉及面广，内容复杂，建设周期长，标的金额大。《民法典》第七百八十九条规定："工程施工合同应当采用书面形式。"

（2）订立工程合同的程序

根据我国《民法典》《招标投标法》及《房屋建筑和市政基础设施工程施工招标投标管理办法》的规定，工程合同的订立程序如下：

a.要约邀请。发包人采取招标通知或公告的方式，向不特定人发出的，以吸引或邀请相对人发出要约为目的意思表示。

b.要约。投标人按照招标人的要求，在规定的期间内向招标人发出的，以订立合同为目的，包括合同主要条款的意思表示。《房屋建筑和市政基础设施工程施工招标投标管理办法》规定："投标人应当按照招标文件的要求编制投标文件，对招标文件提出的实质性要求和条件作出响应。投标文件应当包括投标函、施工组织设计或者施工方案、投标报价及招标文件要求提供的其他材料。"

c.承诺。由招标人通过评标后，在规定期间内发生的，表示愿意按照投标人所提出的条件与投标人订立合同的意思表示。

d.签约。《民法典》规定，在承诺生效后，即中标通知产生法律效力后，工程合同就已经成立。但是，由于工程建设的特殊性，招标人和中标人在此还需要按照中标通知书、招标文件和中标人的投标文件等内容经过合同谈判，订立书面合同后，工程合同成立并生效。《招标投标法》及《房屋建筑和市政基础设施工程施工招标投标管理办法》规定："书面合同的内容必须与中标通知书、招标文件和中标人的投标文件等内容一致，招标人和中标人不得再订立背离合同实质性内容的其他协议。"

4.2.3　合同履行阶段

1）合同履行阶段的主要内容

本阶段是合同管理的重点阶段，包括履行过程和履行后的合同管理，主要内容有：合同总体的分析与结构分解，合同管理责任体系及分解，合同工作分析和合同交底，合同成本控制、进度控制、质量控制及安全、健康、环境管理，合同变更管理，合同索赔管理，合同争议管理等。

2) 合同控制

工程施工合同可界定工程项目主要的建设目标,如进度、质量、成本以及安全、健康、环境管理等。因工程施工会遇到各种干扰,工程实施经常偏离总目标。对整个项目实施控制就是为了保证工程实施按预定的计划进行,顺利实现目标。可见,合同管理作为项目管理的核心在工程项目管理中处于核心地位。

合同控制指为保证合同所约定的各项义务得到全面完成及各项权利得以实现,以合同分析的结果为基准,对整个合同实施过程进行全面监督、检查、对比和纠正的管理活动。其控制程序如图 4.1 所示。

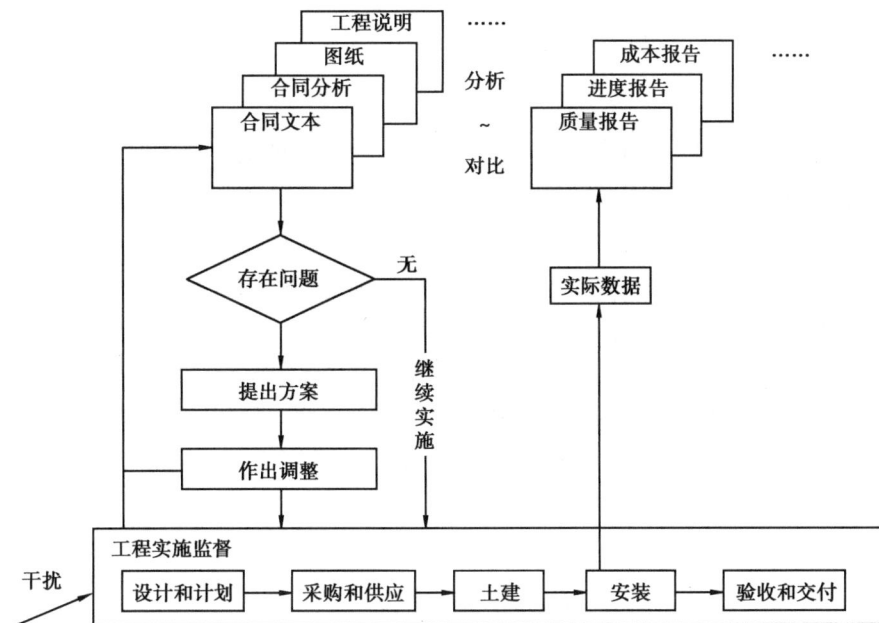

图 4.1　工程合同控制

合同控制包括以下 3 个方面:

(1)工程实施监督

这是工程管理的事务性工作,表现工程活动监督。即保证按照预定的各种计划、设计、施工方案来实施工程。工程的实施状况反映在原始的工程资料(数据)上,如质量检查报告、工程进度报告、记工单、用料单、成本核算凭证等。

(2)跟踪

跟踪是指将收集到的工程资料和实际数据进行整理,得到能够反映工程实施进展的各种信息(如质量报告、进度报表、成本费用收支报表及其分析报告),将这些信息与工程目标(如合同文件、合同分析文件、计划、设计等)对比分析,发现二者差异。差异的大小即为工程实施偏离目标的程度。如果没有差异或差异较小,则可以按原计划继续施工。

(3)诊断控制

诊断控制旨在分析差异的原因并采取调整措施。差异表示工程实施偏离目标的程度,应详细分析差异产生的原因和影响,对症下药,采取措施进行调整,否则这种差异会逐渐积累,最终导致工程实施远离目标,甚至可能导致工程失败。

3）合同变更管理

合同变更是指在合同成立以后、履行完毕之前,由双方当事人依法对原合同内容所进行的修改。由于工程建设周期长,涉及的经济关系和法律关系复杂,受自然条件和客观因素的影响,导致合同实际履行与签订合同时的情况相比会发生一些变化。合同变更是工程合同的特点之一,也是工程合同履行过程中不可避免的。合同变更对工程施工影响大,会造成工期拖延和费用增加,容易引起双方争执。因此,合同双方应谨慎对待合同变更管理,避免引发争议与索赔。

4）合同争议的解决

合同变更往往会引起合同争议。当争议出现时,应快速解决。首先,应在合同签订前就在合同文本中写明争端的解决方案,避免争端发生时由于解决方案的问题而争执不下。其次,要加强管理,尽可能减少争端的发生,避免因管理人员的经验或能力不足而造成合同纠纷。最后,一旦发生纠纷,应尽快寻求使双方满意的解决方案,求同存异。反之,如果争议久拖不决,会给工程项目带来更多的负面影响。

《民法典》规定,当事人可以通过和解或者调解解决合同纠纷,当事人调解或和解不成或者不愿和解、调解的可以提出仲裁申请或采用法律诉讼的形式解决。通常情况下处理争端的方法有和解、调解、仲裁、诉讼4种方式。

（1）和解

和解是双方在自愿的基础上,依法自行协调解决合同纷争。在和解的过程中,双方应依照平等、自愿、互谅互让、合法的原则,陈述意见及见解。最终寻求到一个使双方都满意的方案。

（2）调解

调解是当合同纠纷发生时,由无关的第三人作为调解人在双方之间进行调解,最后在符合法律法规的条件下使双方达成共识,顺利解决合同纠纷。调解也是解决合同纠纷的一个重要方法,它与和解的区别在于有第三人的参与,双方更容易沟通意见、解决分歧。

（3）仲裁

仲裁是由仲裁机构对合同纠纷作出裁决。我国《仲裁法》规定:"仲裁庭在仲裁前可以先进行调解,调解不成的再进行仲裁。当事人申请仲裁的条件是:①有仲裁协议。②有具体的仲裁请求和事实。③属于仲裁委员会的受理范围。"仲裁必须是在纠纷双方都自愿同意的基础上进行,一旦决定采用仲裁的方法,就不能再提起诉讼。

（4）诉讼

诉讼是一种比较常见的解决争议的办法,最具有权威性,由国家强制力保证实施。当事人双方都可以向法院提起诉讼请求。但是这种方法需要调查取证,费时、费力,最后纠纷双方会因此而变得紧张。同时,需要注意诉讼时效的问题。

4.3 工程索赔

工程索赔是工程建设过程中常见的现象。做好工程索赔工作是保证建设工程施工合同顺利实施,落实和调整合同双方经济责任关系,维护当事人正当权益的重要方式。

4.3.1 工程索赔的概念

工程索赔是指合同一方就因非己方原因发生的合同规定之外的损失向另一方提出合理补偿的要求。工程索赔可以是承包商向业主索赔,也可以是业主向承包商索赔,但是通常意义上所说的索赔是指承包商向业主提出的补偿要求,而把业主向承包商提出的补偿要求称为反索赔。在下文中若没有特别说明,"索赔"一词均指承包商向业主提出的补偿要求。

索赔既可以是经济补偿,也可以是工期延长。只要是承包商可以证明造成的损失是非己方的原因造成的,并且承包商不能从签订的合同中获得费用开支的,就算作索赔。在我国,工程索赔不被重视,对其认识也不够全面。在国际上,工程索赔已比较成熟,是承包商和业主维护权益、获得利润、加强管理、弥补损失的重要手段。

合理开展索赔可以促进建筑市场健康发展,对工程建设效益的提升起到非常重要的作用:有助于合同双方严格按照合同约定履行自己的义务,帮助合同双方加强自身管理,及时发现问题;有助于合理控制工程造价,提高工程造价准确性。合同双方就发生的纠纷进行自我协调解决。

工程索赔的分类多种多样,具体如图4.2所示。

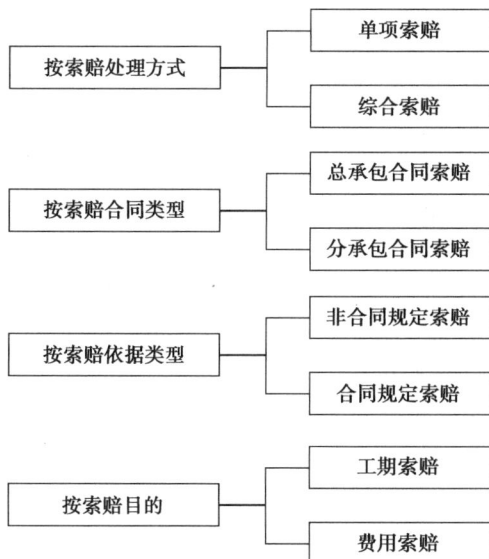

图4.2 工程索赔的分类

工程索赔应遵循客观、合理、合法的原则。客观是指索赔事件是真实发生的,并对承包商造成损失；合理是指承包商提出的索赔要合乎情理，要求索赔的费用或工期要经过科学计算，不能肆意要价；合法是指提出的索赔要求要符合法律法规及合同文件的要求，不能盲目索赔。

4.3.2　工程索赔原因

工程索赔原因多种多样，较为常见的有5种。

（1）工程变更

工程建设计划很难一成不变。例如：设计变更要更换新器械或采用新材料从而导致费用增加或工期延长；监理工程师下达的变更指令或者下达不合理的指令，引起承包商增加费用。

（2）违反合同条件

违反合同条件主要指业主、监理工程师或其他非承包方违反合同条件。业主未按照合同要求提供施工条件或由于业主原因施工条件发生变化给承包商造成损失；工程进度款不及时支付；施工过程中发现地下文物；甲方指定承包商未能及时提供材料；监理工程师未在规定的时间内批复等给承包商带来损失。

（3）不可预见情况发生

例如，工程所在地发生百年一遇的水灾、地震等自然灾害，战争爆发，产生应由业主承担损失；物价上涨，发生不可预见的价格上涨而造成承包商费用增加；工程发生意外事故，产生承包商处理事故发生的费用。

（4）合同条件不完善

已签订的合同考虑不周全，如合同表述不确切，合同条款存在疏漏或条款之间相互矛盾。此时，一般都应由监理工程师给出解释，若给承包商造成费用增加或工期延长，承包商有权提出索赔。

（5）设计失误

因设计错误造成工程修改、返工、窝工等损失。这些错误主要包括：设计图纸与工程量清单不符，现场条件与图纸要求相差较大，工程量错误等。

4.3.3　工程索赔程序

我国《建设工程施工合同（示范文本）》第36.2条明确规定：发包人未能按合同约定履行自己的各项义务或发生错误以及应由发包人承担责任的其他情况，造成工期延误或承包人不能及时得到合同价款及承包人的其他经济损失，承包人可按下列程序以书面形式向发包人索赔：

①索赔事件发生后28天内，向监理工程师发出索赔意向通知。

②发出索赔意向通知书后28天内，向监理工程师提出延长工期和补偿经济损失的索赔报告及相关资料。

③监理工程师在收到承包人提交的索赔报告及相关资料后，于28天内给予答复，或要

求承包人进一步补充索赔理由和证据。

④监理工程师在收到承包人送交的索赔报告和有关资料后 28 天内未予答复或未对承包人做进一步要求,视为该项索赔已经认可。

⑤当该索赔事件持续进行时,承包人应当阶段性向监理工程师发出索赔意向,在索赔事件终了后的 28 天内,向监理工程师送交索赔的有关资料和最终索赔报告。索赔答复程序与③、④的规定相同。

根据《建筑施工合同(示范文本)》中规定的索赔程序,可以得出建设工程索赔的程序如下:

(1)提出索赔意向通知书

这是承包商索赔的第一步,在承包商发现索赔机会或意识到潜在的索赔机会后,以书面形式通知业主或监理工程师。索赔意向书一方面表明承包商就发生的索赔事件的索赔意向,维护自己的合法权益;另一方面起到对业主和监理工程师的监督作用。在索赔意向通知书中要简单阐明索赔事件的缘由、索赔事件造成的影响、索赔依据等内容。

(2)搜集索赔事件的相关资料

索赔的成功与否很大程度上取决于索赔资料的准备情况。在索赔事件发生后,如果拿不出有力的资料证明,那么索赔将面临很大的挑战。索赔资料包括索赔事件发生全过程的记录(用以调查索赔事件发生的原因、详细过程、结果),损失的经济分析与索赔费用的计算,索赔事件的责任划分原则及依据,以及其他可以认定索赔的相关资料。

(3)编制并提交索赔报告

索赔报告是承包商向业主或监理工程师提出的正式索赔文件。在索赔事件发生后,应尽快提交索赔报告给对方。当索赔事件持续发生时,承包商可阶段性地提出索赔报告,并在索赔事件结束后提交最终索赔报告。编写索赔报告是一件至关重要的事,是承包商索赔的重要工作,关乎着索赔的成败。

(4)索赔报告的评审

承包商提交索赔报告后,监理工程师要根据承包商提供的索赔报告进行评审。评审主要针对报告中给出的责任划分是否合理,索赔要求是否合理、合法,是否需要给出解释或进一步的说明,索赔值的计算是否正确等内容。重要的是评审索赔报告的人应公平、公正,科学地审视、评价。

(5)评审结果

在评审索赔报告后,监理工程师可以对报告做出判断。如果对报告有疑问或不满意,可以要求承包商给出进一步的解释和补充,并在承包商给出解释或补充后做出决定。如果认可提交的索赔报告,则做出索赔决定。索赔结果的确定其实是一个协商谈判的过程,承包商若不认可监理工程师做出的索赔决定,就要与监理工程师进行一番复杂的讨价还价,最后达成一致。

4.3.4 工程索赔证据

工程索赔证据是支撑索赔的关键,承包商需要在提出索赔时拿出有力的证据,证明索赔事件的发生及给自身造成的损失。一般来说,工程索赔的证据由以下内容组成:

①合同文件,包括工程合同及其附件、设计文件、招标文件、中标通知书、投标文件、被认

可的工程图纸、工程技术规范、工程量清单、施工组织设计及方案等。

②工程各方面交底记录、设计变更、监理工程师变更指令、监理工程师现场签证、现场施工实况记录、批准的工程计划与方案。

③施工日志、部门/班组的工作日志及备忘录、施工现场记录、工程相关部位照片及录像、工程验收报告及技术鉴定资料。

④工程结算资料及经济财务报告,各项来往的信件、指令、通知、答复、工程相关的会议记录。

⑤工程采购、订货、运输、进场、验收、使用等凭证,工程停送水电、开封道路、干扰事件发生的次数及日期的记录,工程气候记录及相关资料。

⑥政府部门出台的影响工程造价、工期的文件规定,工程预付款、进度款支付的日期及数额。

工程索赔证据要及时全面、真实可靠、具有说服力。"及时全面"是要求索赔事件发生后及时地提交索赔证据,并且索赔证据要全面反映索赔事件的整个过程;"真实可靠"是要求索赔证据提供的资料要反映实际情况且是实际发生的;"具有说服力"是指索赔证具有法律效力并能有力地支持索赔要求。

4.3.5 反索赔

反索赔是反驳索赔和预防索赔的总称。反索赔与索赔有相似的处理程序。

（1）反驳索赔

被索赔方在接到对方的索赔报告后,需尽快便进行反驳索赔工作。反驳索赔过程与索赔处理过程类似。通常对重大的或一揽子索赔的反驳处理过程,可按照如图4.3所示的程序进行处理。

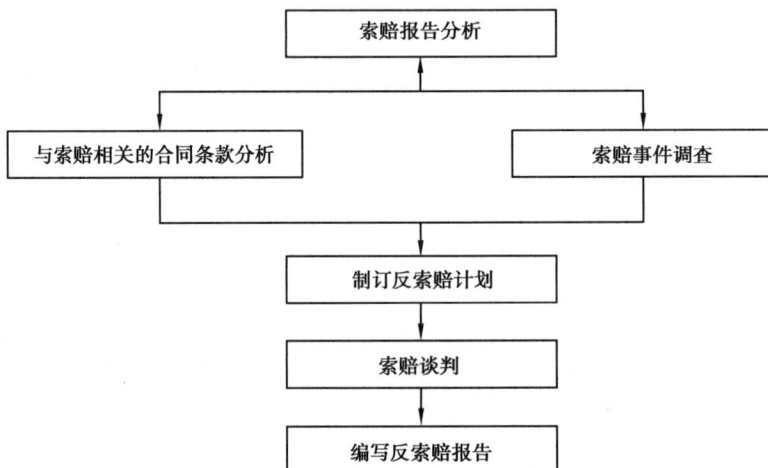

图4.3　反驳索赔的程序

（2）预防索赔

预防索赔工作主要有两个方面:认真履行合同,尽可能避免给对方留下索赔的机会;做好合同履行过程中的信息管理工作,为反驳索赔积累充分、有力的证据。

4.4 工程索赔案例

下面通过工程索赔案例来进一步讲解工程索赔在实际工程中的应用。

4.4.1 工程简介

本工程施工内容为在吹填土上进行软基加固（真空预压）处理，施工工艺为：土工织物、荆笆等铺设—吹填黑砂—排水板打设—排水板管连接、密封膜铺设—抽真空。总面积26.8 万 m^2，合同工期为 2009 年 3 月 25 日—2009 年 11 月 15 日，合同价款 4 000 万元（固定单价合同）。

4.4.2 索赔事件的背景

在工程进行到抽真空阶段时，业主发现，由于在前期规划时缺乏相关资料，对吹填土沉降量考虑不足，经真空预压处理后的土地高程无法满足用地方的要求。于是业主决定对原有的施工方案进行变更，与设计单位协商后，变更方案如下：抽真空末期由承包方在加固区进行吹填黑砂联合堆载，计划吹填黑砂联合堆载平均厚度为 1.0 m 左右，以确保达到5.2 m 的交地高程。

承包方接到变更指令后，立即对施工组织方案进行调整及测算，将调整后的施工方案及报价以工程业务联系单的形式上报设计方、监理方以及业主方，各方均对施工方案及报价进行签字认可，同时业主批示，承包方在进行该项费用索赔时，吹填黑砂量的计算应以工程验收实测黑砂的平均厚度为准。2010 年 1 月 20 日，承包方完成联合堆载施工，工程竣工。承包方随即组织各方进行吹填黑砂工程量验收的布设测量，并进行工程验收。测量结果为：实际吹填黑砂平均厚度为 0.981 m，高程满足 5.2 m 的要求。业主对这一数据签字表示认可，该工程通过验收。按此计算，仅黑砂一项便增加费用 1 029 万元。在业主认可测量结果并进行工程验收后，由于增加吹填黑砂联合堆载施工，导致工期拖延、费用增加，承包方提交工期及费用索赔申请，业主对工期及费用索赔均签字认可。随即承包方上报工程竣工报告及结算资料，业主对于承包方提出的结算价格没有任何修改意见，但由于用地方未能及时对场地进行验收、也未对业主进行工程结算，因此业主只得搁置本工程的结算工作。直至 2010 年 9月，用地方即将进入场地施工、准备对场地进行验收时，业主才开始对本工程进行结算。2010 年 9 月业主对工程局部几个点又进行了一次复测，发现此次测量结果与 2010 年 1 月验收测量时的测量结果差距较大。

经研究，认为吹填后黑砂缓慢沉降以及冬春两季大风天气产生的风损是造成两次测量结果偏差较大的原因。但围绕两次测量结果应以哪个数据作为费用索赔的依据，双方产生了争议。业主方认为虽然高程达到 5.2 m 的交地高程，但发生沉降和风损，给业主带来经济上的损失（用地方也是按照黑砂量对业主方进行结算的）；工程尚在保修期内，但由于用地方即将进入场地施工，补吹黑砂已经不可能，那么沉降和风损造成的损失应由承包方承担，费用索赔应以本次测量为准，要求承包方重新提交费用索赔申请，原费用索赔作废，同时工程结算额应调减相应数额。承包方对业主的决定提出了异议,理由为:不仅合同专业条款和保修协议书中没有涉及,变更时的几方洽谈以及变更后的施工方案和报价中也均无"承包商在施工中需要考虑发生沉降和风损"的约定,合同条款中只规定承包方在工程竣工后要保证5.2 m 的交地高程,虽然由于沉降和风损,高程有一定的损失,但依然符合 5.2 m 的要求,说明承包方施工无质量问题。既然业主曾批示黑砂量以工程验收时的黑砂平均厚度为准、又在 2010 年 1 月竣工验收时已经签字认可当时的测量结果、且当时提交的工期、费用索赔申请已获批准,那么就应将 2010 年 1 月的测量结果作为费用索赔的依据并按承包方上报的结算价格进行结算。

4.4.3　索赔事件分析

按照双方签订合同的通用条款规定,"施工中发包人如需对原工程设计进行变更,应提前 14 天以书面形式向承包人发出变更通知""因变更导致合同价款的增减及造成的承包人损失,由发包人承担,延误的工期相应顺延""承包人在工程变更确定后 14 天内,提出变更工程价款的报告,经监理工程师确认后调整合同价款""合同中没有适用或类似于变更工程的价格,由承包人提出适当的变更价格,经监理工程师确认后执行"。在本案例中,变更指令发出后,承包方在第一时间对变更进行响应,重新修改了施工方案;由于原合同中无吹填黑砂联合堆载一项,经过询价后也将调整后的报价上报监理及业主,得到各方的书面认可;这也为工程竣工后的工期及费用索赔留下了文字上的依据。根据合同协议书中的规定,"双方有关工程洽商、变更等书面协议或文件视为本合同的组成部分"。本案例中,承包方根据变更调整后的报价获得了业主的书面认可,那么理应作为合同的一部分。事实上,在费用索赔中,承包方计算的黑砂费用正是以此报价中黑砂单价为依据计算得出的,业主方对此单价也并无异议。

4.4.4　索赔处理结果

争议产生后,费用索赔金额始终不能确定,由于施工合同专用条款中规定,每月工程款支付应付金额的80%,待工程结算后支付到结算价款的90%,剩余 10% 作为保修金在结算期满一年后返还。结算工作一旦搁置,便意味着有 900 多万元的工程款不能按期及时支付,将对承包方的资金链造成一定影响。经过与业主的几次协商谈判后,业主提出双方各让一步:在 2010 年 1 月测量结果的基础上扣减 5 cm 黑砂厚度(即 0.931 m),承包方以此结果作为费用索赔依据;而业主方将对承包方的工期索赔等方面进行适当照顾。承包方经权衡,考虑当务之急是尽快回笼资金,于是表示认可。最终承包方按调减后的黑砂厚度重新上报费用索赔,计算最终增加的黑砂费用为 977 万元,比调减前的黑砂费用减少了 52 万元。

4.4.5　案例总结

首先,在合同的专用条款中,双方应约定履约过程中发生纠纷的处理方法。其次,双方都积极寻求解决争端的办法,尽力达成共识。最后,注意索赔技巧的运用,索赔的最终目的是获得有利的索赔结果,减少自己的损失,千万不要得不偿失。所以,在产生纠纷时,要多协商谈判,尽力不采取诉讼的方式解决。如本案例中,承包商是新进入该地区市场,与业主还要进行长期的合作,所以他们一直采取协商谈判的方式来解决争端。他们考虑到业主的难处,并为业主负担了一部分经济损失。但是,在其他方面业主也给予了承包商一定的照顾。最关键的是,承包商由于工程结算工作得以继续进行,收回了被占用的资金。

本案例中,双方产生争议的关键在于,变更费用的计算及责任承担者是谁。在合同的专用条款、保修协议书、变更时双方洽谈及变更后的施工方案和报价中均没有涉及这一问题,因此产生了争议。一般来说,工程变更较为突然,变更中一些细节易于忽略。所以在发生变更后,无论业主还是承包商都应尽可能多地考虑到每一个细节,减少争议的产生。

【本章小结】

工程建设全过程都围绕合同管理进行,其实质就是以合同为中心来管理工程。合同主体受合同约束,都会严格履约合同。因此,合同管理在工程项目管理中起着非常重要的作用,若想使项目顺利进行,获取目标利润,就需要加强合同管理。

掌握主要的合同关系及合同管理的特点,发挥合同管理在工程项目全过程中的主线作用,可为工程项目中出现的纠纷及争议提供解决的依据。由于合同管理周期较长,通常将其划分为合同策划、招投标采购和合同履行三个阶段。合同策划是在项目实施前对整个项目合同管理方案预先做出科学合理的安排,从合同管理的组织、方法、内容、程序和制度等方面预先制订计划的方案,以保证项目所有合同的圆满履行,减少合同的争议和纠纷。在招投标采购阶段应保证合同条件的完整性、准确性、严格性、合理性与可行性。合同履行阶段要按照合同规定的条件、程序对工程变更和争议做出合理的控制。工程索赔是合同管理的重要组成部分,是承包商维护自身权益的一种手段。工程索赔应遵循着严格的程序。

【习题研讨】

1.工程项目主要合同关系有哪些?

2.工程合同管理的主要特点有哪些?

3.简述合同管理的主要内容。

4.简述工程索赔程序。

⊕ 第 5 章

CAIGOU

GUANLI

采购管理

【本章导读】

★ 本章主要介绍工程项目采购概念、采购程序以及采购模式等基本知识点。

【本章重点】

★ 工程项目采购管理的内涵与流程
★ 工程项目采购模式的特点与选择

5.1　工程项目采购概述

工程项目采购为工程项目实施提供原材料、产品及服务。高质量的采购活动有助于节约投资,控制成本,确保质量目标得以实现。小到一块砖,大到一个装配式零部件,都可是项目采购的对象。工程项目采购可以简单理解为从项目外部购买物资或服务,也可以是工程项目整体交付。因此,为确保工程项目按时按质按量投入使用,加强采购管理,提高采购效率,尤为重要。

工程项目采购管理包括制订采购计划,按计划组织采购,对采购活动进行事前策划、事中控制、事后评价、持续改进等过程。它重在落实项目设计方案、施工组织安排,立足施工条件,对项目管理模式、合同管理方式、建设进度安排、工程现场管理等诸多问题作出系统性安排。

5.1.1　工程项目采购的定义

业界常用的"发包"一词在国际建筑市场上常被称为"采购"。本章所讲解的"采购",不仅包括材料、设备等有形产品,还包括雇佣承包商开展工程建设及聘用咨询方提供顾问等无形服务。世界银行将采购定义为"以不同方式,从系统外部获得货物(goods)、工程(works)、服务（service）的采办过程"，强调从系统外部获得系统内不能自给的东西。同样地，美国项目管理知识体系（PMBOK）将"项目采购"定义为"为达到项目范围而从组织外部获取货物或服务所需的过程"。与世界银行的定义不同，美国项目管理协会（PMI）所指的项目是指包括建设工程项目在内的广义项目，它将雇佣承包商从事工程建造的工程采购视为采购承包商的服务，包括在服务采购之中。

从物质意义的角度看，工程项目采购是从项目系统外部获取所需资源的过程，这些资源既包括有形资源（如机械设备、建筑产品、生产原料），也包括无形资源（咨询、服务等）。从经济意义的角度看，工程项目采购追求经济效益最大化，采购过程会有各种各样的费用发生，形成采购成本。以最小的成本获取最大的经济效益是工程项目采购的基本要求。

5.1.2 工程项目采购的类型

1）按采购内容分类

工程项目采购内容广泛，贯穿建设全过程，可以围绕可行性研究、勘察设计、材料及设备准备、建筑安装、竣工验收等阶段开展采购活动。为此，可将工程项目采购划分为3种：

（1）工程采购

工程采购属于有形采购，是指通过招标或其他商定方式选择承包商。选定的承包商承担工程项目施工任务，包括根据采购合同及随工程附带的服务。

（2）货物采购

货物采购也属于有形采购，业主购买项目建设所需的投入物，如建筑材料设备，通过招标等形式选择合适的供货商，包含货物获得及其获取方式。同样地，货物采购也包括与之相关的服务，如运输、保险、安装、调试以及维修等。

（3）咨询服务采购

咨询服务采购属于无形采购。咨询服务的范围很广，归纳起来大致有4类：

①投资准备工作的咨询服务，如可行性研究、勘察设计等。

②工程设计和招标文件的编制。

③项目管理、施工监理等服务。

④技术援助和培训等服务。

上述3种采购可以分别进行，也可以灵活组合。工程项目全过程采购就是从项目建议书开始直至竣工投产、交付使用的所有工作而进行的一揽子采购。

2）按照采购方式分类

按照采购方式可将工程项目采购分为招标采购和非招标采购。根据我国《招标投标法》和《政府采购法》，招标采购又分为公开招标采购和邀请招标采购。非招标采购一般包括询价采购和直接采购。

招标采购由招标人发出招标公告或投标邀请书，邀请潜在投标人进行投标，然后由招标人对投标人提交的投标文件进行评价，从而确定中标人，签订采购合同。非招标采购主要用于金额较小的工程，非主要需求的采购。对于工程项目需求的主要采购，如承包商、勘察设计、工程监理、大宗设备及材料等采购，都宜采取招标采购的方式进行。

3）按采购主体分类

按采购主体的不同，可分为政府采购和非政府采购。

政府采购。各级国家机关、事业单位和团体组织为开展日常的政务活动，履行行政和社会管理职能，提供公共服务和取得公共利益等目的，而使用财政性资金或公共资金采购依法制订的采购目录以内的或者采购限额以上的货物、工程和服务的行为。

非政府采购。包括个人采购、家庭采购和企业采购。相对而言，非政府采购没有受到那么多法律、规则和条例或行政决定、政策的限定和管控，私营企业甚至可以随意将投标机会限制在几个供应商之间。

5.2 工程采购管理的内容与流程

根据项目管理知识体系，结合工程项目特点，可将工程项目采购内容与流程（图5.1）概括如下：

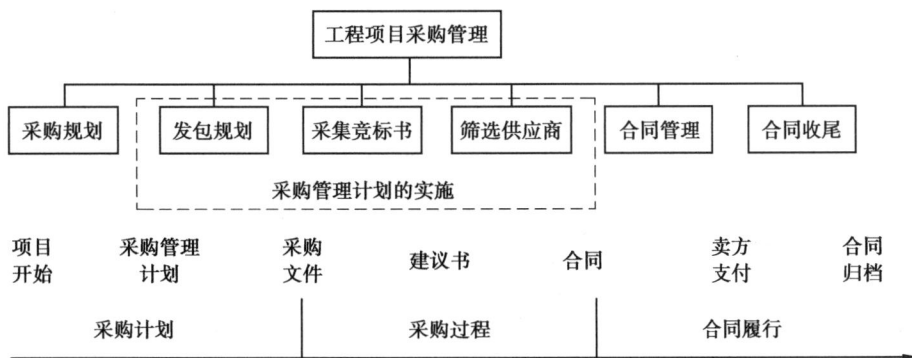

图5.1 工程项目采购管理流程

①采购规划：决定项目所需采购的产品和服务，计划采购的时间以及方式，采购预算安排等事项。

②发包规划：将采购需求描述文档化，开发潜在的供应商，组织发包竞价过程。

③采集竞标书：获取采购市场的合理信息（如行情、标书、报价、建议）。

④遴选供应商：评审潜在供应商的报价书，筛选最优供应商，就合同形式与内容进行谈判，最后签订采购合同。

⑤合同管理：落实合同条款，跟踪采购动态，对比合同要求的采购进度、质量和价款，确认供应商对于双方定义的合同偏差是怎样执行的。和供应商建立合作条件，妥善处理合同变更。

⑥合同收尾：完成和确认每一个合同，包括对未解决问题的决定。

如表5.1所示，在工程项目采购各个阶段里，所依据的资料，采用的工具与手段，要得到的结果都应结合具体情况加以管理。

表 5.1　工程项目采购管理过程

主要过程	依据的资料	工具与手段	结　果
采购规划	1.市场状况 2.项目范围说明 3.工作分解结构 4.项目说明书 5.采购资源 6.项目管理计划	1.自制/外购分析 2.专家判断 3.合同类型选择	1.采购管理计划 2.工程说明 3.自制/采购决策 4.变更申请
发包规划	1.采购管理计划 2.工程说明 3.项目管理计划（更新）	1.标准格式 2.专家判断	1.采购文件 2.评价标准 3.工程说明（更新）
采集竞标书	1.采购文档 2.合格的卖主清单	1.投标者会议 2.广告	建议书
遴选供应商	1.建议书（或投标书） 2.评价标准 3.组织政策	1.权重打分系统 2.独立估算 3.筛选系统 4.合同谈判 5.供应商等级档案库 6.专家判断	1.合同 2.采购管理计划（更新）
合同管理	1.合同 2.工作结果 3.变更申请	1.合同变更控制系统 2.绩效评估 3.支付系统 4.索赔管理	1.来往函件 2.合同变更 3.支付申请 4.卖方绩效评估记录
合同收尾	合同文档	采购审计	1.合同归档 2.正式验收和收尾

5.3　工程项目采购模式

　　从业主的角度出发,工程项目采购是以工程项目为标的,通过招标进行"期货"交易。承包从属于采购,采购决定承包范围,业主采购的范围越大,承包商拥有的商业机会越多,但也需承担越大的风险;对承包商技术、经济和管理的水平要求也越高。为此,业主为了获得项目预期的建设目的,应慎重选择工程项目采购模式。

　　国内目前对工程项目采购模式的叫法众多,如承发包模式、项目交付方式、项目实施方式、项目管理模式、项目组织实施方式等。在英联邦国家以及我国香港地区,一般使用"Procurement Method"一词,实质是业主视角下的项目采购方式。在美国及受美国建筑业影响较大的国家中,一般将项目采购模式称作"Delivery Method",是从各参与方(承包商、咨询方、供应商、项目管理方等)的角度来考虑。为了与国际接轨,也忠实于翻译原意,本章采用

"工程项目采购模式"描述工程项目业主与各参与方的交易方式。

工程项目采购模式是对项目合同结构、项目管理职能、部门责任权利、项目管理风险等进行确定和分配,决定一个建设项目的组织方式、管理方式、实施方式以及在完成项目过程中各参与方所扮演的角色。工程项目采购模式变化影响着工程合同管理方式以及项目工期、工程质量和造价,对项目的成功建设影响深远。

目前,业界经常采用的采购模式有:设计-招标-建造模式(Design-Bid-Build,DBB)、设计-建造模式(Design-Build,DB)、建设管理模式(Construction Management,CM)、设计-采购-建设模式(Engineering Procurement Construction,EPC)、项目管理模式(Project Management,PM)、管理承包模式(Management Contracting,MC)、建设-经营-移交模式(Build-Operate-Transfer,BOT)、项目伙伴模式(Project Partnering)、公私合作模式(Public-Private Partnerships,PPP)和集成项目交付模式(Integrated Project Delivery,IPD)等。

5.3.1 "设计-招标-建造"(DBB)

DBB模式是国际上常用的项目采购模式,广泛出现在世界银行及亚洲开发银行的贷款项目和采用国际咨询工程师联合会(FIDIC)合同条件的项目。这种模式最突出的特点是强调工程项目实施必须按照"设计-招标-建造"的顺序依次进行,只有前一个阶段结束,后一阶段工作才开始。采用这种方法,业主和设计方(建筑师/工程师)签订专业服务合同,建筑师/工程师负责提供项目设计和合同文件。在设计方协助下,通过竞争性招标将工程施工任务交给报价和质量都满足要求且最具竞争力的承包商来完成。在施工阶段,设计专业人员担任监督角色,成为业主与承包商之间的沟通桥梁。

DBB合同关系和协调关系如图5.2所示,相应的优点如下:

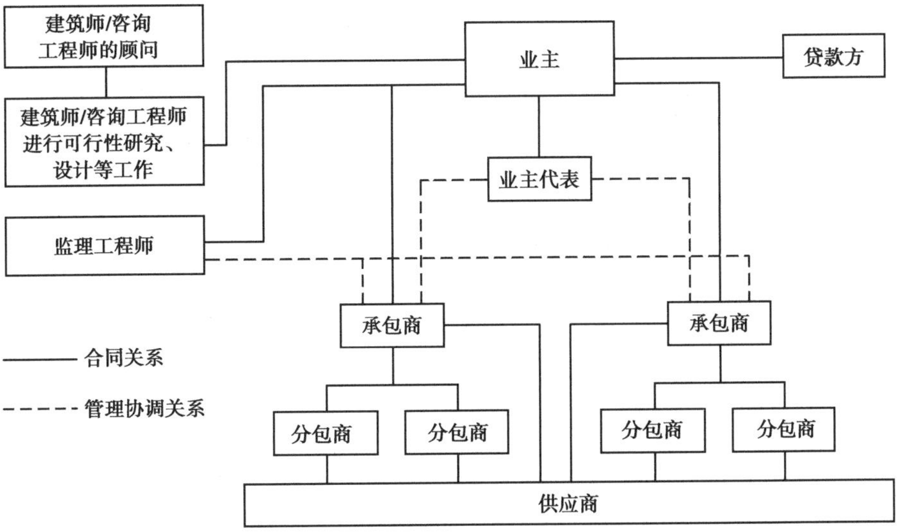

图5.2 DBB模式中各方关系和协调关系

①参与项目的三方,即业主、设计方(建筑师/工程师)和承包商,按各自合同行使权力,履行相应的义务。这种模式可以使三方的权、责、利分配明确,避免相互干扰。

②受利益驱使以及市场经济的竞争,业主更愿意寻找信誉良好、技术过硬的设计咨询

机构。

③该模式在世界各地得到广泛采用,管理方法成熟,合同各方都对管理程序和内容较为熟悉。

④业主可自由选择设计咨询人员,可以控制设计要求。

⑤业主可自由选择监理机构实施工程监理。

DBB 模式也有缺点:

①项目管理方面的技术基础是按照线性顺序开展设计、招标、施工管理,容易造成建设周期长,投资或成本容易失控,业主方管理成本较高,设计师与承包商之间协调困难等问题。

②承包商无法参与设计工作,可能造成设计的"可施工性"差,设计变更频繁,设计与施工协调困难,设计方和承包商之间可能推诿责任,致使业主利益受损。

③按该模式运作的项目周期长,业主管理成本高,前期投入大,工程变更容易引起索赔。

长期以来,DBB 模式在土木建筑领域中得到广泛应用,但随着社会经济的发展,工程建设技术进步,工程建设复杂性与日俱增,工程项目投资者建设风险不断增大,一些新型项目采购模式不断发展,其中典型的包括 DB、CM、EPC、PM、BOT。

5.3.2 "设计-建造"(DB)

DB 是国际工程中备受青睐的项目采购模式,又称为"设计-施工"模式。其做法是,在项目初始阶段,业主邀请一家或者几家有资质的承包商(或具备资质的设计咨询公司),根据业主要求或者设计大纲,由承包商或委托的设计咨询公司提出初步设计和成本概算。根据不同类型的工程项目,业主也可能委托自己的顾问工程师准备更详细的设计纲要和招标文件,中标的承包商将负责该项目的设计和施工。

在 DB 模式里,承包商与业主密切合作,共同完成项目的规划、设计、成本控制、进度安排等工作,部分项目甚至要求承包商负责土地购买、项目融资和设备采购安装任务。这种模式以总价合同为常见,部分允许价格调整,也允许部分采用单价合同。

DB 模式中各方关系如图 5.3 所示。

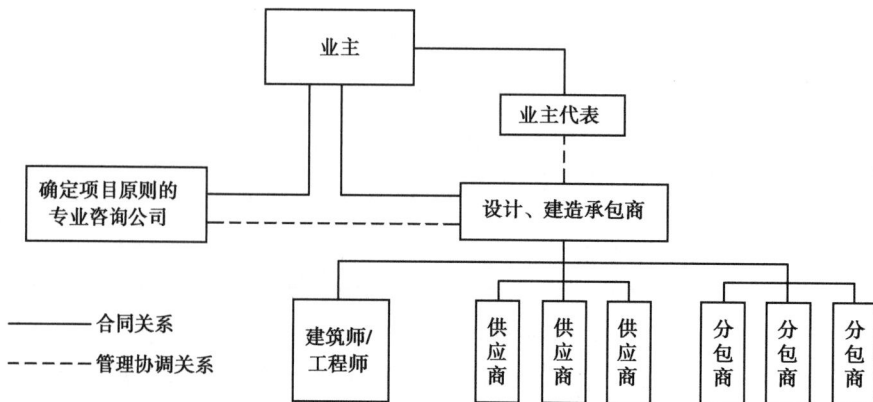

图 5.3　DB 模式中各方的关系

DB 模式有两个主要的优点：

①高效率。承包商在签订 DB 合约以后就可以开展施工图设计。如果承包商本身拥有充分的设计能力，会促其通过提高设计质量来创造经济效益，达到事半功倍的目的。如果承包商的设计能力不足，就需要委托专业的咨询公司，承包商履行设计管理和协调的角色，做到设计既符合业主要求又有利于推进工程施工和节约建设成本。也就是，设计更加合理和实用，提高项目可施工性，避免设计与施工产生矛盾，减少因设计错误引起的工程变更以及对设计文件解释引发的争端。

②责任单一。DB 承包商对建设全过程负有全部责任，这种责任的单一性可以避免工程建设各方相互推诿，也促使承包商不断提高管理水平，通过科学管理创造效益。相对传统模式来说，承包商拥有更大的权利，不仅可以选择分包商和材料供应商，而且还有选择设计咨询公司的空间。

不过，DB 的缺点主要是业主无法参与建筑师（工程师）的选择，对最终设计和细节的控制能力较弱，工程设计可能会受施工者的利益影响等。

5.3.3 "设计-采购-建设"（EPC）

总承包模式一般有 EPC、Turnkey、DB 三种。事实上，人们对 Turnkey 模式的归属仍有争议。2003 年，当时的建设部颁布了《关于培育发展工程总承包和工程项目管理企业的指导意见》文件，将总承包模式分为 EPC/Turnkey 总承包和 DB 总承包两种，意味着我国将 Turnkey 与 EPC 视为同一种模式。在 EPC 模式中，Engineering 不仅包括具体的设计工作，而且还可能包括整个建设工程的总体策划以及组织管理的策划和具体工作；Procurement 也不是一般意义上的建筑设备、材料采购，而更多的是指专业成套设备、材料采购；Construction 应译为"建设"，其内容包括施工、安装、试车、技术培训等。更详细地，EPC 合同又主要分为 3 种：

（1）设计、采购、施工总承包（EPC）

业主对项目目标和要求进行招标，承包商中标并签订合同，承包商承担设计、采购、施工等全过程工作。业主只与总承包商形成合同关系，其他项目管理工作都由总承包商承担并对项目最终产品负责。其合同结构形式如图 5.4 所示。

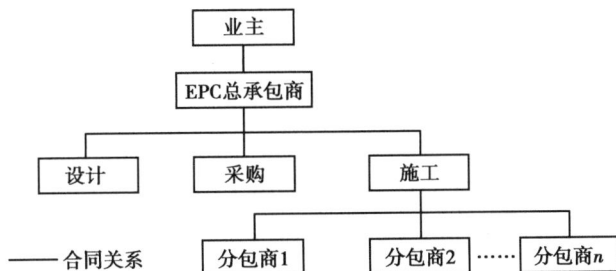

图 5.4 EPC 模式的合同结构示意图

（2）设计、采购、施工管理总承包（EPCm）

设计、采购、施工管理总承包（Engineering Procurement Construction Management）是指

EPCm 总承包商与业主签约,承担工程项目设计和采购任务,并负责施工管理工作。由施工总承包与业主签订施工合同,并负责按照设计图纸组织施工。施工总承包与 EPCm 总承包商不存在合同关系,但是施工管理承包商需要接受 EPCm 总承包商对施工工作的管理。设计、采购、施工管理承包商对工程进度和质量全面负责,其合同结构如图 5.5 所示。

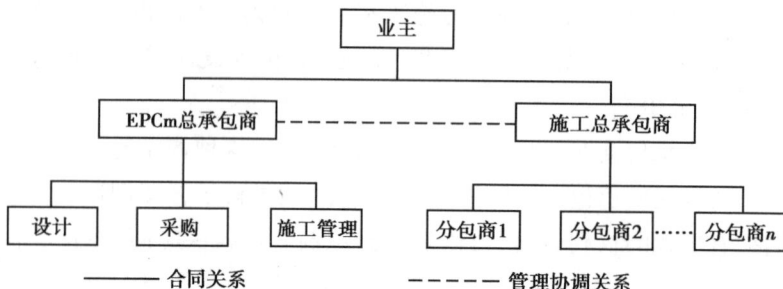

图 5.5　EPCm 模式的合同结构示意图

（3）设计、采购、施工咨询总承包（EPCa）

设计、采购、施工咨询总承包是指 EPCa 总承包商负责工程项目的设计和采购,并在施工阶段向业主和施工承包商提供咨询服务。施工咨询费不包含在承包价中,按实际工时计取。施工承包商与业主另行签订施工合同,负责项目按图施工,并对施工质量负责,其合同结构如图 5.6 所示。

图 5.6　EPCa 模式的合同结构示意图

EPC 的利弊取决于项目的性质,涉及各方利益和关系平衡。尽管 EPC 模式给承包商提供相当大的弹性空间,但也给工程承包带来不少风险。从有利的角度看,业主管理相对简单,由单一总承包牵头,承包商工作连贯性强,可以避免设计与施工之间的责任推诿,减少协调工作量,提高工作效率。因采用总价合同,业主基本不用再支付索赔及追加项目费用。从不利的角度看,尽管理论上所有的工程缺陷都是承包商的责任,但工程建设质量全靠承包商自觉,它可以通过调整设计方案包括工艺等降低成本,也会进一步影响工程质量。因此,业主积极落实好对承包商的监控十分重要,而业主又难以过多地参与设计方面的细节要求和意见。另外,承包商获得业主变更令以及追加费用的弹性并不是很大。

5.3.4　建设管理模式（CM）

CM 模式是采用快速路径法施工（Fast Track Construction）时,从项目开始业主就聘请有施工经验的 CM 单位参与项目实施过程，以便为设计师提供施工建议，并且随后负责管理施工过程。这种模式改变过去全部设计完成后才进行招标的传统模式，只要完成一部分分项（单项）工程后，即可对该分项（单项）工程进行招标施工，由业主与各承包商分别签订单项工程合同。该模式需要业主、CM 单位和设计方组成联合小组，共同负责组织和管理工程的规划、设计和施工。CM 单位负责工程的监督、协调及管理工作，在施工阶段定期与承包商交流，对成本、质量和进度进行监督，并预测和监控成本和进度的变化。

根据合同规定的 CM 经理的工作范围和角色，可将 CM 模式分为代理型建设管理（"Agency"CM）和风险型建设管理（"At Risk"CM）：

（1）"Agency"CM 模式，或代理型 CM 模式

在这种模式下，CM 经理是业主的咨询和代理。业主选择代理型 CM 主要是因为其在进度计划和变更方面更具灵活性。无论施工前还是施工后，CM 经理与业主都是委托关系，业主与 CM 经理之间的服务合同是以固定费用或比例费用的方式计费。施工任务仍然大都通过竞标来实现，由业主和各承包商签订施工合同。CM 经理只为业主提供项目管理，与各承包商之间没有任何合同关系。因此，对代理型 CM 经理来说，经济风险最小，声誉损失风险很高。

（2）"At Risk"CM 模式，或风险型 CM 模式

在这种模式下，CM 经理也同时担任施工总承包商的角色。业主一般要求 CM 经理提出保证最高成本限额（Guaranteed Maximum Price，GMP），以保证业主的投资控制。如最后结算超过 GMP，则由 CM 公司赔偿；如低于 GMP，则节约的投资归业主所有，但 CM 经理由于额外承担了保证施工成本的风险，因而应该得到节约投资的奖励。有 GMP 的规定，业主风险可以减少，CM 经理风险相应增加。在风险型 CM 模式中，经理的地位相当于总承包商，与各专业承包商有直接的合同关系，负责使工程以不高于 GMP 的成本竣工。

上面两种模式的各方关系如图 5.7 所示。

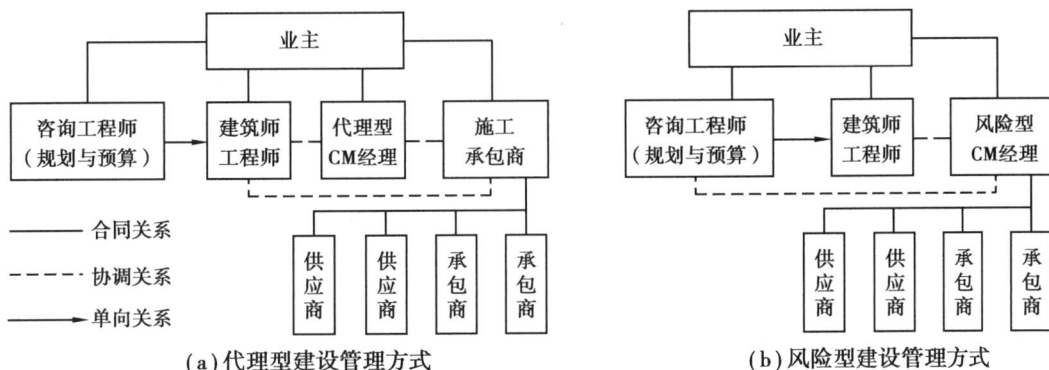

（a）代理型建设管理方式　　　　　（b）风险型建设管理方式

图 5.7　CM 模式下的两种管理方式

CM 模式具有多个优点：

①建设周期短。这是 CM 模式的最大优点。组织实施项目打破传统的设计、招标、施工的线性关系，代之以非线性的阶段施工法（Phased Construction）。其基本思想就是缩短工程

从规划、设计、施工到交付使用的周期，即采用 Fast Track 模式，设计一部分，招标一部分，施工一部分，实现有条件的"边设计、边施工"，使得设计与施工之间的界限不复存在，两者在时间上产生搭接，从而提高项目的实施速度，缩短施工周期。

②CM 经理的早期介入。CM 模式改变传统模式项目各方依靠合同调解的做法，代之以依赖设计方（建筑师/工程师）、CM 经理和承包商在项目实施中的合作，业主在项目初期就选定设计方（建筑师/工程师）、CM 经理和承包商，由他们组成具有合作精神的项目组，完成项目的投资控制、进度计划与质量控制和设计工作，这种方法被称为项目组法。CM 经理与设计方是相互协调的关系，CM 单位可以通过合理化建议来影响设计。

CM 模式的缺点主要包括：对经理的要求较高，CM 单位的资质和信誉都应比较高且配备高素质的从业人员；分项招标容易导致承包费用较高。

CM 模式适用于设计变更可能性较大的工程项目；时间进度为最核心因素的工程项目；因总体工作范围和规模不确定而无法准确定价的工程项目。采用 CM 模式，业主把具体项目管理的事务性工作通过市场手段委托给有经验的专业公司，不仅降低项目建设成本，而且可以集中精力保证公司运营。

在欧洲、美国、加拿大、澳大利亚等国家或地区里，CM 模式被广泛地应用于大型建设项目的采购和管理。比如，美国的世界贸易中心和英国诺丁安地平线工厂。在 20 世纪 90 年代之后，我国 CM 模式得到应用与发展，如上海证券大厦建设项目、深圳国际会议中心建设项目等。

5.3.5 项目管理模式（PM）

PM 模式是指业主聘请一家公司代表业主进行整个项目过程的管理，这家公司被称为"项目管理承包商"（Project Management Contractor，PMC）。从项目策划、定义、设计、施工到竣工投产全过程，PMC 受业主委托提供项目管理服务。选用这种模式管理项目时，业主方仅保留很小一部分的项目管理力量，也只需要对一些关键问题进行决策，而绝大部分的项目管理工作都由 PMC 来承担。PMC 是由一批对项目建设各个环节具有丰富经验的专业人才组成的，具有对项目从立项到竣工投产进行统筹安排和综合管理的能力，能有效地弥补业主项目管理知识与经验的不足。

PMC 作为业主的代表及延伸，帮助业主进行项目前期策划、可行性研究、项目定义、计划、融资方案，以及在设计、采购、施工、试运行等整个实施过程中有效控制工程质量、进度和费用，保证项目成功实施，实现项目寿命期的技术和经济指标最优。PMC 的主要任务是自始至终对业主和项目负责，这可能包括项目任务书的编制、预算控制、法律与行政障碍的排除、土地资金的筹集等，同时使设计者、工料测量师和承包商的工作能正确地分阶段进行，在适当的时候引入指定分包商的合同和任何专业建造商的单独合同。

PM 模式各方关系如图 5.8 所示。

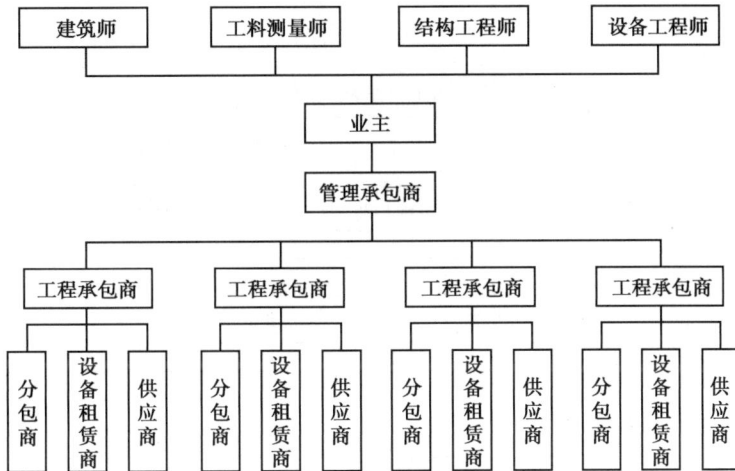

图 5.8　PM 模式的各方关系

PMC 的科学管理可大规模节约项目投资,原因如下:

①通过项目优化设计以实现项目全寿命期成本最低。PMC 根据项目所在地的实际条件,运用自身的技术优势,对整个项目进行全方位的技术经济分析,本着功能完善、技术先进、经济合理的原则对整个设计进行优化。

②在完成基本设计之后,选用合适的合同方式进行招标。根据不同工作包的设计深度、技术复杂程度、工期长短、工程量大小等因素综合考虑合同形式,从整体上为业主节约投资。

③通过 PMC 的多项目采购协议及统一的项目采购策略来降低投资。多项目采购协议是业主就某种设备或材料与制造商签订的供货协议。与业主签订该协议的制造商是该项目这种设备或材料的唯一供应商。业主通过此协议获得价格、日常运行维护等方面的优惠。各个承包商按照业主提供的协议去采购相应的材料、设备。PMC 还应负责促进承包商之间的合作,以符合业主降低项目总投资的目标,包括优化项目内容和全面符合计划等要求。

④PMC 的现金管理及现金流量优化。PMC 可通过丰富的项目融资和财务管理经验,结合工程实际情况对整个项目的现金流进行优化。

5.3.6 "建设-经营-移交"(BOT)

该模式的基本思路是:由项目所在国政府或所属机构为项目建设和经营提供特许权协议,作为项目融资的基础;由本国公司或者外国公司作为项目投资者和经营者安排融资,承担风险,开发建设项目,在有限的时间内经营项目获取商业利润,最后根据协议将该项目转让给政府部门。

BOT 模式是 20 世纪 80 年代在国外兴起的基础设施建设项目依靠私人资本的一种融资与建造方式。如图 5.9 所示,政府开放基础设施建设和运营市场,授权项目公司负责筹资和建设,建成后负责运营及偿还贷款,在规定的特许期满后无偿移交给政府。

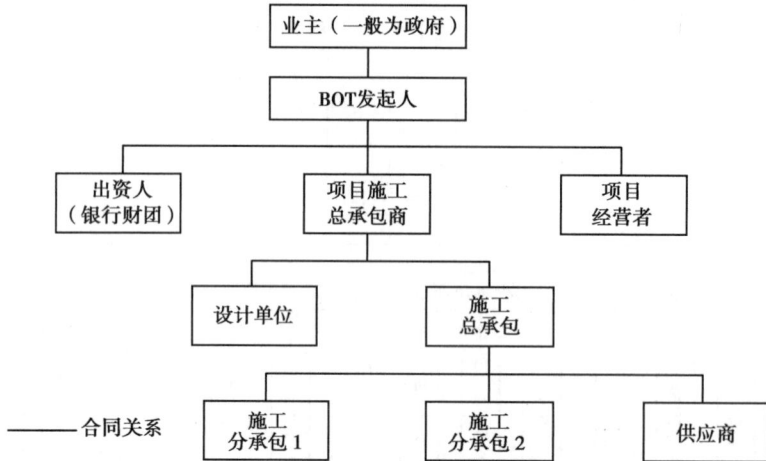

图 5.9　BOT 模式的各方关系

BOT 模式具有三方面优点：

①降低政府财政负担。通过采取民间资本筹措、建设、经营的方式，吸引各种资金参与道路、码头、机场、铁路、桥梁等基础设施项目建设，以便政府安排资金用于其他公共物品的投资。项目融资的所有责任都转移给私人企业，减少政府主权借债和还本付息的责任。

②政府可以避免项目风险。实行该种方式融资后，政府的投资风险由投资者、贷款者及相关当事人共同分担，其中投资者承担绝大部分风险。

③有利于提高项目运作效率。项目资金投入大、周期长，由于有民间资本参加，贷款机构对项目的审查、监督就比政府投资更加严格。同时，民间资本为降低风险，获得较多的收益，就要加强管理，控制造价，为项目建设和运营提供约束机制和有利的外部环境。

BOT 模式也有缺点：

①公共部门和私人企业都需要经过一个长期的调查了解、谈判和磋商过程，以致项目前期过长、投标费用过高。

②投资方和贷款人风险过大，没有退路，融资举步维艰。

③参与项目各方存在利益冲突，对融资造成障碍。

④机制不灵活，降低私人企业引进先进技术和管理经验的积极性。

⑤在特许期内，政府可能会对项目失去控制权。

BOT 模式被认为是代表国际项目融资发展趋势的一种新型结构。它不仅得到发展中国家的重视和采纳，发达国家政府也积极采用 BOT 模式完成政府企业的私有化。迄今为止，在发达国家和地区已进行的 BOT 项目中，比较著名的有连接英法的英吉利海峡海底隧道工程、我国香港地区的东区海底隧道项目、澳大利亚悉尼港海底隧道工程等。20 世纪 80 年代以后，BOT 模式得到许多发展中国家政府的重视，中国、马来西亚、菲律宾、巴基斯坦、泰国等国都有成功运用 BOT 模式的案例。如我国深圳的沙角火力发电 B 厂、马来西亚的南北高速公路及菲律宾那法塔斯尔（Novotas）一号发电站等都非常成功。

5.3.7　公私合作模式（PPP）

公私合作模式，也译为公私合营模式。近年来，我国积极推广政府和社会资本合作，推动基础设施建设与社会公共产品投资的创新性管理。本质上,该模式是指政府和私人部门就公共产品提供而建立的风险共担的长期伙伴关系。私人部门发挥资金、技术、管理优势,按照政府设定的标准建造公共设施、提供公共服务,通过从政府部门收费或从使用者收费来获取稳定的收入,政府部门则负责确定公共服务要求,进行必要的协助或监管,最终实现以更低成本提供更高质量服务的目标。

PPP 模式起源于英国,主要用于进行公共基础设施建设,广泛应用在轨道交通、高速公路、收费桥梁、地下管道、自来水设施、机场设施、监狱、隧道、卫生设施等领域。PPP 模式发展到目前已具备多种形式。如图 5.10 所示,PPP 模式是指政府部门引入私人部门组成特殊目的机构(Special Purpose Vehicle,SPV),政府制定公共服务的标准,私人部门据此设计、建造相应的设施来提供服务,并负责融资和运营。与此同时,政府作为服务的主要购买者,向私人部门支付使用费。运营期满,有关设施移交政府部门。可以看出,私人部门在设计、建造、融资、运营、维护等阶段都发挥着重要作用。

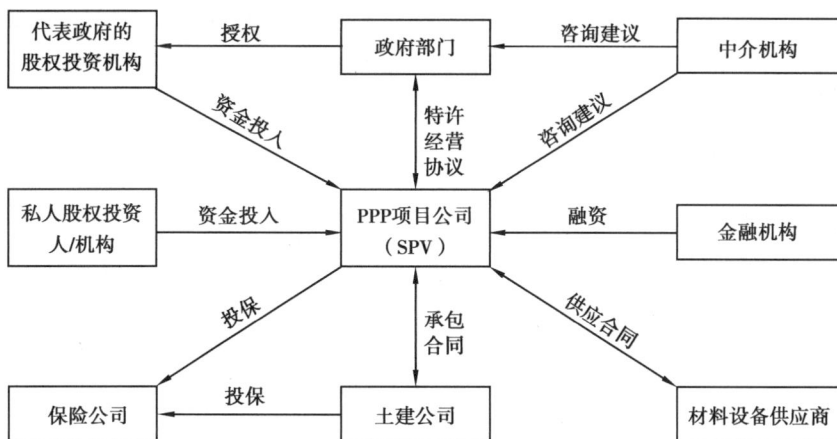

图 5.10 PPP 模式各方关系

广义上,PPP 模式分为外包类、特许经营类和私有化三大类。

①外包类 PPP 项目由政府部门投资,所有权归政府部门,私人部门通过签订合同等方式承包项目的一项或几项职能,比如负责工程设计和建设,又或者受政府委托代为管理维护项目设施。私人部门积极性较低,承担的风险相对较小,私人部门的收益主要来源于政府部门的付费。

②特许经营类 PPP 项目是指私人部门提供部分或全部投资,通过一定的合作机制与政府部门共担风险,共享利益。私人部门的项目参与度较高,负责整个项目的建设、运营和管理,政府部门则根据项目实际收益情况给予私人部门一定的补偿或向其收取一定期限的特许经营费,整个项目的所有权会在特许经营权到期后回归政府部门。私人部门的积极性相对较高,但政府部门找到 PPP 项目的公益性和私人部门的营利性之间的平衡点至关重要,这对政府部门的管理能力提出更高的要求。此种模式下,政府部门的管理能力制约着项目的成败。如果能建立有效的监督机制,该种模式能够充分发挥政府部门与私人部门各自的优势。特许经营类 PPP 的典型模式为"建设-经营-转让"(BOT)模式。

③私有化类 PPP 项目是指所有项目投资由私人部门负责,私人部门在政府部门的监督下,通过向用户收费来维持项目的正常运转,在收回投资的同时获得相应回报。这种方式的

项目所有权归私人部门所有,因此私人部门承担着最大的风险。但这种方式在政府部门管理水平较高的时候,对私人部门来说是一种特别大的激励,可很好地保证公共物品的质量水平,也能保证其提供时间的长久性。

世界银行用"私营部门参与"（Private Sector Participation,PSP）来泛指包括 PPP 在内的各种公私合作的模式,如图 5.11 所示。其表现形式有建设-经营-转让（BOT）、建设-转让（BT）、建设-转让-经营（BTO）、建设-拥有-经营（BOO）、建设-拥有-经营-转让（BOOT）、购买-建设-经营（BBO）、租赁-建设-经营（LBO）、扩建后经营整体并转移（Warp-around Addition）、服务协议（Service Contract）、运营和维护协议（Operate & Maintenance Contract）等。但是不论何种模式、何种表现形式都只是手段,提升公共服务的供给效率才是关键所在。

PPP 模式具有多方面优点:

①避免费用超支。在项目初始阶段,私人部门与政府共同参与项目的识别、可行性研究、设施和融资等建设过程,保证项目在技术和经济上的可行性,缩短前期工作周期,使项目费用降低。PPP 模式只有当项目已经完成并得到政府批准使用,私营部门才获得收益。因此,PPP 模式有利于提高效率,降低工程造价,消除项目的完工风险和资金风险。

②有利于转换政府职能,减轻财政负担。政府可以从繁重的事务中脱身出来,从过去的基础设施公共服务的提供者变成一个监管的角色,从而保证质量,也可以在财政预算方面减轻政府压力。

③促进投资主体多元化。利用私人部门提供资产和服务,能为政府部门提供更多的资金和技术支持。同时,私人部门参与项目还能推动在项目设计、施工、设施管理过程等方面的革新,提高办事效率,传播优秀管理理念和经验。

④政府部门和私人部门取长补短,发挥政府公共机构和私人部门各自的优势,弥补对方的不足。双方可以形成互利的长期目标,以最有效的成本为公众提供高质量的服务。

⑤使项目参与各方整合组成战略联盟,对协调各方不同的利益目标起关键作用。

⑥风险分配合理。PPP 模式在项目初期就可以实现风险分配,同时由于政府分担一部分风险,使风险分配更合理,减少承建商与投资商风险,从而降低融资难度,提高项目融资成功的可能性。政府在分担风险的同时也拥有一定的控制权。

⑦应用范围广泛,该模式突破目前的引入私人部门参与公共基础设施项目组织机构的多种限制,适用于城市供热等各类市政公用事业及道路、铁路、机场、医院、学校等。

PPP 模式也有多个缺点:

①法律保障体系不健全。法律法规的修订与颁布,可能导致原有项目合法性、合同有效性发生变化,给 PPP 项目建设和运营带来不利影响,甚至导致项目失败或终止。

②审批决策周期长。政府决策程序不规范等因素造成 PPP 项目审批程序过于复杂,决策周期长,成本高。项目批准后,难以根据市场变化对项目性质和规模进行调整。

③行政影响因素大。PPP 项目与群众生活相关,关系到公众利益。项目运营可能会因各种因素引起价格变动,遭到公众反对。

④政府信用风险高。地方政府为加快当地基础设施建设,会与合作方签订一些脱离实际的合同以吸引民间资本。项目建成后,政府难以履行合同义务,影响合作方的利益。

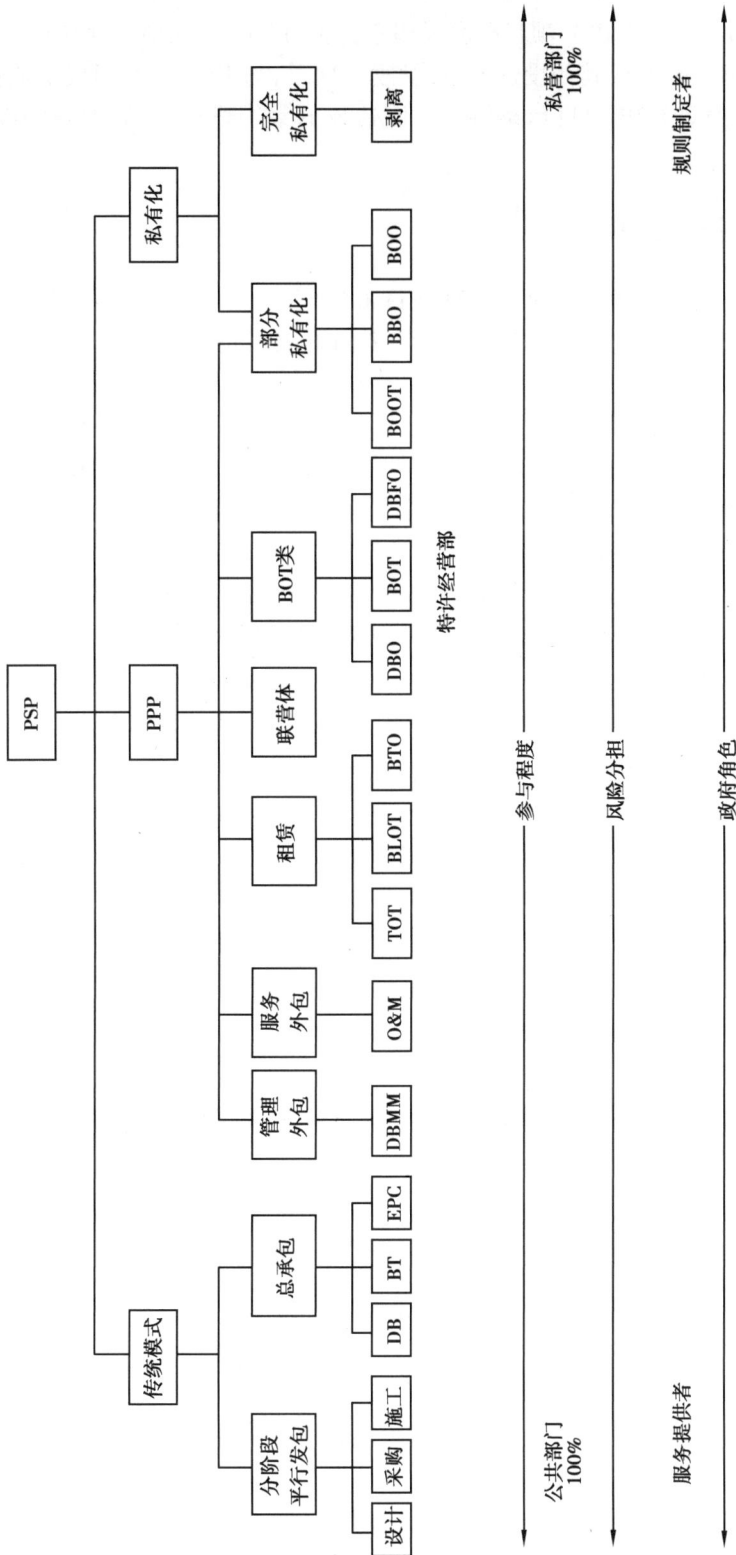

图5.11 私营部门参与（PSP）模式分类示意图

⑤配套设施不完善。PPP项目通常需要相应的配套基础设施，如污水处理厂需要配套的管线才能生产。现实中，有些PPP项目配套设施不完善，使生产经营陷入困境。

⑥项目收益无保障。政府或其他投资人新建、改建项目，与PPP项目形成实质性竞争，损害其利益。此外，政府对PPP项目承诺特定原因造成的亏损进行补贴，但补贴额度与安排并无具体规定。

5.3.8 集成项目交付（IPD）

IPD模式是从制造业引入到建筑业的一种项目采购模式，为传统项目采购模式中存在专业碎片、组织碎片、阶段碎片、信息碎片等问题带来的解决思路。IPD模式加强项目参与方互信合作、信息开放共享的程度，将体系、人力、实践和企业结构整合一起。通过协作平台，充分利用所有参与方的见解和才能，通过设计、建造以及运营各阶段的共同努力，使建设项目结果最佳、效益最大。在IPD模式中，包括初期规划设计、施工建造再到项目竣工交付，业主、设计方和总承包商、分包商等主体高效协作，达到项目目标的整体实现。项目规模越大，利用IPD模式节省的成本越多。

传统的建设项目合同模式以维护合同各参与方利益为核心，容易导致参与方产生合同纠纷，降低项目整体执行效率。美国行业协会AIA针对3种IPD组织模式发布IPD标准执行合同（图5.12—图5.14），标注所使用的AIA合同编号。可见，以关系型合同著称的IPD合同则不同，它不仅关注项目最后实施的结果（建筑产品），也更加聚焦项目实施的过程。

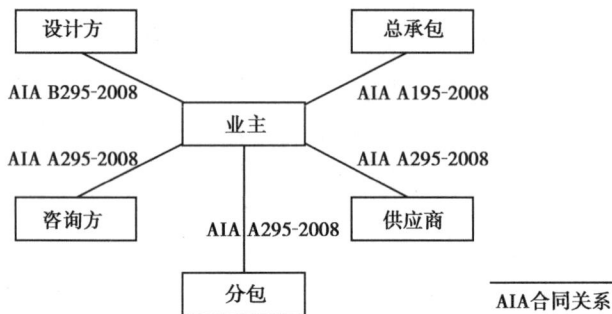

图5.12 以IPD理念改进传统项目管理模式的组织结构

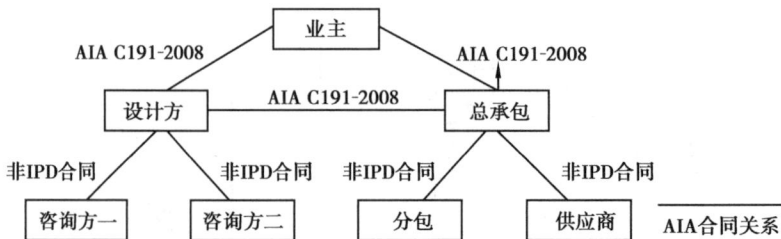

图5.13 多参与方合同下的IPD组织结构

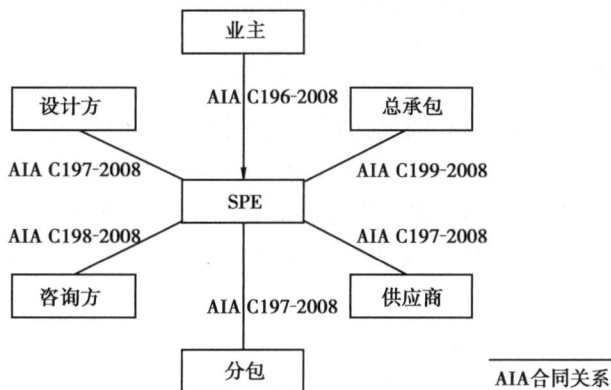

图 5.14　SPE(Single Purpose Entity)下的 IPD 组织结构

IPD 模式重视参与方的彼此信任、财务透明、共享风险及回报。同时,协调所有参与者尽可能高效地完成一个项目。

①项目开始之初,各方平等参与。所有参与方尽早参与项目,平等参与项目决策,提高项目决策水平,减少投资风险。

②项目目标一致,各方共同决策。IPD 合同使所有的参与方紧密地联系在一起,参与人对项目目标保持着高度的一致,各参与人也会商量制订项目的各个评价指标。

③集成各方知识,优化设计结果。所有参与方致力于团队效益。IPD 团队集成所有的人员、系统、知识和经验,能够有效地减少错误,优化设计结果。

④相互信任尊重,共担风险收益。团队各方都有强烈的合作意愿,合作期彼此信任尊重对方。按照 IPD 合同规定,各方以入股的形式平等地参与项目,共同承担项目的风险,解决项目突发状况,共同分配项目利润。

⑤公司财务透明,彼此坦诚沟通。从各个参与方抽取人员建立单一目的的实体协议(Single Purpose Entity,SPE)。SPE 财务透明。IPD 各参与方彼此开放、直接和坦诚地沟通,在不违背各自原则的前提下,积极而迅速地解决问题,避免无休止的纠纷和索赔。

除了以上 8 种项目管理模式外,还有起源于美国 20 世纪 90 年代的合伙模式(Partnering)、起源于德国 20 世纪 90 年代的 PC——项目总控模式(Project Controlling)、起源于英国 20 世纪 90 年代的 PFI——私人主动融资模式(Private Finance Initiative)等。

5.4　采购模式的选择与应用

每种采购模式都有其衍生形式,而非一成不变,其发展变化是工程建设管理对建筑科技进步的一种客观反映。项目采购模式发展和变化并不是扬弃和替代的过程,不能简单地认为后来出现的新模式就肯定比原来的好。模式的发展和变化不断丰富人们对工程建设进行组织管理的方式。由于工程项目的特殊性,现实中并不存在一个通用的模式,选择工程项目模式必须考虑各种因素的灵活应用。

在选择采购模式时,不能仅根据模式本身的优缺点,而要依据工程项目自身和参与各方的特点来综合考虑,选择最适宜的模式。

在选择工程项目采购模式时,应考虑3个方面的因素:

1) 工程项目的特点

①工程项目范围。工程项目范围包括项目的起始工作、项目范围的界定与确认、项目计划和变更。确定项目范围也就定义了项目的工作边界,明确项目的目标和主要交付成果。一般而言,DBB模式和"设计-建造"模式都要求项目的范围明确,并且早在设计阶段,就已明确项目要求。当工程项目范围不太清楚,并且范围界定是需要逐渐明确时,适合CM模式。

②工程进度。时间是大多数工程项目的重要约束条件,业主必须决定是否需要采用快速路径法以缩短建设工期。DBB模式的建设工期比较长,因为建设过程一经划分后,设计与施工阶段在时间上就没有搭接和调节工期的可能,而快速路径法可以减少这种延迟,推动设计和施工顺利搭接。

③项目复杂性。工程设计标准或复杂是影响项目采购模式选择的另一个因素。"设计-建造"模式适用于标准设计的工程,当设计比较复杂时,DBB模式比较适用。

④合同计价方式。按照工程计价方式的不同,承包商与业主的合同可以采用总价合同、单价合同或成本加酬金合同。DBB模式、"设计-建造"模式一般均采用总价合同,而CM模式通常采用成本加酬金方式。即CM单位向业主收取成本和一定比例的利润,不收取总包与分包之间的差价,与分包商的合同价格也是公开的。

2) 业主需求

①业主的协调管理。不同的项目采购模式要求业主与承包商签订的合同不同,因此项目系统内部的接口也随之不同,导致业主的组织协调和管理工作量有所区别。在"设计-建造"模式下,业主管理简单,协调工作量少,采用DBB模式和平行发包模式时,业主协调管理工作量增加。在CM模式下,业主协调管理工作量介于两者之间。

②投资预算估计。在DBB模式和平行发包模式中,业主对工程项目的投资总额较为清楚,有利于业主对项目投资进行预算和控制。由于业主与承包商之间只有一份合同,合同价格和条款都不容易被准确确定,只能参照类似已完工程估算包干。CM模式因为施工合同总价要随各分包合同的签订而逐步确定,因而很难在整个工程开始前确定一个总造价。

③价值工程研究。价值工程是降低成本、提高经济效益的有效方法。在设计方案确定后,可使用价值工程法对造价高的功能实施重点控制,降低工程造价,实现建设项目最佳的经济效益和环境效益。如果业主要求在工程设计中应用价值工程以节省投资,则可以优先选用CM模式。

3) 业主偏好

①责任心。当业主不愿参与项目建设过程时,可以优先考虑"设计-建造"模式,承包商承担设计、施工、材料设备采购等全部工作,且对于工作中遇到的问题也能自行解决,但业主对项目质量的控制难度相应增加。

②业主对设计的控制。业主需要决定在设计阶段愿意多大程度地参与设计,以影响设计的最终结果。如果业主希望更富有创造性的或是独特的外观设计,则需要更多地参与设

计工作,选用 CM 模式或 DBB 模式较为合适。

③业主承担的风险大小。随着建设工程项目规模的不断扩大,技术越来越复杂,项目风险的影响因素也日益复杂多样。业主是否愿意在工程建设中承担较大的风险成为影响项目采购模式选择的关键因素。

根据以上影响项目采购模式选择的因素,需要进行分析评价,确定主次因素,以满足主要因素或者多方面因素为目的来选择最合适的项目采购模式。

【本章小结】

本章梳理了工程项目采购的主要内容,强调采购管理在工程项目管理中的重要地位,总结了现阶段项目采购模式及其组织形式,分析对比多种项目采购模式的优缺点。不同的项目特点适用于不同的采购模式,而不同的项目采购模式会带来不同的合同管理模式,选用适合的项目采购模式是决定项目管理成败的重要步骤。

【习题研讨】

1.简述工程项目采购的基本概念与类型。

2.简述工程项目采购管理的难点和挑战点。

3.罗列工程项目采购模式,对比分析各种模式的优缺点。

4.为什么公私合作模式(PPP)能得到广泛应用?

第 6 章

ZHILIANG

GUANLI

质量管理

【本章导读】

★ 本章主要介绍工程项目质量管理概念、质量管理基本方法、设计阶段和施工阶段的质量管理、质量事故处理等内容。

【本章重点】

★ 工程项目质量管理的特点
★ 工程项目质量管理的影响因素
★ 设计阶段和施工阶段的质量管理
★ 工程项目质量管理的方法与工具
★ 质量事故处理

6.1　质量管理概述

工程质量是评价工程建设成果的关键性指标,其优劣决定着工程项目的成败和客户的满意程度。只有做好质量管理工作,才能充分发挥生产效能,创造符合业主要求的工程产品,满足业主的投资和社会需求。

6.1.1　质量管理与工程质量管理的内涵

质量是指事物所具有的特性满足其外在要求的程度。工程质量既具有普遍意义上质量的含义,又具有自身的特点。工程质量是指国家现行法律、法规、技术标准、合同文件以及业主等对工程综合特性的各项要求,其特性主要反映在经济、安全、技术、适用、美观等方面。与工程项目的组成层次划分一致,工程质量通过工序活动创造,而工序由各类专业操作构成。从质量控制角度来看,工程质量由工程产品质量、工序质量和工作质量组成,三者之间息息相关,工作质量的优劣是保证工程产品质量和工序质量的前提条件。

质量管理是指为了使产品质量满足要求所采取的一系列手段、措施和方法,通常包括制定质量方针和质量目标,进行质量策划、质量控制、质量保证、质量改进等活动。工程项目质量管理指的是在工程项目建设全过程中,为满足质量要求,项目参与方围绕工程质量而进行的策划、组织、计划、实施、检查、监督等所有管理活动的总和。

6.1.2　工程质量管理的特点与原理

1）工程项目质量管理的特点

①单一性。工程项目的单件性使得工程质量要求具有单一性,工程质量管理所采取的活动应紧扣单一性特征。也就是,针对不同的工程项目所采取的管理活动要坚持以项目为导向,即便再简单的工程项目要达到相同的质量要求,也不可能采取完全一致的管理活动。

②过程性。工程项目可以划分为单项工程、单位工程、分部工程、分项工程。工程质量管理必须具体到每个过程,甚至对每一道工序都要进行严格管理。

③系统性。工程项目的顺利完成需要有机统一各种主体关系,它涉及业主方、承包方、监理方、设计方、材料供应方等。这些主体对工程质量造成影响,只有组织与协调好这些主体关系才能保证工程质量满足要求。

④动态性。工程各参与方随着项目的推进对项目的认识越来越深。在项目完成过程中,有效的工程质量管理要不断协调与沟通各方主体,围绕出现的新情况、新问题寻求解决办法。因此,工程质量管理并不是在一个完全设好的框架内进行,而是一个需要不断调整才能达到最优的管理过程。

⑤隐蔽性。工程项目质量管理过程中,由于分项工程交接多、中间产品多、隐蔽工程多,因此质量存在隐蔽性。若在施工中不及时进行质量检查,事后只能从表面上检查,就难以发现内在的质量问题,容易产生错误判断。

2）工程项目质量管理原理

①系统原理。项目管理的对象是工程项目,作为有机整体具有系统性,要求在项目管理过程中运用系统原理对质量管理进行分析,使得项目总体达到最优。

②PDCA 循环原理。在工程项目全寿命周期内,不论是对分部或分项工程的质量问题,还是对单项、单位工程建设具体的质量任务所进行的管理,都需按照从制订计划到组织实施的步骤进行,即 PDCA 循环。P(plan)计划,即确定质量管理目标以及为实现此目标所依靠的方法和对策;D(do)执行,即将制订的方法和对策付诸实施;C(check)检查,即对实施的结果进行检查;A(action)处理,即对检查出来的问题进行控制,总结经验。

③质量控制原理。质量控制目标旨在确保工程项目质量满足顾客、成本、法律法规等方面所提出的要求。

④质量保证原理。以保证质量为基础,通过对质量控制系统施加压力,促其更有效地运行,并向对方提供信息,以便及时采取改进措施。

⑤合格控制原理。合格控制具有保证、预防、报告等作用,它们密不可分。

⑥监督原理。质量监督是建立在项目质量责任制理论基础之上的。质量监督有政府监

督、社会监督、自我监督3种。政府监督基本上是一种宏观监督,包括质量的法制监督、相关法规实施状况的监督、行业部门或职能部门的行政监督等,属于强制性监督。例如,工程质量监督站对工程项目的质量监督就是一种政府监督。社会监督是通过舆论、社会评价、质量认证等对项目质量进行监督。这种监督对项目质量的保证起到重要的约束作用。自我监督一般是指客户自己组织的监督。例如,工程监理单位对工程项目的监理就是自我监督的一种。

⑦三阶段控制原理。三阶段控制包括事前、事中和事后控制,形成质量控制的系统工程。其中,事前控制注重在对质量计划进行质量活动前的准备工作状态的控制,事中控制侧重对质量活动主体、质量活动过程和结果进行自我约束和监督检查,事后控制强调对质量活动结果的评价认定和对质量偏差的纠正。

⑧三全控制原理。三全控制管理源于全面质量管理思想(Total Quality Control,TQC),同时兼容ISO 9000标准管理体系,即建设单位的质量管理应当是全面、全过程和全员参与的。其中,全面质量管理同时包含产品和工作质量的管理;全过程从源头出发,推行全寿命期质量管理;全员参与反映目标管理思想,强调目标责任的层层分解,具体落实到每个员工。

6.1.3　工程质量管理的原则

①ISO 9000:2015《质量管理体系——基础和术语》提出8项质量管理原则,这8项原则贯穿于项目质量管理全过程,是建立质量管理体系的基础。

②以顾客为关注焦点。质量管理的首要关注点是满足顾客要求并且努力超越顾客期望,组织只有赢得和保持顾客和其他相关方的信任才能获得持续成功。

③发挥领导作用。各级领导需要建立统一的宗旨和方向,创造全员积极参与实现组织的质量目标的条件,使组织将战略、方针、过程和资源协调一致。

④全员积极参与。整个组织内各级胜任、经授权并积极参与的人员,是提高组织创造和提供价值能力的必要条件。为了高效地管理组织,各级人员得到尊重并参与其中是极其重要的,可以通过表彰、授权和提高能力,促进在实现组织的质量目标过程中的全员参与。

⑤强调过程方法。质量管理体系是由相互关联的过程组成的,将活动作为相互关联、功能连贯的过程组成的体系来理解和管理时,可更加有效地取得一致的、可预知的结果。

⑥持续改进。改进对组织保持当前的绩效水平,对其内外部条件变化做出反应并创造新的机会,都是非常必要的。

⑦推行循证决策。决策的复杂程度依赖于决策内容的不确定性,常常涉及多种类型和来源的输入及其理解,而这些理解可能受到主观影响。基于数据和信息的分析评价的决策,能够有效理解因果关系和潜在的非预期后果,才能产生更加客观、可信的结果。

⑧关系管理。为了实现经营成功,组织需要管理与相关方的关系,以尽可能有效地发挥其在组织绩效方面的作用。因此,对供方及合作伙伴网络的关系管理尤为重要。

6.1.4　工程质量管理的发展历程

受质量管理新思想、新理论、新方法的影响,工程项目质量管理概念也在不断变化。与一般产品质量管理类似,国内外工程质量管理的发展历程包括了 3 个阶段:质量检验、统计质量管理、全面质量管理。起初的质量管理仅限于产品的人工检验,控制对象是对产品质量的消极检验,本质上属于事后检验。20 世纪 30 年代开始出现质量管理与数理统计的结合,运用数学思维着眼于事中控制,转换控制对象为对工序质量的积极管理,从而诞生统计控制阶段。伴随着生产力的快速发展和科学技术日新月异,人们对质量的要求也与日俱增,于是在 20 世纪 60 年代便迈入全面质量管理阶段。该阶段的管理面向所有生产环节,综合应用组织管理、现代科学、社会心理学、行为科学、数理统计等原理,形成全员、全过程、全企业的管理体系,全方位控制工程质量。

1961 年美国质量管理专家菲根保姆提出的全面质量管理,表明质量管理已经从质量控制(QC)过渡到全面质量管理(TQC)继而到一切为了满足市场、用户需求的质量经营(TQM)发展。全面质量管理强调项目应以质量为中心,以全员参与为基础,目的在于通过让顾客满意和本项目所有成员及社会受益从而达到永续经营。

全面质量管理的中心思想有 3 点:

①强调高层管理的领导直接参与和全员参与。传统意义的质量管理可授权专职质量管理人员或部门,但全面质量管理则不同,必须由最高层的管理人员亲自统筹并全员参与。

②确保具有竞争力的成本。推行全面质量管理并不一定都会升高成本。相反,绝大部分推行全面质量管理的项目,既能够提供更优质的产品或服务,也能降低生产成本。

③注重提供高素质且不断改进产品的服务。一方面要控制质量审核的标准,另一方面需要持续改进产品来适应市场环境的变化,后者更是全面质量管理的焦点。

1987 年 3 月国际标准化组织制订和颁布 ISO 9000 质量管理及质量保证系列标准。作为一套通用的、具有灵活性的国际质量保证模式,ISO 9000 系列并不是产品的技术标准,而是针对组织的管理结构、人员、技术能力、规章制度、技术文件和内部监督机制等一系列体现组织保证产品及服务质量的管理措施的标准。

具体地讲,ISO 9000 系列标准从 4 个方面规范质量管理活动:

①机构:明确规定为保证产品质量而必须建立的管理机构及职责权限。

②程序:产品生产必须制订规章制度、技术标准、质量手册、质量体系及操作检查程序,并使之文件化。

③过程:对生产全过程加以控制,而不是点的控制。从根据市场调研确定产品、设计产品、采购原材料,到生产、检验、包装和储运等全过程均按程序要求控制质量,并且过程应具有标识性、监督性、可追溯性。

④总结:不断地总结、评价并改进质量管理体系,使质量管理呈螺旋式上升态势。

如今,质量管理的发展格局日趋多元化。值得注意的是,20 世纪 70 年代伊斯特曼教授提出 BIM 概念至今,BIM 在工程项目管理中得到广泛的应用和迅猛的发展,已经成为当代建筑管理的主流模式。它是数据与管理的完美结合,为工程质量的精细化管理奠定基础。虽然其在我国起步相对较晚,但已呈现出良好的发展趋势。

6.2　质量管理的方法与工具

开展质量管理工作需要借助一定的方法与工具,对工程质量进行实时监控,及时发现问题,采用有效的解决方法。

6.2.1　质量管理方法

质量管理要遵循一定的方法,即 PDCA 循环。每一个循环都围绕着预期目标,进行计划、实施、检查和处置活动。随着对存在问题的解决和改进,在滚动循环中逐步上升,持续提高质量管理水平,保证质量目标得以实现。这里所说的质量计划并非一成不变,而是随着对工程项目认识的深入,通过实践来检验不合理的计划并对其进行改正。执行计划的目的是使项目参与人员理解计划目标、要求和内容,把计划中规定的活动赋予行动中。检查既要针对计划的实施结果,又要在工作开展的过程中实时监控,以便对质量问题及时采取措施。

6.2.2　质量管理工具

质量控制方法主要有主次因素分析图法、因果分析图法、控制图法、统计调查表法、分层法、质量变异分析图法,逐一介绍如下:

1) 主次因素分析图法

主次因素分析图法又称为帕累托分析法。根据意大利经济学家帕累托的名字命名,是由美国质量管理学家 J.M.Juran 发明的一种质量管理分析图。该方法的原理是"关键的少数和次要的多数"。"关键的少数"是主要因素,"次要的多数"是次要因素,即 80/20 法则。如图 6.1 所示,80% 的质量问题由 20% 的因素引起,剩下的 20% 的质量问题由 80% 的因素引起。

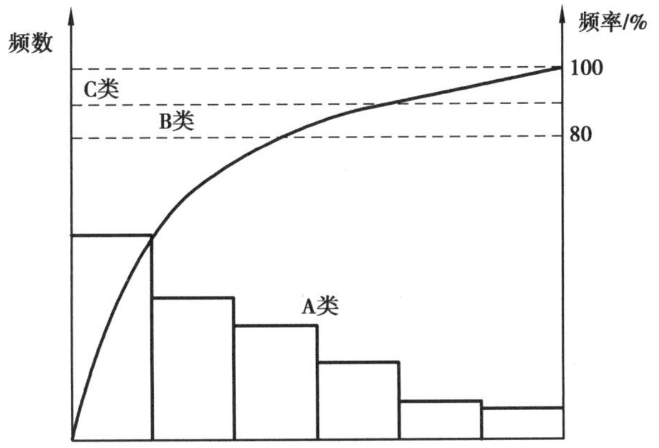

图 6.1　帕累托图

主次因素分析图由两个纵坐标、一个横坐标、几个连起来的长方形和一条曲线组成。左、右侧纵坐标分别为频数、频率。其中,频率是以百分数表示;横坐标表示影响项目质量的因素,按照影响质量程度的大小,从左到右依次排列;长方形的高度表示某因素影响程度的大小;曲线表示各影响因素的累计百分比。通常把主要因素称为 A 类因素,一般指累计百分比为 0% ~ 80%,这类因素对工程项目质量影响最大;把累计百分比为 80% ~ 90% 的因素称为 B 类因素,即次要因素,这类因素对工程项目质量有一定的影响;把累计百分比为 90% ~ 100% 的因素称为 C 类因素,这类因素对工程项目质量影响轻微。

建立在了解主次因素分析图的结构与表示含义的基础上,可以进一步绘制主次因素分析图:首先,确定分析对象,如不合格产品的名称、数量以及耗费的材料等。其次,搜集引起不合格产品的因素,按照产品不合格的操作者、废品产品还是缺陷产品来分类整理,然后计算出发生的频数以及累计频数。再次,画出两纵坐标和横坐标,根据选择分析因素频数大小,从左向右依次绘制长方形,使长方形高度与计算的频数相对应,然后再根据计算的累计频率绘制曲线。

2) 因果分析图法

因果分析图法又称为特性要因图法,由于其形状特征又被称为鱼刺图或树枝图。如图 6.2 所示,利用因果分析图可以表现引起工程项目某个质量结果与原因之间的关系。

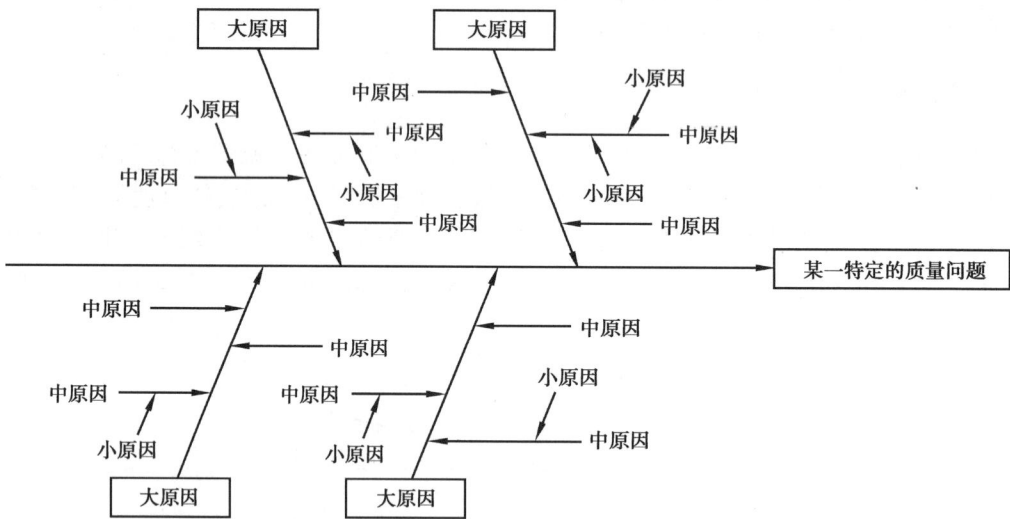

图 6.2 因果分析图的基本形式

从图 6.2 可知,主干箭头的顶端表示要分析的质量问题,各分支表示引起结果的原因。质量管理人员运用因果分析图法,可以针对某一结果,对已找到的原因进行细化,层层分析引起该结果的原因,最终找到影响结果的关键因素。

绘制因果分析图时应该注意一些事项。如图 6.3 所示,可以运用因果分析图法分析混凝土强度不足的质量问题。

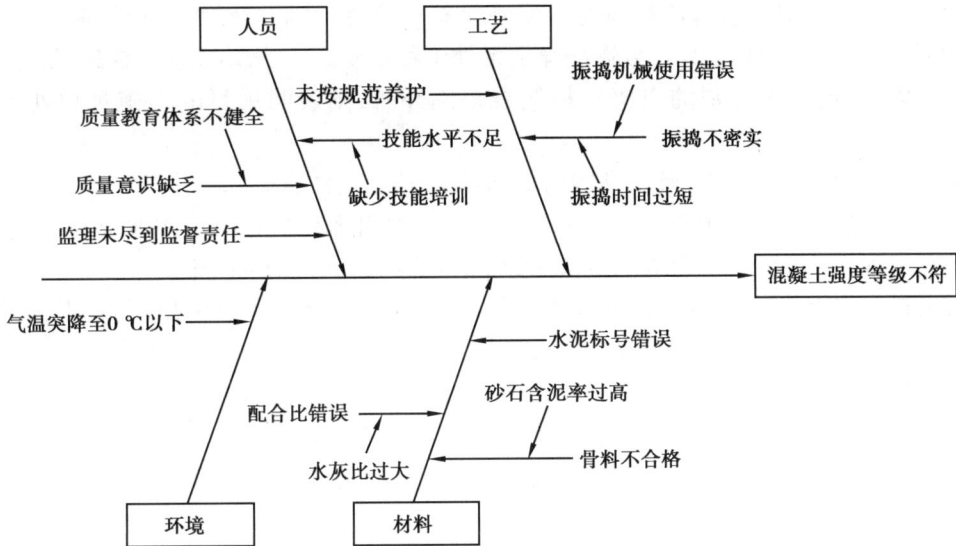

图 6.3　混凝土强度等级不足的因果分析

绘制因果分析图的步骤:第一,分析质量问题(即主干箭头指向的末端);第二,分析引起质量问题的原因;第三,就这些原因进行细化分析;第四,检查列出的原因是否齐全,必要时应修改补充;第五,找出关键原因。可见,绘制因果分析图的步骤与因果分析图中呈现的方向相反。

在绘制因果分析图时,应该注意 3 点事项:要向所有参与人了解情况,在咨询问题时要让大家各抒己见,做好记录;分析的主要原因、次要原因应进一步落实验证,原因分析越具体就越有针对性;提供的数据、信息要准确、全面、有说服力,注重从管理上找原因,不能互相推卸责任。

3) 控制图法

控制图法又称为管理图法,控制图是画在坐标图中动态地表示质量分析与控制的方法,用来判断生产过程是否处于稳定状态。如图 6.4 所示,控制图一般有 3 条控制线,最上面虚线表示上控制界限(UCL),中间的实线表示中心线(CL),最下面的虚线表示下控制界限(LCL)。纵坐标表示质量控制对象,横坐标表示抽样时间或样本序号。

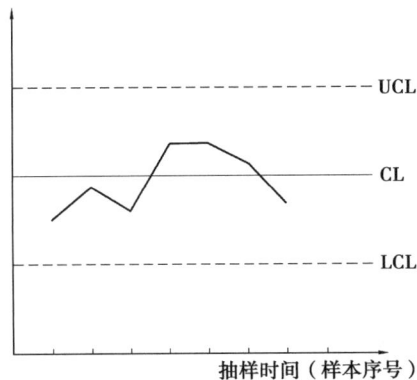

图 6.4　控制图的基本形式

由图 6.4 可知,通过抽样将样本统计量在坐标中描点,然后连线得到控制曲线,根据所描点的分布情况,判断工程项目实施过程是否处于稳定状态。当所描绘的点都落在上下控制线范围内,或仅有极个别的点落在控制线范围外时,则表明项目的实施过程处于稳定状态。

如果控制曲线出现以下情况,则表明情况异常,应引起注意。

①所描点连续出现在中心线的一侧。当5个点都出现在中心线一侧就应开始注意,连续7个点出现在中心线一侧可以判定情况异常,应查明原因并采取措施。

②所描点多次偏离中心线,出现在中心线的一侧。如连续11点中出现10点在中心线同一侧,连续14点中有12点出现在中心线同一侧,或者连续至少80%的点出现在同侧。

③所描点出现周期性变动。点的排列明显呈现周期性变化,如从上到下,再从下到上,再从上到下。这样即使所有点都在上下控制线之间也应引起注意。

④连续几点一直上升或下降。如连续七点一直上升或下降,此时就可以判定情况异常,要采取应对措施。

⑤所描点接近控制线。如连续3点至少2点接近控制界限,或至少40%的点接近控制线。

4)统计调查表法

统计调查表法是利用设计好的统计调查表记录采集的数据,并对其进行整理分析的一种质量控制方法。如表 6.1 所示的某混凝土构件外观质量调查表。这种方法在质量管理中应用广泛,简便实用灵活直观,统计调查表的表格形式不固定,可以根据自己的需要设计,但要将质量特性问题以及可能发生的质量通病表述清楚。常用的调查表有质量缺陷调查表、质量检查确认调查表、作业抽样调查表、质量原因调查表等。

表 6.1　某混凝土构件外观质量调查表

调查对象		施工班组	
调查数量		调查时间	
检查方式		检查人员	
检查内容	检查记录		合　计
蜂窝			
麻面			
孔洞			
裂缝			
漏筋			
合　计			

5) 分层法

工程质量影响因素众多,彼此之间关系错综复杂,为反映质量波动的根本原因和客观规律,需要分类归纳和收集于相同条件下的、有着同样性质的质量数据,即分层法。分层法又叫分类法、分组法,通过分层使收集的数据显示出各层次之间的差异,从纵横维度对比,有利于发现层间、层内深层次的质量问题。

常用的分层标准包括:按施工班组或操作者分层;按机械设备型号或功能分层;按施工时间、班次分层;按施工工艺分层;按原材料属性分层等等。统计调查法是让我们看到存在哪些质量问题,分层法就是帮助我们分析产生这一问题的原因,在实际工程中常常把统计调查表法和分层法结合起来,分析质量管理中的问题,提高质量管理效率。

下面以某混凝土构件举例说明。经过统计调查分析,了解到混凝土柱存在质量问题。接下来,采用分层法进一步分析这一质量问题产生的原因。按照施工时间不同和施工班组不同进行分层分析,如表6.2所示。

结合表6.2和表6.3,可以得出白天的不合格率低于夜间的不合格率,甲施工班组的不合格率低于乙施工班组的不合格率。为了进一步挖掘问题的原因,还可以将这两种分层结合起来采用综合分层法分析,如表6.4所示。

表6.2　按时间分层分析调查表

施工时间	合格品数量	不合格数量	不合格率/%
白天	50	4	7.41
夜间	48	6	11.11
合　计	98	10	9.26

表6.3　按施工班组分层分析调查表

施工班组	合格品数量	不合格数量	不合格率/%
甲	43	3	6.52
乙	55	7	11.29
合　计	98	10	9.26

表6.4　某混凝土柱质量问题综合分层分析表

操作者	产品质量	白　天		夜　间		合　计	
		数量	不合格率/%	数量	不合格率/%	数量	不合格率/%
甲	合格	24	4.00	19	16.67	43	6.52
	不合格	1		2		3	
乙	合格	26	10.34	29	12.12	55	9.84
	不合格	2		4		6	

续表

操作者	产品质量	白 天		夜 间		合 计	
		数量	不合格率/%	数量	不合格率/%	数量	不合格率/%
合 计	合格	50	7.41	48	11.11	98	9.26
	不合格	4		6		10	

从表 6.4 可以看出,甲施工班组白天不合格率较低,乙施工班组在白天和夜间不合格率都很高。如果想要进一步找出乙施工班组不合格率高的原因,可以采用同样的方法,按照其他标志再次分层分析。

6) 质量变异分析图法

质量变异分析法是根据影响工程项目产品质量的因素,找出引起质量波动的因素并归纳总结,运用数理统计原理判断产品质量问题的一种方法。在正常条件下,产品的不合格数量与合格数量大致服从正态分布,如图 6.5 所示。

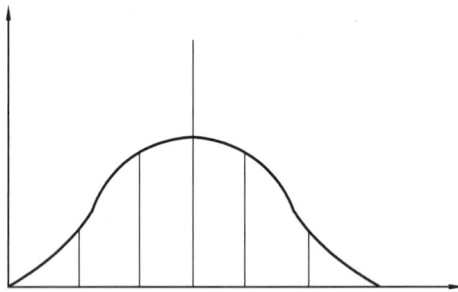

图 6.5　正态分布概率密度曲线

一般情况下,产品的质量数据分布呈现出"中间高,两端低"的形式,即合格产品的质量数据占大多数,偏离合格产品的质量数据占比较小。当样本容量很大,来自任何分布的随机抽样,其样本均值都符合或近似符合正态分布。实践中正常条件下得到的质量数据也都近似符合正态分布。故可以按照质量标准的要求,确定一个范围,质量数据落到质量标准规定的范围内都是正常的。若超出这个范围,说明质量出现异常,需要查明原因并采取措施。

6.3　设计阶段的质量管理

设计阶段是工程项目质量形成的关键阶段,设计工作的严密性、科学性关系到能否将业主的内在需要转换为可操作性文件,而可操作性文件又是指导施工的凭证,牵涉到能否形成业主所需求的工程项目产品。

6.3.1　设计阶段的质量影响因素

设计阶段是将前期确定的质量目标和水平框架化、具体化、形象化的表现阶段,其质量受到的影响因素众多,包括人、技术、组织、环境等方面。其中,设计或决策人员、设计方案、设计流程的组织与检验制度以及未预料的环境因素对工程质量的影响都不可小觑。

设计阶段主要是通过设计文件来影响工程质量。试想设计人员若不合格,那么设计文件的质量也就没有保障。设计人员难免有所疏漏,设计方案要经过一系列的检查与审核,才能减少和避免错误,将其对后期工作的影响降到最低。同时,工程项目的实施环境对工程质量的影响也不可忽视,环境具有复杂多变和不确定性的特点,当遇到突发的环境状况,如不可抗力等,都可能对项目质量造成重大影响。

6.3.2　设计阶段的质量管理目标及问题的处理

1)设计阶段的质量管理目标

任何阶段的最终目标都是为了更好地完成项目,使项目结果满足要求。设计阶段的终极目标也不外乎于此,其质量目标主要有4点要求:
①协调结构上的安全性、技术上的可行性、经济上的合理性。
②符合国家法律法规的规定。
③确保最后提交的设计文件经过严格的审核与检查,符合业主要求。
④充分考虑工程变更等突发事件,并将其后续影响控制到最小化。

2)设计阶段的质量管理问题

在明确设计阶段的质量管理目标后,应分析设计阶段质量管理容易存在的问题,如表6.5所示。

表6.5　设计阶段质量管理问题

设计人员的问题	①设计人员专业素质不高及少数设计人员的不负责态度,造成设计出错或设计不符合要求,导致后面实施阶段问题百出,对工程质量造成影响; ②设计人员思维老套,为确保结构上的安全而忽视经济合理性; ③设计人员过分追求某一方面的突出而忽略其他方面的条件制约,从而造成根据设计文件完成的工程在质量上存在隐患。
设计方案的问题	①设计方案不合理,如为了节约成本等原因而采用不合理的设计方案; ②设计方案的选用也相当重要,其取决于决策人员的选择。
其他问题	①设计单位都有各自的一系列针对设计活动的监督、审核制度。但是,流程不合理,审核监管力度不够等问题依旧存在; ②由于当下专业和社会分工的细化,导致设计时各个环节之间的衔接与沟通不够。

3)设计阶段的质量管理措施

针对上述设计阶段质量管理问题的解决方法如下:在知晓设计阶段质量管理遇到的问题后,需针对具体问题寻求解决方法。由设计人员引起的问题,除了要从根源上提升人员的选用标准外,对专业人员的管理及培训也应重视,鼓励培养创新思维,建立良好的奖惩制度,做到权责分明;针对决策人员引起的问题,要增强企业内部管理,避免因一些决策失误而选用不合适的设计方案的做法。加强各环节的审核与校检,确保每个阶段出现的问题在该阶段解决。要做到工作交接清楚,问题解决清楚。优化工作流程,合理组织工作顺序。合理预见突发状况,并针对性地制订解决方案,同时注重经验积累,建立合理的预警机制。这样才能在遇到问题时不至于不知所措。

表6.6为某项目在设计阶段的质量管理措施。

表6.6　某项目设计阶段的质量管理措施

部门内部管理	设计质量控制明确责任到人,每人负责的部分要一跟到底; 各专业之间责任划分明确,各专业之间加强主动性,紧密配合; 加强部门审图力度,尽量减少施工图纸的错误,避免图纸错漏给施工进度造成的影响。各专业负责人对所审图纸负责;正式施工图出图期间,项目组成员每天(或每两天)下午到设计院审查中间图纸;图纸完成后,部门内要再审一次,减少施工过程中的反复; 每周召开项目组例会,由设计负责人协调各专业设计进度、设计问题。
设计单位管理	加强合同管理,设计院相关责任人必须对图纸质量负责; 通过采取合理的激励机制,鼓励设计人员的责任心和主动性,提高产品性价比。
探索新的管理模式	头脑风暴+集体决策:由于项目设计难度较大,设计质量及成本控制都极具挑战性,因此对任何一个方案的决策都需要慎之又慎。管理者充分发挥自身在工程管理方面积累的丰富经验,以及专业方面的领先水平,采用"头脑风暴+集体决策"的管理方式,尽可能做到质量与成本控制的双赢; 将单方管理变为双方互动式管理:景观设计上采用互动式管理。在控制设计进度的基础上,就设计成果与设计师进行充分沟通,审核设计图纸质量。开始时,设计单位的管理、出图模式、质量与企业要求相差甚远,这给设计管理增加很多困难,因此,采用每月月初制订计划工作,月中进行2~3次的沟通,月底核对计划完成情况,及时反馈意见,引导设计单位按要求及规范设计出质量较高的图纸,使设计管理得以顺利进行,至年底可以完成一期的景观设计内容。
合同管理	建筑设计签订三方合同,合同明确各阶段控制点目标,并制订切实可行的奖罚措施,加强设计管理的主动性; 景观设计合同全面界定设计范围和内容,并根据实际情况进行细化:合同中,对景观设计的内容、范围、提交成果等方面进行全面编写,在不增加设计费的基础上,充分考虑项目开发特点与复杂性;在设计时间紧迫的条件下,针对实际开发进度,在合同中细化提交设计成果的时间,为后期的设计管理提供支持; 室内设计合同趋向专业化、高标准:首次对室内设计任务书进行专业性的编写,通过总结以往室内设计合同和任务书专业性的欠缺及不足,重点强调了管理力度、奖惩措施、成本控制、进度控制等方面内容。结合项目中会所、网球馆、样板房设计的实际情况,重点在任务书里强调各阶段提交设计成果的具体内容,对各阶段的关键点,前后顺序进行科学性的调整,主要体现在关键材料的提交和材料调研的交接点,以及提交的软装成果的完整性和专业性,以上内容都需在合同和任务书里做详细的规定,为设计成果的质量控制拟订合同措施。

续表

现场施工配合	施工前的图纸审查:根据现场进度,重点审查将要施工的部分,提早发现问题,保证施工进度; 标准层模板的检查:要求工程部将每栋楼的具体施工计划提前一周通知项目组,根据施工进度,组织各专业工程师在浇筑混凝土之前检查模板,及时纠正发现的问题; 景观现场施工配合及时,效果监控到位:当主入口树阵施工完成后,发现施工通道影响苗木恢复生长时,应及时协调现场采取措施,保护苗木,使苗木生长的风险降至最低。

6.4 施工阶段的质量管理

施工阶段是质量形成的核心阶段,关系到能否达到项目的预期目标。该阶段工期密集紧张,是风险因素集中出现的时期。因此,要采用科学合理的质量管理方式,进一步确保工程项目成功建设。

6.4.1 施工阶段的质量特点

①影响因素众多:在施工阶段中直接或间接影响工程质量的因素有很多,可归纳为人、材料、机械、方法、环境等方面。

②质量波动性较大:不同于工业产品有固定的流水生产线,工程项目具有复杂性、单一性。同一个工程采用不同的施工方法及工艺,都会引起质量因素波动,得到不同的工程质量。即使同一施工方法及工艺,在不同的环境条件下,质量因素也会受到影响,使得质量结果有所差异。另外,由于天气、机械磨损等微小因素带来的质量波动也有可能对质量造成影响。

③施工质量不可逆转:对建筑产品而言,终检存在一定的局限性,应加强施工阶段的质量审查,强调预防性。对完成的建筑产品进行类似工业产品的加工改造往往是拆毁重建,然而最终的建筑产品整体性很强,牵一发而动全身。例如,框架结构中柱是梁的支座,梁是板的支座,如果柱梁板完成后才发现柱子出现问题,则整个结构就会受到致命的威胁。如果再对其进行改造就会涉及整体的拆毁重建,这样造成的损失将难以挽回。

6.4.2 施工阶段的质量管理目标

尽管施工阶段与设计阶段有着本质的区别,但是两者的最终目标都是为了获得满足或超过建设单位预期要求的工程项目。从施工阶段涉及的各方面看,可以得到施工阶段质量管理的目标:

①满足建设单位各方面的要求与预期:达到建设方的质量标准是首要前提,因为工程项目的所有建设都是围绕着建设方的要求与预期进行的。

②符合设计阶段的质量要求:施工阶段就是用现有的方法尽可能地实现设计阶段对工程项目的要求。

③满足国家法律法规及地区规范的质量标准要求：在满足建设方要求的同时也要符合国家规定及地区规范，考虑社会进步或地区发展因素。业主要求有时只是从自身角度考虑问题。当二者发生冲突时，要以国家和地区规定为准。

④满足运营阶段的要求：运营阶段是施工阶段的后续阶段，即施工阶段的目的，不能只为施工而施工，要综合考虑后一阶段的需要。

6.4.3　施工准备阶段的质量管理

对于施工阶段来说，准备阶段是重要的开端。准备阶段的质量控制更具有主动性，对施工实施和竣工验收都会产生影响。所以，做好施工准备阶段的工作显得尤为重要。施工准备阶段的任务及目标反映在实施阶段以及竣工阶段涉及的方方面面，具体包括4个方面：

①场地：满足施工的环境要求。比如，常说的"五通一平"，保证现场的水、电、交通、通信、生活设施等。

②人员：包括直接参与人员和管理人员。管理人员包括建筑单位、监理单位、施工单位的管理人员。要确定直接参与人员的教育情况及技术合格情况，管理人员的资质等，保证参与人员合格上岗、持证上岗。同时，也应对他们制订的管理制度、组织活动等进行审核。

③机械、材料：选用材料的检验是否合格，材料到场情况，施工机械租用或调用，以及机械的选择等。

④相关数据资料：主要指工程项目涉及的地质水文、设计、气象、施工中的实验检验报告，工程师的签证等。

6.4.4　施工实施阶段的质量管理

施工实施是施工阶段中最重要的内容。无论是建设方、承包方还是第三方都很重视施工实施阶段的质量管理工作。

1) 建设单位的质量管理

建设单位是项目的最后受益方，为保证获得符合设想与要求的目标，在施工实施阶段要主动管理，积极配合其他人员，对施工阶段发现的问题以及对项目提出的新要求要及时与各方沟通，确保建设资金的顺利到位。此外，应配合政府部门以及监理单位，做好全过程监督管理，当出现非承包方问题时，建设方要及时作出决策。

2) 施工单位的质量管理

施工单位是工程项目实施阶段的直接参与者，也是对工程质量影响最大的一方。我国《建筑法》和《建设工程质量管理条例》规定："建筑施工企业对工程的施工质量负责；建筑施工企业必须按照工程设计要求、施工技术标准和合同的约定，对建筑材料、建筑构配件和设备条件进行检验，不合格的不得使用。"

施工单位首先应建立质量管理体系，形成质量标准，满足自身企业和建设方要求的质量管理标准。为做好自我控制，施工单位要做好4个方面工作：

①按照事先制订的质量计划进行管理,以预防为主,做好技术交底。保证施工技术组织方案可行,使计划与方案便于被直接参与者理解,接受监理方的管理与监督。

②在实施制订的工作计划时,要特别注意重点控制,抓住关键的少数。针对作业过程做到自检、互检、交接环节的复检,特别是对工程质量影响较大的作业还要接受专项检验。比如,针对隐蔽工程的质量控制,既要做到事前控制、事中控制,又要做到事后控制。

③做好施工阶段的资料记录和试验试块的留设与保存。针对施工中的检验、试验,需要及时保存数据结果和记录报告,确保准确性和完备性。

④施工单位的质量控制要体现针对性。出现问题时要以不影响质量为前提,具体问题具体分析,如召开例会、每月评估、样板示例等。

3) 监理单位的质量管理

监理单位作为独立第三方,要履行自己的职责,做好现场的旁站检查、平行检查、巡视等。要严格遵守事先制订的质量标准,发现不符合设计要求、技术标准及合同约定时,要行使自己的权利保证工程质量符合要求。若因监理方原因给建设单位带来损失则要承担相应的责任。

监理单位对工程质量的控制,既要体现主动性,又要体现针对性、过程性。跟踪控制审查作业情况,重点控制审查不合格及未经审查的作业流程。当出现不符合质量要求的产品时,要及时下达整改命令,待符合质量要求后再下达复工命令。做到随时发现、随时解决,保证上一道工序不影响下一道工序的进行。当出现设计变更等技术性问题时,要积极会同设计单位、施工单位、建设单位进行协商解决。

6.4.5 竣工验收阶段的质量管理

竣工验收是对已完工程的最后检验,竣工验收不合格则不予竣工结算。竣工验收主要是检查已完工程是否满足设计要求,能否达到后期运营的要求,工程资料是否完备等。

①竣工验收重在对工程质量控制进行总结。前几个阶段的检查是局部检查,对每一分项的每一个过程和细节进行监督检验。竣工验收更体现对工程项目的整体检验,此时存在于想象中的工程已经完整地呈现在实际中。

②施工阶段有很多的材料、数据、报告等资料,而对这些资料的检查也是竣工验收的内容。这些资料记载着工程项目的细节与重点、工程变更、隐蔽工程等,对整个施工阶段的质量控制影响深远。

③竣工验收通过观察、触摸、量测、照射甚至敲打等手段,并辅之仪器检测、数理统计的方法来开展,既依靠经验又保证科学性。

④竣工验收各个子工程以及它们的分部分项工程应验收合格,验收所用到的表格应符合规范规定,项目抽检应符合质量验收规范。

【案例6.1】 无锡某项目工程质量控制措施

该项目强调质量控制三过程,即施工准备过程的质量控制、施工过程的质量控制和使用过程的质量控制。具体如下:

（1）施工准备中的质量控制

①认真抓好工人质量意识教育，以"质量是企业的生命"为题，定期组织教育和专业知识的培训。每周组织一次质量检查评比和总结大会，将质量意识牢固树立在职工心中。

②优化施工方案，积极采用先进的施工工艺，科学安排施工进度，合理调配劳动力，对总体计划要有周全、细致的安排，对施工中易碰到的技术问题要有针对性的措施。

③由分公司技术负责人召集有关技术人员共同进行图纸会审和技术交底。

④建立由项目经理组成的质量检查监督机构。

⑤对关键工序质量和质量控制的难点部位实行全面质量管理，建立领导小组，通过小组活动，组织质量问题攻关，彻底消除质量隐患和质量通病。

⑥材料采购力求货比三家，实行公开的招投标管理制度，择优选用合格的材料供应商，进场材料除要求有出厂合格证外，还应有试验部门出具的复试合格证明。

⑦降低材料运输、装卸过程的损伤，从材料出厂到最终使用，每一环节都要加以控制，保证材料完好无损送到施工人员手中。

⑧合理选择施工机械，搞好维护检修工作，保持机械设备的良好技术状态。

⑨执行公司项目法施工管理条例，将工程质量与职工经济利益紧密挂钩，对产品质量严格实行奖优罚劣。

（2）施工过程的质量控制

①在分项施工前必须要进行样板施工，明确工艺标准和质量标准，一般分项工程需报公司技术质检科和监理单位验收，重要分项工程样板应邀请设计部门或质监部门共同验收，确认符合样板要求后才进行大面积施工。样板标准由技术负责人负责制订，样板验收由质量员负责实施，各专业工长负责具体施工。实行样板的分项主要有钢筋分项、模板分项、混凝土分项、砌筑、抹灰、地面、防水、外墙保温、腻子、外墙面砖、铝合金等。

②严格质量检查验收，各班组在自检、互检基础上，进行交接检查，上道工序不合格决不允许下道工序施工。

③隐蔽工程做好隐、预检记录。质检员做好复检工作，并请甲方及监理代表参与终检。

④混凝土、砂浆、防水材料应符合要求的配合比，并应先行试配，经试验合格后方可使用。混凝土试块按标准养护，试块的组数是：每一工作班不少于1组；每拌制100 m³不少于1组；现浇楼层每层不少于1组。

⑤定期召开质量分析会，时间不得少于每月1次，主要研究关键部位及薄弱环节的分项工程。活动过程按P（计划）、D（实施）、C（检查）、A（处理）的工作程序进行。

⑥对主要的分项工程（模板、钢筋、混凝土）实行质量预控。

（3）使用过程的质量控制

①设备安装完毕后，配合电气安装公司完成土建配套扫尾工作。

②及时回访。工程交付使用后，由项目经理到建设单位调查访问，听取用户对工程质量的意见，了解工程的实际使用效果。

③按保修合同，对由施工造成的质量问题提供无偿保修，分析原因，为进一步改进施工质量提供依据。

6.5 质量事故处理

工程质量事故是在工程项目管理中所不想遇见的突发情况,应严格管理,谨防此类事件的发生。但是,工程实践中如已发生类似事件,则需要根据伤亡情况确定质量事故,查找原因,及时开展质量事故处理工作。

6.5.1 质量事故的分类

根据住建部(建质〔2010〕111 号文)给出的工程质量事故的定义及等级划分,可对工程质量事故解释如下:

1) 工程质量事故

工程质量事故是指由于建设、勘察、设计、施工、监理等单位违反工程质量有关法律法规和工程建设标准,工程产生结构安全、使用功能等方面的质量缺陷,造成人身伤亡或者经济损失的事故。工程质量事故是指由于工程项目参与一方或多方原因使得工程质量不满足要求,造成的经济损失或危及生命、影响社会秩序的事件。

2) 事故类别

(1)按照事故造成的人员伤亡或直接经济损失划分

①特别重大事故。造成 30 人以上死亡,或者 100 人以上重伤,或者 1 亿元以上直接经济损失的事故。

②重大事故。造成 10 人以上 30 人以下死亡,或者 50 人以上 100 人以下重伤,或者 5 000 万以上 1 亿以下直接经济损失的事故。

③较大事故。造成 3 人以上 10 人以下死亡,或者 10 人以上 50 人以下重伤,或者 1 000 万元以上 5 000 万元以下直接经济损失的事故。

④一般事故。造成 3 人以下死亡,或者 10 人以下重伤,或者 100 万元以上 1 000 万元以下直接经济损失的事故。

上述所称的"以上"包括本数,所称的"以下"不包括本数。

(2)按照事故发生的直接责任人划分

①管理人员的责任事故。由于管理层人员指导出错而造成质量事故。如为赶工期、进度而不按照原来计划进行,使得质量标准降低或不符合要求等。

②操作人员的责任事故。由于直接操作人员的原因造成的质量事故。如电焊工人未按照操作要求造成失火,钢筋工人下料不准确造成结构安全隐患等。

(3)按照事故发生与否划分

①未遂事故:出现质量问题,但结果未造成经济损失、人员伤亡或其他不良结果。

②已遂事故:出现质量问题事件,并造成各方面的损失或其他不良后果。

6.5.2 质量事故产生的原因

1）违反基本建设法律法规

①违反基本建设程序。在我国现行的法律法规体系下，按基本建设程序开展工程建设是保障工程质量的重要措施，违反基本建设程序可能会导致重大工程质量事故。例如：未取得完善的地质资料就仓促设计和施工；未取得开工许可就进场施工；无图施工；边设计，边施工；不经过竣工验收就交付使用等。

②违反有关法规和工程合同的规定。例如：无资质设计、无资质施工；工程招投标中的不公平竞争；异常低价中标；施工单位擅自转包、层层分包；施工图设计文件未按规定审查；施工单位擅自修改设计，不按设计施工等。

2）勘查原因

例如，未认真开展地质勘察或勘察时的钻探深度、间距、范围不符合规定要求，地质勘察报告未能详细、准确而全面地反映实际地基情况等，从而对基岩起伏、土层分布有误判，或未查清地下软土层、滑坡、墓穴、孔洞等地质构造，或对场地土质类别判断错误、地下水位评价不清等，均会导致采用不恰当甚至错误的基础方案，造成地基不均匀沉降、失稳，使上部结构或墙体开裂、破坏，或引发建筑物倾斜、倒塌等质量事故。此外，对地下构筑物、管线情况未了解清楚，也会引发意外情况。

3）设计原因

例如，结构构造不合理，采用不正确的设计方案，计算简图与实际受力情况不符，荷载取值过小，内力分析有误，沉降缝或变形缝设置不当，悬挑结构未进行抗倾复验算，沉降无要求、无计算，以及计算错误等设计问题，都能引发质量事故。

4）地基处理不当

对软弱土、冲填土、杂填土、湿陷性黄土、膨胀土、大孔性土、红黏土、熔岩、土洞、岩层出露等不均匀地基未进行处理或处理不当，均是导致重大质量事故的原因。必须根据不同地基的工程特性，按照地基处理应与上部结构相结合，使其共同工作，从地基、设计、结构、防水、施工组织等方面加以治理。

5）建筑材料及制品不合格

供应方提供的材料质量不合格，如预制构件质量不合格导致质量事故。以混凝土为例，水泥受潮、过期、结块，砂、石含泥量、泥块含量及有害物质含量、外加剂掺量等不符合要求时，会影响混凝土的强度、和易性、密实性、抗渗性，导致混凝土结构强度不足、裂缝、渗漏、蜂窝、漏钢等质量事故。

6）施工管理问题

①未经设计单位同意，擅自修改设计，偷工减料或不按图施工。

②图纸、施工组织设计未经会审就仓促施工,或不熟悉图纸盲目施工。

③不按施工规范或操作规程施工。例如:浇筑混凝土时不按规定的位置和方法任意留置施工缝、不按规定的强度拆除模板、不按规定分层浇筑、振捣混凝土,致使混凝土结构整体性降低、不密实、出现蜂窝、孔洞、烂根;砖砌体包心砌筑、上下通缝、灰浆不均匀饱满。

④缺乏结构工程基础知识,不懂装懂,蛮干施工。例如,将钢筋混凝土预制梁倒置吊装、将悬挑结构钢筋放在受压区等均将导致结构破坏,造成严重后果。

⑤管理紊乱,施工组织设计编写错误,施工方案考虑不周,施工顺序混乱、错误,技术交底不清楚,违章作业、疏于检查、验收等,施工中在楼面上超载堆放构件和材料等,均会给质量和安全造成严重后果。

7)外部环境影响

（1）自然环境

工程项目施工周期长、露天作业多,受自然条件影响较大,空气温湿度、风、浪、暴雨、洪水、海啸、地震、雷电、日晒等均能成为质量事故的原因,施工中应特别注意并采取有效的预防措施。

（2）社会环境

社会环境对施工质量造成影响的情况较为罕见。但是,项目所在地出现社会动荡、骚乱、战争等情况,也就会对工程质量造成直接或间接的影响。

8)使用不当

对建筑物或设施使用不当也易造成质量事故。例如,未经校核验算就任意对建筑物加层,或在屋面上放置较重的设备,超出规定荷载使用;任意拆除承重及非承重结构部位;任意在结构物上开槽、打洞,减小承重结构截面等。

6.5.3 质量事故处理

工程质量事故是各方都要竭力避免的,而一旦出现工程事故,妥善处理就十分考验项目管理人员的能力。根据住建部相关规定:质量事故发生后,事故现场有关人员应立即向工程建设单位负责人报告。主管部门接到事故报告后,应按照相关规定上报事故情况,并通知公安、监察机关等有关部门。

首先,查明原因;其次,采取措施,妥善处理;再次,分析原因,界定责任。这一套质量处理方案的确定,需要有力的资料做支撑及有规范的处理程序。

1)质量事故处理的资料

工程质量事故处理的资料因工程项目的不同而不同,但一般包括如下内容:

①质量事故调查报告。如事故概况及项目参与者的基本资料,事故发生的初步原因、过程情况和补救措施,事故涉及人员的责任情况,事故发生引起的后果及设计、施工等单位给出的意见分析。

②工程施工技术资料。如中间产品、材料检验试验报告、施工记录、设计图纸等。

2) 质量事故处理程序

工程事故发生后，按照一定的程序进行事故处理，可以降低事故损失。一般处理程序如下：

①发生质量事故时应立即停止相关工作，采取措施，同时上报项目负责的领导，严重时上报上级主管部门。

②全面、准确、客观地调查质量事故，明确事故发生的原因、范围，确定事故造成的最终损失及影响，为事故的分析打下坚实的基础。

③分析事故发生的原因，制订合适的处理方案。可以采用会议讨论的形式分析问题的原因，遇到重大问题时展开专家讨论。制订的处理方案要结构上安全、技术上可行、经济上合理，确定研究所得的方案能有效解决质量事故，不留隐患。

④执行研究决定的处理方案，一般由施工单位负责实施，然后再由划分好的责任承担者承担相应的责任，保证处理方案的执行力度。

⑤处理完事故后要组织人员对处理结果进行检查鉴定，若符合要求则由监理单位提交《质量事故处理报告》，并上报上级建设主管部门。

从处理程序上来看，对质量事故处理的关键在于拿出处理方案。一般有以下 3 类处理方案：

a.修返处理。这种方法比较常见，针对出现的问题在不影响功能要求的情况下进行修补处理，如复位纠偏，结构补强等；对于不能采用修补处理解决的质量问题，要进行返工处理。当然，这种处理比修补处理要烦琐且费时费力。

b.降低等级使用。当采用第一种方法不能解决问题或要花费很高的代价而不经济时，就可以做出限制使用的决定，即降低使用等级，放弃原有的计划（如降低层数）等。当然，这样做得不到原来预期的工程项目，但可以最好地利用工程最大限度地降低损失。

c.无处理。当发生的质量事故的影响很小，不足以对整个工程的结构安全性造成影响，或产生的影响可以在后续工作中得到解决或弥补，这时可以不采取任何处理措施。

【案例6.2】 某教学楼模板坍塌事故分析

某学校教学楼建筑面积 600 m²，3 层砖混结构，层高 3.6 m，楼盖为钢筋混凝土楼盖和通长钢筋混凝土阳台，阳台挑出 1.8 m。该设计存在明显缺陷，雨篷梁和雨篷板不符合设计规范。施工时存在不符合设计要求和施工规范的情况。另外，该工程未报建、审批、办理施工和质量监督手续。在拆除 2 层钢筋混凝土雨篷模板时，屋面雨篷突然倒塌，4 人死亡，2 人重伤，经济损失 5.5 万元。

问题：

（1）该质量事故属于几级重大事故？依据是什么？

（2）造成该质量事故的原因是什么？

（3）该质量事故处理的程序是什么？

答：(1)属于三级重大事故。死亡 3 人以上 9 人以下；重伤 20 人以上；直接经济损失在

30 万以上,100 万元以下。

(2)原因:设计存在明显问题,雨篷梁和雨篷板不符合设计规范。施工和管理问题,施工时存在不符合设计和施工规范要求的施工安排。违背建设程序,未报建、审批,办理施工、质量监督程序。

(3)处理程序:

①进行事故调查,了解事故情况,并确定是否需要采取防护措施。

②分析调查结果,找出事故的主要原因。

③确定是否需要处理,若需处理,则由施工单位确定处理方案。

④事故处理。

⑤检查事故处理结果是否达到要求。

⑥事故处理结论。

⑦提交处理方案。

【本章小结】

质量是指事物所具有的特性满足要求的程度,而工程质量是指国家现行法律、法规、技术标准、合同文件以及业主等对工程综合特性的各项要求。工程质量在形成和发展过程中,具有单一性、过程性、综合性和动态性等特点,需要科学的管理手段,在设计、施工和运营阶段加强对工程质量的管理。

设计阶段是根据建设工程项目的要求,综合考虑技术、经济、环境、资源等各方面的约束条件进行的一项活动。施工阶段是质量管理中最重要的环节,施工阶段质量影响因素多,对质量的控制难度大,需要主动性和针对性。

加强各个阶段对质量问题的审核与校检,采用科学合理的处理方法,确保前一个阶段出现的问题在该阶段得到解决,同时要做到工作交接清楚,问题解决清楚。优化工作流程,合理组织工作顺序,使整个管理过程运行流畅。积极合理地预见可能的突发状况,并针对预见的问题制订解决方案。建立合理的预警机制,遇到质量问题时,积极查找原因,做好质量事故的处理工作,同时注重经验的积累。

【习题研讨】

1.简述工程质量管理的定义及特点。

2.简述设计、施工各阶段质量管理的内容及特点。

3.简述质量管理的基本方法。

4.简述质量事故的处理程序及原因分析。

5.某综合楼建筑面积 2 400 m²,是一栋 7 层的"L"形平面建筑,底层为营业厅,2 层以上为住宅。底层层高 3.5 m,2 层以上层高 3.0 m,总高 21.5 m,基础为混凝土灌注桩基,上部为现浇钢筋混凝土梁、板、柱的框架结构,主体结构采用 C20 混凝土,砖砌填充墙,在主体结构施工过程中,3 层混凝土部分试块强度达不到设计要求,但是对实际强度经测试论证,能够达到要求。

问题:(1)该质量问题是否需要处理? 为什么?(2)如果该混凝土强度经测试论证达不到要求,需要进行处理,可采取什么处理方法? 处理后应满足哪些要求?

第7章

JINDU
GUANLI

进度管理

【本章导读】

★ 本章主要介绍工程项目进度管理的内涵、进度计划、流水施工、网络进度计划、进度控制、网络技术优化以及关键链项目的进度管理。

【本章重点】

★ 进度计划编制方法
★ 流水施工
★ 网络进度计划技术
★ 进度检查方法
★ 网络计划调整与优化

7.1 进度管理概述

进度管理是工程项目管理的时间维度,它与成本管理、质量管理被列为项目管理的三大核心内容。进度管理旨在确保达成工程质量和建设工期目标的前提下,合理安排资源供应,节约工程建设成本。

1) 工程项目进度管理的概念

工程项目进度管理是一个循序渐进的动态管理过程,是施工单位在规定的时间内,拟订最佳的进度计划并采取相应的控制措施。在执行过程中,检查实际进度是否与计划进度相符,若出现偏差要查找原因,采取补救措施或调整修改原计划,直至竣工交付。

2) 工程项目进度管理的内容

①编制工程项目进度计划。编制工程项目进度计划要保证建设工程按合同规定的期限交付使用，施工中其他工作必须围绕并适应施工进度计划的要求安排。因此，编制时要从实际出发，注意施工连续性和均衡性；按合同规定的工期要求，做到好中求快，提高竣工率和经济效益。如图7.1所示，编制施工进度计划通常包括6个步骤。

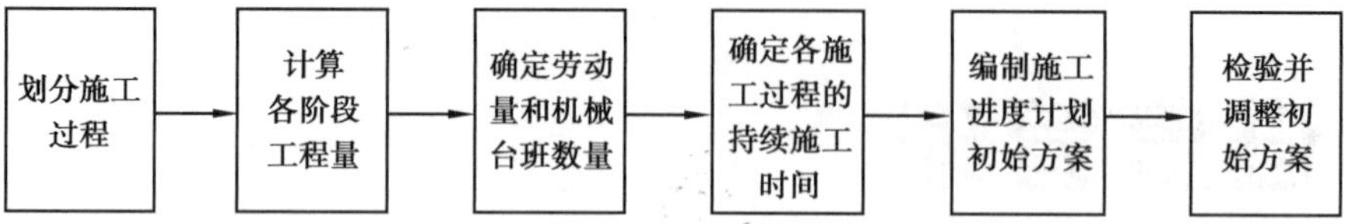

```
划分施工   →   计算      →   确定劳动    →   确定各施    →   编制施工    →   检验并
过程           各阶段        量和机械       工过程的       进度计划       调整初
               工程量        台班数量       持续施工       初始方案       始方案
                                            时间
```

图7.1 进度计划的编制步骤

②进度计划交底。进度计划交底就是用施工进度计划指导施工活动、落实和完成计划。开展进度交底时要做到明确部门的责任与目标，下达部门施工任务的交底要全面，要发动全体施工方人员严格执行进度计划。

③跟踪检查纠偏。检查各项进度是否符合原先制订的时间计划。当进度落后或超前时，需要采用措施予以纠偏，确保项目实施如期进行。

④提交进度管理报告。进度管理报告包括进度计划执行情况、实际施工进度情况、解决问题的措施等，目的是分析已完工程并对后续的工程计划作适当调整。

3) 工程项目进度管理的特点

由于工程项目的工作任务、承建主体具有特殊性，其进度管理也具有鲜明的特点：

①一次性：工程项目的单一性和一次性决定着施工项目进度管理活动也应是一次性生产或作业行为。工程项目进度管理风险大，往往需借鉴经验，总结管理规律，减少不必要的进度损耗。

②动态性：在施工现场，项目经理的职责是根据进度计划采取措施，确保实际进度与计划进度相符。当出现偏差时，要及时调整进度计划。可见，整个进度管理是循序渐进的过程。

③不均衡性：由于自然条件、人为条件、施工方案等因素，施工队伍很难实现项目年、季、月连续且均衡地施工。

④阶段性：每个施工过程都有各自的开始、持续、结束时间，以及各自不同的工作内容和难易程度。每个工程项目作为一个完整的整体，各施工阶段相互影响、相互作用、相互联系。完成每一阶段进度后都要对照原计划作出评价，根据评价结果对下一阶段进度计划作出安排。

⑤质量、成本与进度的相互关系：质量、成本和进度被称为工程项目管理的三大目标，它们既对立又统一（图7.2）。其中，一个目标的变化将引起其他约束目标的改变，只有高效的工程项目管理，才能同时实现这三个目标。

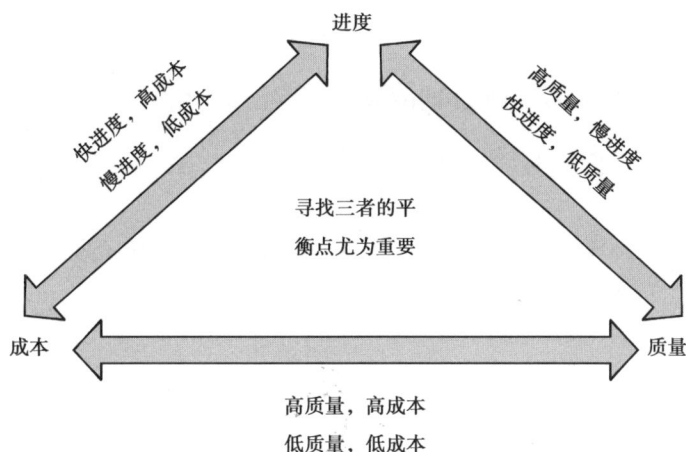

图 7.2　质量、成本、进度的相互关系

4）工程项目进度管理的影响因素

工程项目参与主体多,施工中不可避免地要遇到一些无法预计的影响因素,最终影响工程施工进度。

①业主方面:表现在频繁变更要求、不能在规定时间内支付进度款、未按照建设程序的要求履行自己的职责等。

②承包商方面:表现在承包商安排不合理、人员素质不符合要求、出现意外事故、低估项目实施中可能遇到的技术问题、前期工程垫付资金不足、施工方案不当、计划不周、管理不善等。

③设计单位方面:设计单位提供的设计资料与图纸出现错误、资料提供不及时或者出现设计变更等。

④施工环境方面:存在不可抗力事件,比如自然灾害、战争等。

⑤其他方面:包括建筑市场状况,国家财政经济形势,与施工有关的运输部门、通信部门、供电部门以及与政府有关的职能部门等都会影响施工进度。

7.2　工程项目进度计划

工程项目进度计划规定施工准备工作和主体工程的开工、竣工和投产等的工期、施工程序和施工强度等内容,可分为施工总进度计划、单位工程施工进度计划、分部分项工程进度计划和季度(月、旬、周)进度计划。

7.2.1　工程项目进度计划编制原则

①合理安排施工顺序,保证在劳动力、物资材料以及资金使用量最少的情况下,按规定工期完成施工任务。

②施工方法可靠可行,保证施工的连续、稳定、安全、优质、均衡。

③节约施工成本,追求综合经济效益。

④满足合同规定的工期要求。

7.2.2 工程项目进度计划编制依据

①工程项目设计图纸，包括初步设计或扩大初步设计、技术设计、施工图设计、设计说明书、建筑总平面图等。

②工程项目概(预)算资料、指标、劳动定额、机械台班定额和工期定额。

③施工承包合同规定的进度要求和施工组织设计。

④施工总方案(施工部署和施工方案)。

⑤当地自然条件和技术经济条件，包括气象、地形地貌、水文地质、交通水电等。

⑥工程项目所需的资源，包括劳动力状况、机具设备能力、物资供应来源等。

⑦地方建设行政主管部门对施工提出的要求。

⑧国家现行的建筑施工技术、质量、安全规范、操作规程，以及技术经济指标。

7.2.3 工程项目进度计划编制方法

工程项目进度计划表示方法有很多种，但常用的有横道图和网络图。

1)横道图

横道图又称甘特图，是一种最直观的工期计划方法。如图 7.3 所示，以横坐标表示工作时间，纵坐标表示工作内容，工作内容对应的直线位置表示工作的开始与结束时间，直线长度表示此项工作计划的用时长短。

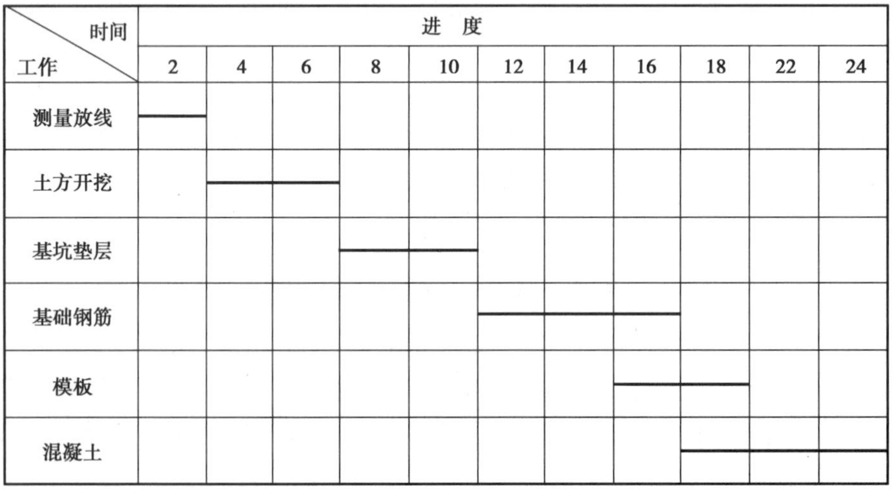

时间\工作	进度										
	2	4	6	8	10	12	14	16	18	22	24
测量放线											
土方开挖											
基坑垫层											
基础钢筋											
模板											
混凝土											

图 7.3 横道图的基本形式

横道图的优点多：能够直观形象地表明任务计划在什么时候进行，还剩下什么工作内容，并可评估工作是提前还是滞后；能够清楚地表达工作的开始时间、结束时间和持续时间；使用方便，制作简单，易于理解；适用于一些小的、简单的项目。

横道图也有不足：不适用于大且复杂的项目；不能表示各工作之间的相互影响关系；当计划中某项工作出现偏差时，横道图不能反映对总计划的影响，不便于动态控制；不能反映影响工期的关键工作和关键线路；不能反映工作所具有的机动时间。

2）网络图

网络图是由箭线和节点 2 种符号构成，用来表示工作流程的有序、有向的网状图形。常见的有双代号网络图和单代号网络图，如图 7.4 和图 7.5 所示。

图 7.4　双代号网络图的基本表示方法　　图 7.5　单代号网络图的基本表示方法

双代号网络图由作业、事件和路线 3 个要素组成。这里的"作业"是指一项工作或一道工序，需要消耗人力、物力和时间的具体活动过程。在网络图中作业用箭线表示，箭尾 i 表示作业开始，箭头 j 表示作业结束。事件指网络图中箭线两端带有编号的圆圈，也称为节点。事件表示一项工作的开始与结束时刻，既不消耗资源也不消耗时间。线路指自网络始点开始，顺着箭线的方向，经过一系列连续不断的作业和事件直至网络终点的通道。在一个网络图中有很多条路线，其中总长度最长的路线称为关键路线。关键路线上的各事件为关键事件，关键线路上的总用时等于整个工程的总工期。有时一个网络图中的关键线路不止一条，即若干条路线长度相等。单代号网络图又称为节点式网络图，它以节点及其编号表示工作，箭线表示工作间的逻辑关系。

与横道图相比，网络图进度计划主要有 4 个优点：

①网络图能够明确表达各工作之间的逻辑关系。从组织或者工艺上能够看出本工作的紧前工作和紧后工作，有利于分析各项工作之间的相互影响和处理它们的协作关系。

②通过网络图计划能够找出关键线路和关键工作，明确工作重点。关键工作的提前或拖后都会影响总工期，因此对关键工作的控制有利于提高建设工程进度控制的效果。

③可以计算出除关键工作之外的其他工作的机动时间。利用这些机动时间，优化资源强度，调整工作进程，降低成本。

④网络计划可以用计算机进行计算、优化和调整，实现计划管理科学化。

网络图成为现代工程进行进度计划与控制的常用方法，尤其是应用于大型、复杂且协作广泛的项目。网络图的不足之处就是不如横道图清晰直观。

7.3　流水施工方法

7.3.1　概述

流水施工又称"流水作业"，在分工协作的基础上形成，追求工程的连续性和均衡施工，确保工地上各种业务安排合理，为文明施工创造条件，降低成本，提高施工效率。建筑工程流水施工与工业生产流水线十分相似,不同的是,工业流水线是产品流动,人员固定。相对而言,建筑施工流水是产品固定,人员流动。

1）流水施工的方式和特点

在组织多幢同类型房屋或将一幢房屋分成若干个施工区段进行施工时,可以采用依次施工、平行施工和流水施工 3 种方式。

（1）依次施工

依次施工是将拟建工程项目的整个建造过程分解成若干个施工过程,按照一定的施工顺序,前一个施工过程完成后,后一个施工过程才开始;或前一个工程完成后,后一个工程才开始施工。它是一种最基本的、最原始的施工组织方式。例如:某项工程有 n 个施工过程,每个工程持续时间均为 P,则按依次施工方式工期为:

$$T = n \times P$$

依次施工组织方式同时投入的人力和物力资源较少,有利于资源供应的组织工作,现场管理较简单。依次施工没有充分地利用空间和时间,工期长,不利于提高工程质量和劳动生产率,工作队及工人不能连续作业。

（2）平行施工

在拟建工程任务十分紧迫、工作面允许以及资源保证供应的条件下,可以组织几个相同的工作队,在同一时间、不同的空间上进行施工,这种方式称为平行施工组织方式。例如:某项单位工程包含 n 栋房屋,且每栋房屋工期均为 P,则采用平行施工的方式,此单位工程的总工期为:

$$T = P$$

采用平行施工方式,可以缩短总工期,但劳动力和物力资源用量剧增,造成技术和资源的高度集中,不利于现场管理,也增加施工成本。使用平行施工必须保证施工场地和资源不受限制,但施工场所往往有限,因此该方法也有局限之处。

（3）流水施工

流水施工的前提是批量生产。考虑到工程项目的单件性特征,需要将拟建工程项目的整个建造过程分解成若干个施工过程,也就是划分成若干个工作性质相同的分部、分项工程或工序;同时,在平面上划分成若干个工作量大致相等的施工段;在竖向上划分成若干个施工层,按照施工过程分别建立相应的专业工作队;各专业工作队按照一定的施工顺序投入施工,完成第一个施工段上的施工任务后,在专业工作队的人数、使用机具和材料不变的情况下,依次地、连续地投入到第二、第三……直到最后一个施工段的施工,在规定的时间内,完成同样的施工任务;将不同的专业工作队在工作时间上最大限度地、合理地搭接起来;当第一施工层各个施工段上的相应施工任务全部完成后,专业工作队依次地、连续地投入到第二、第三……施工层,保证拟建工程项目的施工全过程在时间上、空间上,有节奏地、连续地、均衡地进行下去,直到完成全部施工任务。所用的工期介于依次施工和平行施工之间。

$$P < T < n \times P$$

流水施工组织方式能够消除依次施工和平行施工的缺点,保留二者的优点,是实现施工行业连续、均衡施工的一种组织方式。

2) 流水施工的技术经济效果

流水施工保证专业工作队作业的连续性和资源需求的均衡性,在工艺划分、时间排列和空间布置上统筹安排,经济效果明显。具体可归纳为 4 点:

①施工工期比较理想:流水施工具有连续性,可以减少专业工作的间隔时间,促使拟建工程尽早竣工。

②有利于提高生产率:流水施工实现专业化生产,可以保证施工机械和劳动力得到充分、合理的利用,便于改善劳动组织,改进操作方法和施工机具,提高劳动生产率。

③有利于提高工程质量:专业化生产提高工人的技术水平和熟练程度,确保工程质量得以提升。

④有利于降低工程成本:由于工期短、效率高、用人少、资源消耗均衡,可以减少现场管理费和物资消耗,实现合理的储存与供应,提高项目综合经济效益。工人技术水平和劳动生产率的提高,可以减少用工量,降低工程成本,提高利润水平。

3) 流水施工的分类与范围

①分项工程流水施工:也称细部流水施工,是在一个专业工种内部组织起来的流水施工。在施工进度计划表上,它是一条标有施工段或工作队编号的水平进度指示线段或斜向进度指示线段。

②分部工程流水施工:又称专业流水施工。它是在一个分部工程内部、各分项工程之间组织起来的流水施工。在项目施工进度计划表上,它由一组标有施工段或工作队编号的水平进度指示线段或斜向进度指示线段来表示。

③单位工程流水施工:或称综合流水施工。它是在一个单位工程内部、各分部工程之间组织起来的流水施工。在项目施工进度计划表上,它是若干组分部工程的进度指示线段,并由此构成一张单位工程施工进度计划。

④群体工程流水施工:也称大流水施工。它是在若干单位工程之间组织起来的流水施工,反映在项目施工进度计划上就是一张项目施工的总进度计划。

⑤分别流水施工:若干个分别组织的分部工程流水,按照一定的要求搭接起来,组成一个单位工程或建筑群体的流水施工。如土方工程流水、基础工程流水、主体结构工程流水、装饰工程流水,按照施工工艺组成的土建工程流水等。

7.3.2　流水施工的基本参数

1) 工艺参数

工艺参数是指用来表达流水施工在施工工艺方面进展状态的参数,通常包括施工过程和流水强度 2 个参数。施工过程是根据施工组织及计划安排需要,而将计划任务划分成的子项。施工过程可以是单位工程、分部工程,也可以是分项工程,甚至是将分项工程按照专业工种不同分解而成的施工工序。施工过程的数目一般用 n 表示,施工过程数目的划分一般受施工计划的性质和作用、施工方案、劳动力的组织和工程量的大小等因素的影响。流水强度是指流水施工的某施工过程(专业工作队)在单位时间内所完成的工程量,也称为流水能力和生产能力。流水强度一般用 V 来表示。根据施工主导因素的不同，可以将流水强度分为机械施工过程流水强度和人工操作施工过程流水强度。

2）空间参数

空间参数是指表达流水施工在空间上开展状态的参数，一般包括工作面 a、施工段 m、施工层数 r。

（1）工作面

某专业工种的工人在从事建筑产品施工生产加工过程中的活动空间，这个活动空间称为工作面。工作面的大小是根据相应工种单位时间内的产量定额、建筑安装工程操作规程和安全规程等要求确定。工作面确定合理与否，直接影响专业工种工人的劳动生产效率。对此，必须认真对待，合理确定。

（2）施工段

为有效组织流水施工，通常把拟建工程项目在平面上划分成若干个劳动量大致相等的施工段落，这些施工段落称为施工段。施工段内的施工任务由专业工作队一次完成，因而在两个施工段容易形成一个施工缝。施工段数量将直接影响流水施工的效果。流水施工段划分一般应遵循下列原则：

①同一专业工作队在各个施工段上的劳动量大致相等，相差幅度不超过 15%。

②每个施工段内要有足够的工作面，保证相应数量的工人、施工机械的生产效率。

③施工段的界限应尽可能与结构界限（如沉降缝、伸缩缝等）相吻合，或设在对建筑结构整体性影响小的部位，以保证建筑结构的整体性。

④施工段的数目要满足合理组织流水施工的要求。施工段数目过多，会降低施工速度；施工段数过少，不利于充分利用工作面，还可能造成窝工。

⑤对多层建筑物、构筑物或需要分层施工的工程，要划分施工段、施工层，各专业工作队完成第一施工层中各施工段任务后，再转入第二施工层的施工段，以此类推。以确保相应专业队在施工段与施工层之间组织连续、均衡、有节奏的流水施工。

施工过程数 n 与施工段数 m 的关系对流水施工有很大影响。当 $m<n$ 时，会出现窝工的现象，因此要保证专业工作队的连续施工，就必须满足 $m \geqslant n$。

（3）施工层

施工层是指在组织多层建筑物的竖向流水施工时，将施工项目在竖向划分为若干个作业层，这些作业层称为施工层。通常是以建筑物的结构层作为施工层，有时也按照一定的高度划分施工层。

（4）施工段数（m）与施工过程数（n）的关系

在施工中，若某些施工过程之间需要考虑技术或组织间歇时间，可用如下公式确定每一层的最少施工段数：

$$m_{\min} = n + \frac{\sum Z}{K}$$

式中　$m_{\min}$——每一层需划分的最少施工段数；

　　　N——施工过程数或专业队数；

　　　$\sum Z$——施工过程间歇时间的总和；

K——流水步距。

当无层间关系或未划分施工层的时候,施工段数不受限制,可按前面所述划分施工段的原则来确定。

3)时间参数

时间参数用于表达流水施工在时间安排上所处状态的参数,主要包括流水节拍、流水步距和间歇时间、搭接时间和流水施工工期等。

①流水节拍。流水节拍是指在组织流水施工时,每个专业队在一个施工段上的施工时间。流水节拍小,施工节奏快,单位时间内资源供应量大。

②流水步距。流水步距是指两个相邻的专业队进入流水作业的时间间隔。在施工段不变的情况下,流水步距越大,工期越长。

③间歇时间。间歇时间是指在组织流水施工时,由于工艺或者组织上的需要,相邻两个施工过程在施工上必须空余出来的时间间隔。根据原因的不同,时间间歇又可分为技术间歇和组织间歇;按间歇的部位的不同,可分为施工过程间歇和施工层层间间歇。其中,施工层层间间歇仅影响施工段的划分,对流水施工工期没有影响。

④搭接时间。搭接时间是指在工作面和施工工艺允许的情况下,前一个专业段在某施工段上完成部分施工后,后一专业队即可进入该施工段,二者在同一施工段共同进行施工的时间。

⑤流水施工工期。流水施工工期是指完成一个流水施工所需要的时间。

7.3.3 流水施工基本方法

由于工程项目复杂性以及其他影响因素的不确定性,很多场合都不能实现流水节拍的全等施工。因此,根据流水节奏的不同,可以把流水施工划分为等节奏流水施工和无节奏流水施工两大类,如图7.6所示。

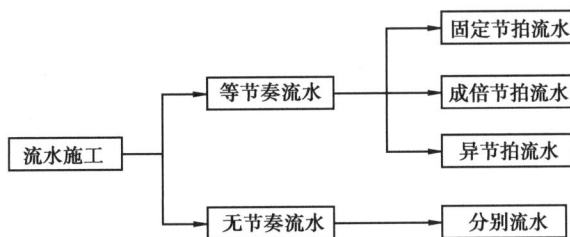

图7.6 流水施工的分类

(1)固定节拍流水

固定节拍流水施工指的是所有施工过程在任何一个施工段上的流水节拍全相等的流水施工方式。

①各个施工段上的流水节拍全相等。若整个施工项目总分为 n 个施工过程,则:

$$t_1 = t_2 = t_3 = \cdots = t_{n-1} = t_n$$

②各个流水施工过程之间的流水步距全相等,且等于流水节拍 t。

③施工过程数 n 等于专业施工队数 N。

④每个专业工作队都能连续施工,不存在施工段闲置的现象。

按其是否存在施工间歇,固定节拍流水施工又可分为无间歇固定节拍流水和有间歇固定节拍流水。无间歇固定节拍流水施工如图 7.7 所示,工期计算公式为:

$$T = (n - 1)B + mt = (m + n - 1)t$$

式中　T——流水施工工期;

　　　m——施工段数;

　　　n——施工过程数;

　　　t——流水节拍;

　　　B——流水步距,且 $B = t$。

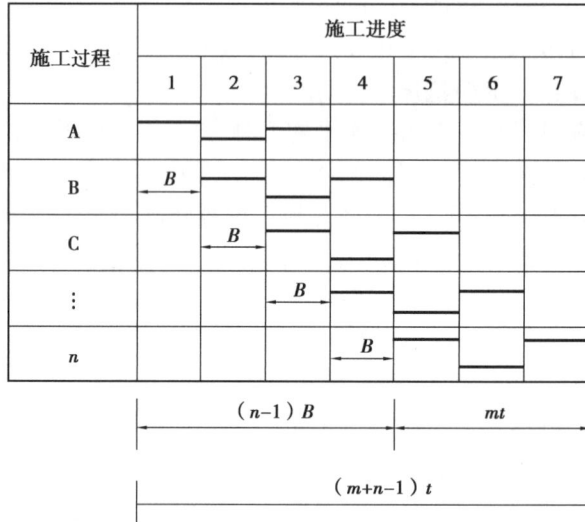

施工过程	施工进度						
	1	2	3	4	5	6	7
A							
B	B						
C		B						
⋮			B					
n				B			

$(n-1)B$　　　mt

$(m+n-1)t$

图 7.7　无间歇流水施工示意图

有间歇固定节拍流水要根据项目是否分层施工分两类讨论。

第一种情况,不分层施工。即此情况与无间歇固定节拍流水施工基本相似,不同的是需要考虑施工过程中存在的间歇时间(技术间歇 t_j 和组织间歇 t_z)和搭接时间 t_d。间歇时间使工期增大,搭接时间使工期减少。因此,流水施工工期计算公式为:

$$T = (m + n - 1)t + \sum t_j + \sum t_z - \sum t_d$$

第二种情况,分层施工。在一个施工层中,为使施工队不窝工,施工队数 N 应大于或等于 m。当存在间歇时间时,一般取 $N > m$,则每层空闲时间为:

$$(m - N) \times B = (m - N) \times t = (m - n) \times B$$

为使专业施工队连续施工,每层间歇时间应等于每层空闲时间,即:

$$(m - n) \times B = Z_r + C_r - D_r$$

由此,可得出每层最小施工段数目 m_{min}:

$$m_{min} = (Z_r + C_r - D_r) \div B + n$$

式中　Z_r——施工层内的组织间歇和技术间歇时间总和;当各层 Z_r 不同时,计算式中按各层中最大的时间间歇取值,即取 Z_{rmax};

　　　C_r——施工层间的组织间歇和技术间歇时间总和;当层间 C_r 不同时,按层间最大的时间间歇取值,即取 C_{rmax};

D_r——施工中全部搭接时间总和。

注意：当 m_{min} 为小数时，为便于组织施工，取相邻且大于 m_{min} 的整数 m^*。

则分层组织间歇固定节拍流水施工工期计算公式为：

$$T = (m^* \times r + n - 1) \times t + Z_1 - \sum t_d$$

式中　r——施工层数；

　　　Z_1——第一施工层内的间歇时间总和。

【例题7.1】　某施工工程由 A、B 两个施工过程组成，分两层施工。各施工过程在各施工段的流水节拍均为 1 d，施工过程间组织间歇为 1 d，层间技术间歇为 1 d，试组织流水施工。

【解】　由于流水节拍相同，可组织有间歇固定节拍流水施工；

（1）确定流水步距：$B = t = 1$ d

（2）确定施工段数：$m_{min} = n + (Z_r + C_r - D_r) \div B = 2 + (1 + 1 - 0) \div 1 = 4$，则 $m^* = 4$

（3）确定施工工期：$T = (4 \times 2 + 2 - 1) \times 1 + 1 - 0 = 10$ d

（4）绘制流水施工进度计划表，如图 7.8 所示。

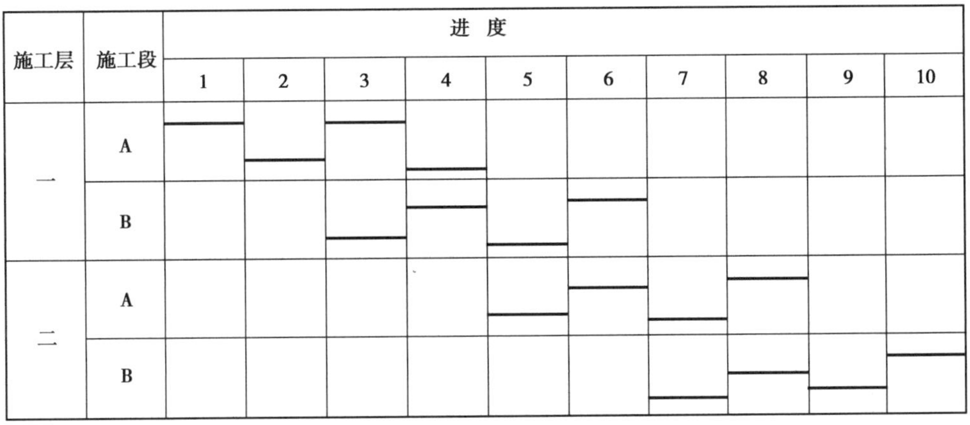

施工层	施工段	进度									
		1	2	3	4	5	6	7	8	9	10
一	A										
	B										
二	A										
	B										

图 7.8　流水施工进度计划表

（2）成倍节拍流水

在组织流水施工时，通常会遇到不同施工过程之间，由于劳动量不等以及技术或组织原因，它们之间的流水节拍互成倍数，以此组织流水施工就是成倍节拍专业流水。

成倍节拍流水施工有如下特点：

①同一施工过程在其各个施工段上的流水节拍均相等，各施工过程的施工段数相同。

②不同施工过程的流水节拍不等，但存在倍数关系。

③相邻施工过程的流水步距相等，且等于流水节拍的最大公约数。

④各个专业工作队在施工段上能够连续作业，施工段之间没有空闲时间。

⑤每个施工过程的专业工作队不止一个，根据流水节拍和流水布距来确定专业队数，且与施工过程数不相等。

a. 不分层施工成倍节拍流水。其计算公式为：

$$T = (m + N - 1) \times B + \sum t_j + \sum t_z - \sum t_d$$

式中　B——各施工过程中施工段上流水节拍的最大公约数 K；

N——总的专业工作队数。$N = \sum N_i$，$N_i = t_i \div K$，t_i 为各施工过程施工段上的流水节拍。

b.分层施工成倍节拍流水。同分层固定节拍流水相同，分层成倍节拍流水的施工段数的确定也要满足：

$$m_{\min} = (Z_{r\max} + C_{r\max} - D_r) \div B + N$$

同样工期计算公式为：

$$T = (m^* \times r + N - 1) \times t + Z_1 - \sum t_d$$

上述两式中加的不再是施工过程数，而是总的施工队数；m^* 仍为当 $m_{\min}$ 为小数时，取相邻的且大于 $m_{\min}$ 的整数；Z_1 为第一施工层内时间间歇总和。

【例题7.2】 某2层分项工程，由A、B、C共3个施工过程组成，各施工过程施工段上的流水节拍分别为 $t_1 = 2$ d，$t_2 = 1$ d，$t_3 = 1$ d。层间间歇为1 d。试在保证各专业工作队连续施工的条件下，组织流水施工。

【解】 根据工程特点，可组织分层成倍节拍流水施工：

(1)确定流水步距：$B = K = 1$ d

(2)确定专业工作队数：$N_1 = 2/1 = 2$；$N_2 = 1/1 = 1$；$N_3 = 1/1 = 1$

则 $N = 2 + 1 + 1 = 4$

(3)确定施工段数：$m_{\min} = 4 + 1/1 = 5$

(4)计算工期：$T = (m^* \times r + N - 1) \times t + Z_1 - \sum t_d = (5 \times 2 + 4 - 1) \times 1 = 13$ d

(5)绘制流水施工进度计划表，如图7.9所示。

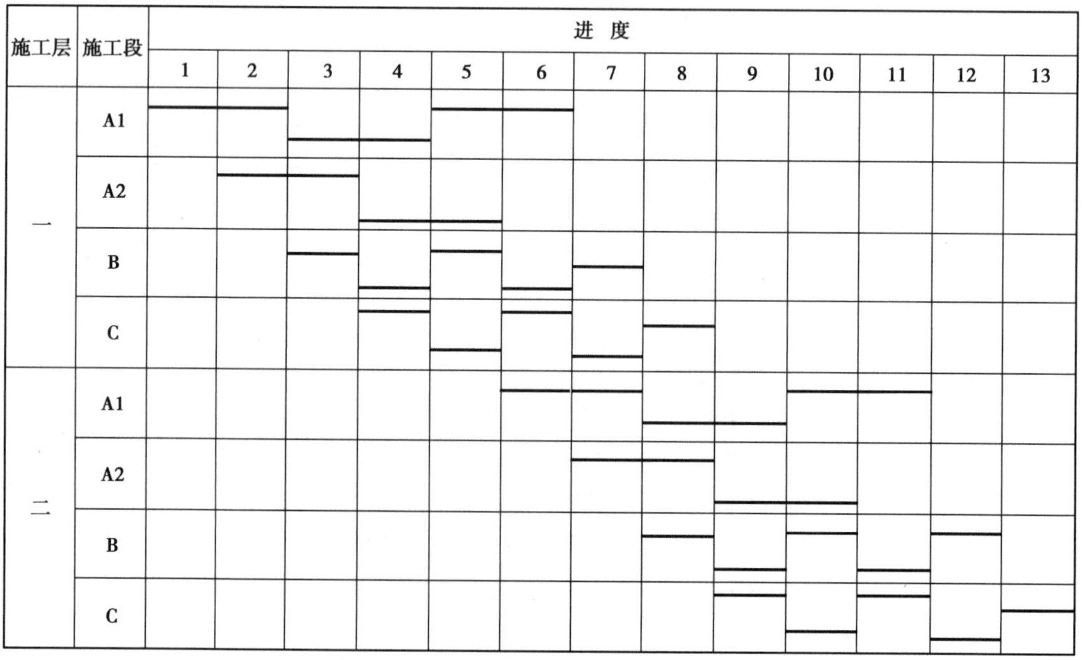

施工层	施工段	进度												
		1	2	3	4	5	6	7	8	9	10	11	12	13
一	A1													
	A2													
	B													
	C													
二	A1													
	A2													
	B													
	C													

图7.9 流水施工进度计划表

(3)异节拍流水施工

异节拍流水施工的特点有：同一施工过程各施工段上流水节拍相同；不同施工过程之间

的流水节拍不完全相同,也不存在倍数关系;专业工作队数 N 与施工过程数 n 相同;各个专业工作队能实现连续施工,但工作面可能有闲置。

确定异节拍流水施工各施工过程之间的流水步距,可按以下公式计算:

$$B_i = \begin{cases} t_i & t_i < t_{i+1} \\ mt_i - (m-1)t_{i+1} & t_i > t_{i+1} \end{cases}$$

式中 $B_{i,i+1}$——第 i 个施工过程与第 i+1 个施工过程之间的流水步距;

  t_i——第 i 个施工过程中施工段上的流水节拍;

  t_{i+1}——第 i+1 个施工过程中施工段上的流水节拍。

a.不分层异节拍流水施工。其工期按下式计算:

$$T = \sum B_{i,i+1} + mt_n + \sum t_j + \sum t_z - \sum t_d$$

式中 mt_n——最后一个(也即是第 n 个)施工过程所需要的时间。

b.分层异节奏流水施工。当施工存在分层,且分层间又存在时间间歇时,流水工期计算为:

$$T = \sum B_{i,i+1} + mt_n + \sum Z_i + \sum C_{i,i+1} - \sum t_d$$

式中 Z_i——第 i 个施工过程中时间间歇总和;

  $C_{i,i+1}$——第 i 个施工过程与第 i+1 个施工过程间的时间间歇总和。

(4)无节奏流水施工

无节奏流水施工的特点有:

①同一施工过程各施工段上流水节拍不完全相等。

②不同施工过程之间流水节拍不完全相同。

③专业工作队数与施工过程数相同。

④各专业工作队能够连续施工,但可能有闲置。

无节奏流水施工流水步距计算常采用潘特考夫斯基法(也称累加数列错位相减法),计算方法为先将各施工过程中的流水节拍时间相累加,然后将各相邻施工过程的累加结果错位相减,然后从相减结果中选出最大值,这个值便是两相邻施工过程同一施工段的流水步距了。

下面用一个例题来详细讲解此方法的运用。

【例题7.3】 某分项工程有 A、B、C、D 四个施工过程,每个施工过程上有 4 个施工段,各施工段的流水节拍如表 7.1 所示,试计算相邻施工过程间的流水步距。

表 7.1 某施工过程的流水步距

施工过程	施工段			
	1	2	3	4
A	3	2	4	2
B	6	1	3	1
C	4	2	1	3
D	2	4	3	2

【解】 (1)各施工过程流水节拍的累加。

A:3、5、9、11

B:6、7、10、11

C:4、6、7、10

D:2、6、9、11

(2)对累加的值进行相邻施工过程间的错位相减。

A 与 B 之间:

$$
\begin{array}{cccc}
 & 3 & 5 & 9 & 11 \\
- & & 6 & 7 & 10 & 11 \\
\hline
 & 3 & -1 & 2 & 1 & -11
\end{array}
$$

B 与 C 之间:

$$
\begin{array}{cccc}
 & 6 & 7 & 10 & 11 \\
- & & 4 & 6 & 7 & 10 \\
\hline
 & 6 & 3 & 4 & 4 & -10
\end{array}
$$

C 与 D 之间:

$$
\begin{array}{cccc}
 & 4 & 6 & 7 & 10 \\
- & & 2 & 6 & 9 & 11 \\
\hline
 & 4 & 4 & 1 & 1 & -11
\end{array}
$$

(3)确定流水步距。$B_1 = \max(3、-1、2、1、-11) = 3$

$B_2 = \max(6、3、4、4、-10) = 6$

$B_3 = \max(4、4、1、1、-11) = 4$

则非节奏流水施工工期计算公式为:

$$T = \sum B_{i,i+1} + T_n + \sum t_j + \sum t_z - \sum t_d$$

式中 T_n——最后一个施工过程所用的总时间。

7.4 网络进度计划技术

7.4.1 双代号网络图

双代号网络图包括箭线、节点和线路共3个基本符号。

1)箭线

①逻辑关系。网络图中相互关联的工作存在工艺关系和组织关系两种逻辑关联。前者是指生产性工作之间由工艺过程决定的、非生产性工作之间由工作程序决定的先后顺序关系。工艺关系客观存在,由施工方案和方法决定的。例如,扎筋1—支模1—浇筑混凝土1是一个简单的工艺关系。后者是指工作之间由于组织安排需要或资源调配需要而规定的先

后顺序关系。组织关系是人为设置的,考虑施工组织的先后顺序特点。例如,支模 1—支模 2、扎筋 1—扎筋 2。

②虚工作。网络图中不仅有实工作还有虚工作。虚工作既不消耗时间也不消耗资源,起到联系、区分、断路的作用。联系作用即是把相关工作联系起来;区分作用是避免两项工作同时开始,同时进行的工作具有相同的开始节点和完成节点;断路作用就是隔断没有逻辑关系的工作间的联系。虚工作出现在双代号网络图的中间节点,而在单代号网络图中虚工作只可以出现在起始节点或终止节点处。

2) 节点

节点表示一项工作的开始或者结束,在双代号网络计划中节点既不占用时间也不消耗资源,起着承上启下的衔接作用。节点分为起始节点、中间节点和终止节点三种。

3) 线路

网络图从起始节点开始沿着箭头方向通过一系列节点和箭线,最终达到终点的通路称为线路。在关键线路法中,线路上所有工作的持续时间总和称为该线路的总持续时间。总持续时间最长的线路称为关键线路,关键线路的长度就是网络计划的总工期。在网络计划中,关键线路有时不止一条,且关键线路会随着网络计划的执行发生转移。

关键线路上的工作均是关键工作,但由关键工作组成的任意线路不一定是关键线路。关键线路上任一关键工作若提前或拖后,均会对总工期产生影响。

(1) 双代号网络计划的绘制规则

①双代号网络图必须正确表达已定的逻辑关系。

②双代号网络图中严禁出现循环线路。

③双代号网络图中的箭线应保持自左向右的方向,不应出现箭头指向或偏向左方的情况。

④双代号网络图中,在节点之间严禁出现带双向箭头的连线。

⑤双代号网络图中,严禁出现没有箭头节点或箭尾节点箭线。

⑥绘制网络图时,箭线不宜交叉,当交叉不可避免时,可用过桥法或指向法。

⑦双代号网络图只允许有一个起始节点和一个终止节点,而其他所有节点均是中间节点。

⑧严禁在箭线上引入或引出箭线。

(2) 双代号网络图的绘制步骤

①绘制没有紧前工作的工作箭线,如果有多个起始节点,合并箭尾节点为起始节点。

②依次绘制其他箭线,并保证工作间正确的逻辑关系。

③各项工作箭线都绘制完成以后,应合并那些没有紧后工作的工作箭线箭头节点,保证网络图只有一个终止节点。

④检查绘制的网络图是否正确,并删除多余工作节点,调整网络图的合理布局。

⑤确认网络图正确以后,对节点进行编号。编号由左到右依次增大,且紧前工作的节点一定要小于本工作节点。

⑥绘制网络图。

【例题7.4】 已知某个工作间的逻辑关系如表7.2所示,试绘制其双代号网络图。

表7.2 某个工作间的逻辑关系表

工 作	A	B	C	D	E	G	H
紧前工作	C、D	E、H	—	—	—	D、H	—

【解】 (1)如图7.10所示,首先绘制没有紧前工作的C、D、E、H工作,并将这4项工作的工作箭尾节点合并为一个节点,即应用母线法。

(2)将C、D工作箭头节点用虚箭线联系起来,并画出二者的紧后工作A;将E、H工作箭头节点用虚箭线联系起来,并画出二者的紧后工作B。

(3)用虚工作把没有逻辑联系的C、E工作与G工作断开。

(4)将没有紧后工作的A、B、G的箭头节点进行合并。

(5)检查并调整网络图,对节点进行编号。

图 7.10 双代号网络计划

4)双代号网络计划时间参数的计算

双代号网络计划有6个时间参数,分别是最早开始时间 ES、最早完成时间 EF、最迟开始时间 LS、最迟结束时间 LF、总时差 TF、自由时差 FF。

最早开始时间是指该工作的所有紧前工作全部完成后,本工作可能开始的最早时刻。工作的最早完成时间是指该工作的所有紧前工作全部完成后,本工作有可能完成的最早时刻。工作的最早完成时间等于工作的最早开始时间加上该工作的持续时间 D_{i-j}。在双代号网络图中,工作 $i-j$ 的最早开始时间和最早完成时间用 ES_{i-j} 和 EF_{i-j} 表示。

最迟开始时间是指在不影响整个任务按期完成的前提下,本工作必须开始的最迟时间。工作的最迟完成时间是指在不影响整个任务按期完成的前提下,本工作必须完成的最迟时间。工作的最迟完成时间等于工作的最迟开始时间加上该工作的持续时间 D_{i-j}。在双代号网络图中,工作 $i-j$ 的最迟开始时间和最迟完成时间用 LS_{i-j} 和 LF_{i-j} 表示。

总时差是指在不影响总工期的前提下,本工作可以利用的机动时间。工作的自由时差是指在不影响紧后工作最早开始时间的前提下,本工作可以利用的机动时间。从总时差和自由时差的定义可知,对于同一项工作而言,自由时差不会超过总时差。也就是,当总时差为零时,自由时差一定为零。

(1)按工作计算法

按工作计算法以网络计划中的工作为对象,直接计算各项工作的时间参数。这些时间参数包括工作的最早开始时间和最早完成时间,工作的最迟开始时间和最迟完成时间,工作的总时差和自由时差。此外,还应计算网络计划的计算工期。为了简化计算,网络计划时间参数中的开始时间和完成时间都应以时间单位的终了时刻为标准。如第4天开始即是指第4天终了(下班)时刻开始,实际上是第5天上班时刻才开始;第6天完成即是指第6天终了(下班)时刻完成。

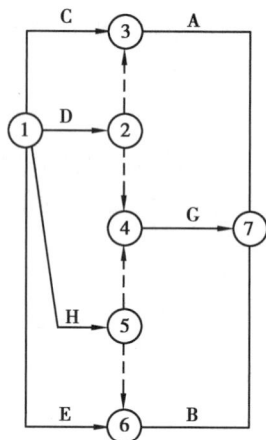

下面是按工作计算法计算时间参数的过程：

①计算工作的最早开始时间和最早完成时间。工作最早开始时间和最早完成时间的计算应从网络计划的起点节点开始，顺着箭线方向依次进行。

其计算步骤如下：

a.以网络计划起始节点为开始节点的工作，当未规定其最早开始时间时，其最早开始时间为零。

b.工作的最早完成时间可利用公式 $EF_{i-j} = ES_{i-j} + D_{i-j}$ 进行计算。

c.其他工作的最早开始时间应等于其紧前工作最早完成时间的最大值。

d.网络计划的计算工期 T_c 应等于以网络计划终止节点为完成节点的工作的最早完成时间的最大值。

②确定网络计划的计划工期。网络计划的计划工期 T_p 分以下 2 种情况：

a.当已规定要求工期时，计划工期不应超过要求工期，即：

$$T_p < T_c$$

b.当未规定要求工期时，可令计划工期等于计算工期，即：

$$T_p = T_c$$

③计算工作的最迟完成时间和最迟开始时间。工作最迟完成时间和最迟开始时间的计算应从网络计划的终点节点开始，逆着箭线方向依次进行。

其计算步骤如下：

a.以网络计划终止节点为完成节点的工作，其最迟完成时间等于网络计划的计划工期。

$$LF_{i-n} = T_p$$

b.工作的最迟开始时间可用以下公式计算：

$$LS_{i-j} = LF_{i-j} - D_{i-j}$$

其他工作的最迟完成时间应等于其紧后工作最迟开始时间的最小值。

④计算工作总时差。工作总时差等于该工作最迟完成时间与最早完成时间之差，或该工作最迟开始时间与最早开始时间之差，即：

$$TF_{i-j} = LF_{i-j} - EF_{i-j} = LS_{i-j} - ES_{i-j}$$

⑤计算工作自由时差。工作自由时差的计算应按以下两种情况予以考虑：

a.对于有紧后工作的工作，其自由时差等于本工作之紧后工作最早开始时间减本工作最早完成时间所得之差的最小值，即：

$$FF_{i-j} = \min\{ES_{i-j} - EF_{i-j}\}$$

b.对于无紧后工作的工作，也就是以网络计划终止节点为完成节点的工作，其自由时差等于计划工期与本工作最早完成时间之差，即：

$$FF_{i-n} = T_p - EF_{i-n}$$

对于网络计划中以终止节点为完成节点的工作，其自由时差与总时差相等。此外，由于工作的自由时差是其总时差的构成部分，当工作的总时差为零时，其自由时差必然为零，可不必专门计算。

⑥确定关键工作和关键线路。在网络计划中，总时差最小的工作为关键工作。特别说明，当网络计划的计划工期等于计算工期时，总时差为零的工作就是关键工作。

找出关键工作之后，将这些关键工作首尾相连，便构成从起始节点到终止节点的通路，位于该通路上各项工作的持续时间总和为最大,这条通路就是关键线路。在关键线路上可能有虚工作存在。关键线路上各项工作的持续时间总和应等于网络计划的计算工期,这一特点也是判别关键线路是否正确的准则。

上述计算过程将每项工作的 6 个时间参数均标注在图中,称为六时标注法。

（2）按节点计算法

按节点计算法先计算网络计划中各个节点的最早时间和最迟时间,然后再据此计算各项工作的时间参数和网络计划的计算工期。按节点计算法计算时间参数的过程如下:

①计算节点的最早时间和最迟时间。节点最早时间的计算应从网络计划的起始节点开始,顺着箭线方向依次进行。计算步骤如下:

网络计划起始节点,如未规定最早时间时,其值为零。

其他节点的最早时间应按以下公式进行计算:$ET_j = \max \{ ET_i + D_{i-j} \}$

网络计划的计算工期等于网络计划终止节点的最早时间:$T_c = \max ET_n$

②确定网络计划的计划工期。网络计划的计划工期应按公式确定。

$$T_p = T_c$$

③计算节点的最迟时间。节点最迟时间的计算应从网络计划的终止节点开始,逆着箭线方向依次进行。计算步骤如下:

网络计划终止节点的最迟时间等于网络计划的计划工期:$LT_n = T_p$

其他节点的最迟时间应按公式进行计算:$LT_i = \min \{ LT_j - D_{i-j} \}$

④根据节点的最早时间和最迟时间判定工作的 6 个时间参数。

工作的最早开始时间等于该工作开始节点的最早时间:$ES_{i-j} = ET_i$

工作的最早完成时间等于该工作开始节点的最早时间与其持续时间之和:$EF_{i-j} = ET_i + D_{i-j}$

工作的最迟完成时间等于该工作完成节点的最迟时间:$LF_{i-j} = LT_j$

工作的最迟开始时间等于该工作完成节点的最迟时间与其持续时间之差:$LS_{i-j} = LT_j + D_{i-j}$

⑤工作的总时差:

$$TF_{i-j} = LF_{i-j} - EF_{i-j} = LT_j - ET_i - D_{i-j}$$

由以上公式可知,工作的总时差等于该工作完成节点的最迟时间减去该工作开始节点的最早时间所得差值再减其持续时间。

⑥工作的自由时差。自由时差等于该工作完成节点的最早时间减去该工作开始节点的最早时间所得差值再减其持续时间,即:

$$FF_{i-j} = \min \{ ET_j \} - ET_i - D_{i-j}$$

如果本工作与其各紧后工作之间存在虚工作时,其中的 ET_j 应为本工作紧后工作开始节点的最早时间,而不是本工作完成节点的最早时间。

⑦确定关键线路和关键工作。在双代号网络计划中,关键线路上的节点称为关键节点。关键工作两端的节点必为关键节点,但两端为关键节点的工作不一定是关键工作。关键节点的最迟时间与最早时间的差值最小。特别地,当网络计划的计划工期等于计算工期时,关键节点的最早时间与最迟时间必然相等。关键节点必然处在关键线路上,但由关键节点组成的线路不一定是关键线路。

利用关键节点判别关键线路和关键工作时,还要满足下列判别式:

$$ET_i + D_{i-j} = ET_j$$
$$LT_i + D_{i-j} = LT_j$$

如果两个关键节点之间的工作符合上述判别式,则该工作必然为关键工作,它应该在关键线路上。否则,该工作就不是关键工作,关键线路也就不会从此处通过。

⑧关键节点的特性。在双代号网络计划中,当计划工期等于计算工期时,关键节点具有以下一些特性,掌握好这些特性,有助于确定工作的时间参数。

开始节点和完成节点均为关键节点的工作,不一定是关键工作。

以关键节点为完成节点的工作,其总时差和自由时差必然相等。

当两个关键节点间有多项工作,且工作间的非关键节点无其他内向箭线和外向箭线时,则两个关键节点间各项工作的总时差均相等。在这些工作中,除以关键节点为完成节点的工作自由时差等于总时差外,其余工作的自由时差均为零。

当两个关键节点间有多项工作,且工作间的非关键节点有外向箭线而无其他内向箭线时,则两个关键节点间各项工作的总时差不一定相等。在这些工作中,除以关键节点为完成节点的工作自由时差等于总时差外,其余工作的自由时差均为零。

（3）标号法

标号法是一种快速寻求网络计算工期和关键线路的方法。它利用按节点计算法的基本原理,对网络计划中的每一个节点进行标号,然后利用标号值确定网络计划的计算工期和关键线路。标号法的计算过程如下:

网络计划起始节点的标号值为零。

其他节点的标号值应根据以下公式按节点编号从小到大的顺序逐个计算:

$$b_j = \max\{b_i + D_{i-j}\}$$

式中 b_j——工作 i-j 的完成节点 j 的标号值;

b_i——工作 i-j 的开始节点 i 的标号值。

当计算出节点的标号值后,应该用其标号值及其源节点对该节点进行双标号。所谓源节点,就是用来确定本节点标号值的节点。如果源节点有多个,应将所有源节点标出。

网络计划的计算工期就是网络计划终止节点的标号值。

关键线路应从网络计划的终止节点开始,逆着箭线方向按源节点确定。

【例题 7.5】 某工程逻辑关系如表 7.3 所示,试绘制双代号网络计划,并标出各项工作的 6 个主要时间参数。最后,用双箭线标明关键线路。

表 7.3 某工程逻辑关系表

工 作	A	B	C	D	E	G	H	I	J	K
持续时间	2	3	4	5	6	3	4	7	2	3
紧前工作	—	—	—	A	B	C、D	D	B	E、H、G	G

【解】 （1）首先根据双代号画图规则与步骤画出双代号网络图。

（2）计算各工作的最早开始时间与最早结束时间;工作 A、B、C 为起始工作,所以最早开始时间均为 0,最早结束时间等于持续时间。即:

$$ES_{1-2} = ES_{1-3} = ES_{1-5} = 0;$$
$$EF_{1-2} = D_{1-2} = 3, EF_{1-3} = D_{1-3} = 2, EF_{1-5} = D_{1-5} = 4;$$

其他工作最早时间：

$$ES_{2-8} = EF_{1-2} = 3, EF_{2-8} = ES_{2-8} + D_{2-8} = 10$$
$$ES_{2-7} = EF_{1-2} = 3, EF_{2-7} = ES_{2-7} + D_{2-7} = 9$$
$$ES_{3-4} = EF_{1-3} = 2, EF_{3-4} = ES_{3-4} + D_{3-4} = 7$$
$$ES_{4-5} = EF_{3-4} = 7, EF_{4-5} = ES_{4-5} + D_{4-5} = 7$$
$$ES_{4-7} = EF_{3-4} = 7, EF_{4-7} = ES_{4-7} + D_{4-7} = 11$$
$$ES_{5-6} = \max\{EF_{4-5}、EF_{1-5}\} = 7, EF_{5-6} = ES_{5-6} + D_{5-6} = 10$$
$$ES_{6-7} = EF_{5-6} = 10, EF_{6-7} = ES_{6-7} + D_{6-7} = 10$$
$$ES_{6-8} = EF_{5-6} = 10, EF_{6-8} = ES_{6-8} + D_{6-8} = 13$$
$$ES_{7-8} = \max\{EF_{4-7}、EF_{6-7}、EF_{2-7}\} = 11, EF_{7-8} = ES_{7-8} + D_{7-8} = 13$$

（3）确定计划工期：

$$T_c = \max\{EF_{2-8}、EF_{6-8}、EF_{7-8}\} = 13$$

在本例中，假设未规定要求工期，则计算工期等于计划工期，即：

$$T_p = T_c = 13$$

（4）计算最迟开始时间和最迟完成时间：

计算最迟时间按照箭头的逆方向进行。与终止节点相连的工作，最迟结束时间就等于计算工期，即：

$$LF_{2-8} = LF_{6-8} = LF_{7-8} = 13$$
$$LS_{2-8} = LF_{2-8} - D_{2-8} = 6$$
$$LS_{6-8} = LF_{6-8} - D_{6-8} = 10$$
$$LS_{7-8} = LF_{7-8} - D_{7-8} = 11$$

其他节点的最迟时间计算：

$$LF_{2-7} = LS_{7-8} = 11、LS_{2-7} = LF_{2-7} - D_{2-7} = 5$$
$$LF_{4-7} = LS_{7-8} = 11、LS_{4-7} = LF_{4-7} - D_{4-7} = 7$$
$$LF_{6-7} = LS_{7-8} = 11、LS_{6-7} = LF_{6-7} - D_{6-7} = 11$$
$$LF_{5-6} = \min\{LS_{6-7}、LS_{6-8}\} = 10、LS_{5-6} = LF_{5-6} - D_{5-6} = 7$$
$$LF_{4-5} = LS_{5-6} = 7、LS_{4-5} = LF_{4-5} - D_{4-5} = 7$$
$$LF_{1-5} = LS_{5-6} = 7、LS_{1-5} = LF_{1-5} - D_{1-5} = 3$$
$$LF_{3-4} = \min\{LS_{4-5}、LS_{4-7}\} = 7、LS_{3-4} = LF_{3-4} - D_{3-4} = 2$$
$$LF_{1-3} = LS_{3-4} = 2、LS_{1-3} = LF_{1-3} - D_{1-3} = 0$$

（5）计算总时差和自由时差：

总时差计算公式：

$$TF_{i-j} = LS_{i-j} - ES_{i-j} = LF_{i-j} - EF_{i-j}$$

例如：$TF_{2-7} = LF_{2-7} - EF_{2-7} = 11 - 9 = 2$。

自由时差的计算公式为：

$$FF_{i-j} = \min\{ES_{j-k}\} - EF_{i-j}$$

例如：$FF_{5-6} = \min\{ES_{6-7}、ES_{6-8}\} - EF_{5-6} = 10 - 10 = 0$。

利用上述公式计算总时差和自由时差,这里不再一一列出计算过程。

(6)确定关键线路

将自由时差为0的工作全部找出,并连接这些工作,直至可以形成一条通路。本例中的关键线路有两条,分别为:

$$① \rightarrow ③ \rightarrow ④ \rightarrow ⑦ \rightarrow ⑧$$
$$① \rightarrow ③ \rightarrow ④ \rightarrow ⑤ \rightarrow ⑥ \rightarrow ⑧$$

整体标示如图7.11所示:

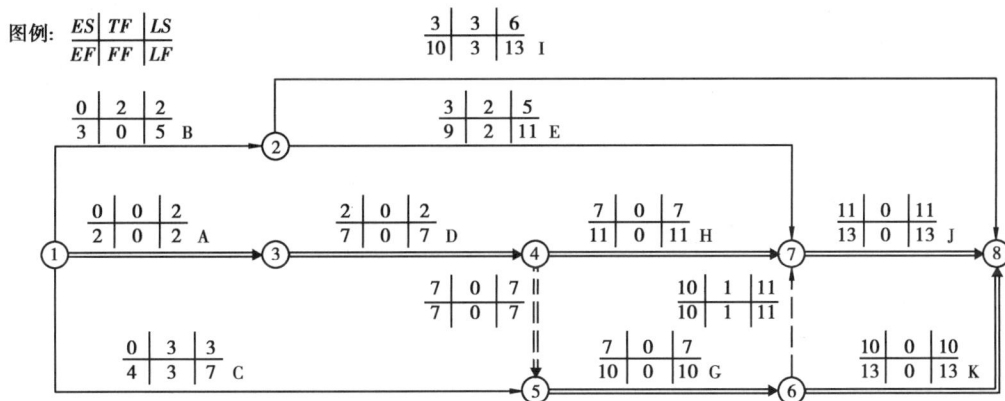

图7.11 双代号网络计划时间参数计算结果

7.4.2 双代号时标网络计划的编制和应用

(1)双代号时标网络的特点

双代号时标网络计划兼有网络计划与横道计划的优点,在表明工作间相互逻辑关系的同时,又可以观察到时间进程,可直接在图上显示出各项工作的最早开始与最早完成时间、工作的自由时差与关键线路,使用十分方便;并且,它可以统计每一个单位时间的资源需要量,以便进行资源优化或调整。

该网络计划也有局限性,它的箭线方向、长度与时间坐标相关,在情况发生变化时容易引起其后工作时间坐标的改变,对网络计划的修改比较麻烦,往往需要重新绘图。因此,它常适用于工作项目较少、工艺过程较简单的工程项目或者某些大型项目的子项目。

(2)双代号时标网络的绘制

双代号时标网络计划的符号规定和无时标的相同,在编制之前要根据需要确定时间坐标的时间单位,以实箭线表示实工作,虚箭线表示虚工作,以波形线表示工作的自由时差和时间间隔。其绘制方法有间接法和直接法2种。

①间接法:由无时标网络计划得出各工作的最早时间参数,根据参数确定节点位置,连线即可;某些工作箭线长度不足以达到该工作结束节点的用波形线补足。

②直接法:由起始节点从起始刻度线开始,按工作持续时间在时标计划表上绘制起始节点的向外箭线;其他工作的开始节点必须在其所有紧前的工作都绘出以后,找出最早完成时间最大值的时间刻度画开始节点,对于箭线长度不足的工作用波形线,箭头画在波形线与节点连接处;接着用同样的方法依次从左往右确定节点位置直到画出终止节点。

【例题 7.6】 根据例 7.5 的逻辑关系表,运用直接法画出该项目的双代号时标网络计划图。

【解】 根据例题 7.5 的双代号网络图,画出时标,如图 7.12 所示。

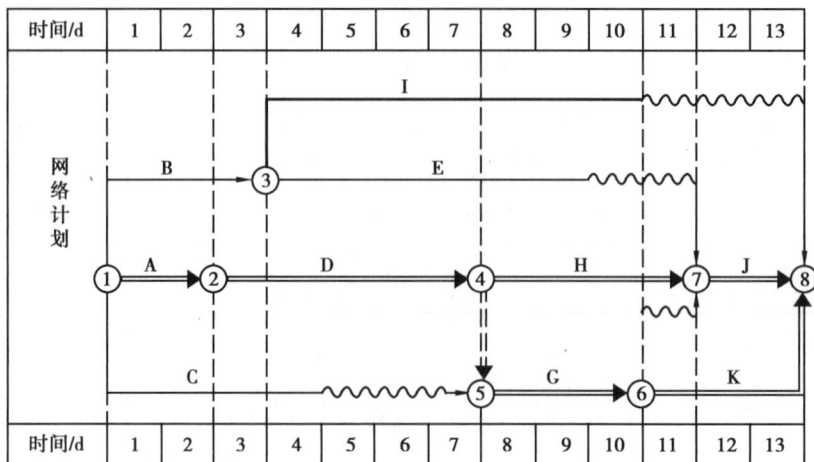

图 7.12 双代号时标网络计划图

双代号时标网络图具有直观性:关键线路为图上自始至终都没有出现波形线的线路;总工期为起始节点到终止节点之差;图上可直观观察出工作的最早开始和最早完成时间;时间间隔 LAG 即为波形线的长度;某工作的总时差等于其紧前工作的总时差与本工作的时间间隔之和。

7.4.3 单代号网络计划

1)单代号网络图基本符号

以节点表示工作,箭线表示工作间的逻辑关系。

2)单代号网络图的绘制规则

单代号网络图的绘制规则与双代号网络图的绘制规则基本相同,区别在于:当单代号网络图中有多项开始工作时,应增设一项虚拟的工作 S,作为该网络图的起始节点;当单代号网络图中有多项结束工作时,应增设一项虚拟工作 F,作为该工作的终止节点。

3)单代号网络图特点

①单代号网络图是节点型网络计划。节点表示工作,箭线表示工作间的逻辑关系。
②单代号网络图中无虚线,绘图比较简单,工作间的逻辑关系易表达。
③单代号网络图比较抽象,直观性差。
④单代号网络图不能绘制成时间坐标网络图。

4)单代号网络计划时间参数计算

和双代号网络计划图一样,单代号主要也是 6 个时间参数,只是表示略有不同:最早开始时间 ES_i、最早完成时间 EF_i、最迟结束时间 LF_i、最迟开始时间 LS_i、总时差 TF、自由时差

FF。此外,还应用有搭接时间参数和时间间隔参数。

（1）计算工作的最早开始时间和最早完成时间

与网络计划开始节点 S 相连,或者该工作作为起点时,最早开始时间均为零,最早完成时间就等于工作的持续时间。

其他节点最早开始时间与最早完成时间按下列公式:$ES_j=\max\{EF_i\}$,$EF_j=ES_j+D_j$。

网络计划的计算工期等于其终止节点的最早完成时间:$T_n=EF_n$。

（2）计算相邻两项工作之间的时间间隔

相邻两项工作之间的时间间隔是指其紧后工作的最早开始时间与本工作最早完成时间的差值:$LAG_{i-j}=ES_j-EF_i$

（3）确定网络计划的计划工期

网络计划的计划工期 T_p 分以下 2 种情况:

①当已规定要求工期时,计划工期不应超过要求工期:$T_p<T_c$。

②当未规定要求工期时,可令计划工期等于计算工期:$T_p=T_c$。

（4）计算工作的总时差

工作总时差的计算应从网络计划的终止节点开始,逆着箭线方向按节点编号从大到小的顺序依次进行。

①网络图计划终止节点所代表工作的总时差应等于计划工期与计算工期之差,即:

$$TF_n = T_p - T_c$$

当 $T_p=T_c$ 时,该工作的总时差为零。

②其他工作的总时差应等于本工作与其紧后工作之间的时间间隔加该紧后工作的总时差所得之和的最小值:$TF_i=\min\{LAG_{i-j}+TF_j\}$。

（5）计算工作的自由时差

网络图计划终止节点所代表工作的自由时差应等于计划工期与本工作的最早完成时间之差:$FF_n=T_p-EF_n$。

其他工作的自由时差等于本工作与其紧后工作之间时间间隔的最小值:$FF_i=\min\{LAG_{i-j}\}$。

（6）计算工作的最迟完成时间和最迟开始时间

工作的最迟完成时间等于本工作的最早完成时间加上本工作的总时差:$LF_i=EF_i+TF_i$。

工作的最迟开始时间等于本工作的最早开始时间与其总时差之和:$LS_i=ES_i+TF_i$。

（7）确定网络计划的关键线路

可以用 2 种方法来确定:

①利用关键工作来确定关键线路。总时差最小的工作为关键工作,将这些关键工作相连形成的线路且满足相邻关键工作间的时间间隔为零时,这条线路即为关键线路。

②利用相邻两项工作间的时间间隔来确定关键线路。从网络计划的终止节点开始,逆着箭线方向依次连接相邻工作间时间间隔为零的工作,最终形成的线路即为关键线路。

【例题 7.7】 某网络计划的有关资料如表 7.4 所示,试绘制单代号网络计划,并标出各项工作的 6 个主要时间参数。最后,用双箭线标明关键线路。

表 7.4　某工程逻辑关系表

工　作	A	B	C	D	E	G
持续时间	12	10	5	7	6	4
紧前工作	—	—	—	B	A	C、D

【解】　(1)根据单代号网络图的绘制规则画出单代号网络图。

(2)计算最早开始时间与最早结束时间。

与起始节点相连的工作,最早开始时间为 0,最早结束时间为该工作的持续时间,即:

$$ES_2 = ES_3 = ES_4 = 0$$

$$EF_2 = D_2 = 12, EF_3 = D_3 = 10, EF_4 = D_4 = 5$$

其他节点的最早时间计算:

$$ES_5 = EF_2 = 12, EF_5 = ES_5 + D_5 = 18$$

$$ES_6 = EF_3 = 10, EF_6 = ES_6 + D_6 = 17$$

$$ES_7 = \max\{EF_4, EF_6\} = 17, EF_7 = ES_7 + D_7 = 21$$

$$ES_8 = \max\{EF_5, EF_7\} = 21, EF_8 = ES_8 + D_8 = 21$$

(3)确定计划工期。

假设计划工期等于计算工期,则:

$$T_p = T_c = 21$$

(4)计算最迟时间。

与终止节点相连的工作

$$LF_5 = LF_7 = 21$$

$$LS_5 = LF_5 - D_5 = 15, LS_7 = LF_7 - D_7 = 17$$

其他节点工作

$$LF_6 = LS_7 = 17, LS_6 = LF_6 - D_6 = 10$$

$$LF_4 = LS_7 = 17, LS_4 = LF_4 - D_4 = 12$$

$$LF_3 = LS_6 = 10, LS_3 = LF_3 - D_3 = 0$$

$$LF_2 = LS_5 = 15, LS_2 = LF_2 - D_2 = 3$$

(5)计算相邻工作间的时间间隔。

根据:

$$LAG_{i-j} = ES_j - EF_i$$

例如:

$$LAG_{5-8} = ES_8 - EF_5 = 3$$

$$LAG_{6-7} = ES_7 - EF_6 = 0$$

(6)计算总时差和自由时差。

总时差的计算仍运用:$TF_i = LS_i - ES_i = LF_i - EF_i$

计算自由时差有 2 种:

①$FF_i = \min\{ES_j\} - EF_i$

②$FF_i = \min\{LAG_{i-j}\}$

(7) 确定关键线路。

关键线路是：

①→③→⑥→⑦→⑧

全部计算结果图形如图 7.13 所示：

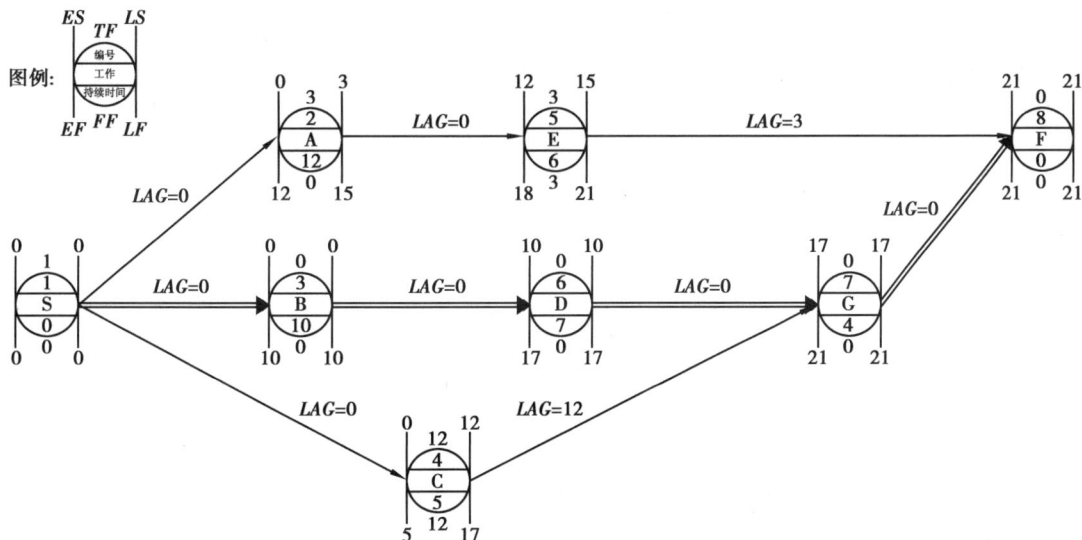

图 7.13 单代号网络计划时间参数计算结果

7.4.4 单代号搭接网络计划

传统的单代号网络计划和双代号网络计划只能表示两项工作之间首尾相连的关系,而如今项目进程中存在着大量的搭接关系,即"前一项工作尚未完成时,后一项工作可插入进行",虽然这能简化网络计划图,但是也使计算难度大大增加。

1) 单代号搭接网络的表示

单代号网络计划的符号表示同样能应用于搭接网络图中,此外,表示搭接关系需引入另外 4 种关系类型：

STS：前一项工作的开始时间到后一项工作开始时间的时距。

STF：前一项工作的开始时间到后一项工作结束时间的时距。

FTF：前一项工作的结束时间到后一项工作结束时间的时距。

FTS：前一项工作的结束时间到后一项工作开始时间的时距。

为了简化计算,两项工作之间的时距应该尽量只确定一种。

2) 单代号搭接网络的计算

$$最早开始时间：ES_j = \max \begin{bmatrix} ES_i + STS_{i,j} \\ EF_i + FTS_{i,j} \\ ES_i + FTF_{i,j} - D_j \\ ES_i + STF_{i,j} + D_j \end{bmatrix}$$

最早完成时间：$EF_j = ES_j + D_j$

时间间隔：$LAG_{i-j} = \min \begin{bmatrix} ES_j - EF_i - FTS_{i,j} \\ ES_j - ES_i - STS_{i,j} \\ EF_j - EF_i - FTF_{i,j} \\ EF_j - ES_i - STF_{i,j} \end{bmatrix}$

至于总时差 TF、自由时差 FF、最迟完成时间 LF、最迟开始时间 LS 等计算与单代号网络计划相同。

3）单代号搭接网络计划中时间参数

单代号搭接网络计划表示方式如图 7.14 所示。

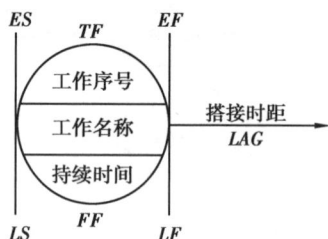

图 7.14　单代号搭接网络计划时间参数表达方式

【例题 7.8】　如表 7.5 为某工程的各项工作之间的逻辑关系、搭接关系、持续时间，试绘制单代号搭接网络计划图，并找出其关键工作和关键线路。

表 7.5　网络计划资料表

工　作	持续时间	紧后工作	搭接关系以及搭接时间/d						
			A	B	C	D	E	H	G
A	8	B、C、D		$FTS = 2$	$STF = 10$	$FTF = 5$			
B	12	E、H					$STS = 5, FTF = 2$	$STF = 25$	
C	6	E、H					$FTS = 3$		
D	20	H、G						$STS = 15$	$FTS = 3$
E	5	G							$STS = 3$
H	15	G							$STS = 5$
G	6	—							

【解】　（1）根据表 7.5 的数据资料，绘制出单代号搭接网络计划，如图 7.15 所示。

（2）计算各工作最早开始和最早结束时间：

$ES_2 = 0, EF_2 = ES_2 + D_2 = 0 + 8 = 8$

$ES_3 = EF_2 + FTS_{2,3} = 8 + 2 = 10, EF_3 = ES_3 + D_3 = 10 + 12 = 22$

$ES_4 = EF_2 + STF_{2,4} - D_4 = 0 + 10 - 6 = 4, EF_4 = ES_4 + D_4 = 4 + 6 = 10$

$ES_5 = EF_2 + FTF_{2,5} - D_5 = -7$，小于 0 不合理，所以 $ES_5 = 0$，将工作 5 与节点 1 用虚线连接，令 $FTS_{1,5} = 0$

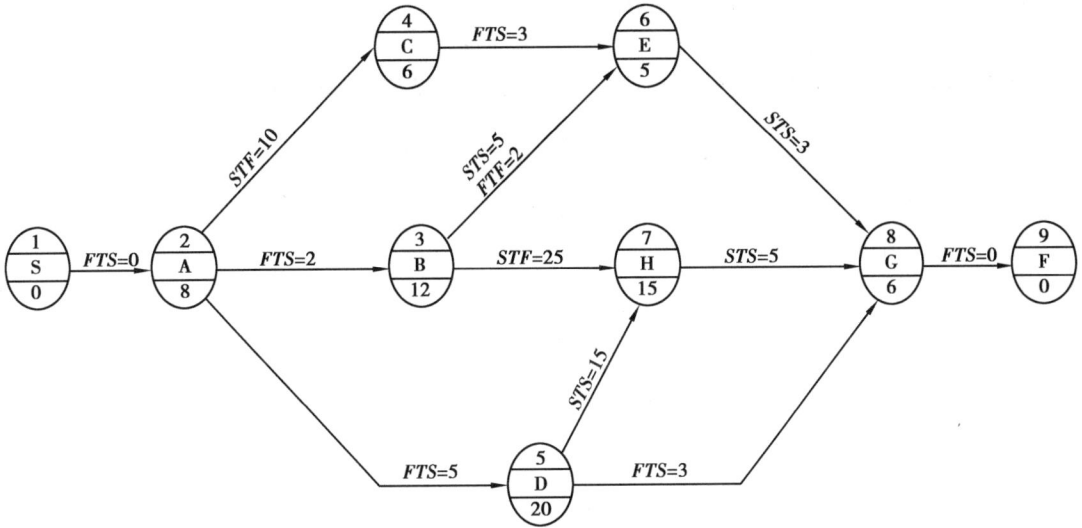

图 7.15　单代号搭接网络计划图

$ES_6 = \max\{EF_4 + FTS_{4,6}, ES_3 + STS_{3,6}, EF_3 + FTF_{3,6} - D_6\} = 19, EF_6 = 19 + 5 = 24$

$ES_7 = \max\{ES_5 + STS_{5,7}, EF_3 + STF_{3,7} - D_7\} = 20, EF_7 = 20 + 15 = 30$

$ES_8 = \max\{EF_6 + STS_{6,8}, ES_7 + STS_{7,8}, EF_5 + FTS_{5,8}\} = 25, EF_8 = 25 + 6 = 31$

$ES_9 = EF_8 = 31$，但 $EF_9 = 31 < EF_7$，所以终止节点 $ES_9 = EF_9 = EF_7 = 35$，并用虚线连接两节点。由终止节点的最早结束时间，得工期 $T = 35$ 天。

（3）计算各工作最迟开始和最迟结束时间：

$LF_9 = LS_9 = T = 35$

$LF_8 = LS_9 - FTS_{8,9} = 35 - 0 = 35, LS_8 = LF_8 - D_8 = 35 - 6 = 29$

$LF_7 = \min\{LS_9 - FTS_{7,9}, LS_8 - STS_{7,8} + D_7\} = \min\{35 - 0, 29 - 5 + 15\} = 35, LS_7 = 25 - 15 = 20$

$LF_6 = LS_8 - STS_{6,8} + D_6 = 29 - 3 + 5 = 31, LS_6 = 31 - 5 = 26$

$LF_5 = \min\{LS_8 - FTS_{5,8}, LS_7 - STS_{4,7} + D_5\} = \min\{29 - 3, 20 - 15 + 20\} = 25$,

$LS_5 = 25 - 20 = 5$

$LF_4 = LS_6 - FTS_{4,6} = 26 - 3 = 23, LS_4 = 23 - 6 = 17$

$LF_3 = \min\{LF_7 - STF_{3,7} + D_3, LF_6 - FTF_{3,6}, LS_6 - STS_{3,6} + D_3\}$
$\quad = \min\{35 - 25 + 12, 31 - 2, 26 - 5 + 12\} = 22, LS_5 = 22 - 12 = 10$

$LF_2 = LS_3 - FTS_{2,3} = 10 - 2 = 8, LS_2 = 8 - 8 = 0$

$LF_1 = 0, LS_1 = 0$

（4）计算时间间隔 LAG

由公式

$$LAG_{i-j} = \min \begin{bmatrix} ES_j - EF_i - FTS_{i,j} \\ ES_j - ES_i - STS_{i,j} \\ EF_j - EF_i - FTF_{i,j} \\ EF_j - ES_i - STF_{i,j} \end{bmatrix}$$

得出：

$LAG_{1,2} = 0, LAG_{1,5} = 0, LAG_{2,3} = 0, LAG_{2,4} = 0, LAG_{2,5} = 7, LAG_{3,6} = 0, LAG_{3,7} = 0$

$LAG_{4,6}=6, LAG_{5,7}=5, LAG_{5,8}=2, LAG_{6,8}=3, LAG_{7,8}=0, LAG_{7,9}=0, LAG_{8,9}=4$

（5）计算工作自由时差 FF：

由于自由时差计算公式：① $FF_i = \min\{ES_j\} - EF_i$；② $FF_i = \min\{LAG_{i-j}\}$，得各项工作自由时差如下：

$FF_9 = T - FF_9 = 35 - 35 = 0$

$FF_8 = 4, FF_7 = 0, FF_6 = 3, FF_5 = 2, FF_4 = 6, FF_3 = 0, FF_2 = 0, FF_1 = 0$

（6）计算工作总时差 TF：

$TF_9 = T - EF_9 = 35 - 35 = 0$

$TF_8 = TF_9 + LAG_{8,9} = 0 + 4 = 4$

$TF_7 = \min\{TF_8 + LAG_{7,8}, TF_9 + LAG_{7,9}\} = \min\{0+0, 0+0\} = 0$

$TF_6 = TF_8 + LAG_{6,8} = 4 + 3 = 7$

$TF_5 = \min\{TF_7 + LAG_{5,7}, TF_8 + LAG_{5,8}\} = \min\{0+5, 4+2\} = 5$

$TF_4 = TF_6 + LAG_{4,6} = 7 + 6 = 13$

$TF_3 = \min\{TF_6 + LAG_{3,6}, TF_7 + LAG_{3,7}\} = \min\{7+0, 0+0\} = 0$

$TF_2 = \min\{TF_3 + LAG_{2,3}, TF_4 + LAG_{2,4}, TF_5 + LAG_{2,5}\} = \min\{0+0, 13+0, 5+7\} = 0$

$TF_1 = 0$

（7）根据计算结果对网络图进行标注，如图 7.16 所示。

（8）关键线路的确定。

在单代号搭接网络总计划中，总时差最小的工作是关键工作，即 A、B、H。关键线路是时间间隔 $LAG = 0$，且从起点到终点皆为关键工作的通路，即 1—2—3—7—9，或 S—A—B—H—F。

7.4.5 计划评审技术

计划评审技术（Program Evaluation and Review Technique，PERT）是利用网络分析制订计划并对计划予以评价的技术，是现代项目管理的重要手段和方法。PERT 最早是由美国海军在计划和控制北极星导弹的研制时发展起来的。PERT 技术使原先估计的北极星潜艇的研制时间缩短两年，证明了该方法的有效性。

PERT 与 CPM 比较，不同点在于运算步骤及其术语不同。CPM 的各个活动时间是确定的，其运用侧重于成本控制，而 PERT 的各个活动时间具有概率性，侧重于不确定活动时间的估计。但计算中运用到的基本原理、图形结构、确定关键线路的思想及方法是相同的。

（1）PERT 的基本思想

在计算假设前提下，以概率统计理论为数学基础，对不能确定持续时间的活动展开三时估计，求其期望持续时间，按照关键线路法求出各个活动的时间参数，应用概率分布规律计算总工期和完工概率。

（2）PERT 网络的计算假设

①假设每个工程可以分解为有限数量的相互独立活动。

②假设各活动持续时间是服从同一概率分布，具有一定统计特征的相互独立的随机变量。

③假设各活动持续时间服从 β 分布，在三时估计的基础上计算第 i 个活动的期望值 d_{E_i} 与方差 δ^2。

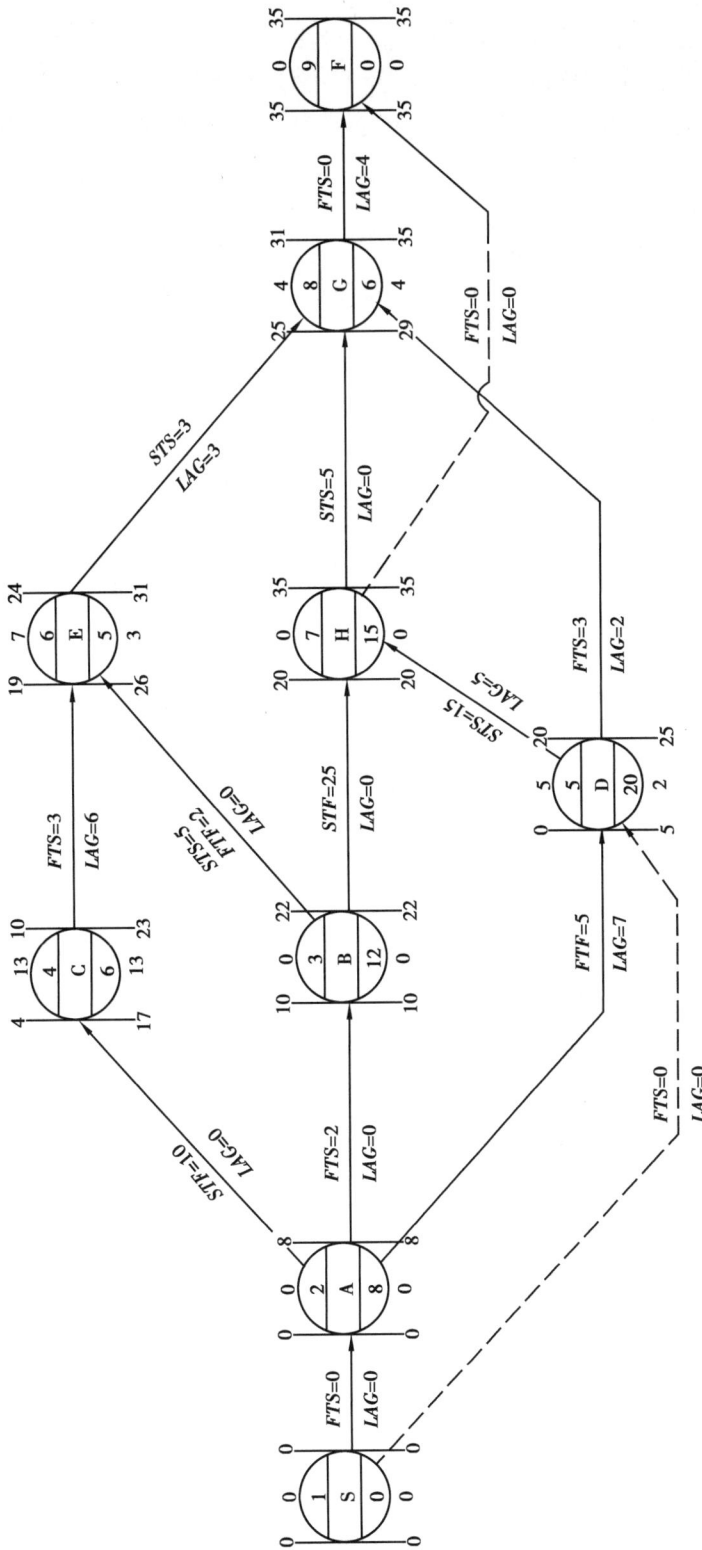

图7.16 单代号搭接网络计划计算参数结果

④假设活动的期望值为活动持续时间,将其转化为肯定型网络计算时间参数。

⑤工期最长的线路即为关键线路,假设非关键线路工期与关键线路相比相差很多,关键线路上的活动持续时间的期望值 d_{E_i} 之和即为网络的总工期 T_c。

⑥假设关键线路上的活动足够多,根据中心极限定理,独立同分布的有限随机变量之和的分布,近似服从正态分布。

(3)PERT 的计算过程

由于假设每个活动持续时间是随机的,整个项目的完工工期亦是随机的。PERT 的传统算法是三时估计法,即通过 a、m、b 的估计,活动持续时间无论假设是服从两点等概率分布还是 β 分布,活动持续时间期望值 d_E 均由公式 $d_{E_i} = \dfrac{a_i + 4m_i + b_i}{6}$ 求取。然后将 PERT 转化为 CPM 进行总工期的计算,具体步骤如下:

根据已有的三时估算各个活动持续时间 D_{i-j} 的期望值 $D_{E_{i-j}}$ 和方差 δ_{i-j}^2;

根据 CPM 计算各节点时间参数及方差,求关键线路 CP 和关键节点 i。

根据如下公式计算总工期期望值 D_E 和 δ_{DE}^2:

$$
\begin{cases}
D_E = \sum_{(i-j) \in CP} d_{i-j}^E \\
\sigma_{D_E}^2 = \sum_{(i-j) \in CP} \sigma_{i-j}^2
\end{cases}
$$

假设总工期服从正态分布 $N(D_E, \delta_{DE}^2)$,根据下列公式求取完工工期概率:

$$
P(t \leqslant D_p) = \Phi\left(\frac{D_P - D_E}{\delta_{DE}}\right) = \int_{-\infty}^{D_P} \frac{1}{\delta_{DE}\sqrt{2\pi}} e^{-\frac{(t-DE)^2}{2\delta_{DE}^2}} dt
$$

式中　D_p——工程项目的规定工期。

令 $\tau_P = \dfrac{D_p - D_E}{\delta_{DE}}$,则 τ_P 为偏离值,根据偏离值,可以在标准正态分布概率表里查得在规定工期内的完工概率 P_P。此外,如果已经设定完工概率 $P(\tau)$,可从标准正态分布概率表中得出概率系数 τ,推导出工期 D。

7.5　进度控制

进度控制是工程项目管理的核心内容,良好的进度管控有利于实现工程建设目标。工程进度是业主最关心的目标之一,进度管理失控也就使项目失去意义。在承包商看来,高效的施工进度管控是获得工程款的保障,是工程合约得以延续的前提和基础。

7.5.1　概述

工程项目进度控制是指在既定建设目标下编制最优的施工进度计划,在执行过程中检查施工进展,将其与计划进度相比,若出现偏差应分析原因并评估对工期产生的影响程度,找到必要的补救措施,甚至对原计划作出调整。如此反复循环,直至工程竣工验收。

工程项目进度控制和其他管理一样,采用 PDCA 循环工作法。PDCA 循环工作法是由

Plan(计划)、Do(实施)、Check(检查)、Action(处理)4个阶段组成。要做好进度控制,首先要制订一个科学、合理、可行的进度计划,拟订一个进度目标;其次要将制订的计划应用到具体工程活动中,在工作中或者工作到一定阶段后开展组织检查,把计划目标与实际进度进行对比,分析存在的问题以及可采取的应对措施。

对进度计划执行跟踪调查是进度控制的关键,可以为进度分析与调整提供依据。跟踪调查要做好以下3个方面的工作:一是定期收集进度报表资料,要按照规定的时间和报表内容,定期填写进度报告;二现场检查工程进度情况,指派工程管理人员常驻工地,随时检查进度计划的实际执行情况,掌握工程进展的第一手资料;三是定期召开会议,使工程管理人员与施工单位人员面对面交谈,了解进度开展情况,协调各方的进度关系。

施工进度管理伴随工程建设始末,应讲究科学的方法,遵循一定的原则:一是动态控制;应随着项目的进展而不断优化。项目管理人员需要在项目各阶段制订各种层次的进度计划,不断监控进度并根据实际情况做出调整。二是系统性;项目各实施主体、各阶段、各部分、各层次的计划构成项目的计划系统,它们相互联系、相互影响;每一计划的制订和执行过程也是一个完整的系统。因此,必须用系统的理论和方法解决进度问题。三是封闭循环;进度控制全过程由一些例行活动组成,具体包括编制、实施、检查、比较与分析、确定调整措施、修改计划,从而形成一个封闭的循环系统。四是信息支撑;信息是开展项目进度控制的依据。必须建立充分的信息系统,及时有效地进行信息的传递和反馈。四是弹性空间;工程项目工期长、体积庞大、影响因素多且复杂。在编制计划时必须留有余地,让计划有一定的弹性。五是利用网络计划技术;根据实际进度与进度计划对比分析结果,利用网络计划的工期优化、资源优化、工期与成本优化的理论,对进度计划予以调整。

7.5.2 施工进度控制方法与措施

1)施工进度控制方法

(1)横道图比较法

横道图比较法是指将项目实施中收集的实际进度信息,经整理后直接用横道线并列标于原计划的横道线处,进行比较分析的方法。横道图比较法形象、直观,编制方法简单、使用方便。用横道图编制施工进度计划,指导施工的实施已是人们常用的方法。当工程项目各项工作都均匀进展时,每项工作在单位时间内完成的工作量都应相等。横道图施工进度检查表如图7.17所示。

在工程实施过程中,各项工作内容很难一样,工作度不一定相同,以及业主进度控制要求和提供的进度信息不同,因此在制订横道图比较法时应区别对待。

可以采用以下两种方法:

①匀速施工横道图比较法。匀速施工是指施工项目中每项工作的施工速度都是匀速的,即在单位时间内完成的任务量都是相等的,累计完成的任务量与时间呈直线变化。完成任务量可以用实物工程量、劳动消耗量和工作量三种物理量表示。一般用实际完成量的累计百分比与计划应完成量的累计百分比进行比较,从中看出与计划进度时间的差别,如图7.18所示。

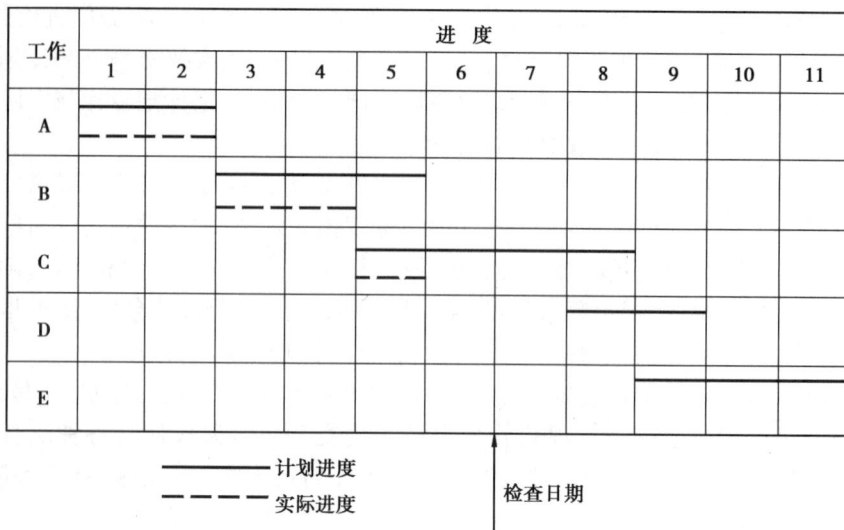

图 7.17　横道图施工进度检查表

如果涂黑的粗线右端落在检查日期左侧,表明实际进度拖后;如果涂黑的粗线右端落在检查日期右侧,表明实际进度超前;如果涂黑的粗线右端落在检查日期重合,表明实际进度与计划进度一致。图 7.18 显示实际进度比计划进度拖后。

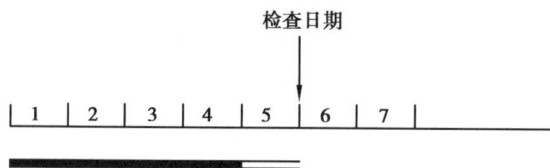

图 7.18　匀速进度横道图

②非匀速进度横道图比较法。当工作在不同的单位时间里的进展速度不同时,可以采用非匀速进展横道图比较法。该方法在涂黑粗线表示工作实际进度的同时,也标出其对应时刻完成任务的累计百分比,将该百分比与其同时刻计划完成任务的累计百分比相比较,判断工作的实际进度与计划进度之间的关系,如图 7.19 所示。

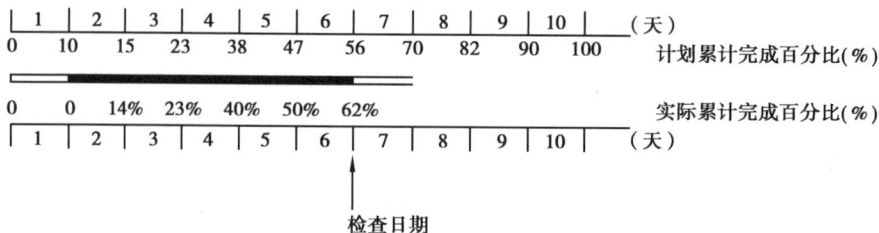

图 7.19　非匀速进度横道图

如果同一时刻上方的累计百分比大于下方累计百分比,表明实际进度拖后,拖欠的任务量为二者百分比之差;如果同一时刻上方的累计百分比小于下方累计百分比,表明实际进度超前,提前的任务量为二者百分比之差;如果同一时刻上方的累计百分比等于下方累计百分比,表明实际进度与计划进度一致。图 7.19 可以看出,在实际进度推迟一天的情况下,在检查日期时实际累计进度超过计划累计进度,表明进度超前 6%。

（2）S形曲线比较法

所谓的S形曲线比较法用横坐标表示进度时间,用纵坐标表示累计完成任务量,由此绘制一条按计划时间累计完成任务量的S形曲线,再将施工项目的各检查时间实际完成的任务量与S形曲线进行实际进度与计划进度相比较的一种方法。从整个项目的施工全过程看,一般是开始和结尾阶段,单位时间投入的资源量少,中间阶段单位时间投入的资源量多,单位时间完成的任务量也呈同样的变化,随时间进展累计完成的任务量呈S形变化。

S形曲线的绘制步骤如下:

确定工程进展速度曲线。根据每单位时间内完成的任务量(实物工程量、投入劳动量或费用),计算出单位时间的计划量值 q,此计划量值为离散型。计算规定时间累计完成的任务量。其计算方法是将各单位时间完成的任务量累加求和:

$$Q_j = \sum_{t=1}^{j} q_t$$

式中　　Q_j——j 时刻的计划累计完成任务量;

　　　　q_t——单位时间计划完成任务量。

绘制S形曲线。按各规定的时间及其对应的累计完成任务量 Q_j 绘制S形曲线,如图7.20所示。

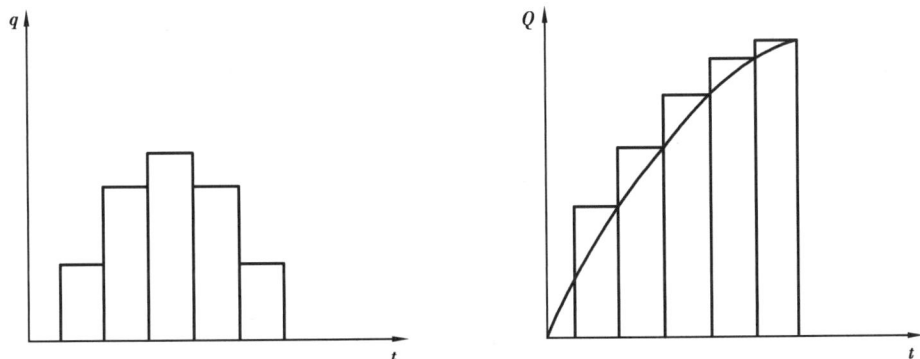

图 7.20　S形曲线绘制

同横道图比较法一样,S形曲线比较法是在图上直观地把施工项目实际进度与计划进度相比较,如图7.21所示。一般情况下,计划进度控制人员在计划时间前绘制出S形曲线。在项目施工过程中,按规定时间将检查的实际完成情况与计划S形曲线绘制在同一张图上,可得出实际进度S形曲线,比较两条S形曲线可以得到如下信息:

①项目实际进度与计划进度比较,当实际工程进展点落在计划S形曲线左侧时,此时实际进度比计划进度超前;若落在其右侧,则表示拖欠;若刚好落在其上,则表示二者一致。

②项目实际进度比计划进度超前或拖后。

③任务量完成情况,即工程项目实际进度比计划进度超额或拖欠的任务量。

④后期工程进度预测。

（3）香蕉形曲线比较法

香蕉形曲线由两条以同一开始时间、同一结束时间的S形曲线组合而成。其中,一条S形曲线是工作按最早开始时间安排进度绘制的S形曲线,简称ES曲线;而另一条S形曲线是工作按最迟开始时间安排进度绘制的S形曲线,简称LS曲线。两条S形曲线都从计划的开始时刻开始和完成时刻结束,因此都是闭合的。一般情况,其余时刻 ES 曲线上的各点均落在 LS 曲线相应点的左侧,形成一个形如香蕉的曲线,故称为香蕉形曲线。在项目实施过程中,进度控制的理想状况是任意时刻按实际进度描绘的点,均应落在该香蕉形曲线的区域内。如图 7.22 所示,落在香蕉曲线内的即是优化曲线。

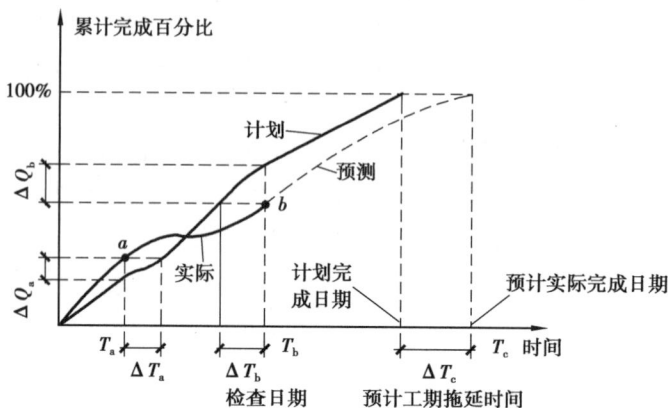

图 7.21　S 形曲线比较图

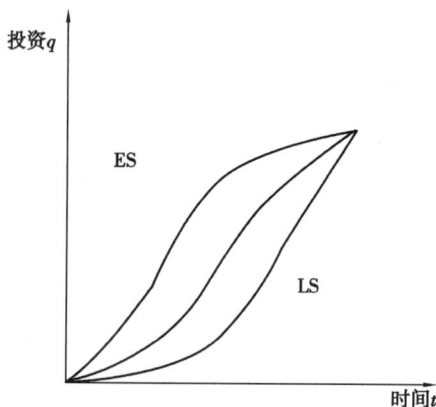

图 7.22　"香蕉"形曲线比较法

"香蕉"形曲线比较法优点多,主要有:

①利用香蕉形曲线促进进度安排合理化。若项目的各项工作均按最早开始时间安排进度,会使投资加大;若均按工作的最迟结束时间安排进度,则会增加工程拖延的风险。因此,进度处于香蕉曲线所包罗的区域内比较合理。

②方便比较实际进度与计划进度。根据实际累计进度画出 S 形曲线,可以与计划进度进行比较。如果该 S 形曲线落在香蕉曲线内,则符合计划进度;如果 S 形曲线落在 ES 曲线左侧,表明实际进度比各项工作的最早开始时间安排的计划进度还要超前;如果 S 形曲线落在 LS 曲线右侧,表明实际进度比各项工作的最迟结束时间安排的计划进度还要拖后。

③方便确定后期工程的 ES 曲线和 LS 曲线的发展趋势。根据实际进度 S 形曲线可以预测其发展曲线趋势。

香蕉曲线的绘制方法与 S 形曲线的绘制方法基本相同,不同之处在于香蕉曲线是以工作按最早开始时间安排进度和按最迟开始时间安排进度分别绘制的两条 S 形曲线组合而成。其绘制步骤如下：

①以工程项目的网络计划为基础,计算各项工作的最早开始时间 ES_i 和最迟开始时间 LS_i。

②确定各项工作在各单位时间的计划完成任务量。分别按以下两种情况考虑:根据各项工作按最早开始时间安排的进度计划,确定各项工作在各单位时间的计划完成任务量;根据各项工作按最迟开始时间安排的进度计划,确定各项工作在各单位时间的计划完成任务量。

③计算工程项目总任务量,即对所有工作在各单位时间计划完成的任务量累加求和。

④分别根据各项工作按最早开始时间、最迟开始时间安排的进度计划,确定工程项目在各单位时间计划完成的任务量,即对各项工作在某一单位时间内计划完成的任务量求和。

⑤分别根据各项工作按最早开始时间、最迟开始时间安排的进度计划,确定不同时间累计完成的任务量或任务量的百分比。

⑥绘制香蕉曲线。分别根据各项工作按最早开始时间、最迟开始时间安排的进度计划而确定的累计完成任务量或任务量的百分比描绘各点,并连接各点得到 ES 曲线和 LS 曲线,由 ES 曲线和 LS 曲线组成香蕉曲线。

在工程项目实施过程中,根据检查得到的实际累计完成任务量,按同样的方法在原计划香蕉曲线图上绘出实际进度曲线,便可以进行实际进度与计划进度的比较。

(4)前锋线比较法

前锋线比较法是通过绘制某检查时刻工程项目实际进度前锋线,进行工程实际进度与计划进度相比较的方法,它主要适用于时标网络计划。前锋线,是指在原时标网络计划上,从检查时刻的时标点出发,用点画线依次将各项工作实际进展位置点连接而成的折线。

前锋线比较法就是通过实际进度前锋线与原进度计划中各工作箭线交点的位置来判断工作实际进度与计划进度的偏差,进而判定该偏差对后续工作及总工期影响程度的一种方法。

采用前锋线比较法进行实际进度与计划进度的比较,步骤如下:

①绘制时标网络图。工程项目实际进度前锋线是在时标网络计划图上标示,为表达清楚,可在时标网络计划图的上方和下方各设一时间坐标。

②绘制实际进度前锋线。一般从时标网络计划图上方时间坐标的检查日期开始绘制,依次连接相邻工作的实际进展位置点,最后与时标网络计划图下方坐标的检查日期相连接。工作实际进展位置点的标定一般是按该工作已完任务量比例进行标定,有时也可按尚需作业时间进行标定。

③进行实际进度与计划进度的比较。前锋线可以直观地反映出检查日期有关工作实际进度与计划进度之间的关系。其关系存在以下 3 种情况:工作实际进展位置点落在检查日期的左侧,表明该工作实际进度拖后,拖后的时间为二者之差。工作实际进展位置点与检查日期重合,表明该工作实际进度与计划进度一致。工作实际进展位置点落在检查日期的右侧,表明该工作实际进度超前,超前的时间为二者之差。

④预测进度偏差对后续工作及总工期的影响。通过实际进度与计划进度的比较确定进度偏差后,还可根据工作的自由时差和总时差预测该进度偏差对后续工作及项目总工期的影响。

【例题7.9】 某工程项目可分解成A、B、C、D等8个工作过程,各工作之间的逻辑关系、持续时间如表7.6所示:(时间单位:周)第8周末对该项目的实际进度进行检查,发现D、E工作已进行2周,G工作尚未开始。试绘出检查日期时的实际进度前锋线,并分析各项工作对工期的影响。

表7.6　工作逻辑关系

工　作	A	B	C	D	E	G	H	I
紧前工作	—	—	—	A	B	B、C	D、G、E	D
持续时间	3	5	3	7	6	7	4	2

【解】　根据图表信息,绘制时标网络图,并标示出前锋线,如图7.23所示。

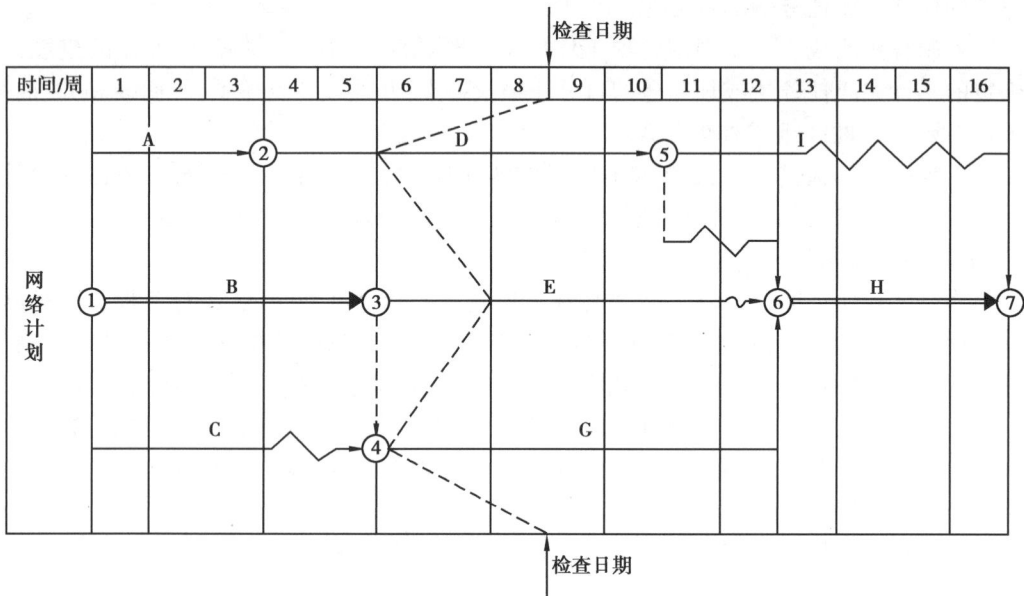

图7.23　双代号时标网络计划

图中,D工作比计划进度推迟3周,而D工作的总时差是2周,自由时差是0,所以D工作的延迟使总工期延迟1周,影响其紧后工作I的最早开始时间;

E工作比计划进度延迟1周,E工作总时差为1周,自由时差为1周,所以E工作的延迟既不影响工期也不影响其紧后工作的最早开始时间;

G工作是关键工作,G工作延迟3周,使总工期延迟3周,使H工作的最早开始时间延迟3周。

2)工程项目进度调整措施

计划要起到应有的效果,就必须采取措施,使之得以顺利实施,实施主要有组织措施、经济措施、技术措施、管理措施。组织措施包括落实各层次的控制人员、具体任务和工作责任;建立进度控制的组织系统,确定事前控制、事中控制、事后控制、协调会议、集体决策等工作制度;监测计划的执行情况,分析与控制计划执行情况等。经济措施包括实现项目进度计划的资金保证措施,资源供应措施,实施激励机制。技术措施包括采取加快项目进度的技术方法,比如施工技术、施工方法以及施工机械等的应用。管理措施包括加强合同管理、信息管理、沟通管理、资料管理等综合管理,协调参与项目的各有关单位、部门和人员之间的利益关系,使之有利于项目进展。

3)施工项目进度调整

在实际工作中,实际进度与计划进度往往存在偏差,有了偏差必定会对其后续工作和总工期产生影响,所以必须采用一些合理有效的进度计划调整措施,以确保进度总目标的实现。

(1)分析产生进度偏差的原因

当实际进度与计划进度不一致时,就要对出现的偏差进行分析,找出出现偏差的原因,有利于对下一阶段工作进行有效控制。影响施工进度的因素有很多。例如,工程项目各单位之间的协调配合、物资设备供应的影响、设计变更、周围环境变化、各种风险因素、施工单位自身管理水平、施工阶段现场条件等。

(2)分析进度偏差对其后续工作及总工期的影响

当查明进度偏差出现的原因后,要分析该偏差对后续工作和对总工期的影响程度。

①分析进度偏差的工作是否为关键工作。若出现偏差的工作为关键工作,则无论偏差大小,都对后续工作及总工期产生影响,必须采取相应的调整措施,若出现偏差的工作不为关键工作,则需要根据偏差值与总时差和自由时差的大小关系,确定对后续工作和总工期的影响程度。

②分析进度偏差是否大于总时差。若工作的进度偏差大于该工作的总时差,说明此偏差必将影响后续工作和总工期,必须采取相应的调整措施;若工作的进度偏差小于或等于该工作的总时差,说明此偏差对总工期无影响,但它对后续工作的影响程度,需要根据比较偏差与自由时差的情况来确定。

③分析进度偏差是否大于自由时差。若工作的进度偏差大于该工作的自由时差,说明此偏差对后续工作产生影响,应该如何调整,应根据后续工作允许影响的程度而定;若工作的进度偏差小于或等于该工作的自由时差,则说明此偏差对后续工作无影响,因此,原进度计划可以不做调整。

(3)采取措施调整进度计划

对进度计划进行调整的方法主要有以下两种方式:

①改变某些工作间的逻辑关系。若检查的实际施工进度产生的偏差影响总工期,在工作之间的逻辑关系允许改变的条件下,改变关键线路和超过计划工期的非关键线路上的有关工作之间的逻辑关系,达到缩短工期的目的。用这种方法调整的效果是很显著的,例如,可以把依次进行的有关工作改为平行的或互相搭接的以及分成几个施工段进行流水施工的等都可以达到缩短工期的目的。

【例题 7.10】 某大型钢筋混凝土工程,包括支模板、绑扎钢筋、浇筑混凝土 3 个施工过程,各施工过程的持续时间分别为 6 d、9 d、12 d。如果按照依次施工方法则需要 27 d。如果采取流水施工方法将每个施工过程分成 3 个施工段,试绘制网络计划图,并计算工期。

【解】 网络计划图如图 7.24 所示,总工期为 19 d。

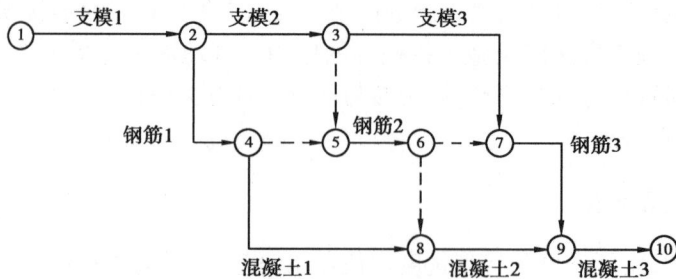

图 7.24　工程的双代号网络计划

②缩短某些工作的持续时间。这种方法不改变工作之间的逻辑关系,而是缩短某些工作的持续时间,而使施工进度加快,并保证实现计划工期的方法。这些被压缩持续时间的工作是由于实际施工进度的拖延而引起总工期增长的关键线路和某些非关键线路上的工作。同时,这些工作又是可压缩持续时间的工作。其调整方法视对后续工作的影响程度的不同而有所区别,一般可考虑以下两种情况。

a.网络图中某项工作进度拖延,但拖延的时间在该项工作的总时差范围内,自由时差以外,即 $FF<\Delta \leq TF$。

根据前述内容可知,这一拖延并不会对总工期产生影响,而只对后续工作产生影响。因此,在进行调整前,需确定后续工作允许拖延的时间限制,并以此作为进度调整的限制条件。

b.网络图中某项工作进度拖延,但拖延的时间超过该项工作的总时差,即 $\Delta >TF$

这包括 2 种情况,一种情况是该项工作处于关键线路上(即 $TF=0$);另一种情况是此项工作处在非关键线路上,但拖延的时间超过了总时差(即 $TF \neq 0$)。但无论哪种情况均会对后续工作及总工期产生影响,其进度的调整方法又可分为以下 2 种情况来讨论:

一个是工程工期不允许拖延。在这种情况下,只有采取缩短关键线路上后续工作的持续时间以保证工期目标的实现。另一个是工程工期允许拖延的时间有限。但在有的情况下,工期虽然允许拖延,但拖延的时间受到一定的限制。如果进度拖延的时间超过了此限制,则需要对网络进行调整,以满足要求。

具体的调整方法是,以工期的限制时间作为规定工期,并对还未实施的网络进行工期-费用优化,即通过压缩网络图中某些工作的持续时间,使总工期满足规定工期的要求。

7.6　网络计划优化

网络计划优化是指在编制阶段为了满足特定的约束条件,按照既定目标对网络计划进行改进,以编制可实施的网络计划的过程。优化目标包括工期目标、费用目标和资源目标。根据优化目标的不同,网络计划优化可以分为工期优化、费用优化和资源优化。

7.6.1　工期优化

工期优化是指在网络计划的计算工期大于要求工期时,在不改变各项工作逻辑关系的情况下,压缩关键工作的持续时间以满足工期要求的过程。

【例题 7.11】 某工程项目双代号网络计划如图 7.25 所示,箭线下方括号外数字表示工作持续时间(单位:天),括号内数字表示其最短持续时间,箭线上方括号内数字为该工作的优选系数。目标工期为 13 周,试对其进行优化。

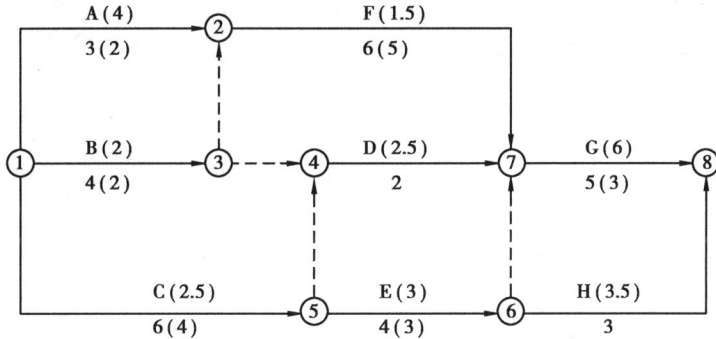

图 7.25 初始网络计划图

【解】 (1)根据各项工作的计划持续时间,确定计划工期和关键线路。

工期 $T=15$ 周,关键线路有两条,分别为:B—F—G;C—E—G。如图 7.26 所示:

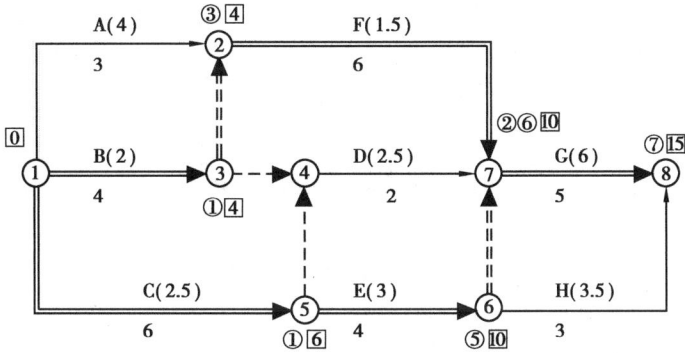

图 7.26 初始网络计划中的关键线路

(2)选择可能的压缩组合,方案如下:

压缩工作 B 和工作 C,组合优选系数:2+2.5=4.5;

压缩工作 B 和工作 E,组合优选系数:2+3=5;

压缩工作 C 和工作 F,组合优选系数:2.5+1.5=4;

压缩工作 E 和工作 F,组合优选系数:3+1.5=4.5;

压缩工作 G,优选系数为 6。

综上,第 3 个方案组合优选系数最小,故应选择同时压缩工作 C 和工作 F,将这两项工作持续时间压缩 1 周(F 压缩至最短时间),再确定计划工期和关键线路,如图 7.27 所示。计划工期 $T=14$ 周,关键线路仍为两条:B—F—G;C—E—G。

(3)第一次压缩后计划工期仍大于目标工期,故需继续优化:

压缩工作 B 和工作 C,组合优选系数:2+2.5=4.5;

压缩工作 B 和工作 E,组合优选系数:2+3=5;

压缩工作 G,优选系数为 6。

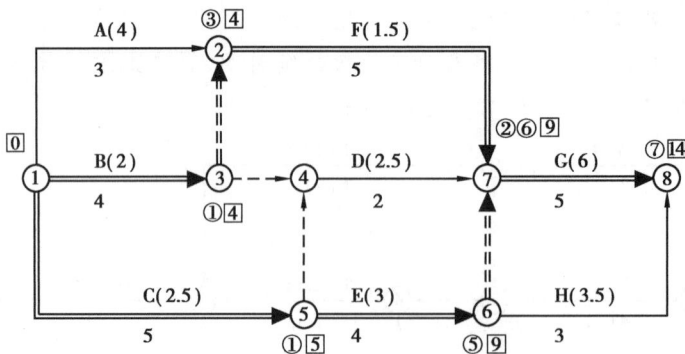

图 7.27　第一次压缩后的网络计划

综上，选择压缩工作 B 和工作 C，压缩 1 周，压缩后工期 $T=13$ 周，达到目标工期要求。优化方案如图 7.28 所示。

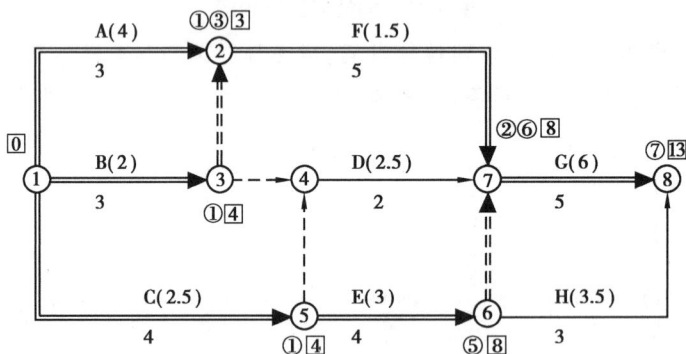

图 7.28　工期优化后的网络计划

注意：①在选择压缩对象的时候应该在关键工作中考虑下列因素：a.缩短持续时间对质量和安全影响不大的工作。b.有充足备用资源的工作。c.缩短持续时间所需增加费用最少的工作。综合考虑各项情况，确定对象的优选系数，并按照优选系数从小到大的原则选择优先压缩的关键工作。

②按照经济合理的原则，不能将关键路线上的关键工作压缩成非关键工作，若变成了非关键工作，应延长其持续时间，使之仍然是关键工作。但是，若是其他线路上的关键工作被影响变成了非关键工作，则视为是合理的。

7.6.2　工期-资源优化

完成一项工程所需的总资源量基本是不变的，不可能通过资源优化将其减少，资源优化的目的是通过改变工作的开始和完成时间，使资源按照时间的分布满足优化目标要求。资源优化通常分为"资源有限，工期最短"和"工期固定，资源均衡"两种。

1)"资源有限，工期最短"

为简化问题，假设所有的工作需要的都是同样的资源。在项目建设过程中，当某种资源受到限制时，资源计划必须满足其限量进行安排。"资源有限-工期最短"的优化是利用工作时差,改变某些工作的最早开始时间,以满足资源限量的要求。

基本术语:

资源强度:R_{i-j}^K指工作 $i-j$ 对第 K 种资源的单位时间需要强度。

资源需要量: $R_t = \sum r_{i-j}^K$ 项目 t 时段对第 K 种资源的总的需要量。

资源限量:R_a 每单位时间提供的固定的资源强度。

优化步骤:

绘制早时标网络及资源动态曲线。

逐时段检查,当出现 $R_t > R_a$ 时,作为调整时段。

对调整时段平行工作重新安排(改变某些工作的开始时间),计算各方案工期延长值:

$$\Delta T_{m,n} = EF_m + D_n - LF_n = EF_m - (LF_n - D_n) = EF_m - LS_n$$

式中　$\Delta T_{m,n}$——将工作 n 安排在工作 m 之后进行时网络计划的延长值。

在有资源冲突的时段中,找出所有的并行工作,并求出它们的最早完成时间和最晚开始时间,求出最小的(即延长工期最短的)$\Delta T_{m,n}$,最佳方案的公式可表示为:

$$\Delta T_m = \min EF_m - \max LS_n$$

因此,只要找出最小的最早完成时间值和最大的最晚开始时间值所属的工作即可。若某工作的 EF 是最小值并且 LS 为并行工作的最大值,则找次级的与之比较即可。

重复以上步骤,直到满足要求为止。

【例题 7.12】　某工程项目的双代号时标网络进度计划(单位:天)如图 7.29 所示,箭线之上的数字是工作的资源强度。假设每天可供资源为 20 个单位,试确定其在满足资源限制条件下的最短工期。

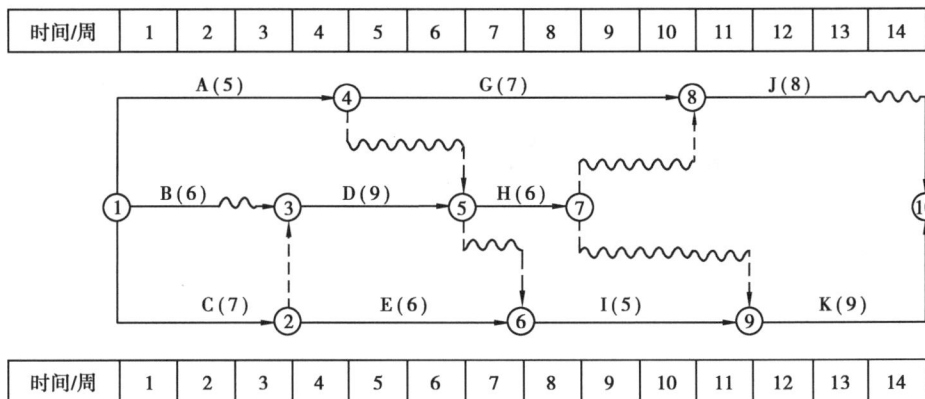

图 7.29　某工作早时标网络计划图

【解】　(1)计算并绘制该工程网络计划每个单位时间的资源需要量,资源需要量动态曲线如图 7.30 所示。

(2)从开始日期起,逐个检查每个时段资源是否满足要求。本题第 4、5、6 天资源超限,需进行调整。第 4 天的并行工作有:A、D、E。

由计算得知:$EF_A = 4$,$EF_D = 6$,$EF_Z = 7$,$LS_A = 2$,$LS_D = 4$,$LS_E = 3$,$\min EF_m = 4$,$\max LS_n = 4$(m 为工作 A,n 为工作 D)。

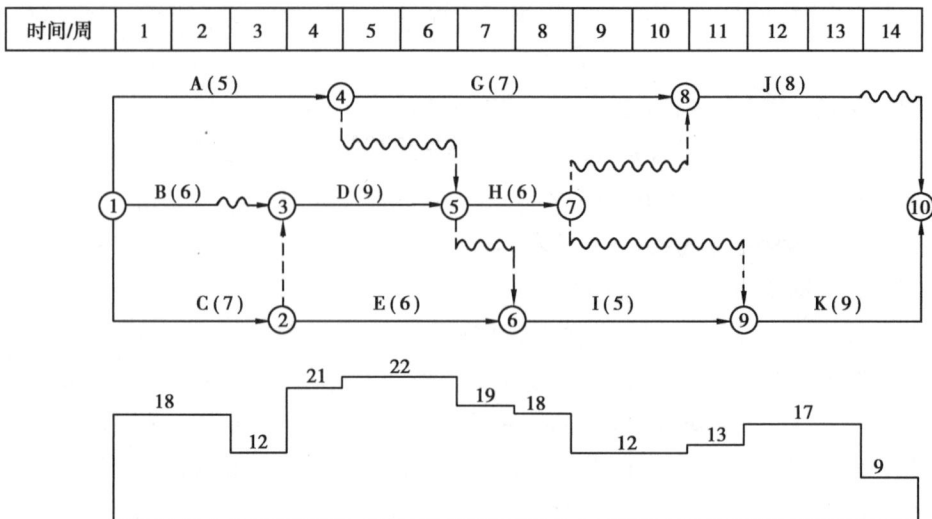

图7.30　初始时标网络计划以及资源需要量曲线

综上可知,工作 A—D 的工期延长值最小,调整方案为:将工作 D 移到工作 A 之后。调整以后的时标网络计划以及资源需要量曲线如图 7.31 所示。

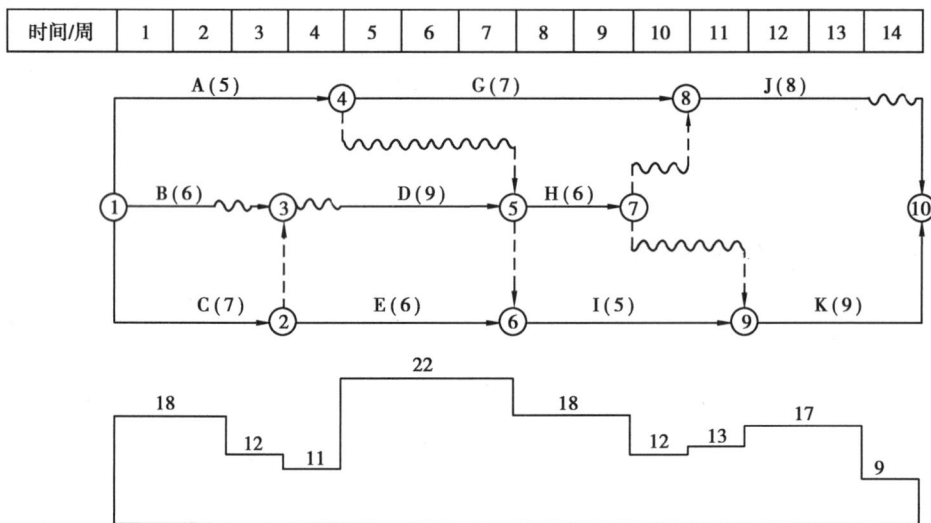

图7.31　第一次调整后时标网络计划以及资源需要量曲线

(3)由图 7.31 可知,第 5、6、7 周资源超限,并行工作为:G、D、E。

由计算得知:$EF_G = 10$, $EF_D = 7$, $EF_E = 7$, $LS_G = 6$, $LS_D = 4$, $LS_E = 3$, $\min EF_m = 7$, $\max LS_n = 6$ (m 为工作 D, n 为工作 G)。

综上可知,工作 D—G 的工期延长值最小,调整方案为:将工作 G 移到工作 D 之后。调整后的时标网络计划以及资源需要量曲线如图 7.32 所示。

(4)由图 7.32 的资源需要量曲线得知第二次调整后满足资源限量小于 20 个单位的要求,因此最终优化结果为图 7.32 所示,最短工期为 16 周。

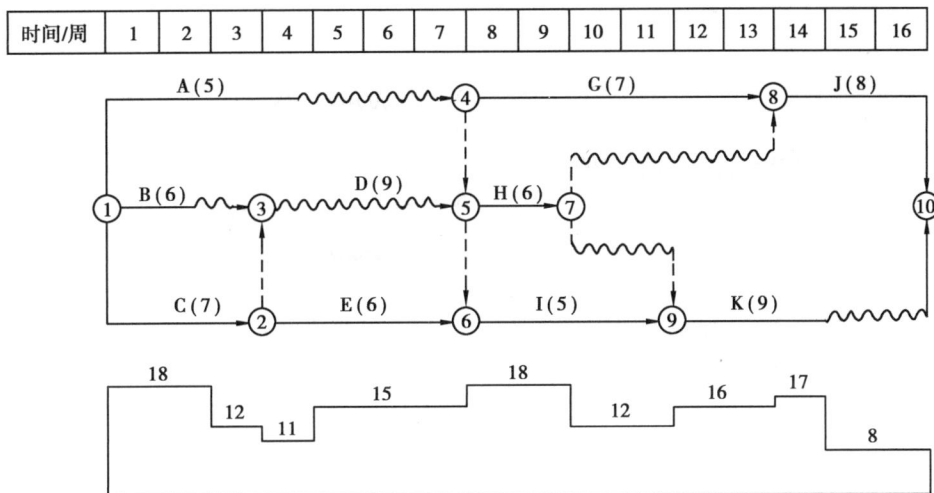

图 7.32   第二次调整后时标网络计划以及资源需要量曲线

2）"工期固定,资源均衡"

工程项目的建设过程是不均衡的生产过程,对资源种类、用量需求等常常会有大的变化。通过网络计划中非关键工作时差的利用对资源计划进行调整（削峰填谷）,尽量减少资源需用量的波动,使资源连续而均衡地分布。

衡量资源需用量的不均衡程度有 3 个指标:不均衡系数: $K = R_{max}/R_m$;极差值: $\Delta R = \min(R_t - R_m)$;均方差值: $\delta^2 = \dfrac{1}{T}\displaystyle\int_0^T R^2(t)\,\mathrm{d}t - R_m^2$ 。

7.6.3   工期-成本优化

工期-成本优化旨在求出与最低成本相对应的工程总工期,或在规定工期条件下的工程最低成本。为达到这一目的,必须研究分析网络计划中工作的持续时间和费用之间的关系。

1）费用与工期的关系

如图 7.33 所示,工程成本由直接费和间接费组成。直接费用包括人工费、材料费和设备费;间接费包括管理费和开办费。随着时间的增加,间接费逐渐上升;而若要缩短生产周期,需要采取一定的技术组织措施,相应地要增加一部分直接费。

2）工期-成本优化步骤

按工作正常持续时间确定计算工期及关键线路。计算各工作的直接费用率。在各可行方案中寻求最佳方案进行调整,最佳方案的工作应满足关键工作可压缩,费用变化率在可压缩的关键工作中最低。确定合理的压缩时间（关键工作不能压缩成非关键工作）。

重复以上步骤,直到优化点出现:有一条关键线路上全部工作的可压缩时间已用完;直接费用的增加值开始超过节约的间接费用。

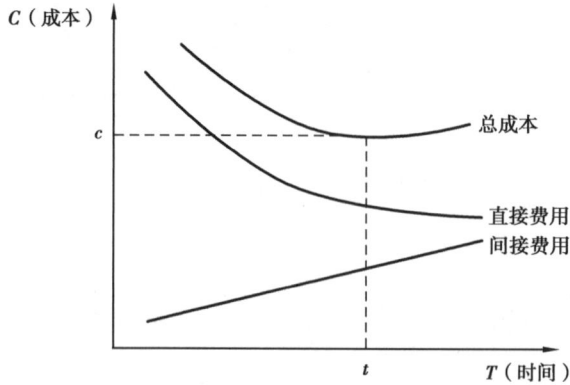

图7.33　工期-成本关系图

【**例题**7.13】　某工程的网络计划如图7.34所示,箭线上方括号外数字表示按照正常时间施工的费用,括号内是最短时间施工的费用(单位:万元)。箭线下方括号外数字表示正常施工时间,括号内表示最短施工时间(单位:周)。间接费为1万元/周。试对其进行优化,找出最低成本。

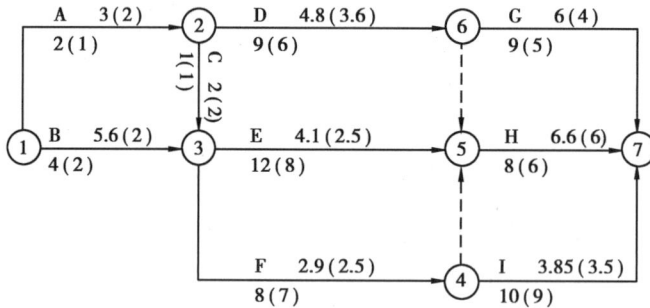

图7.34　某工程网络计划以及相关数据

【**解**】　(1)计算各工作的赶工费率(单位:万元/周),计算结果如图7.35所示。

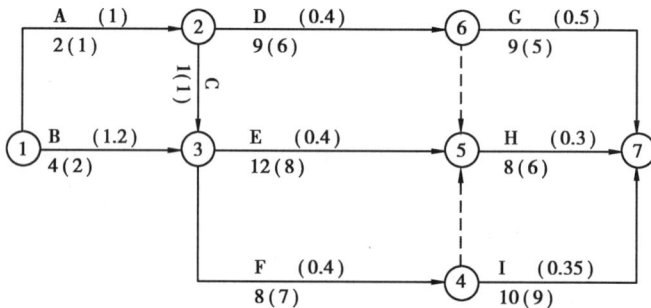

图7.35　计算出赶工费率的网络计划图

(2)关键线路为:B—E—H,工期$T=24$。压缩方案为:选择压缩工作B、E或者H各2周。分析得知H工作的费率最小,压缩2周,增加费用为:$0.3\times2=0.6$(万元),工期变为22周,工作H不能再压缩,关键线路变成两条,增加关键工作F、I。

(3)此时压缩方案为:①压缩工作B一周时间,增加费用为1.2万元;②压缩工作E和工作I各一周,增加费用$0.4+0.35=0.75$万元;③压缩工作E和工作F各一周,增加费用为0.4+

0.4＝0.8万元。

比较各自费用以后选择②方案,压缩工作E和工作I各一周的时间,花费0.75万元,工作I达到极限值,工期为21周,关键工作和关键线路都没有改变,因此可选方案为剩下的①和③。

(4)由以上可知该压缩工作E和工作F,增加费用为0.4＋0.4＝0.8万元。工期为20周,关键线路变为3条,工作A、D、G都变为关键工作。

(5)分析可知压缩方案有:①同时压缩工作A和B一周时间,费用为1＋1.2＝2.2万元;②同时压缩工作B和工作D一周,费用为1.2＋0.4＝1.6万元;③同时压缩工作B和G一周,费用为1.2＋0.5＝1.7万元。

比较各自费用后选择②方案,同时压缩工作B和工作D一周,花费1.6万元,工期为19周,关键线路变为4条,C变成关键工作。

(6)由于不能压缩关键工作使之变成非关键工作,到此可用的压缩方案只有一个:同时压缩工作A和工作B一周的时间,费用为1＋1.2＝2.2万元。此时工作A和工作B都达到极限工期。工期为18周。

(7)关键线路B—F—I上的关键工作都不能再压缩,因此优化结束。压缩完成后网络计划如图7.36所示,计算总成本,如图7.36所示。

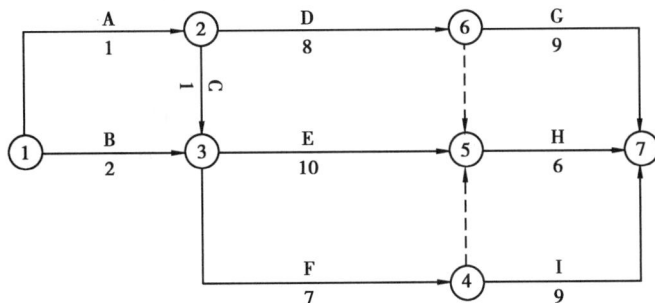

图7.36 优化后的网络计划图

由表7.7可知,在第20周的时候费用仍是减少的,19周费用增加,20周的工期时间是最终优化结果。

表7.7 网络计划优化汇总表

调整次数	0	1	2	3	4	5
被压缩工作	—	H	E、I	E、F	B、D	A、B
直接费率(万元/周)	—	0.3	0.75	0.8	1.7	2.2
费率差(万元/周)	—	−0.7	−0.25	−0.2	0.7	1.2
压缩时间(周)	—	2	1	1	1	1
费用变化(万元)	—	−1.4	−0.25	−0.2	0.7	1.2
缩短后工期(周)	24	22	21	20	19	18

7.7 关键链项目进度管理

7.7.1 关键链基础理论与假设

（1）约束理论

约束理论最先运用于制造业，它根植于 OPT（原指最优生产时刻表，Optimized Production Timetables；后指最优生产技术，Optimized Production Technology）。经过不断的研究和发展，约束理论已经在生产、运输、营销等行业得到广泛应用，其核心思想是：任何组织或系统都存在约束，这些约束成为制约组织或系统实现其目标的瓶颈因素。因此，只要对这些因素进行系统调控就可以得到显著效果。约束理论在项目管理，尤其是项目进度管理中的应用，促进关键链方法的产生和发展。

（2）基于项目实施阶段人的行为假定

学生综合征。顾名思义，学生总是在作业提交截止时间前几天才开始准备。如果把这种现象引申到项目活动中，意味着即使前期计划预留很多安全时间，时间估计非常准确，但由于项目组成员的学生综合征导致所有任务都会等到最后才被加紧开工，这种前期的思想松懈、工作效率低下很容易导致项目或任务的延期。

帕金森定律。英国历史学家、政治学家诺斯科特·帕金森在1968年出版《帕金森定律》一书，对机构人员膨胀的原因做出透彻的分析，对项目管理者有非常深刻的警示作用。帕金森定律指出，项目实施过程中，每一项工作会自动地膨胀占满所有可用的时间。时间管理隐含着你可以为一项任务安排过多的时间，如果你给自己安排充裕的时间从事一项工作，就会放慢节奏，以便用掉所有分配的时间。

工期变动效应的不对称性。在项目实施进程中，一个任务的延迟常常会引发其后续任务的延迟，即产生级联效应。但项目却很难因为一项任务的提前完成而受益。例如：M、N、P是3个并行任务，Q为三者的紧后任务，现假设M、N、P的工期均为6天，Q的工期为11天。则意味着该项目需要17天完成。如果任务N在实施过程中由于某些因素而推迟了2天完成，结果将导致整个项目周期变为19天。相反，假设M、N、P这3项任务均能够提前2天完成，那么整个项目的周期是否会缩短为15天完成呢？依据人的行为心理假设做一个分析：通常情况，如果项目组成员提前完成了任务，他不会因此而得到奖励，反而却导致项目经理对类似任务的预估完成时间将减少，显然这对他没有好处，因此项目组成员都不会愿意提前完工。另外，即使M、N、P三道工序均能够提前完成，但可能Q工序由于资源尚未就位等原因而无法开始，结果项目无法提前完成。

（3）关键链基本思想

为了克服项目实施过程中会出现的3种行为（学生综合征、帕金森定律、不对称性），高德拉特在约束理论的基础上提出基于关键链的项目进度管理思想。所谓关键链是指所有用到关键资源的活动与关键路径上其他活动链接起来，得到一串依存步骤。关键链是在关键路径的基础上发展起来的更为科学的项目进度管理方法。这种方法充分考虑了资源受限和不确定性对项目工期的影响，因此相对于传统的计划方法，关键链的优势主要体现在以下

5 个方面：

①利用关键链理论进行计划编制时，工期估计既要考虑工作间逻辑关系的约束，又要考虑项目的资源冲突。

②识别关键链后，利用资源缓冲区的插入来协调资源约束和资源瓶颈，有利于配置项目资源，降低因资源而引起的进度风险。

③关键链理论的基础思想来源于系统论思想，将安全时间从系统角度进行管理，通过设置缓冲区来应对各种不确定性因素，为保证项目按时完成提供了有效途径。

④通过对关键链的管理，保证了在项目进度管理中能够抓住重点。在实际监控中重点关注那些已经延期的工作，而在正常范围内进行的工作可以摆在管理工作中稍次要的位置上。

⑤关键链计划方法考虑到人的行为因素对项目计划执行的影响，以最短的任务时间估算方法，使项目组成员不得不面对紧迫的工作时间，提高项目的绩效。

然而，关键链项目进度管理仍然存在着局限和不足：

①在安全时间估算范围内，认为任务执行者对时间进行悲观的估计，按照完工概率 90% 的水平进行时间的估计，这种说法缺少理论的根据。安全时间的估计不仅和任务面临的不确定因素有关，也和进度管理的组织有关。组织不同，对任务工期的计划和风险的偏好也不同，对安全时间的看法也不同。

②人的行为假设方面，关键链管理隐含学生综合征、帕金森定律以及任务执行者的完工不报告等人的行为假设，然而在现实中或不同的领域、组织中，这种假设不能一概而论。正如 Hill Thomas 与 Allen（2010）就得出与帕金森定律不一致的结论。在他们所研究的信息系统开发项目中，有 60% 的任务的实际完工时间少于估计时间。因此，在人的行为假设这一方面，关键链管理也和组织的特征息息相关。

③缓冲区的确定方面，缓冲区的设置和管理是关键链项目进度管理的核心内容之一，它能够吸收不确定因素对项目的影响。缓冲区的设置需要综合考虑项目的类型、组织、不确定因素的影响、任务的工期等项目的内、外部因素。然而，传统的缓冲区设置方法，包括高德拉特提出的 1/2 法（C&P）和后来学者提出的根方差法（RSE），一般只考虑到任务的工期，然后便按照数理统计或其他方法进行缓冲区大小的确定，忽视了项目、组织的特征，这样得到的缓冲区的大小不能有效地应对项目面临的不确定性因素，直接导致关键链理论在某些领域内的应用受阻。

关键链进度管理与传统进度管理方法的主要区别，如表 7.8 所示。

表 7.8　关键链进度管理与传统的关键线路管理比较

传统的关键路线管理	关键链进度管理	关键链进度管理的优点
每道工序设置安全时间	整个项目设置缓冲区	安全时间没有隐藏于工序中而被浪费，转化为缓冲区被用于对整个项目的控制。
工序越早开始越好	恰当的时候工序才开工	有限的关键资源并没有被非关键工序占有，不以先后顺序而以重要性来支配资源。
出现资源的"争夺"	解决了资源的"争夺"	通过关键链找出"争夺"的资源，关键工序优先使用，并重点监控风险。
改变或制订新的计划来应对不确定性	通过监控缓冲区的消耗情况来应对不确定性	计划有持续性，不必为不断改变的额定计划烦扰，不确定性带来的影响被最小化。

7.7.2　关键链项目进度管理的基本过程

关键链项目进度管理是在关键路径基础上衍生的新管理方法,综合考虑项目任务的逻辑顺序、资源约束等进度管理的问题。关键链是指一系列相互依赖并决定项目最短工期的工序系列,其中,工序间资源依赖关系和逻辑关系在确定关键链时同等重要。因此,关键链管理是将关键链作为项目管理的重点,通过项目缓冲区、汇入缓冲区和资源缓冲区的管理来减少延误。

关键链项目进度管理的基本过程主要包括以下5个步骤:

(1)确定关键链

关键链的确定首先要按照最迟时间安排网络计划,消除安全时间;识别资源冲突,通过重新排列任务来化解资源冲突,直到解决所有冲突;最后找出相应任务中的最长链,即为关键链。

(2)在关键链后面设置项目缓冲区(PB)

由于存在不确定性因素,消除关键链任务的安全时间将增加单个工序的完工风险,项目容易出现延误。故在关键链后面设置项目缓冲区,吸收不确定性对项目的影响。

(3)设置汇入缓冲区(FB)

当非关键链上的工序汇入关键链上,为防止由于汇入任务的延迟而导致关键链上任务的延迟,在汇入工序后面设置汇入缓冲区来吸收不确定性因素对非关键链上任务的影响。以此保证非关键链上工序的按时完成,而不影响项目关键链。

(4)设置资源缓冲区(RB)

为保证关键链上可能产生资源冲突的任务能够按时开工,在任务开始前应设置资源缓冲区,通过预留时间来进行资源的准备,以保证在任务开始时资源已准备就绪。资源缓冲区不占用项目的实际工期,而是通过预告机制即在工序来临前发出预警来提醒项目管理者。

(5)缓冲区管理

通过对缓冲区的监视来达到控制项目进度的目的。高德拉特提出了三色管理法对缓冲区进行管理,即将整个缓冲区域分为红、黄、绿3种颜色区域。并在不同的区域采取不同的措施,其中,在红色区域认为延期风险已经很大,必须采取追赶进度的措施,并且优先得到资源;在黄色区域认为有一定延期风险,应加强控制并初步制定风险应对策略;在绿色区域认为进展良好,不需要采取行动。

【本章小结】

施工项目进度管理是一个循序渐进的动态管理过程,施工单位在规定的时间内,拟订最佳的进度计划及进度计划控制措施,在执行该进度计划的过程中,经常要检查实际进度是否与计划进度相符,若出现偏差要及时找出原因,采取必要的补救措施或调整、修改原计划,直至项目完成。

施工进度计划是规定主要施工准备工作和主体工程的开竣工和投产等工期、施工程序和施工强度的施工计划,是保证项目成功的基础。施工项目进度计划编制的表示方法主要有横道图法、网络图法等。

流水施工在分工协作的基础上形成,使工程能够连续和均衡施工,使现场的各种业务组织安排比较合理,为文明施工创造条件,还可以降低成本,提高施工效率。根据流水节拍的不同,可将流水施工划分为有节奏流水和无节奏流水。

施工项目网络进度计划技术是施工进度控制的重要依据,可对施工现场的进度情况进行追踪管理,特别适用于大型、复杂、协作广泛的项目。

工程项目进度控制和其他管理一样,是按照 PDCA 循环工作法进行的。常用的进度控制的方法包括横道图比较法、S 形曲线比较法、香蕉形曲线比较法和前锋线比较法等。

项目执行过程中,不仅要考虑工期的优化,还要考虑资源、人力等的均衡利用,提高综合效益。因此,要对网络计划进行优化,以期达到工期、费用、质量的目标。网络计划优化主要包括工期优化、工期-资源优化、工期-成本优化。

关键链项目管理是一种新型的项目进度管理模式,从系统角度进行安全时间的管理,通过设置项目缓冲区、汇入缓冲区和资源缓冲区来应对各种不确定性因素,减少延误,为保证项目的按时完成提供有效途径。

【习题研讨】

1.简述工程项目进度管理的概念。

2.简述施工项目进度计划编制的表示方法及主要特征。

3.根据下表,分别完成双代号和单代号网络计划,并计算 6 个时间参数。

工作	A	B	C	D	E	G	H	I	J	K	L
持续时间	22	10	13	8	15	17	15	6	11	12	20
紧前工作	—	—	B、E	A、C、I	—	B、E	E	G、H	G、H	A、C、I、J	G、H

4.简述施工进度控制方法与措施及其实施步骤。

第 8 章 成本管理

CHENGBEN GUANLI

【本章导读】

★ 本章主要介绍工程项目成本的概念和构成,以及工程项目成本管理、工程项目各阶段成本及其管理原则、方法、流程和措施等内容。

【本章重点】

★ 工程项目成本概述
★ 工程项目成本管理基础
★ 工程项目各阶段的成本管理

8.1 成本管理概述

8.1.1 概念及构成

1)基本概念

工程项目成本是在工程项目生命周期内,围绕工程而发生的资源耗费货币体现,是在项目前期决策和实施阶段为工程项目的顺利建设所需的各项费用总和。它由项目机会研究、可行性研究、决策、设计、施工、竣工验收以及保修各阶段所需费用组成。工程建设不同参与方定义"成本"的角度不同,对工程项目成本的理解也有所差别。

(1)建设项目投资总额(建设项目总投入资金)

建设项目投资总额是从业主或投资者角度来定义"成本"的,是保证项目建设和生产经营活动正常进行的必要投入资金。生产性建设项目总投资包括建设投资和流动资金两部分,建设投资也称为固定投资,是指形成企业固定资产、无形资产和递延资产这三方面的投资。流动资金是指生产经营性项目投产后,用于购买原材料、燃料、支付工资及其他经营费用等所需的周转资金。非生产性建设项目总投资则只包括建设投资。

建设项目投资总额的构成如图 8.1 所示。固定资产是指企业为生产产品、提供劳务、出租或者经营管理而持有的,使用时间超过 12 个月,价值达到规定标准,在使用过程中保持原有实物形态的非货币性资产。具体包括房屋、建筑物、机器、机械、运输工具以及其他与生产经营活动有关的设备、器具、工具等。在建造或购置过程中发生的全部费用都构成固定资产投资。无形资产投资是指为获得专利权、商标权、著作权、土地使用权、非专利技术和商誉等的投入。递延资产投资主要是指开办费和租入固定资产的改良支出,其中开办费包括建设期间的人员工资、办公费、培训费、差旅费和注册登记费等。

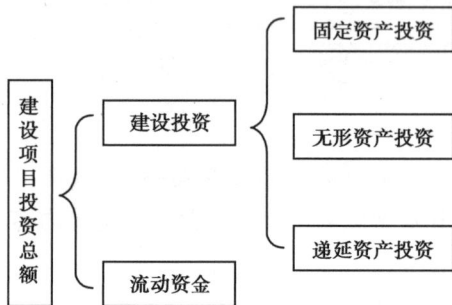

图 8.1　建设项目投资总额的构成

（2）建设工程成本

建设工程成本是从发展商的角度定义"成本"的,指工程项目建造所需花费的全部费用,即从工程项目确定建设意向直至建成、竣工验收为止的整个建设期内支出的总费用,包括建筑安装工程费、设备及工器具购置费用、工程建设其他费用、预备费、建设期利息等。

对开发商而言,建设工程成本等同于建设投资,也等同于一般所讲的建设项目工程造价。从性质上说,建设工程成本管理属于对工程项目投资管理的范畴。人们习惯上将投资费用与工程造价等同,将投资控制与工程造价控制等同。

建设工程成本构成如图 8.2 所示。下面举例说明房地产开发项目的成本构成及估算。

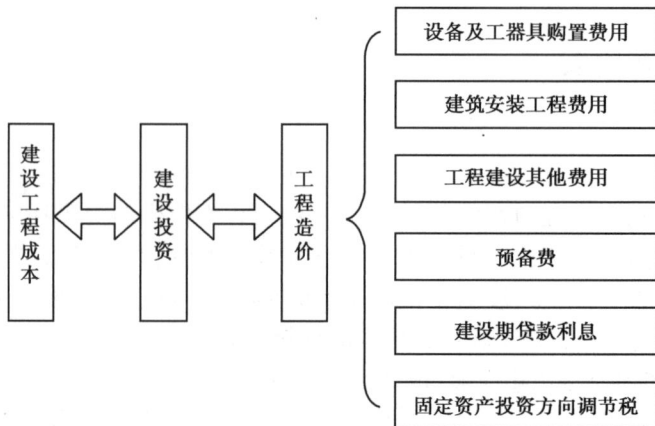

图 8.2　建设工程成本的构成

①土地费用：为取得房地产项目用地而发生的费用。土地取得方式不同，其发生的费用不相同，主要包括土地征用拆迁费、出让土地的土地出让价款、转让土地的土地转让费、租用土地的土地租用费、股东入股的投资折价。

②前期工程费：获得土地使用权之后，项目开发前期的筹建、规划、设计、可行性研究、水文地质勘察、测绘、"三通一平"等前期费用。

③建安工程费：直接用于建安工程建设的总成本费用，主要包括建筑工程费（建筑特殊装修工程费）、设备及安装工程费（给排水、电气照明、电梯、空调、燃气管道、消防、防雷、弱电等设备及安装）以及室内装修工程费等。在可行性研究阶段，建安工程费可采用单元估算法、单位指标估算法、工程量近似匡算法、概算指标估算法、概预算定额法以及类似工程经验估算法等方法进行估算。

④基础设施建设费：建筑物 2 m 以外和项目用地规划红线以内的各种管道和道路工程，包括供水、供电、供气、排污、绿化、道路、路灯、环卫设施等建设费用，以及各项设施与市政设施干线、干管、干道的接口费用。

⑤公共配套设施建设费：居住小区内为居民服务配套建设的各种非营利性的公共配套设施（又称公建设施）的建设费用。主要包括居委会、派出所、托儿所、幼儿所、公共厕所、停车场等建设费用。

⑥其他工程费：包括临时用地费和临时建设费、工程造价咨询费、总承包管理费、合同公证费、工程质量监督费、工程监理费、竣工图编制费、工程保险费等。

⑦开发期间税费：房地产项目投资估算中应考虑项目所负担的与房地产投资有关的各种税金和地方政府或有关部门征收的费用，主要包括土地使用税费、市政管线分摊费、供电补贴费、用电权费、绿化建设费、电话初装费、分散建设市政公用设施建设费等。

⑧管理费：房地产开发企业的管理部门为组织和管理开发经营活动而发生的各项费用，主要包括管理人员工资、职工福利费、办公费、差旅费、折旧费、修理费、工会经费、职工教育经费、劳动保险费、待业保险费、董事会费、咨询费、审计费、诉讼费、排污费、绿化费、房地产税费、车船使用税费、土地使用税费、技术转让费、无形资产摊销、开办费摊销费、业务招待费、坏账损失费、存货盘亏费、毁损费和报修损失费等。

⑨财务费用：房地产开发企业为筹集资金而发生的各项费用，主要包括借款和债券的利息、金融机构手续费、代理费、外汇汇兑净损失费以及其他财务费用。

⑩销售费用：产品销售过程发生的各项费用以及专设销售机构或委托销售代理的各项费用，主要包括销售人员工资、奖金、福利费、差旅费、销售机构的折旧费、修理费、物料消耗费、广告费、宣传费、代销手续费、销售服务费及预售许可证申领费等。

⑪不可预见费：房地产项目投资估算应考虑适当的不可预见费用，包括基本预备费和价差预备费。

当房地产开发项目竣工后采用出租或自营方式经营时，应估算经营期间的经营费用，该笔费用主要包括人工费用、维修及保养费、设施设备运行费、绿化管理费、保洁与保安费、办公费、保险费、房地产税、广告宣传费、租赁代理费、不可预见费等。

（3）建筑产品价格

建筑产品生产包括房屋、构筑物和其他土木工程的建造，线路、管道和设备的安装。建筑产品价格是从承包商的角度来定义"成本"的，指的是建筑安装工程费用或建筑安装工程造价,也表现为建筑工程招投标的定标价格、建筑工程承包价格和结算价格,它包括直接费、间接费、利润和税金4个部分。

综上所述,工程项目成本可以从多角度进行解读,具体如图8.3所示。

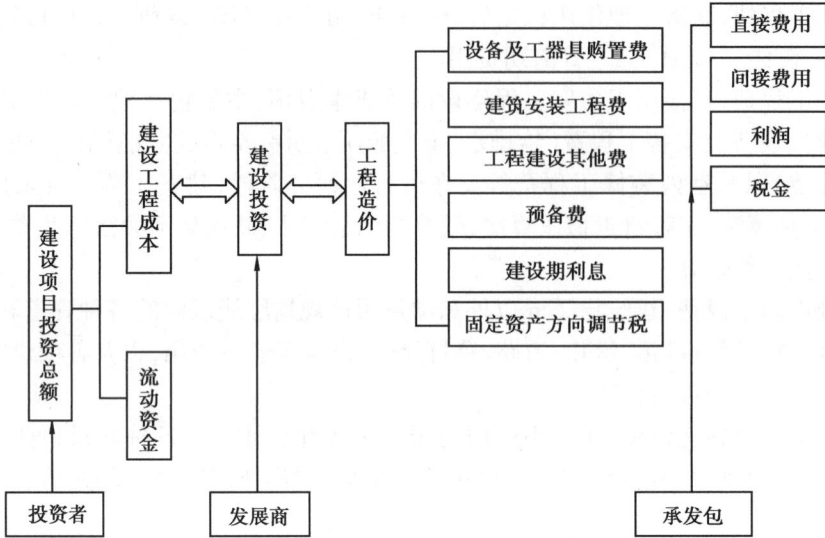

图 8.3　工程项目成本的多种理解间的关系

2) 工程项目成本构成

工程项目成本是指建设工程项目建造所需花费的全部费用,即从工程项目确定建设意向直至竣工验收为止的整个建设期内所支出的总费用。了解工程项目成本的构成及其各组成部分的性质,对于管理项目实施过程中的费用责任落实情况及费用索赔等非常重要。

我国现行建设工程成本(投资)的构成如图8.4—图8.6所示。

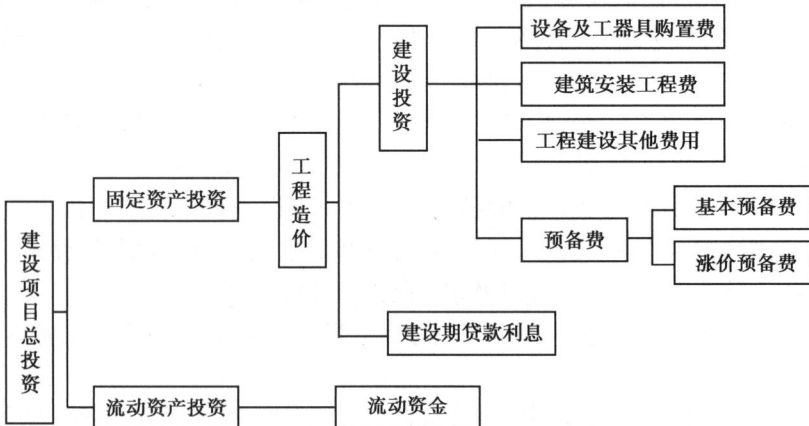

图 8.4　建设项目总投资构成

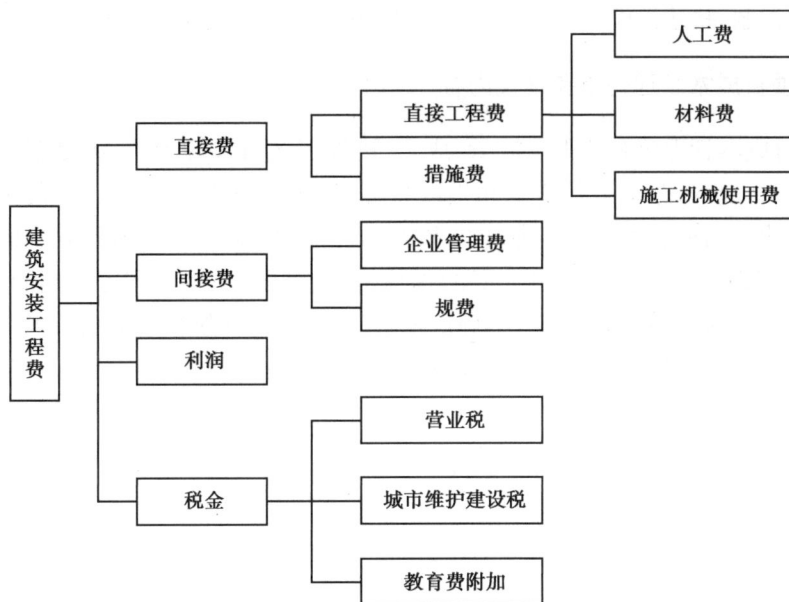

图 8.5 建筑安装工程费构成

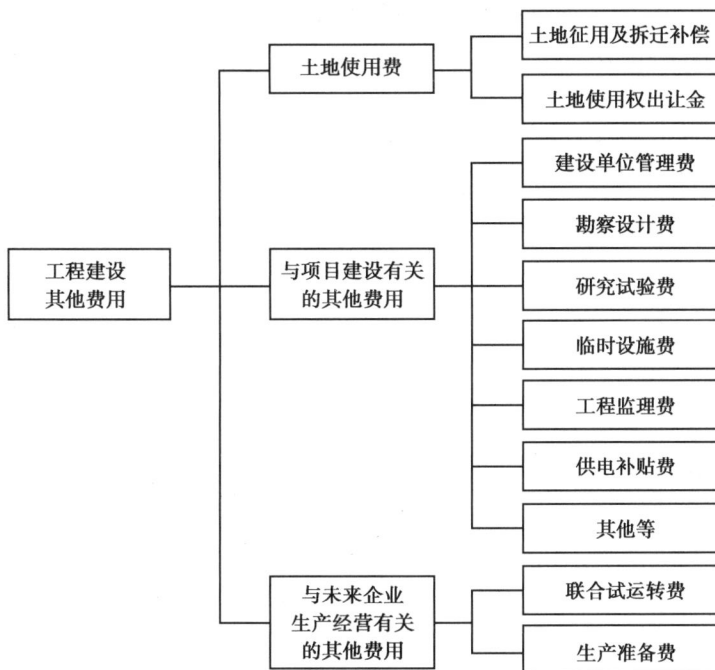

图 8.6 工程建设其他费用构成

8.1.2 工程项目成本管理概述

1) 工程项目成本管理的概念

工程项目成本管理是指坚持系统思想,综合应用技术、经济、法律、组织、管理等多种手段,进行成本分析、预测、规划,合理制订各阶段成本计划,并在建设全过程严格执行成本计划,进行成本控制,将建设成本控制在适宜的范围内,从而达到业主的投资目的。

2) 工程项目成本管理的重要性及内容

工程项目成本管理应有效平衡质量、成本、进度三大目标的矛盾,满足客户需求。如果一味地追求节约成本,忽视工程质量和进度目标,往往会得不偿失。主要表现在以下两方面:由于质量达不到标准而蒙受经济损失,以及为保证和提高工程质量而发生的一切必要费用(统称为经济成本),如返工、停工、索赔、保修、质量预防、质量检测等引起的成本增加;为实现工期目标或合同工期,采取相应措施所发生的一切费用(统称为进度成本)。

工程项目成本管理贯穿于工程投资决策、工程报建、招投标到施工准备、施工建设、竣工决算、投产运营的全过程。围绕项目实施的全过程,对工程进行细分,运用历史数据,对成本采取有效组织、实施、跟踪、控制、分析、考核等管理措施,是建设工程成本管理的主要内容。其目的是确保在允许的预算内,按时、按质、经济地完成建设目标。

3) 工程项目成本管理要点

在成本、质量、工期等目标要求实现平衡的前提下,立足项目一次性投资和项目全寿命期,采取组织、技术、经济、合同等措施,运用计划、组织、控制和协调等管理手段,控制项目实施全过程中发生的费用,尽可能降低项目成本。有关的技术要点如图8.7所示。

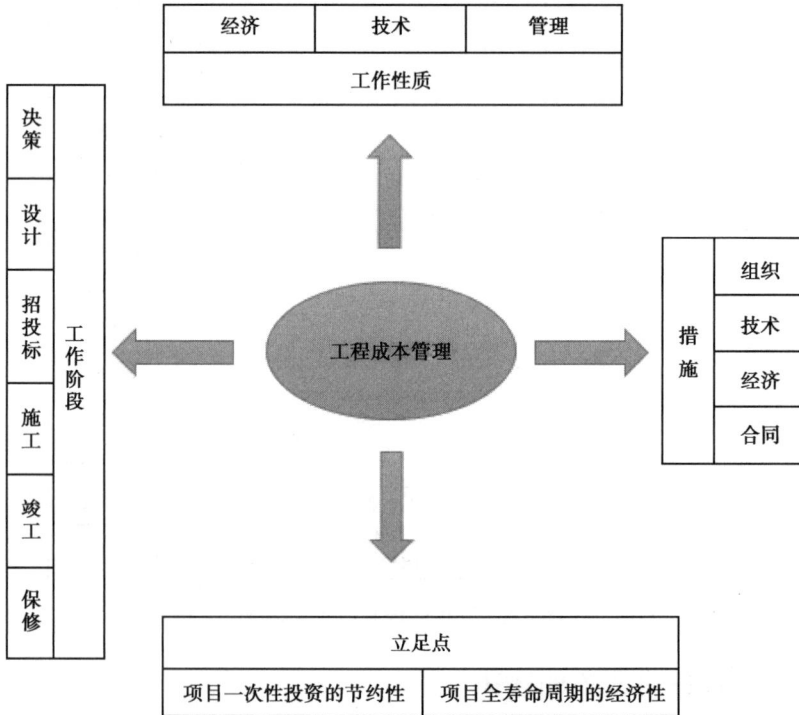

图 8.7　工程成本管理的技术要点

4) 工程项目成本管理职能

(1) 工程项目成本规划

计算建设工程成本费用,制订工程项目建设期间控制成本的实施方案,又称为成本计划、成本估算或成本确定。成本规划确定的工程成本是各阶段实施控制的基础和目标。

(2) 工程项目成本控制

成本控制是成本管理的核心,指按照既定的成本目标,对单元施工过程中消耗的资源(人力、物力、财力等)进行归集、计算、调节、监督,揭示偏差,分析偏差产生的原因,提出改进措施,从而控制成本。此中,要明确控制对象、内容、手段和原则等基本要素。

(3) 工程项目成本分析与评价

利用成本核算及其他相关资料,分析成本水平与构成的变动情况,研究影响成本的因素及影响机理,寻找降低成本的途径。成本分析的作用是正确分析企业成本计划执行的结果,揭示成本变动的原因,为编制成本计划和制订经营决策提供依据。

8.2 工程项目成本管理的环节及原则

8.2.1 工程项目成本管理环节

工程项目成本管理包括成本预测决策、计划编制与实施、成本核算、成本检查、成本分析和考核等环节。其中,成本计划编制实施是关键环节。

①建设工程成本预测:是成本管理的首要环节,属于事前控制。应预见成本的发展趋势,为成本管理决策和编制成本计划提供依据。

②建设工程成本决策:根据成本预测情况,认真分析,确定成本管理目标;选择理想的成本目标应当包含从多个备选成本目标方案中筛选的过程。

③建设工程成本计划编制:根据预测和决策结果,综合考虑企业经营需要和经营水平编制。

④建设工程成本计划实施:根据成本计划安排,对各项费用实施有效控制,不断检查,收集实施信息,并与计划比较,发现偏差,分析原因,采取措施纠正偏差。

⑤建设工程成本核算:对施工中各项费用支出和成本形成进行核算。项目经理部应加强项目成本核算,为成本控制各环节提供必要资料。成本核算应贯穿于成本管理的全过程。

⑥建设工程成本检查:根据企业核算资料及成本计划实施情况,检查成本计划完成的情况,以评价成本控制水平,支撑企业调整和修正成本计划。

⑦建设工程成本分析与考核:成本分析分为中间成本分析和竣工成本分析,是对成本计划的执行情况和成本状况进行分析,也是总结经验教训的重要方法和信息积累的关键步骤。成本考核的目的在于通过考核责任成本的完成情况,调动管理者管理成本的积极性。

8.2.2　工程项目成本计划与控制的基本原则

（1）可控性

可控性原则是指成本活动以企业特定的划分单位或个人为责任单元，这些责任单元对其职责范围内，生产消耗量的大小负直接责任。换句话说，一切成本都可以分解为特定责任单元的责任，这些成本对特定责任单元来说是完全可控的。

可控性成本应具备3个条件：未来发生的成本耗费具备可预测性；已发生的成本耗费具备可计量性；有权对发生的成本耗费进行限制和调整。

（2）开源与节流相结合

项目成本的降低需要立足于节约支出和增加收入两方面。因此，在成本控制中，也应该坚持开源节流的原则。做到每发生一笔金额较大的成本费用，均需核查有无与其对应的预算收入，开支是否大于收入。在分部分项工程成本核算和月度成本核算中，也要进行实际成本与预算收入的对比分析，找出成本节约或超支的原因，纠正项目成本的不利偏差。

（3）全面控制

全员控制：建设工程成本是一个综合性很强的指标，涉及组织各个部门、单位和班组的工作业绩，也与每个职工的切身利益相关。成本高低应引起大家的重视，仅靠项目经理和专业成本管理人员及少数人的努力将无法达到预期效果。项目成本的全员控制，并不是抽象的概念，需要落实到各部门、单位的责任网络和班组经济核算等，防止出现成本控制人人有责，却又人人不管的局面。

全过程控制：从施工准备开始，经过工程施工，到竣工交付使用后的保修期结束，每一项经济业务都要纳入成本控制的轨道。也就是说，成本控制要依据项目各阶段的施工进程来有序进行，既不能疏漏，又不能时紧时松，保证项目成本自始至终置于有效控制之下。

（4）中间控制

中间控制原则又称动态控制原则。由于建设项目成本具有一次性的特点，强调项目成本的中间控制非常重要。施工准备阶段的成本控制，应根据业主要求和施工组织设计的具体内容确定成本目标、编制成本计划、制订成本控制的方案，为后续的成本控制奠定基础。并且在竣工阶段，由于成本盈亏已经基本定局，即便纠偏也无法避免损失。因此，把成本控制的重心放在施工过程中是十分必要的。

（5）目标管理

目标管理是贯彻执行计划的一种方法，它把计划的方针、任务、目的和措施等逐一分解，提出进一步的具体要求，分别落实到执行计划的部门、单位甚至个人。目标管理的内容包括：目标设定和分解，目标责任的落实和执行，检查目标的执行结果，评价目标和修正目标。

（6）节约

节约人力、物力、财力的消耗，是提高经济效益的根本手段，也是成本控制的关键一环。可以从3个方面节约开支：一是严格落实成本开支范围、费用开支标准和有关财务制度，对各项成本费用的支出进行限制和监督；二是提高建设项目的科学管理水平，优化施工方案，从根本上节约人、财、物消耗；三是采取预防成本失控的技术组织措施，防止可能发生的浪费。

（7）例外管理

对于工程项目建设过程中的例行活动,如施工任务单和限额领料单的流转程序等,通常是通过制度来保证其顺利的开展。但也有一些不经常出现的问题,即"例外"问题。然而,这些"例外"问题可能对成本目标的顺利完成产生巨大的影响,成为关键性问题。例如,在成本管理中常见的成本盈亏异常现象,即盈余或亏损超过正常范围,成本控制便会失控。某些暂时的节约可能对今后造成成本隐患(如节约平时机械维修费,可能会造成未来的停工或更大的经济损失)等,都应视为"例外"问题加以重视,采取措施予以纠正。

（8）责、权、利

要使成本控制真正及时、有效,必须严格按照经济责任制的要求,贯彻责、权、利相结合的原则。在项目施工过程中,项目经理、技术人员、业务管理人员及各单位和生产班组都负有一定的成本控制责任,从而形成整个项目的成本控制责任网络。与此同时,各部门、各单位、各班组还应享有成本控制权力,在规定的权力范围内可以决定某项费用能否开支、如何开支和开支多少,对项目成本有实质性控制。最后,项目经理要对各部门、各单位、各班组的成本控制业绩进行定期检查和考评,并与工资分配挂钩。

（9）价值工程

价值工程的核心思想是成本与功能的匹配,将成本效用最大化。成本管理不应是片面追求降低成本,而是实现成本的物尽其用。价值工程中的"价值"(Value)是产品的一定功能或效用(Functions)与为获得这种功能所支出的费用或成本(Cost)之比。提高产品价值的主要途径有以下几种:保持产品功能不变,降低产品成本;产品成本不变的条件下,提高产品功能;产品成本虽有增加,但功能大幅度增加;在不影响主要功能的前提下,适当降低一些次要功能,大幅度降低产品成本;运用新技术,革新产品,既提高功能又降低成本。

8.3 各阶段成本管理

8.3.1 投资决策阶段的成本管理

工程项目投资决策是选择和决定工程项目投资行动方案的过程,是对拟建项目的必要性和可行性进行技术经济论证,对不同建设方案进行比较选择及作出判断和决定的过程。建设工程项目投资决策点主要包括:项目是否实施、实施地点、建设方案等。这些决策要点对项目投资的经济效益产生直接影响。

正确的投资决策是成本管理取得成功的前提,通过投资阶段的成本控制,确定建设项目成本控制目标。此外,投资决策的深度影响投资估算的精度和工程项目成本控制的效果。合理进行投资估算,保证估算精度,从而保证项目成本目标的准确性及合理性。此阶段的成本计划与控制内容包括:根据选择的方案进行成本计划,确定投资估算额,分析项目全生命周期各目标(如成本目标、进度目标、质量目标、盈利目标等),对多方案的技术经济分析和经济评价,选择技术可行、经济合理的建设方案。

工程项目投资决策影响工程项目造价,主要通过工程项目区位选择(建设区位和建设场地)、项目建设方案(项目定位、建设标准、规划设计方案、建设工艺流程)、主要设备选择(设备性能和经济性、满足使用功能要求的前提下,全生命成本最小)、融资模式选择、建设时机、市场调查与预测等因素。

建设场地对建设成本的影响体现在土地费用和建筑工程成本这两个方面。同一项目处于不同的选址区域,其土地投资占项目总投资的比重存在显著的差异。例如,在城市市中心区进行建设时,不仅土地投资、拆迁安置费用会占项目总投资的较大比重,而且由于场地狭窄,施工车辆通行时间受限,施工扰民等因素,施工费用也会比城市次中心高。

8.3.2　设计方案阶段的成本管理

工程设计是建设项目全面规划和描述实施意图的过程,是工程项目建设的重要内容。一般工业与民用建筑可按照初步设计和施工图设计2个阶段进行,被称为"两阶段设计"。对技术较复杂且缺乏经验的建设项目,根据需要可按照初步设计、技术设计、施工图设计3个阶段进行,被称"三阶段设计"。针对大型、特殊项目,在初步设计之前可能还需进行总体设计。初设,还要进行专业设计方案的评选;专业设计方案评选的主要内容包括:设计参数、设计标准、设备和结构选型、功能和使用价值等。考察项目是否满足适用、经济、美观、安全、可靠等要求;各专业设计方案是否符合预定的质量标准和要求。

工程项目设计不仅影响建造费用,也决定项目建成后的使用价值和经济效果。因此,设计阶段是成本控制的重要阶段。

1)影响建筑物成本的设计参数

建筑物成本受到多种设计参数的影响,设计师以及成本工程师应充分认识建筑物的平面形状、尺寸、层高、层数以及其他建筑特征的变化对成本的影响。

（1）平面形状

建筑平面形状越简单,单位造价越低。平面又长又窄的建筑物或者是外形复杂、不规则的建筑物,单方造价相对较高。平面形状对外墙费用的影响最明显,当建筑物平面形状不同,建筑外墙面的面积也不同,导致外墙费用发生变化。不规则的建筑平面形状,使得放线、场地室外工程、排水工程、砌砖工程、地基工程、屋面工程等施工更复杂,建筑物周围的部分土地得不到有效利用,导致建筑物用地面积增加,从而增加费用。此外,在确定建筑物形态时,还应综合考虑其他因素,如方便施工、平面设计、室内设备布置、采光、美观等,做到成本、功能、外观和方便施工等的相互协调。

（2）建筑物大小

建筑物尺寸加大,通常能降低每平方米建筑面积的造价。建筑物尺寸增大,引起墙与建筑面积的比率缩小,房间的使用面积加大,内部隔墙、装饰、墙裙等的工程量成比例地减少,装设在墙上的门、窗的额外费用也相应地下降。高层建筑电梯如果能辐射到更多的建筑面积,为更多的住户提供服务,则有利于降低每平方米的成本。对于较大的工程项目而言,某些固定费用,例如运输、现场暂设工程的修建及其拆除、材料及构件储存场地、临时给水的安设和临时道路的修筑等准备工作,不一定因建筑面积的扩大而有明显变化,而固定费用占建筑总造价的比率却会相应地降低,利用率更高,从而节约成本。

（3）建筑物层高

当各层建筑面积一定时，层高改变影响建筑物成本。受层高变化影响的主要是墙和隔断以及与其相关的粉刷和装饰。层高增加需要采暖的体积增加，需要较大的热源，较长的管道、较长的给排水管道；增加施工垂直运输量，粉刷、装饰天花板、屋面、楼梯等的造价都会增加；如果设有电梯，还会增加电梯的造价。层高和层数增加很多，为增强基础承受荷载的能力，还可能扩大基础造价。

（4）建筑物层数

增加建筑层数有利于节约用地，建筑层数对造价的影响不容忽视。例如，当增加楼层而不影响建筑物的结构形式时，根据墙、建筑面积和屋面的关系，单位建筑面积的造价可能会降低。一旦超过一定的层数，结构形式就要改变，而单位造价通常也会增加。当基础形式保持不变，建筑层数的增加会拉低每平方米建筑面积的基础造价，但这在很大程度上取决于地质状况和建筑物所承受的荷载。当必须用桩基础来代替条形基础或者独立柱基础时，造价就会明显增加。建筑物越高，用电梯和楼梯的形式作为垂直流通手段时，造价也会越高。高层建筑需要解决好供水、消防、抗震等一系列的技术问题，也会带来工程造价上升。

（5）结构柱网尺寸及布置

结构柱网的布置要考虑经济因素：材料力学性能发挥、构件标准化定型化程度、工期长短都与结构网格的布局与尺寸直接相关。柱网尺寸及布置与建筑物造价的关系较为复杂。无论是多层框架结构，还是单层工业厂房的柱网布置，既要满足生产工艺和建筑平面布置的要求，又要使结构受力合理，施工方便。确定水平承重结构柱的距离和跨度是柱网布置的关键，并不是跨度越小越经济。需要考虑建筑平面布局是否需要设置柱子以及如何设置，在一定荷载及跨度范围内，不设柱子可能会更经济。

（6）流通空间

走道、楼梯、公共交通空间越小越经济，反之，不仅造成建造成本上升，还将浪费能源，拉高运营成本。

（7）建筑材料

建筑材料约占造价总价的70%，是控制造价的有效途径。一般采用节约用量、控制价格等手段。

（8）规划设计与地形地貌的结合

土地形态千差万别，科学合理的土地开发能使得人、建筑物和自然和谐共处，创造比原有景观更出众的设计形式和人工景观，保存和融合当地最好的自然要素，满足使用者不断提高的生态环境要求。科学合理地利用土地，减少不必要的土地开发，还可节约项目建设成本，提高投资效益。对一块建设土地的利用通常可有多种手段和方法，设计师需要综合考虑多种因素后合理确定。

2）设计阶段成本管理流程及内容

（1）总体设计阶段及其主要内容

总体设计是为了解决总体开发方案和建设项目总体部署等重大问题，一般应包括文字说明、必要的图纸和工程投资估算等内容。总体设计是依据可行性研究报告和审查意见进行的，因此审核应侧重于生产工艺是否先进、合理，生产技术是否合理，能否达到预计的生产规模,三废治理和环境保护方案,能源需求是否合理,工程估算是否在投资限额以内,工程建设周期是否满足投资回报要求等。

（2）初步设计阶段及其主要内容

初步设计是在指定的地点和规定的建设期限内,根据选定的总体设计方案进行更具体、更深入的设计,是整个设计构思形成的阶段。通过初步设计可以进一步明确拟建工程项目在技术上的可行性和经济上的合理性,正确拟订项目的设计标准以及基础形式、结构、水暖电等各专业的设计方案,规定技术方案、工程总造价和主要技术经济指标。这一阶段要编制设计总概算,运用全生命周期成本理论,对设计方案进行价值工程分析和比选,从而确定最佳设计方案。

根据设计任务书编制初步设计文件,由设计说明书、设计图纸、重要设备及材料表、工程概算书4部分组成。初步设计阶段对设计图纸的审核侧重在工程项目所采用的技术方案是否符合总体方案的要求,以及是否达到项目决策阶段确定的质量标准。该阶段的图纸应满足设计方案的比选和确定、主要设备和材料的订货、土地征用、总投资控制、施工准备与生产准备等要求。

初步设计前及初设过程中,要进行总体设计方案的评选。总体设计方案评选的主要内容包括:设计依据、设计思想、建设规模、总体方案、项目组成及布局、工艺流程、主要设备选型及配置、占地面积与土地利用情况、外部协作条件、建设期限、环境保护、防震抗灾、总概算等内容。考察项目方案是否满足决策质量目标和水平,考察项目概算是否在投资估算限额内。

（3）技术设计阶段及其主要内容

技术设计阶段是针对技术复杂或有特殊要求,而又缺乏设计经验的建设项目增加的一个设计阶段,目的是进一步解决初步设计阶段还未能解决的一些重大问题。技术设计是初步设计的具体化,也是各种技术方案的定案阶段。它是在初步设计的基础上,根据更详细的勘察资料和技术经济分析,对初步设计加以补充和修正,体现初步设计的整体意图并考虑到施工的方便易行。技术设计的详细程度要能满足设计方案中的重大技术问题和有关实验、设备选型等方面的要求,能够作为编制施工图和提出设备订货明细表的依据。技术设计阶段对图纸的审核侧重于各专业设计方案是否符合预定的质量标准和要求,需要在初步设计总概算的基础之上编制出修正总概算,并且进行初设阶段未完成的专业设计方案的评选。

（4）施工图设计阶段及其主要内容

施工图是对建筑物、设备、管线等工程对象的尺寸、布置、选用材料、构造、相互关系、施工及安装质量要求的详细图纸和说明,是指导施工和制作的直接依据,是设计工作和施工工作间的桥梁,是设计意图和设计成果的表达。施工图设计的主要内容是根据批准的初步设计（技术设计）文件,绘制出完整、详细的建筑、安装的图纸。施工图设计的深度应能满足设备材料的选择和确定、非标准设备的设计和加工制作、施工图预算的编制以及现场施工安装的要求。同时,施工图设计应满足使用功能及质量要求。

3）设计阶段对于成本控制的重要意义

（1）工程设计影响建设成本和经常性费用

工程设计对成本的直接影响体现在技术方案选择、性能标准确定、建筑材料选用等方面；间接影响反映在设计质量对项目成本的影响，设计质量可能造成工程施工停工、返工甚至造成质量事故和安全隐患、建筑产品功能不合理，甚至影响正常使用。工程设计还会影响使用阶段的经常性费用，如暖通费、照明费、保养费、维修费等。

（2）设计阶段控制成本的效果最显著

一般认为，初设阶段影响项目成本的可能性为75%～95%；技术设计阶段影响项目成本的可能性为35%～75%；施工图设计阶段影响项目成本的可能性为5%～35%。可见，设计阶段是决定工程项目成本的数额是否合理的关键阶段。

（3）设计阶段的成本规划与控制体现规划与控制的主动性

建筑产品具有单件性和价值大的特点，如果仅当实际成本偏离目标成本时采取对策，就是被动控制，不能预防偏差的发生。在设计阶段通过采取设计方案的技术经济分析、价值工程、限额设计等控制手段，再与设计概算、施工图预算相结合，可以使设计更经济，实现成本控制的主动性。

（4）设计阶段的成本管理与控制体现成本控制的系统性

设计阶段根据决策阶段确立的建设总目标，对筹划、研究、构思、设计直至形成设计图纸及相关文件，使得建设目标和水平具体化。这一过程从解决总体开发方案和建设项目总体部署等重大问题开始，到建筑设计、结构设计和其他专业设计方案的确定，直至最后确定并绘制出能满足施工要求且能反映工程尺寸、布置、选材、构造、相互关系、质量要求等的详细图纸和说明。

（5）设计阶段的成本控制便于技术与经济结合

专业设计人员在设计工程中往往更关注使用功能，力求采用比较先进的技术方法实现项目所需的功能，而对经济的考虑则较少。在设计阶段进行成本规划与控制就能在制订技术方案时充分考虑经济效果，使方案达到技术经济结合的深度。

4）设计阶段进行成本管理的方法与措施

工程项目设计成本管理的方法与措施包括组织、技术、经济、合同等方面，如实行设计招标，正确处理技术与经济的关系，注重设计方案的优选及设备选型，推行限额设计，运用价值工程优化方案，重视设计概预算的编制与审查等。上述措施中，技术措施或方法很重要，如进行方案经济性比较、限额设计、价值工程等。

5）正确处理技术与经济关系是设计阶段控制成本的核心

（1）技术与经济的辩证关系

"经济"有很多含义，技术经济分析中的"经济"是节约之意。技术和经济关系密切。一方面，技术和经济相互促进，相互发展；另一方面，技术和经济相互制约、相互对立。因此，技术经济分析既要发挥技术与经济相互促进的一面，又要使技术与经济存在的矛盾尽量转化。

（2）技术经济分析方法

技术经济分析方法并不是研究方案本身的技术、工艺内容，而是研究技术方案的经济效果，使采用的技术方案达到技术上可行与经济上合理的有机统一。

（3）将技术与经济相结合是控制工程造价最有效的手段

长期以来，技术与经济分离是我国工程造价管理水平落后，工程项目超支严重的主要原因,设计人员或工程技术人员缺乏经济观念,把工程造价控制看成是财会人员或预算人员的职责。因此,由于从经济角度考虑较少,设计深度不够,缺少方案比较,"少、缺、漏""肥梁、胖柱、深基础"等情况多有发生。造价管理人员或财会人员不熟悉工程知识,只从概、预算角度,照图算账或从财务制度的角度审核费用开支,使得经济与设计脱离,难以从根本上有效控制造价。

为此,在工程建设中要把技术与经济有机结合起来,通过技术比较、经济分析和效果评价,正确处理技术与经济间的对立统一关系,力求在采用先进技术的条件下实现经济合理。在经济合理的基础上采用先进技术把工程造价控制观念渗透到各项设计及施工技术措施的选择中。

8.3.3　招标投标阶段的成本管理

招标投标阶段是建筑产品的需求者通过招标活动确定产品的生产者,并签订承包合同的过程。此阶段需要确定招标文件、评标原则与方法、承发包模式、合同计价方式、合同价格以及合同条文等内容,需要完成招标、投标、评标,合同谈判、签订等工作,在招标投标活动中的各项工作的完成情况均对工程项目成本产生影响。其中,招标文件的编制、标底或招标控制价的编制与审查,对工程项目成本具有显著影响。

1) 招标标段的划分

我国招标投标法规定:施工招标投标项目需要划分标段、确定工期,招标人应合理划分标段,确定工期,并在招标文件中载明。一般情况下,一个工程建设项目应当作为整体进行招标。但是,对于大型的项目,作为一个整体进行招标将降低招标竞争性,因此可将招标项目划分成若干个标段分开招标。但标段也不能划分太小,太小的标段将失去对实力雄厚的潜在投标人的吸引力。标段的划分对项目的成本有影响,直接影响是由管理费的变化造成的。一个项目作为一个整体招标,承包人可能会进行分包,但分包的价格一般比直接发包的价格更高;另一方面,这样有利于承包商统一管理,且人工、机械设备等可以统一使用,降低费用。

2) 工程标底的编制

(1)标底的概念

2013年颁布的国家清单规范规定:标底是招标人根据国家或省级、行业建设主管部门颁发的有关计价依据和办法,以及拟定的招标文件和招标工程量清单,编制的招标工程的最高限价。标底是指招标人根据招标项目的具体情况确定的完成招标项目所需费用,是根据国家规定的计价依据和计价办法计算的工程成本,是招标人对建设工程的期望价格,是招标者对招标工程所需费用的自我测算和控制。招标标底文件是由一系列反映招标人对招标工程交易的预期控制要求、文字说明、数据、指标、图标组成的,是有关标的定性和定量要求的书面表达。

(2)标底的作用

①能够使招标人预先明确自己在拟建工程上应承担的财务义务。

②标底价格是招标人控制建设工程投资,确定工程合同价格的参考依据。

③采用有标底招标的,标底价格是衡量、评审投标人投标报价是否合理的尺度和依据。

④当出现特殊投标报价情况时,标底可以保护招标人自身的合法权益。

(3)标底编制的原则

①根据国家公布的统一工程项目划分、统一计量单位、统一计算规则以及图纸、招标文件等编制,应与招标文件中的清单保持一致。

②标底价格作为建设单位的期望价,要有利于竞争和保证工程质量。

③标底价格应包含成本、利润和税金。

④标底应考虑不可预见费、保险以及采用固定价格合同的工程的风险金等。

⑤一个工程只能编制一个标底。

⑥标底必须适应目标工期的要求,对提前工期因素有所反映。

⑦标底必须适应招标方的质量要求,对高于国家验收规范的质量因素有所反映。

⑧标底必须适应建筑材料的采购渠道和市场价格的变化,考虑材料价差。

⑨标底必须考虑工程的自然地理条件和招标工程范围等因素。

(4)标底编制的方法

①以工程量清单计价法编制标底。实行工程量清单计价,招标工程如设有标底,它应根据招标文件中的工程量清单、施工现场实际情况、合理的施工方法,按照建设行政主管部门制定的有关工程成本计价办法和工程量清单计价法进行编制。综合单价确定后,与各分部分项工程量相乘汇总,即可得到标底价格。

②以定额计价法编制标底。定额计价法编制标底采用的是分部分项工程量的工料单价,仅仅包括人工、材料、机械费用。工料单价法又可以分为单位估价法和实物量法两种。单位估价法和实物量法编制标底分别类似于预算定额编制中的单价法和实物法。此方法是我国实施工程造价计价方式改革,推行工程量清单计价模式之前的最主要的标底编制方法。当前工程计价中不实施工程量清单计价的项目招标,如设置标底,仍可采用定额计价法编制标底。

③以平方米造价包干为基础编制标底。该类标底主要适用于采用标准图,大量建造的住宅工程,一般做法是由地方工程造价管理部门经过多年实践,对不同结构体系的住宅工程造价进行测算分析,制订每平方米造价包干标准。在具体工程招标时,再根据装修、设备情况进行适当的调整,确定标底单价。考虑到基础工程因地基条件不同而有很大差别,平方米造价多以工程的正负零以上为对象,基础及地下室工程仍以施工图预算为基础编制标底,二者之和构成完整标底。

3) 招标文件的编制

招标文件应当包括以下内容:招标公告或者投标邀请书;投标人须知,包括项目概况,招标范围,资格审查条件(资格后审),工程资金来源或者落实情况(包括银行出具的资金证明),标段划分,工期要求,质量标准,现场踏勘和答疑安排,投标文件编制、提交、修改、撤回的要求,投标报价要求,投标有效期,开标的时间和地点,评标标准、评标方法和定标办法等;评标办法;合同条款及格式;工程量清单;图纸;技术标准和要求;投标文件格式;其他需要明确的内容。

4）招标文件编制的注意要点

招标文件的编制直接影响后期工程实施过程中的成本,招标文件越严密,越能减少后期不必要的成本变动。其中最主要的3点包括:确定合同价格及支付形式;详细描述项目范围和现场条件、要求;除了要对工作量清单、本招标文件及所附设计图纸中所要求和描述的工程内容和范围进行强调外,还要对工程施工中原有装饰的相关内容(如拆除、垃圾清运、相关水电安装等)、专业分包的总承包管理以及现场维护措施要求、可以利用的场地范围、利用的设施和要求等相关工作进行描述。

8.3.4 施工阶段的成本管理

施工阶段旨在将工程设计图纸变为物质形态的工程实体,需要投入大量的资金和资源。施工阶段节约的可能性较小,浪费的可能性却较大,因此成本管理的重心在成本控制上。从工程实践经验来看,施工阶段投资容易超支。把计划投资额作为成本控制的目标值,在工程实施过程中定期地比较投资实际值与目标值,通过比较找出实际支出额与成本控制目标之间的偏差,分析产生偏差的原因,采取有效措施加以控制,以保证成本控制目标的实现。

工程投资控制原理如图8.8所示。

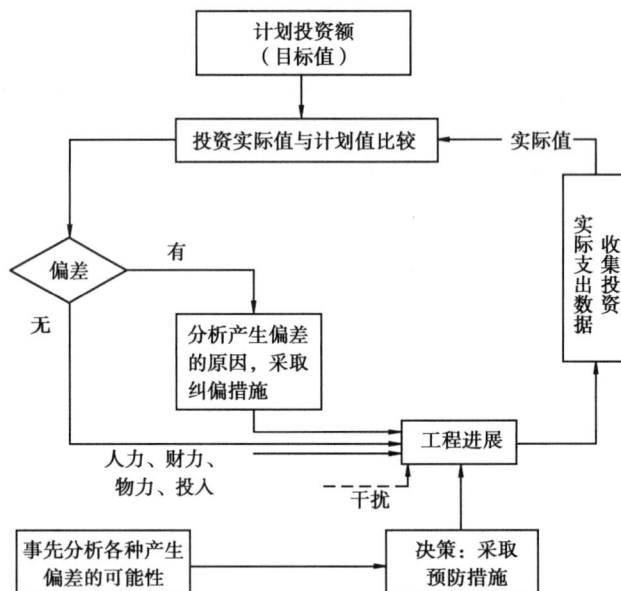

图8.8 工程投资控制原理

1）施工阶段的成本控制

施工阶段成本控制需要采取多种措施,不应只靠控制工程款的支付来实现。施工阶段的成本控制措施主要包括组织、经济、技术、合同等方面。

①组织措施。具体包括建立合理的项目组织结构,落实造价控制的人员、任务分工和职能分工,编制本阶段投资控制工作计划和详细的工作流程(如支付程序、采购程序等),委托聘请有关专家。

②经济措施。包括编制资金使用计划,确定分解投资控制目标;进行工程计量;复核工程款支付账单,签发付款证书;在施工过程中进行投资跟踪控制,定期地进行投资实际支出值与计划目标值的比较;发现偏差,分析原因,采取纠偏措施。对工程施工过程中的投资支出进行分析、预测、监督、控制等动态管理活动;对合理化建议进行奖励。

③技术措施。比如,对设计变更进行技术经济分析,严格控制设计变更;继续寻找通过改进技术方案而挖掘节约投资的可能性;审核承包商编制的施工组织计划,对主要方案进行技术经济分析。

④合同措施。做好工程施工记录,保存各种文件图纸,特别是注有实际施工变更情况的图纸;参与处理索赔事宜;参与合同修改、补充工作,着重考虑它对投资的影响。

2)承包商施工阶段的成本计划与控制

施工阶段的成本管理是承包商能否赢利的关键,是承包商项目管理的核心。从成本计划与控制的理论与方法来看,承包商施工阶段的成本计划与控制和建设单位施工阶段的成本计划与控制是一致的。两者的成本计划与控制均需贯彻主动控制、动态控制、三全控制和PDCA管理等原理,包含组织措施、技术措施、经济措施和管理措施。但由于承包商和建设单位属于合同承发包双方的不同利益主体,双方在施工过程中有不同的责、权、利,承担不同的风险因素。因此,在成本控制中的目标、措施均存在差异,甚至是相反或对立的。例如,施工中承包商成功的索赔可能意味着建设单位的费用超支;而由承包商导致的超支应由承包商自身承担,这不是业主成本控制的重点。

3)施工阶段投资控制的工作内容

施工阶段的投资控制工作,一方面受设计阶段设置的投资控制目标的影响,另一方面与参加该阶段工作的单位和人员有关。因此,本阶段的投资控制工作应实行全员参与、全面控制与重点控制结合、目标控制与过程控制结合,以优良的控制工作质量确保投资控制效果得以实现。

在施工阶段,以下6个方面对工程造价都很关键,应构成施工阶段造价控制的工作内容:投资目标的分解(资金使用计划的编制),施工方案对造价的影响,工程计量与价款结算,工程变更控制,工程索赔控制,投资偏差分析。

4)施工方案的技术经济分析

施工方案优化选择是降低工程成本的主要途径。施工方案的确定主要包括以下4个要点:施工方法的确定、施工机具的选择、施工顺序的安排、施工平面的布置。

制订施工方案要以合同工期为依据,综合考虑项目规模、性质、复杂程度、现场条件、装备情况、人员素质等因素。按照平面流水、立体交叉的作业原则,合理确定工程施工网络设计,保证工作面无闲置,流水施工,土建和安装的各班组协调有序地作业,不窝工。安排中既要考虑机械设备的合理调度使用,又要考虑原材料的需用量和库存量,杜绝积压、闲置、浪费。在施工阶段,为完成同样的分部分项工程可以同时制订多个施工方案,应相互比较,从中优选最合理、最经济的施工方案。

施工方案的优选原则是科学、经济、合理。建设单位对施工组织设计的审查应注意以下要点：

①施工组织设计的编制与审批（主要是编制责任人和编制程序）。

②审查包括技术可行性和经济合理性两个方面，对施工方案进行技术经济分析。

③审核承包人的方案或措施，以减少由于不合适的方案或不必要的措施带来的额外费用。

④施工组织设计审查中应注意对施工进度计划的审查。

⑤对施工组织设计的审查应注意承包人施工组织设计的针对性、可操作性。

⑥特殊、大型、复杂化的项目对项目施工方案的内容、制订过程、关键技术路线和采取措施提出了新的要求，则针对此类项目，应将理论与实践相结合，并借助专家进行创新研究。优秀的施工方案创新，通常会带来巨大的成本节约。

8.4　与成本控制相关的其他内容

8.4.1　工程成本指数和成本分析

工程成本指数用于反映不同时期工程成本的相对变化趋势和变化幅度，是研究工程成本动态性的重要工具。工程成本指数分为单项成本指数和综合成本指数。单项成本指数反映人工、材料、机械台班等成本（价格），管理费、工程建设其他费等费率的报告期对基期的比值。综合成本指数综合反映不同时期分部分项工程、单位工程、单项工程和建设项目的综合造价报告期对基期的比值。

美国《工程新闻记录》定期发布建筑业工程成本指数（Construction Cost Index）和建筑成本指数（Building Cost Index）、普通劳工指数（Common labor index）、技术劳工指数（Skilled labor index）、主要建筑材料指数。工程成本指数用于测算购买由 200 小时的普通劳工及固定数量的钢材、水泥、木材组成的假设产品的价格。建筑成本指数用于测算购买由 68.38 小时的技术劳工及同工程成本指数一样的固定数量的钢材、水泥、木材组成的假设产品的价格。

成本分析可以提供设计人员相应的成本数据，确定建设项目各部分的费用，衡量成本是否均衡分配，还可以对不同建筑的相同要素的成本进行比较，获得设计其他建筑物需要的成本数据。成本数据的分析方法并不唯一，可以根据要素或建筑构成来进行分析。而存在的困难主要有两点：不能孤立地决定分析对象的价格，应反映各种方法、政策、不同承包机构的资源等影响因素；成本分析服务对象的需求不同，所需要的数据、收集的标准和来源不同。

8.4.2　市场条件与工业化对成本的影响

建筑产品价格走势与建筑企业成本相关的市场领域密切相关。例如，建筑产品价格上升带动与建筑业紧密相关的建筑材料价格一同上涨，建筑成本也随之上涨。反之，当建筑产品价格下降时，建筑成本在一定程度上会下降。业主对项目需要的紧迫程度左右着建筑成本高低。对那些迫切想要将项目建成的业主来说，工期比高价的建筑材料更为重要。物价、人工短缺等其他外在因素也可能影响建筑成本。

建筑工业化能实现对整个建筑过程的综合管理,确保材料、构件、设备和劳动力随时可用,保证工厂生产和工地使用的联系性。建筑工业化有很多优势,对构配件可以开展详细的设计和功能的完善,节省设计时间,提高工程质量,提高生产效率,改善工作条件,在一定程度上降低成本。建筑工业化的最大贡献是为提前计划和实际成本分析的应用提供机会,帮助承包商在设计与建造过程中提前进入角色。当然,建筑工业化也存在不足。例如,无法掌握盈亏平衡点的需求量;实现精确度的要求存在难度和挑战;将比较困难的工作细节的处理转移到工厂,可能会造成施工中断的困难;对于工业化所需的开发成本、模具成本、工厂到施工现场内的运输成本等所需的前期成本投入较大;工业化的实施很大程度上又只能是住宅项目。

建筑业和房地产业是我国国民经济的重要产业部门,其发展不仅推动经济增长,还能带动相关产业产值增加,提供大量的劳动岗位。建设工程是建筑业和房地产业的主要产品,建筑工程成本管理是保证这两大产业的投资效益,使其持续健康发展的重要手段。建设工程成本管理是工程项目管理质量、成本、进度三大控制目标之一。要实现成本控制的目标,必须协调工程项目三大目标之间的对立统一关系。建设工程成本控制是解决"三超现象",提高现代工程项目投资效率,影响建筑企业生存和提高我国建设管理水平的关键。

【本章小结】

本章首先阐述成本和成本管理的基本概念,以及建筑工程成本的构成情况,再讲解工程成本管理的环节和原则。之后介绍投资决策、设计、招投标、施工四个阶段下的成本管理理论与方法。投资决策阶段是影响成本的核心阶段,设计阶段中通过设计参数对成本进行控制,在招标投标阶段主要通过招标文件的编制实现成本控制,在施工阶段通过加强现场管理以减少浪费和变更以达到成本管理的目的。总体来说,工程管理人员应改变成本管理的意识,将成本管理工作重心前移以达到更好的管控效果。

【习题研讨】

1.哪个阶段是成本控制的最关键阶段？说明理由。

2.请列出 5 个以上影响建筑物成本的设计参数,并说明这些参数如何影响成本。

3.施工阶段成本管控的主要工作内容有哪些?

4.请分析成本、投资、造价的含义,并比较三者之间的区别与联系。

⊕ 第 9 章 | FENGXIAN
          | GUANLI

风险管理

【本章导读】

★ 本章主要介绍工程项目风险管理的基本理论,包括工程项目风险识别、估计、评价、应对和控制等内容。

【本章重点】

★ 工程项目风险管理概述
★ 工程项目风险的识别、估计、评价和控制

9.1　工程项目风险管理概述

现代工程项目具有规模大、技术新、时间长、参与方多、与环境接口复杂等特点。受这些特点的影响,风险在项目全寿命周期内无处不在,无时不有。风险与机会并存,高风险的项目也会带来丰厚的收益回报。因此,风险是管理者需要认真对待的挑战。

9.1.1　工程项目风险的概念

风险是一个极其深刻而又广泛的概念,国内外很多学者从不同角度对风险给予了定义。卢有杰等人将风险定义为"活动或事件消极的、人们不希望的后果发生的潜在可能性";ISO 3100 风险管理标准规定"风险是不确定性对目标的影响";A.H.Mowbray 称"风险是一种不确定性";C.Arther Williams 等人指出"风险就是给定情况下可能结果的差异性";J.S.Rosen-bloom 将风险定义为"损失的不确定性";F.G.Crane 认为"风险是未来损失的不确定性"。综合以上对风险的描述可知,风险有两层含义:风险表现为"不确定性";风险表现为"不利影响",即风险损失发生的不确定性。

风险管理是指对影响企业目标实现的各种不确定性事件进行识别和评估,采取合理有效的应对措施,将其影响控制在可接受范围之内。相应地,工程项目风险管理是指工程项目参与方通过风险识别、风险分析和风险评价去认识工程项目风险,并以此为基础使用各种风险应对措施、方法、技术和手段,妥善处理风险事件造成的不利后果,以最小的成本保证工程项目总体目标得以实现。

1) 工程项目风险的特点

①多样性。一个项目存在着多种风险,相互之间蕴藏着错综复杂的联系。如政治风险、经济风险、自然风险、法律风险、合同风险、技术风险等。

②客观性。作为损失发生的不确定性,风险是不以人的意志为转移,并超越人们主观意识。虽然人们一直希望认识和控制风险,但直到现在也只是在有限的空间和时间内改变风险存在和发生条件,降低风险发生频率,减少损失程度,却不能也不可能完全消除风险。

③不确定性。工程项目风险活动或事件的发生及其后果都具有不确定性,具体表现为风险事件是否发生、何时发生、造成后果等均无法确定。但人们通常基于经验和历史数据,可以对风险发生的可能性和损失的严重性进行预测和评估。

④可变性。在工程项目全生命周期内,风险会因外界条件变化而产生质或量上的变化。随着项目推进,风险可能得到控制,也可能因无法控制而造成损失。此外,在项目各阶段都有可能产生新风险。

⑤相对性。工程项目风险主体和风险大小都有相对性特征。同样的风险对不同的主体有不同的影响,不同的主体对同一风险的承受能力也会因事件、时间的不同而不同。

⑥全局性。风险的影响常常不是局部的,而是全局的。并且随着项目逐步推进,众多风险的影响也会逐渐扩大,一些局部风险的演化甚至会影响到项目全局。

2) 工程项目风险的分类

工程项目投资大、工期长、涉及面广,整个建设过程存在发生各种不利后果的可能性,给全面、系统识别风险因素带来困难。从损失发生的原因,可将风险分为自然风险、政治风险、经济风险、社会风险、组织风险、商务风险、法律风险、技术风险等。

①自然风险。因自然力的不规则变化而产生的可能导致危害经济活动、物质生产或生命安全的风险。

②政治风险。政治方面的事件和原因所带来的风险,包括战争、动乱、国际关系紧张、政策多变、政府管理部门的腐败等。

③经济风险。在经济领域中导致企业经营遭受厄运的风险。即在经济实力、经济形势及解决经济问题的能力等方面,不确定因素构成经营亏损的可能性。

④社会风险。由道德信仰、价值观、行为方式、社会结构等社会因素产生的风险。社会风险影响面极广,涉及各个领域、阶层和行业。建设项目所在地的宗教信仰、社会治安、公众对项目建设的认知程度和态度、工作人员的文化素质是社会风险的主要原因。

⑤组织风险。由于项目组织各方关系不协调及不确定性组织因素引起的风险。有的单位既是项目的发起者,又是投资者,还可能是承包商。由于项目各方动机和目标不一,对项目的理解、态度和行动有所差异,部门意见分歧,会影响到工程项目开展。

⑥商务风险。合同中有关经济方面的条款和规定可能带来的风险。例如,支付、工程变更、风险分配、担保、违约责任,费用和法规变化,货币和汇率等条款。这类风险包括条款中写明分配的、条款有缺陷引起的或撰写方有意设置的,如"开脱责任"等。

⑦法律风险。由于法律不健全、有法不依、执法不严、相关法律内容变化、法律对项目干预或者未能对法律进行全面、正确地理解引起的风险。

⑧技术风险。技术条件的不确定带来的风险。例如,勘察资料未能全面正确地反映或解释工程的地质情况,采用新技术,设计文件和技术规范的失误等。

根据不同需要,可以按不同的标准对风险进行分类以便采取有针对性的管理策略。例如,按照后果的不同,分为纯粹风险和投机风险;按照影响范围不同,分为局部风险和总体风险;按照风险的可预测性不同,分为已知风险、可预测风险和不可预测风险;按照状态的不同,分为静态风险和动态风险;按照后果承担者的不同,分为业主风险、政府风险、承包商风险、投资方风险、设计单位风险、监理风险、供应商风险、担保方风险、保险公司风险等。

9.1.2　工程项目风险管理过程

工程项目风险管理是指工程有关主体对工程项目活动中涉及的风险进行识别、分析并制订对策,以可接受的风险成本实现项目产出最大化。工程项目风险管理要求参与工程建设各方,在工程项目的筹划、勘察设计、施工以及竣工后投入使用各阶段,采取识别、估计、应对工程项目风险的方法和技巧,控制和处理风险,防止或减少损失,保障项目顺利进行。在一般情况下,工程项目风险管理过程包括项目实施过程中的风险识别、风险估计、风险评价、风险应对和风险监控。

①风险识别。通过一定的方式确定可能影响项目的风险种类,对其加以归类。必要时,还得对风险事件的影响做出定性估计。

②风险估计。基于前期收集的资料,利用概率统计理论,确定风险发生的概率和影响。风险估计通常是对风险的定量分析,为风险决策者提供参考依据。

③风险评价。确定并列出各风险的重要性排序,对其进行费用效益分析。

④风险应对。通过编制风险应对计划,制订相应的技术手段和程序,以减少风险威胁,提高项目目标的实现概率。

⑤风险监控。包括主动采取措施回避风险、预防风险、转移风险并实时对风险进行监控。当风险发生时,实施降低风险的计划,力争将损失最小化。

风险管理是一个连续、循环、动态的过程。由于工程项目内外部环境不断变化,风险管理也必须跟着变化作调整。随着风险管理决策的实施,风险会出现变化,这些变化的信息及时反馈,风险管理者就能对新情况进行分析和评估,调整风险管理决策,保持风险管理的动态性。

9.1.3　工程项目风险管理目标

风险管理活动目的性很强,只有目标确定才能发挥有效的作用。针对可能发生的风险因素进行有效的控制,其初衷一般有:为项目实施创造安全的环境;实际投资不超过计划投资;实际工期不超过计划工期;减少环境或内部的干扰,保证项目按计划有节奏地进行,使项目实施始终处于良好的受控状态;保证项目质量;使竣工项目的效益稳定。

工程项目风险管理是对项目的主动控制,其最重要的目标是项目的三大目标——成本、质量、工期得到控制。只有把风险管理和目标管理两者有机结合起来,才能最大限度地实现工程项目目标。

9.2 工程项目风险识别

工程项目风险管理首先要做的就是对可能遇到的风险加以确认和分析,即工程项目风险识别。具体包括:识别并确定项目有哪些潜在的风险;识别引起项目风险的主要因素;识别项目风险可能引起的后果。

9.2.1 工程项目风险识别过程

识别风险是风险管理的第一步,是整个风险管理的基础。识别风险的过程是对风险事件的产生原因和结果的调查。工程项目风险识别的过程包括 6 个方面,其逻辑关系如图 9.1 所示。

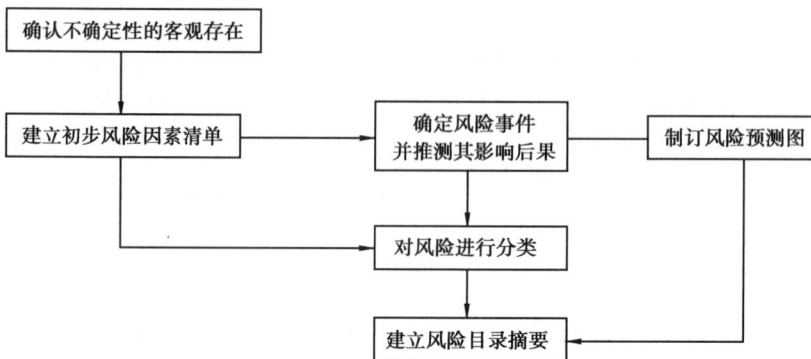

图 9.1 风险识别过程框架

①确认不确定性的客观存在。首先要辨认所发现或推测的因素是否存在不确定性,然后确认这种不确定性的客观性和必然性,只有符合这两个标准的因素才可被视为风险。

②建立初步风险因素清单。列出客观存在的和潜在的风险因素清单,包括影响生产率、运行、质量和经济效益的因素。

③确立风险事件并推测其影响后果。根据初步风险清单中所列的主要风险因素,推测与其相关联的各种可能性,主要是盈亏分析、人身伤害、自然灾害等方面。

④制订风险预测图。分析某风险事件发生的可能性及其潜在的危害。

⑤对风险进行分类。首先加深对风险的认识和理解,其次辨清风险的性质,有助于制订风险管理目标。

⑥建立风险目录摘要。这是风险识别过程的最后一个步骤,如表 9.1 所示,将项目可能面临的风险汇总并排列出轻重缓急,能给人一种总体风险的印象图。

表 9.1　风险目录摘要示意

项目名称		
转　述		
日　期		
负责人		
风险事件	事件摘要	风险条件变量
1.		
2.		
⋮		

9.2.2　工程项目风险识别方法

风险识别是实现项目风险多方位透视的前提条件,其任务是借助科学系统的方法和手段,找出影响项目成功的潜在因素。风险识别有很多方法,常用的有头脑风暴法、工作分解结构法、核对表法、财务报表法、风险调查法、初始清单法。

(1)头脑风暴法

头脑风暴法是一种定性的风险识别方法。它运用创造性和发散性思维以及专家的经验,通过专家会议的形式去识别项目风险。当采用头脑风暴法组织专家识别项目风险时,主持人需明确向所有参与者阐明问题、说明会议的规则并尽力创造融洽和谐的会议气氛。主持人一般不发表意见,以免影响会议的自由气氛。由专家们自由分析和发现在项目实施过程中会存在哪些风险、风险形成的原因是什么、风险的发生对项目的影响程度如何等一系列可能导致的"连锁反应"。

(2)工作分解结构法

利用系统分解的原理将项目分解成一系列简单的子系统,分析和识别项目各个子系统中存在的风险要素,并将其进行汇总,绘制分解图。这种方法的原则是化大系统为小系统,将复杂事物分解为简单、易识的事物。借助工作分解结构法可以发现项目存在的风险,人员在施工过程中对风险因素的管理也将更加有效。

(3)核对表法

对同类已完工项目的环境与实施过程进行归纳总结,建立该类项目的基本风险结构,以表格的形式按照风险来源进行排列,该表称为风险识别核对表。核对表中除了罗列项目常见风险事件及来源外,还可包含很多内容,例如,项目成败的原因、项目各个方面(范围、成本、质量、进度、采购与合同)的规划、项目产品或服务的说明书、项目成员的技能以及项目可用的资源等。

核对表是识别工程项目风险的宝贵资料。其优点是:结合工程项目的建设环境、建设特性、建设管理现状、资源状况,参考对照核对表,对风险识别查漏补缺。其缺点是:我国工程项目风险管理在这方面的积累较少，目前尚没有企业或咨询机构能编制出业内统一认可的工程项目风险核对表。由于缺少专业的风险核对手册之类的基础资料，每个项目的风险识别都需要收集大量信息，从最基础的工作做起，这就加大风险管理的成本。

（4）财务报表法

该方法有助于确定工程项目可能遭受哪些损失以及在什么情况下遭受损失。通过分析资产负债表、现金流量表及财务记录等，识别本企业或项目当前的所有财产、责任和人身损失风险。将报表和财务预测、经费预算结合起来，发现项目未来的风险。

（5）初始清单法

如果对每一个工程项目风险识别都从头做起，至少存在3个方面不足：耗费时间和精力多，风险识别工作的效率比较低；风险识别的主观性可能导致风险识别的随意性，结果缺乏规范性；风险识别成果资料不便积累，对今后的风险识别工作缺乏指导。因此，为了避免以上缺陷，有必要建立初始风险清单。

建立工程项目的初始风险清单有两种途径。

①常规途径是采用保险公司或风险管理学会（或协会）公布的潜在损失一览表，即任何企业或工程都可能发生的所有损失一览表。以此为基础，风险管理人员再结合本企业或某项工程所面临的潜在损失对一览表中的损失予以具体化，建立特定工程项目的风险一览表。

②通过适当的风险分解方式来识别风险是建立工程项目初始风险清单的又一有效途径。对于大型的建设工程，首先将其按单项工程、单位工程进行分解，再对各单项工程、单位工程分别从时间、目标和因素维度来进行细分，可以识别出建设工程主要的、常见的风险。从初始风险清单的作用来看，因素维度仅分解到各种不同的风险因素是不够的，还应进一步将风险因素分解到风险事件。

初始风险清单只是为了便于全面认识风险的存在，而不至于遗漏重要的工程风险。在初始风险清单建立之后，还需要结合特定建设工程的具体情况进一步识别风险，从而对初始风险清单做一些必要的补充和修正。为此，需要参照同类建设工程风险的经验数据或针对建设工程的具体特点进行调查。

（6）风险调查法

工程项目风险具有很大的随机性，并且每个工程项目的规模大小、技术复杂程度和项目管理难易各不一样。因此，在风险识别过程中，开展风险调查是必不可少的。风险调查应当从建设工程特点入手，一方面，对通过其他方法已识别出的风险（如初始风险清单所列出的风险）进行鉴别和确认；另一方面，通过风险调查发现此前尚未识别的风险。风险调查一般可以从组织、技术、自然及环境、经济、合同等方面，分析拟建工程的特点以及潜在风险。

风险管理是一个系统、完整的循环过程。风险调查不能一蹴而就，而应该在建设工程实施全过程中不断进行，由浅入深地了解工程建设环境变化对工程风险产生的影响。当然，随着工程的实施，不确定性因素越来越少，风险调查内容相应减少，风险调查的重点有可能不同。对于建设工程的风险识别来说，一般都应综合采用两种或多种风险识别方法，才能取得较为满意的结果。而且，不论采用何种风险识别方法进行组合，都必须包含风险调查法。从某种意义上讲，风险识别方法的主要作用在于建立初始风险清单，而风险调查法则在于建立最终的风险清单。

9.3　工程项目风险估计

风险管理的最终目的是尽可能地将风险程度降至最低或者避免风险的发生。在对工程项目进行风险识别后,需要对风险发生的概率和影响程度进行评估。

9.3.1　工程项目风险估计过程

工程项目风险估计是确定项目风险发生的概率和影响程度。风险估计的对象不仅是项目的整体风险,还包括项目的单个风险。风险估计应考虑3个方面:首先,风险事件发生的概率和可能造成的损失,即确定风险事件在一定时间内发生的概率,并估计这些风险事件发生对项目的影响程度;其次,根据风险事件发生的数量和影响程度,估计对工程项目造成的损失;最后,预测风险事件发生的次数和对项目的影响程度。

工程项目风险估计过程如图9.2所示。

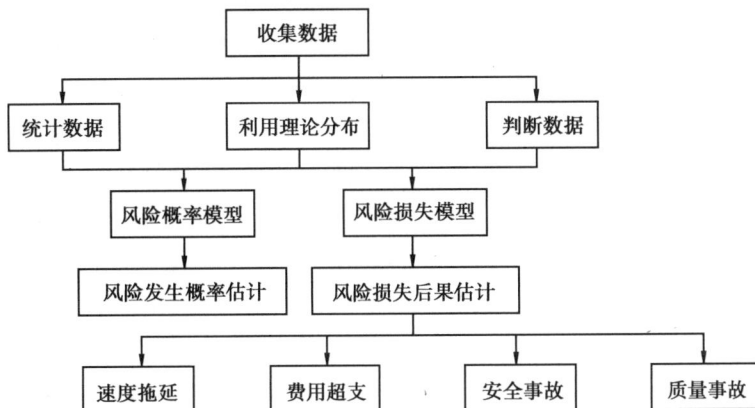

图 9.2　工程项目风险估计过程

9.3.2　工程项目风险估计方法

工程项目风险发生的概率和后果的计算均要通过对大量已完成的相似项目的数据进行分析和整理,或通过一系列的模拟实验来得到相关的数据。风险估计的方法一般包括:客观概率估计法、主观概率估计法、概率树分析等方法,具体讲解如下:

(1)客观概率估计法

该方法是根据大量试验,用统计方法进行计算,得到数值是客观存在的。当工程项目某些风险事件或其影响因素已经积累较多的数据资料时,可以通过对这些数据资料的整理分析,制作频率直方图或累积频率分布图,从中找出规律,进而大致确定风险因素或风险事件的概率分布类型。

频率直方图和累积频率分布图反映样本数据的分布规律性。在直角坐标系下以小矩形表示所获样本数据分组构成的区间及其对应的频率,将每个小矩形上边的中点用光滑曲线相连,得到的曲线即为估计的风险密度函数曲线,根据该曲线,可找到与其形状接近的常用函数分布曲线,比如正态分布。当数据量较大时,估计的密度曲线能以很大的概率接近实际的密度曲线,即用样本的分布代替总体的分布,根据估计的密度曲线形状确定实际的分布。必要时可利用已有的实际数据对假设的分布类型进行检验。

概率分布有连续型和离散型两大类。工程项目风险管理常用的连续型概率分布包括:均匀分布、正态分布、指数分布、三角分布、梯形分布、极值分布等;离散型概率分布包括:伯努利二项分布、泊松分布等。概率分布中可得到诸如期望值、标准差、差异系数等信息,对风险估计非常有用。

在工程实践中,有些风险因素或风险事件的发生是一种较为普遍的现象,前人已做过许多探索和研究,并得到这些风险因素或风险事件的随机变化规律,即分布概率。对这种情况,可利用已知的理论概率分布,根据工程的具体情况去计算风险因素或风险事件发生的概率。例如,正态分布在工程项目风险管理各种分布的应用中居于首位。在正常生产条件下,施工工序质量的计量值服从正态分布;土建试验得到的一些参数,如抗剪强度被认为近似服从正态分布;施工工期一般也认为是近似服从正态分布的。因此,在分析工程质量风险、地质地基风险、工期风险时,可直接利用正态分布进行分析。

(2)主观概率估计法

在开展风险分析时,所遇到的事件常常难以做试验,特别是工程项目具有明显的一次性和单件性,可比性较差,以及工程项目的风险特性和风险因素往往也相差甚远,根本没有或很少有可以利用的历史数据和资料。在这种情况下,风险管理人员只能根据自己的经验猜测风险事件发生的概率分布或概率。由有关专家对事件的概率做出一个合理估计的方法就是主观概率估计法。

利用主观概率估计法分析工程项目风险时应注意,主观概率反映的是特定的个体对特定事件的判断。在某种程度上,主观概率反映个体在一定情况下的自信程度。用主观概率估计风险因素或风险事件发生的概率的常用方法有等可能法、主观测验法、专家调查法等。主观概率估计法是估计者根据合理的判断和当时能收集到的有限信息以及过去的长期经验所进行的估计结果。

(3)概率树分析法

概率树分析法是假定风险变量之间是相互独立的,在构造概率树的基础上,将每个风险变量的各种状态进行取值组合计算,分别计算每种组合状态下的评价指标值及相应的概率,得到评价指标的概率分布,并统计出评价指标低于或高于基准值的累计概率,计算评价指标的期望值、方差、标准差和离散系数。可以绘制以评价指标为横轴,累计概率为纵轴的累计概率曲线。

概率树计算项目净现值的期望值和净现值大于或等于零的累计概率的计算步骤如下:

①通过敏感性分析,确定风险变量。

②判断风险变量可能发生的情况。

③确定每种情况可能发生的概率,每种情况发生的概率之和必须等于1。

④求出可能发生事件的净现值、加权净现值,然后求出净现值的期望值。

⑤可用插入法求出净现值大于或等于零的累计概率。

9.4 工程项目风险评价

工程项目风险评价是指在风险识别和估计的基础上,综合考虑风险发生概率、损失严重程度与其他因素,得出工程项目发生风险的可能性及其危害程度,并与公认的安全指标相比较,确定其危险等级。

9.4.1 工程项目风险评价的过程

工程项目风险评价过程由 3 个步骤组成:

①确定风险评价基准。风险评价基准就是工程项目主体针对不同的项目风险后果而确定的可接受水平。单个风险和整体风险都要确定评价基准,可分别称为单个评价基准和整体评价基准。风险的可接受水平可以是相对的或者是绝对的。项目目标存在多样性,如工期最短、利润最大、成本最小和风险损失最小等,可以对其进行量化,成为评价基准。

②确定风险水平。风险水平包括单个风险水平和整体风险水平。其中,工程项目整体风险水平是综合了所有风险事件之后确定的。要确定工程项目的整体风险水平,有必要弄清单个风险之间的关系、相互作用以及转化因素对这些相互作用的影响。另外,风险水平的确定方法要和评价基准确定的原则和方法相适应,否则两者就缺乏可比性。

③比较分析。将工程项目的单个风险水平与单个评价基准、整体风险水平与整体评价基准进行比较,确定它们是否在可接受的范围之内,进而判断该项目应该就此止步还是继续进行。

9.4.2 工程项目风险评价的作用与方法

风险评价的一般思路是:充分利用在工程项目风险管理收集的各种信息、风险识别和风险估计的结果以及风险管理人员以往的经验,首先对单个风险按单项指标进行评价,并根据风险的大小进行排列;其次对工程项目的整体风险进行评价,并确定项目的危险等级。

1) 工程项目风险评价的作用

①确定风险大小的先后次序。
②确定各风险事故间的内在联系。
③把握风险之间的相互关系,将风险转化为机会。
④进一步认识已估计的风险发生的概率和损失大小,降低风险衡量过程的不确定性。

2) 工程项目风险的评价方法

(1)层次分析法

层次分析法是美国数学家 A.L.Saaty 在 20 世纪 70 年代提出的,是一种定性分析和定量分析相结合的评价方法。其在工程项目风险分析中运用灵活、易于理解,而且具有一定的精度。它使风险管理者能对拟建项目的风险情况有一个总体的认识,判断出项目的风险程度。

层次分析法的基本思路是:把复杂的风险问题分解为各个组成因素,将这些因素按支配关系分组形成有序的递阶层次结构,通过两两比较的方式确定层次中诸因素的相对重要性,然后综合人的判断来决定评价诸因素相对重要性的总顺序。

将层次分析法应用于风险评价时,可采取如下步骤(图9.3)。

①工作结构分解,即按照工作相似性原则将整个项目分解成可管理的工作包。

②风险识别,即通过风险识别建立工作包的风险框架图。

③构造两两比较判断矩阵,即构建因素和子因素的判断矩阵及子因素风险程度的判断矩阵,分别求出各风险因素的权重值和相对危害程度值。

④基于 AHP 软件进行一致性检验。

⑤求风险度。

⑥求总风险水平。

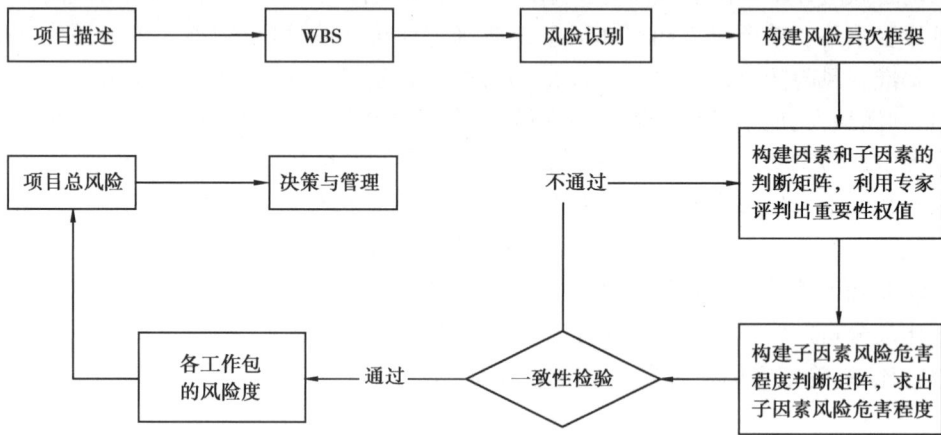

图9.3 用层次分析法进行风险评价过程

⑦决策与管理。层次分析法的优点包括适用性、简洁性、实用性、系统性。其局限性在于层次分析法的应用主要是针对方案已初步确定的评价问题,一般来说它只能从方案中优选,而不能生成方案。故其所得出的结论是粗略的方案排序,主观成分很大。

(2)蒙特卡罗模拟法

蒙特卡罗模拟法又称随机抽样或统计试验方法,在估计经济风险和工程风险时得到广泛的使用。在一般研究不确定因素问题的决策中,通常只考虑最好、最坏和最可能三种估计,如敏感性分析方法。如果不确定的因素有很多,则只考虑这三种估计便会使决策发生偏差。而蒙特卡罗方法的应用可以避免这些情况的发生,使在复杂情况下的决策更为全面和准确。这种方法是根据随机数对投入变量值概率分布进行随机抽样,由每次抽样值计算项目的投资收益率。这样经过多次重复得到投资收益的概率分布图。根据收益概率分布计算保险下限值和不经济概率,以判断方案的风险性。

使用蒙特卡罗模拟技术分析工程风险的基本过程如下:

①编制风险清单。通过结构化方式,把已辨识出来的影响项目目标的重要风险因素构造成一份标准化的风险清单。在这份清单中能充分反映出风险分类的结构和层次性。

②采用专家调查法确定风险因素的影响程度和发生概率,制定出风险评价表。

③采用模拟技术,确定风险组合,对上一步专家的评价结果加以定量化。在对专家观点

的统计评价中,关联量相对增加很快,这样完整、准确地计算就不太可能。因此,可以采用模拟技术评价专家调查中获得的主观数据,最后再在风险组合中表现出来。

④分析与总结。通过模拟技术可以得到项目总风险的概率分布曲线。从曲线中可以看出项目总风险的变化规律,据此确定应急费用的大小。

(3)调查和专家打分法

调查和专家打分法是一种最常用、简单且易于应用的分析方法。具体步骤为:

①识别风险,列出风险调查表。

②利用专家经验,对风险因素的重要性进行评价,确定风险因素权重,代表其对项目风险的影响程度。

③确定每个风险因素的等级值,按可能性由大到小分为 5 个等级,分别以 1.0、0.8、0.6、0.4 和 0.2 打分。

④将每项风险因素的权重与等级值相乘,求出该风险因素得分。

⑤求出总分,分值越高说明风险越大。

(4)敏感性分析法

敏感性分析法是评估一个风险因素对项目目标影响程度的方法,假设项目其他风险因素不变,考察其中一个因素变化时对项目目标的影响程度。即运用定量的方法,对一个特定风险给项目造成的不同危害程度的假设来确定哪些风险对项目的影响程度最大。通过敏感性分析法,能找出对项目影响最大的风险。但这种方法的局限性在于它强调每个风险对项目作用的独立性,而忽视了风险组合对项目的影响,因此往往只能说明单一风险的影响程度。

9.5　工程项目风险应对与监控

在分析工程项目面临的风险之后,项目管理者对工程项目风险有整体上的认识。此时,需要在工程各个阶段中收集和分析各种信息,捕捉风险信号,适时开展风险监控。风险监控并不能彻底阻止风险的发生,需要采取措施对策来应对风险,即风险应对。不同的管理者对风险有不同的态度和应对对策,因此,工程项目风险控制工作贯穿在进度控制、成本控制、质量控制等过程中,把风险控制在企业能承受的范围之内。

9.5.1　工程项目风险应对

风险应对是研究采用何种适当的方式,对风险进行管理化解。通常可采用风险规避,风险转移,风险缓解,风险自留,风险利用及其组合策略等方式。

(1)工程项目风险规避

风险规避是指为了中断风险来源,使其不产生或遏制其发展所采取的行动。它通过计划变更来消除风险或风险发生的条件,保护目标免受风险的影响。从风险管理角度看,风险规避是一种最彻底的消除风险影响的方法。风险规避并不意味着完全消除风险,要规避的是风险可能造成的损失。

风险规避的方法有两种:一是要降低损失发生的概率,主要通过采取事前控制措施来实现;二是要降低损失程度。这主要包括事前控制、事后补救两个方面。

（2）工程项目风险转移

风险转移是工程风险管理对策中采用最多的措施，风险转移一般指将风险转移给分包商或保险机构。

①分包给承包商。项目分包即是承包人将自己所承包的工程的一部分发包给其他的承包商，这样就可以将一部分风险转移给分包商。当项目遇到风险时，由于承包商在项目中投入的资源较少，可以进退自如，从而减少自己的风险损失。

②工程保险。工程保险是指业主和承包商为了工程项目的顺利实施，向保险人（公司）支付保险费，保险人根据合同约定对在工程建设中可能产生的财产和人身伤害承担赔偿保险金责任。购买保险对风险的转移十分有效，它将自身面临的很大一部分风险转移给保险公司来承担。

③工程担保。工程担保是指担保人（一般为银行、担保公司、保险公司、其他金融机构、商业团体或个人）应工程合同一方（申请人）的要求向另一方（债权人）作出的书面承诺。工程担保是工程风险转移措施的又一重要手段，它能有效地保障工程建设的顺利进行。

（3）工程项目风险缓解

风险缓解是指将工程项目风险的发生概率或后果降低到可以接受的程度。风险缓解的前提是承认风险事件的客观存在，然后再考虑采取适当措施去降低风险出现的概率或者消减风险所造成的损失。在这一点上，风险缓解与风险规避及转移的效果是不一样的，它不能消除风险，而只能减轻风险。

风险缓解采用的形式可能是选择一种减轻风险的新方案，采取更有把握的施工技术，运用熟悉的施工工艺，或者选择更可靠的材料或设备。风险缓解还可能涉及变更环境条件，以使风险发生的概率降低。通常可采取的措施有：预防风险源的产生；减少构成风险的因素；防止已经存在的风险扩散；降低风险扩散的速度；限制风险的影响空间；在时间和空间上将风险和被保护对象隔离；迅速处理风险已经形成的损失，控制其继续蔓延。

（4）工程项目风险自留

自留风险是一种由项目组织自己承担风险损失的措施，即将项目的风险留给自己承担。自留风险有时为主动自留，有时为被动自留；有时为全部自留，有时为部分自留。对于承担自留风险需要的资金，可以通过事先建立内部意外损失基金和从外部取得应急贷款或特别贷款的方法来解决。

这种方法通常在下列情况下采用：处理风险的成本大于承担风险所付出的代价。预计项目可以安全承担某一风险造成的最大损失。当风险规避、风险转移、风险缓解等控制方法均不可行时。没有识别出风险，错过了采取积极措施处置的时机。

（5）工程项目风险利用

风险利用仅是针对投机风险而言。一般而言，投机风险大部分可以被利用，但由于投机风险具有两面性，并非所有的风险都可以利用，也不是任何人都能利用风险。风险利用就是促使投机风险朝着有利于项目的方向发展。在决定是否利用某投机风险时，第一步是应分析该风险利用的可能性和利用的价值；第二步必须对利用该风险所需付出的代价进行分析，在此基础上客观地检查和评估自身承受风险的能力。如果得失相当或得不偿失，则没有承担的意义，或者效益虽然很大，但风险损失超过自己的承受能力，也不宜硬性承担。

当决定利用该风险后,风险管理人员应制订相应的具体措施和行动方案。既要研究充分利用、扩大战果的方案,又要考虑退却的部署,毕竟投机风险具有两面性。在实施期间,不可掉以轻心,应密切监控风险的变化,若出现问题,要及时采取转移或缓解等措施,若出现机遇,要当机立断,抓住机会。利用风险中蕴藏的机会是完全必要的,不去冒这种风险,就意味着放弃发展和生存的机会。但风险利用本身就是一项风险工作,风险管理者既要有胆略,又要小心谨慎。

9.5.2 工程项目风险监控

在整个工程项目风险管理过程中需对项目相关的各种信息进行收集、分析,以便获取风险信号,并预测出未来的风险,提出预警。同时,还需对可能出现的风险要素进行监控,再根据实际的需要制订出相应的风险应急计划。

(1)工程项目风险预警

项目风险预警是指企业根据项目外部环境与内部条件的变化,对项目未来的风险进行预测和报警。在工程项目的实施过程中,项目可能出现各种风险,风险预警就是对项目可能出现的风险进行预测,向项目相关方及时地发出警报,以便争取更多的时间来防范风险。对项目进行风险预警的依据可以通过天气预报、股票市场信息、工程进度实施情况等获得项目风险前奏的信号。

(2)工程项目风险监控

风险监控是指在工程项目运行过程中,对风险的发展与变化情况进行全程监督,并根据实际需要调整应对策略。因为风险是随着内部或外部环境的变化而变化的,它们在项目的建设过程中可能会增大或者衰退乃至消失,也可能由于环境的变化又生成新的风险。

风险监控就是通过对风险规划、识别、估计、评价、应对全过程的监视和控制,从而保证风险管理预期目标的实现,它是项目实施过程中的一项重要工作。监控风险实际是监视项目的进展和项目环境,即项目情况的变化,其目的是:核对风险管理策略和措施的实际效果是否与预见的相同;寻找机会改善和细化风险规避计划;获取反馈信息,以便将来的决策更符合实际。在风险监控过程中,及时发现那些新出现的以及随着时间推延而发生变化的风险,然后及时反馈,并根据对项目的影响程度,重新进行风险规划、识别、估计、评价和应对,同时还应制订风险事件的成败标准和判据。

风险监控的依据主要有4个方面:风险管理计划、风险应对计划、实际风险发展变化情况、可用于风险控制的资源。

风险监控的目标包括4个:努力尽早识别风险、努力避免风险事件的发生、积极消除风险事件的消极后果、充分吸取风险管理中的经验与教训。

风险监控的主要工具和技术如下:

①核对表法。

②定期项目评估。风险等级和优先级可能会随着项目生命周期而变化,而风险变化可能需要新的评估或量化,这就要求项目风险评估应定期进行。

③挣值分析法。挣值分析是按照基准计划费用来监控整体项目的分析工具。此方法将计划的工作与实际已完成的工作比较,确定完成情况是否符合计划的费用和进度要求。如果偏差较大,则需要进一步进行项目的风险识别、评估和量化。

④附加风险应对计划。如果该风险实现未曾预料到,或其后果比预期的严重,则事先计划好的应对措施可能不足以应对之,因此有必要重新研究应对措施。

【本章小结】

在工程项目实施过程中,风险是不可避免的,风险发生会给项目带来损失和影响项目目标的实现。为此,有必要加强项目风险的识别、估计、评价、应对和控制等工作。工程项目风险识别是指项目风险管理人员在收集了相关资料和调查研究之后,通过运用一定的方法对项目可能发生的风险进行系统归类和识别;项目风险估计是确定项目风险发生的概率和影响程度;工程项目风险评价是在风险识别和风险估计的基础上,把风险发生的概率、损失严重程度和其他因素综合起来考虑,得出项目发生风险的可能性及其危害程度,并与公认的安全指标比较,确定项目的危险等级;风险应对是通过采用适当的方式,研究如何对风险进行管控;在整个工程项目风险控制过程中需对项目相关的各种信息进行收集、分析,以便获取风险信号,并预测出未来的风险,提出预警。项目各方应根据实际的情况预测项目可能发生的风险和该风险要素的发生对项目的影响程度等,作出合理的评估,并采取相应的风险应对措施,对工程项目的风险进行控制,从而保证项目目标的实现。

【习题研讨】

1.简述工程项目风险管理及其特点。

2.简述工程项目风险管理的过程。

3.如何应用初始清单法对项目的风险进行识别?

4.简述工程项目风险评价的步骤和注意事项。

5.简述工程项目风险应对的方式。

6.简述工程项目风险应急计划。

第 10 章

ZHIYEJIANKANG
ANQUANYU
HUANJING

职业健康安全与环境

【本章导读】

★ 本章主要介绍工程项目安全生产管理、职业健康安全与环境管理和安全文明施工等概念、标准、制度以及相关的工程实践。

【本章重点】

★ 安全生产管理要素
★ 工程现场安全生产保证体系和安全生产责任制
★ 安全技术措施和安全事故的分类、等级及处理
★ 职业健康安全与环境管理的标准体系
★ 安全文明施工

在工程项目管理中常用的 SHE 管理是指安全(Safety)、健康(Health)与环境(Environment)的管理。与 ISO 14000 环境管理体系、ISO 9000 质量体系相比,SHE 管理体系增加了安全的内容。SHE 管理体系旨在建立一种系统化的预防管理机制,最大限度减少事故、环境污染和职业病的发生,从而改善工程项目管理的安全、环境与健康业绩。

10.1　工程项目安全生产管理

安全生产管理要贯彻执行"安全第一,预防为主"的方针,工程项目管理机构职能部门和操作工人均需明确安全生产目标,做好各项防护工作,做到经常化、制度化、规范化。坚持既抓生产,又抓安全。当生产进度与安全有矛盾时,进度必须让位于安全。为做好对施工现场人、物、环境因素的安全管控,保护劳动者的健康与切身利益,避免事故发生,工程项目管理班子应建立一个完善的安全施工责任制度,如图 10.1 所示。

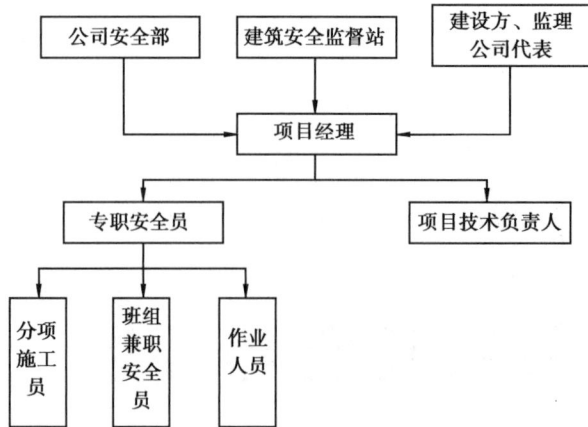

图 10.1　安全施工责任制

施工现场安全由建筑施工企业负责。实行施工总承包的,由总承包单位负责;分包单位向总承包单位负责,服从总承包单位对施工现场的安全管理。建筑施工企业应当在施工现场采取维护安全、防范危险、预防火灾等措施,有条件的项目可以进行封闭管理。

10.1.1　工程项目安全生产管理概述

建筑业具有产品固定、作业流动性大、产品体积大、露天及高处作业多、施工周期长、劳动条件差、作业强度大、受环境和气候影响大等特点。建筑业近年来事故发生数和人员伤亡数持续上涨,已成为我国"最危险"的行业之一。各级政府在强调隐患排查治理、危大工程调整、安全教育的同时,要求建筑业采取风险分级管控、隐患排查治理双重预防性工作机制,确保工程项目零事故发生。工程项目安全管理是指管理者对安全生产进行建章立制,对其进行计划、组织、指挥协调和控制的一系列活动。工程项目管理应提高建筑生产安全管理水平,保障从业人员在生产过程中的安全与健康。

1)安全管理要素

在现场管理过程中,承包商要认真制订安全管理制度,确保安全目标得以实现。为使安全计划有效实施,需要合理组织并充分落实每位员工的安全责任,采取符合工程项目特点的安全技术措施,通过安全教育不断提高员工安全意识和能力,开展标准化、规范化的安全检查和评价活动,对事故隐患进行及时、有效的控制处理。

(1)安全理念和安全目标

工程项目管理班子心中应当有明确的安全目标或指导思想,它是安全计划的核心,是决定安全计划能否有力落实的关键。同时,应该为项目及安全管理工作积极营造氛围,只有当安全成为项目所有员工根深蒂固的观念时,安全目标才能成为一个可接受且易于实现的目标。

(2)安全保证计划

承包商应编制项目安全保证计划,具体包括工程概况、控制程序、控制目标、组织结构、职责权限、规章制度、资源配置、安全措施、检查评价、奖惩制度等内容。对结构复杂、施工难度大、专业性强的项目,除制订项目安全技术总体安全保证计划外,还必须制订单位工程或分部、分项工程的安全施工措施。对专业性强、特殊工种的施工作业,应制订单项安全技术方案和措施。

(3)安全生产责任制

安全生产责任制是最主要的安全管理制度。它是根据"管生产必须管安全""安全工作,人人有责"的原则,以制度的形式明确规定各级领导和各类人员在生产活动中的安全职责。安全生产责任制是各项安全管理规章制度的基础,只有落实好安全生产责任制,才能保证其他规章制度的贯彻执行。同时,安全生产责任制可以激发管理人员和职工安全生产的积极性,只有人人都担负起安全责任,人人安全操作,才能最终落实安全计划。

(4)安全技术法规

我国已建立建筑安全生产法律体系和建筑安全技术标准体系,颁布有《中华人民共和国建筑法》(1998年3月1日施行)、《中华人民共和国安全生产法》(2014年12月1日施行)等法律以及《生产安全事故报告和调查处理条例》(2007年6月1日施行)、《建设工程安全生产管理条例》(2004年2月1日施行)、《安全生产许可证条例》(2004年1月13日施行)等法规,还有《施工企业安全生产评价标准》(JGJ/T 77—2010)、《建筑施工安全检查标准》(JGJ 59—2011)、《建筑施工高处作业安全技术规范》(JGJ 80—2016)等标准和规范。这些法规体系和标准体系对施工过程中各环节的安全生产管理起到积极的指导和规范作用。

(5)安全技术措施

所有施工活动都必须要有安全技术措施,它是施工组织设计的重要内容,应针对施工过程中存在的不利条件和不安全因素进行预先分析,制订技术和管理措施,控制和消除隐患,防止事故发生。具体来说,安全技术措施的编制,要围绕工程项目的施工特点、场地环境、施工条件、施工方法、施工机械等条件进行研究、制订对策,对施工中可能存在的有毒、易爆、易燃作业和材料以及构件运输等统筹考虑;同时还要对脚手架搭接、高空作业、设备拆装、模板工程、起重吊装作业等专业性强的项目单独编制专项安全技术措施;此外,对防火、防灾害、防高空坠落、环境污染等方面,以及专业工种(木工、混凝土工、机械工、起重工等)的安全操作规程,都编制安全技术措施。

(6)安全培训

安全培训是安全计划的核心内容,是让所有人员都明确安全计划和掌握安全生产知识。要针对不同层次的施工人员开展安全培训教育。对刚加入的新工人,必须进行三级安全教育,即公司、项目、班组的三级安全培训教育,经考核合格后方能上岗。对容易发生人员伤亡事故的操作,以及对操作本人、他人及周围设施安全有重大危害的特种作业人员(如电工、焊工等),还应进行专业技术教育和实际操作训练,经考核合格后持证上岗。此外,应始终将安全教育贯穿工程项目管理工作的全过程,如在工地入口处悬挂安全纪律牌、进行安全广播、开展安全报告、针对季节与节假日开展实施安全教育等。

(7)安全检查

安全检查包括上级检查、定期检查、专业性检查、经常性检查、季节性检查及自行检查等形式。如项目经理部定期或不定期地组织安全检查,施工班组每日进行班前安全检查等。安全检查内容包括各级人员安全施工规章制度的执行和现场安全措施的落实两大方面。规章制度主要指安全生产责任制、教育制度、检查制度,现场安全检查的重点是现场劳动条件、生产设备、现场管理等。对检查中发现的隐患应进行登记,发出整改通知单,对违章指挥、作业,检查人员可当场指出,纠正错误做法。被检单位对查出的隐患应按照"定人、定期限、定措施"的三定原则进行整改,及时通知有关部门复查,复查合格后才销案。

(8)事故处理

伤亡事故指职工在劳动过程中发生的人身伤害、急性中毒事故。施工过程中发生伤亡事故的,施工单位应当在规定期限内向劳动行政部门、公安部门、检察机关、工会以及市、区、县建设行政管理部门报告。做好现场勘查、事故调查处理、事故总结、撰写调查报告、报送上级主管部门等工作。

(9)工程保险

工程保险属于风险转移措施,由于施工项目存在劳动条件差、高空作业多等不可规避的问题,投保相应险种,在自然灾害或意外事故发生时,能够有效减少参保者的财产和人身损失。

(10)安全业绩评价

在进行分级安全评价,将安全业绩指标的考核与奖励挂钩,对完成不佳的部门或个人进行惩罚,约束员工安全违纪行为,树立安全意识。

2)安全管理基本原则

我国现行的安全生产管理体制为"企业负责、行业管理、国家监察、群众监督和劳动者遵章守纪"。"企业负责"是指企业在经营活动中必须对安全生产负全面责任;"行业管理"指行业主管部门对用人单位的劳动保护工作应加强指导,充分发挥行业主管部门对本行业劳动保护工作的管理作用;"国家监察"是指各级政府部门对用人单位遵循劳动保护法律、法规的情况实施监督检查,对用人单位违反劳动法律、法规的行为实施行政处罚;"群众监督"是指工会依法对用人单位劳动保护工作实施监督,劳动者对违反劳动保护法律、法规和危及生命及身体健康的行为,有批评、检举和控告的权利;"劳动者遵章守纪"指安全生产目标的实现根本取决于广大劳动者素质的提高,取决于劳动者能否自觉履行好安全生产法律责任。

工程项目安全管理是建筑业安全管理系统的关键,它是在项目施工全过程中,运用科学的管理理论、方法,通过法规、技术、组织等手段,使人、物、环境构成的施工体系达到最佳状态,实现项目安全目标所进行的一系列活动的总称。

为有效地进行项目安全管理与控制,应遵循5条基本原则:

①安全管理法治化。依靠国家以及有关部委制定的安全生产法律文件,对施工项目进行安全管理。加强对建筑施工管理人员和广大职工的安全法律教育,增强法治观念,做到知法守法、安全生产。对违反安全生产法律的单位和个人追责处罚,依法处理。

②安全管理制度化。建立健全各种安全管理规章制度和规定,实行安全管理责任制,有效控制各种安全因素,预防和减少安全事故。

③安全管理科学化。加强对安全管理方法和手段的科学研究,使安全管理技术和生产技术协调同步发展,学习在变化的生产活动中不断消除新的危险因素,不断总结提高企业的安全管理水平。

④贯彻"安全第一,预防为主"的方针。"安全第一,预防为主"是安全工作的基本方针。以预防为主,重点做好施工的事先控制,加强施工前和施工过程中的安全管理。同时要端正对生产中不安全因素的认识和态度,选准消除不安全因素的时机。

⑤全员参与安全管理。安全管理的核心是各个管理层次人员对安全工作有统一的认识、态度，要具有安全管理能力并切实履行安全职责。项目中的工人、班组长、安全员、项目经理及公司高级人员必须通力合作，共同履行安全职责。同时，与工程建设各方，包括承包商、分包商、业主和设计人员等，都应承担各自的安全责任。

10.1.2 施工现场安全生产保证体系

安全生产保障体系是以安全生产为目的，有确定的组织结构，明确的活动内容，配备相应的人员、资金、设施和设备，按规定的技术要求和方法开展安全管理工作的工作体系。为规范和强化建筑企业安全管理行为，推行施工现场安全生产保障体系是一种有效的途径。因此，贯彻项目安全管理的首要任务是建立施工项目的安全保证体系。

(1)安全体系的结构

施工项目安全管理重点在现场，必须保证为实现现场安全提供系统的管理方案。应根据施工现场安全生产管理活动的内在联系和运行规律，归纳一系列体系要素，包括安全职责、安全生产保障体系，采购与分包方的控制，施工现场安全控制与检查，事故隐患控制、纠正和预防、教育和培训、内部安全体系审核。这些体系要素建立在"计划、实施、检查、处理"构成的 PDCA 动态循环中。

(2)安全生产保证体系实施

建立并实施施工现场安全生产保证体系，一般分为策划准备、文件化和运行 3 个阶段。

安全策划是针对工程项目建设特点，结合业主提供的技术资料，对项目建设过程与安全有关的因素进行综合考虑，具体包括安全检查次数的确定、作业安全技术措施、季节性措施、难点特殊项目的安全技术保证措施、技术交底制度、危险地带安全防护、安全记录准备等。

根据安全策划结果编制安全保证计划，形成安全体系文件。体系文件按分工不同，由归口职能部门制订，先提出草案再组织审核。

按照规定的安全体系要素，逐个开展各项安全活动，将安全职责落实到各个职能部门和个人。

(3)安全检查和安全记录

项目部应对施工过程、行为及设施进行检查、检验，以确保各方面符合安全要求。对事故进行分析处理，采取停止使用、封存等事故解决办法；对有不安全行为的人员进行教育或处罚；对不安全生产的过程重新组织等；对安全设施所需的材料、设备及防护用品进行进货检验后方能使用。

安全记录是进行统计、总结经验、制订安全措施的依据，也是对安全工作的监督和检查。工程项目部应建立证明安全生产保障体系运行记录，包括台账、报表、原始记录等。记录内容有安全教育、安全会议、安全组织状况、安全措施登记、安全检查、事故调查、分析处理、事故奖惩等。记录应当及时完整，一直延续到工程竣工。

10.1.3 工程项目安全生产责任制

按照《建设工程安全生产管理条例》，施工现场参与各方必须遵守安全生产法律、法规，保证工程项目安全生产，依法承担工程项目安全生产责任。

（1）建设单位的安全职责

建设单位应向施工单位提供施工现场及毗邻区域的供水、排水、供电、供气、供热、通信、广播电视等地下管线，气象水文观察，以及相邻建筑物和构筑物、地下工程等资料，保证资料的真实、准确、完整。建设单位不得对勘察、设计、施工、工程监理等单位提出不符合建设工程安全生产法律、法规和强制性标准的要求，不得压缩合同约定工期。在编制工程预算时，应当确定建设工程安全作业环境和安全施工措施所需的费用。不得明示或暗示施工单位购买、租赁、使用不符合安全施工要求的安全防护工具、机械设备、施工机具及配件、消防设施和器材。在申请领取施工许可证时，应当提供建设工程有关安全施工措施的资料。建设单位应当将拆除工程发包给具有相应资质的施工单位，按规定及时向建设主管部门报送资料备案。如需实施爆破作业，应当遵守国家有关民用爆炸物品管理的规定。

（2）勘察、设计、工程监理及其他职责单位的安全职责

勘察单位应当按照法律、法规和工程建设强制性标准进行勘察，提供的勘察文件应当真实、准确，满足建设工程安全生产需要。在勘察作业时，应当严格执行操作规程，采取措施保证各类管线、设施和周边建筑物、构筑物的安全。

设计单位应当按照法律、法规和工程建设强制性标准进行设计，防止因设计不合理导致的生产安全事故。在设计文件中应注明设计施工安全的重点部位，强调施工安全操作和防护需要。对采用新工艺、新材料或特殊结构的工程，在设计文件中提出有效的安全保障措施。

监理单位应当审查施工组织设计的安全技术措施或者专项施工方案是否符合工程建设的强制性标准。在监理过程中，一旦发现存在安全事故隐患，应当要求施工单位整改，情况严重的应当要求施工单位暂时停止施工，并及时报告业主单位。施工单位拒不整改或者不暂停施工的，工程监理单位应当及时向有关主管部门报告。工程监理单位和监理工程师应按照法律、法规和工程建设强制性标准实施监理，并对建设工程的安全施工事故承担监理责任。

为建设工程提供机械设备和配件的单位应当按照安全施工的要求，配备齐全有效的保险、限位等安全设施和装置（如塔吊、提升机械、电氧焊、金属切割、木工刨床、圆盘锯、挖掘机、装载机等特种设备及工程机械）。

出租的机械设备和施工机具及配件，应当具有生产制造许可证、产品出厂检验合格证、特种设备使用许可证。出租单位应当对出租的机械设备和施工机具及配件的安全性能进行检测检验。在签订租赁合同协议时，应当出具检测检验合格证件，禁止出租检测不合格的机械设备、施工机具及配件。

在施工现场安装、拆卸施工起重机械和合体提升脚手架、模板自升式架设设施，必须由具有相应资质的单位承担。应当编制拆装方案、制定安全施工措施，并由专业技术人员现场监督，安装完毕后，安装单位自检，出具自检合格证明，并向施工单位进行安全使用说明，办理验收手续并签名。

施工起重机机械和合体提升脚手架等高危设施的使用达到国家规定的检测检验期限的，必须经过具有专业资质的检验检测机构检测，经检测不合格的，严禁继续使用。

检验检测机构对检验合格的施工起重机械和合体提升脚手架、模板自升式架设设备，应当出具合格证明文件，对检测检验结果负责。

（3）施工单位的安全责任

①施工单位从事建设工程的新建、扩建、改建和拆除等活动，应当具备国家规定的注册资本、专业技术人员、技术设备和安全生产等条件，在其资质的许可范围内承揽工程。

②施工单位主要负责人依法对本单位的安全、消防工作负责。施工单位应当建立健全施工安全责任制度和教育培训制度，制订安全生产规章制度和操作规程。保证本单位安全施工条件所需资金的投入，对能承担的建设工程进行定期和专项安全、消防检查，做好安全检查记录。

③施工单位的项目负责人应当由取得相应执业资格的人担任，对安全施工负责，落实安全管理层层责任制，确保施工安全费用的有效使用。同时根据工程特点制订安全施工措施，消除施工过程中的一切安全和消防隐患，及时向建设单位报告施工安全事故。

④施工单位对列入建设工程概算的安全作业环境及安全施工所需费用，应当用于施工安全防护用具及设施的采购和更新、安全施工措施的落实、安全生产条件的改善，不得挪作他用。

⑤建设实行总承包的，由总承包单位对施工现场的安全生产工作负总责。总包单位将建设工程分包给其他单位（或个人），分包合同中应当明确各自的安全责任、权利和义务。总包单位和分包单位（或个人）对分包工程的安全承担连带责任，分包单位（或个人）应当服从总包单位的施工安全管理，分包单位（或个人）不服从管理，导致施工安全事故的，由分包单位（或个人）承担主要责任。

⑥施工单位应当建立安全施工管理机构，配备专职安全生产人员。专职安全员负责对施工现场监督、检查，发现安全事故隐患，应及时向项目负责人和安全管理机构报告。对违章操作、违章指挥的人员，应当制止并予以处罚。

⑦工程施工前，施工单位负责项目管理的技术人员应向施工作业班组详细说明对安全施工的技术要求，与班组负责人、班组安全负责人与全体施工人员签订施工安全承诺书。

⑧施工单位应当在施工现场入口处、施工起重机械活动臂的范围内、临时用电设施、脚手架、出入通道、梁柱口、基坑边沿、易燃易爆、有毒物品堆放处等高危地区设置安全围栏、围墙、警示标语、标牌等符合国家标准的标志。

⑨施工单位应当将施工现场的办公、生活与作业等区域分开设置，保证足够的安全间距，办公、生活区的选址应符合安全性要求。职工膳食、饮水、休息场所符合卫生标准。施工单位不得在未竣工的建筑物内设置职工住宿及生活区域。施工现场使用的活动式房屋应有产品合格证。

⑩施工单位因施工可能造成相邻建筑物、设施、地下管线及空中线缆损害的，应当采取有效的转移或防护措施。

⑪施工单位应当在施工现场建立消防安全管理制度，确定消防安全责任人，制定用火、用电及使用易燃易爆物品等各项消防安全管理制度及操作规程，设置消防通道、消防水源，配备足够、有效的消防器材并在施工现场入口设置明显的标志。

⑫施工单位应该采购符合安全规定的合格防护用品、用具、机械设备、施工机具及配件，产品应具有生产制造许可证、产品出厂合格证、质量检验报告书，施工单位安全员有责任对以上用品用具及器材进行安全检查，合格后方可进入施工现场使用，并书面告知每个危险岗位的操作规程及违章操作的危害。

⑬施工现场的安全防护用品、用具、特种机械设备、施工机具必须由专人管理，定期检

查、维修和保养,并建立相应的检修记录档案,每一期的安全检修记录必须有项目经理及安全员的签名。

⑭施工单位的主要负责人、项目经理、现场技术负责人、专职安全员应当经建设行政主管部门考核合格后方可任职。作业人员进入新的岗位和新的施工现场前,应接受安全施工教育,未经教育培训或者教育培训不合格的人员不得上岗作业。

⑮施工单位应当为施工现场从事危险作业的人员办理意外伤害保险,保险费由施工单位支付,期限自建设工程开工之日起至竣工验收合格止。

⑯垂直运输机械作业人员、安装拆卸工爆破作业人员、起重信号工、登高架设作业人员等特种作业人员,必须按照国家有关规定经过专门的安全作业培训,并取得特种作业操作资格证书后方可上岗作业。

⑰施工单位应当在施工组织设计中编制安全技术措施和施工现场临时用电方案,对下列达到一定规模的危险性较大的分部分项工程编制专项施工方案,并附具安全验算结果,经施工单位技术负责人、总监理工程师签字后实施,由专职安全生产管理人员进行现场监督。

10.1.4　工程项目安全技术措施

安全技术措施是指根据工程施工中各分部分项工程的施工特点编制的,如对高处坠落、触电、物体打击、机械伤害、坍塌等多发事故进行的技术预防措施。它必须符合国家颁布的施工安全法规、规范和标准,在组织实施过程中要严格进行技术交底。表 10.1 是不同安全控制阶段的控制要点。

表 10.1　不同安全管理阶段的控制要点

控制过程	控制环节		控制要点	责任人	控制内容	控制依据	控制记录
准备阶段	一	设计交底图纸会审	1	设计安全交底	项目安全负责人	了解设计意图提出不安全因素	设计图及技术文件	设计交底记录文件
			2	图纸会审	项目安全负责人	对提出的不安全因素定性	施工阶段图纸及技术文件	会审记录
	二	制订施工工艺文件	3	安全管理方案	项目安全负责人	按企业标准要求编制并进行会审	安全管理体系文件	批准的安全管理方案
			4	专题施工方法	项目安全负责人	组织审批	符合安全要求	批准的专题施工方案
	三	施工设备	5	施工设备验收使用	项目安全负责人	审核设备质保书清查数量	符合安全要求	验收及运输记录
	四	安全交底	6	安全总交底和分专业交底	项目安全负责人/项目经理	组织	施工图验收规范安全标准	安全交底

续表

控制过程	控制环节		控制要点		责任人	控制内容	控制依据	控制记录
施工阶段	五	基础工程	7	基坑稳定	专业工程师	地质情况边坡稳定	验收规范	验收记录
	六	主体工程	8	"四口"防护	专业工程师	搭设及封闭情况	安全交底	安全记录
			9	脚手架及安全网	专业工程师	搭设及封闭情况	安全交底	安全记录
装饰及安装阶段	七	装饰工程	10	装饰材料	专业工程师	检验材料的防火性	验收规范	试验记录
	八	电动机械	11	电机防触电	专业工程师	检查绝缘及接零接地	验收规范	安全记录

施工准备阶段的安全技术措施包括:编制切实可行的安全技术措施、及时供应质量合格的安全防护用品、进行施工机具、设备的安全技术性能检测、现场各种临时设施、库房布置、易燃品存放符合安全预防要求、特种工人岗位培训后持证上岗。施工阶段的安全技术措施有:单项、单位工程均有安全技术措施,分部分项工程有技术安全具体措施;安全技术和生产技术的统一,各项安全技术措施应在相应的工序施工前完成;操作者严格遵守操作规程实行标准化作业;针对新工艺、新技术、新设备、新结构制订专门的施工安全措施;制订预防自然灾害、特殊工程、特殊作业的专业技术措施等。

(1)基础作业安全技术措施

①夜间施工时设置足够的灯光照明。

②机械挖土的工作范围内禁止闲人通行或进行其他工作。

③基坑应设安全斜道,以保上、下人员安全。深基坑四周应设防护栏杆,人员上下要有专用爬梯。

④基坑余土堆应距基坑边沿1 m以上。砖石及其他材料应在基坑边1 m外堆放。

⑤使用电动打夯机时,应有专人护线。操作人员戴好绝缘手套,配电箱应放置在安全地点。

⑥运土道路的坡度和转弯半径要符合有关安全规定。运输车辆装料不可太满,要匀速行驶。

⑦施工运输道路应保持平整、畅通,通道搭设应符合操作规程,要求坚固、稳定、安全、可靠。

⑧回填土方时,应先检查边壁是否安全牢靠,用小车推土时,不得撒把。

⑨混凝土振捣操作人员要穿绝缘胶鞋,戴绝缘手套,电线不得拉挂在钢管、钢模上。

⑩砌好的砖墙要有防水措施,以免雨水冲击砂浆致使砌体坍塌。

⑪基础施工阶段应有防雨措施,如设置备用抽水泵等。

⑫人工开挖基坑时,操作人员之间要保持安全距离,一般大于2.5 m;多台机械开挖时,

挖土机间距应大于 10 m,挖土要自上而下,逐层进行,严禁先挖坡脚的危险作业。

⑬多台机械同时开挖土方时,应验算边坡稳定,根据规定和验算确定挖土机械离边坡的安全距离。

（2）高处作业施工安全技术措施

①高处作业中的安全标志、工具、仪表、电气设备和各设备,必须在施工前检查,确认完好后方能投入使用。

②从事高处作业人员必须定期检查身体,诊断患有心脏病、贫血病、高（低）血压病、癫痫病、恐高症及其他不适宜高处作业的疾病的作业人员,不得从事高处作业。

③高处作业人员衣着要灵便。禁止赤脚,穿硬底鞋,高跟鞋,带钉易滑鞋,拖鞋及赤膊裸身从事高处作业。

④严禁酒后高处作业。

⑤高处作业人员必须按规定正确使用合格的安全帽、安全带、安全网等防护用品,定期检查认定。

⑥高处作业应配置对讲机或规定旗语、哨音作为上下联系信号,安排专人负责。禁止多人乱喊,以免错误操作发生事故。

⑦悬空、攀登高处作业的人员,必须经专门培训、考试,发给特种作业人员操作证,经检体检合格后,方可从事高处作业。

⑧高处作业场所有可能坠落的物体,应一律给予固定或拆除。所有材料均应安放平稳并不得妨碍装卸和通行。工具使用后应随手放入工具袋内。传递工具、零件、材料时,禁止抛掷。拆卸下来的材料及零料、废料,应及时清理运走。

⑨高处作业的高耸建筑,事先应安装避雷针,避免雷击发生。遇有 6 级（含 6 级）以上强风浓雾等恶劣天气,不得进行露天悬空的攀登及高处作业。不得已需要进行雨天高处作业时,必须有可靠的安全防护措施。

⑩不得损坏或擅自移动和拆除所有安全防护设施和安全标志等。如因作业需要拆除、移动安全防护设施和安全标志时,必须经现场施工负责人同意并采取措施后,方可拆除,且事后应及时恢复。

⑪在白天或夜间施工的高处作业场所,当光线较差时,应加强照明。当夜间地面照度不足 5 Lx 时,禁止作业。

⑫施工中,对高处作业的安全防护设施发现有缺陷或隐患时,必须立即报告,及时解决。危及人身安全时,立即停止作业。

⑬临边作业的安全防护,主要为设置防护栏杆,架设安全网,装设安全门等。

⑭悬空作业必须适当地建立牢靠的立足点,如搭设操作平台、脚手架或吊篮等,方可施工。

⑮悬空作业所用的索具设备、脚手架或吊篮等设备必须经过技术鉴定合格后方可采用。

（3）施工机械作业安全技术措施

①各种机械操作人员和车辆驾驶员,必须取得操作合格证,不准操作与证不相符的机械,不准将机械设备交给无本机操作证的人员操作,对机械操作人员要建立档案,专人管理。

②操作人员必须按照本机说明书规定,严格执行工作前的检查制度和工作中注意事项及工作后的检查保养制度。

③驾驶室或操作室应保持整洁,严禁存放易燃、易爆物品,严禁酒后操作机械,严禁机械带病运转或超负荷运转。

④机械设备在施工现场停放时,应选择安全的停放地点,夜间应有专人看管。

⑤用手柄启动的机械应注意手柄倒转伤人,向机械加油时要严禁烟火。

⑥严禁对运转中的机械设备进行维修、保养、调整等作业。

⑦指挥施工机械作业人员,必须站在可让人瞭望的安全地点并应明确规定指挥联络信号。

⑧使用钢丝绳的机械,在运行中严禁用手套或其他物件接触钢丝绳。用钢丝绳拖拉机械或重物时,人员应远离钢丝绳。

⑨定期组织机电设备、车辆安全大检查,对检查中查出的安全问题,按照"三不放过"的原则进行调查处理,制订防范措施,防止机械事故的发生。

⑩操作人员应严格执行指挥人员的信号,在进行各项动作前,应鸣声示意。

⑪6级以上大风或大雨、大雪、大雾等恶劣天气时,应停止起重机露天作业。

(4)现场临时用电安全技术措施

①严格按照 JGJ 46—2005 规范要求,施工现场配电采用接零保护系统,中性线和保护线分开,配电线路按规定架设,架空线路采用绝缘铜线,用电设备采用三级配电,两级漏电保护。所有机电设备要作好接零接地保护,传动部位要设安全防护罩。

②动力与照明电箱分别设置,总配电箱靠近电源,分配电箱设在用电设备相对集中的地区,配电系统实行分级配电。

③夜间作业配置足够的灯具,确保视觉状态良好。配电箱、开关箱装设牢固、端正。移动式配电箱、开关箱,装设在牢固的支架上。固定式配电箱、开关下底与地面距离大于 1.3 m、小于 1.5 m;移动式配电箱、开关箱与地面的距离大于 0.6 m、小于 1.5 m。下进下出,并设防水弯,所有配电箱门均配锁,防护措施符合要求,专人负责,配电箱应做好接零保护。

④电源线路及电气设备等均由专人负责。场内所有的配电箱、开关箱除专业电工外任何人不得随意打开,建立完善的用电制度、做好工程上所有机械设备和照明的用电记录,建立用电档案。

(5)模板安全技术措施

①模板支撑不得使用腐朽、扭裂、劈裂的材料。顶撑要垂直,底端平整坚实,并加垫木,木楔要钉牢。地面支模场地必须整平夯实,并做好模板垂直运输的安全措施准备工作,备齐现场防护设施。

②采用桁架支模应严格检查,发现严重变形、螺形松动等及时采取修复。

③支模按工序进行,模板没有固定前,不得进行下一道工序。禁止利用拉杆、支撑攀登上下。

④拆除模板经施工技术人员同意。操作时按顺序分段进行,严禁猛撬、硬砸或大面积撬落和拉倒。完工前,不得留下松动和悬挂的模板。拆下的模板及时运送带指定地点集中堆放,防止钉子扎脚。

(6)雨季施工安全技术措施

①开工前与当地气象部门签订服务合同,及时掌握天气预报的气象趋势及动态,定期提供旬、月气象预报,以此安排月度施工计划;注意邻近 3 天天气预报,以此安排日施工计划,并同时做好预防的准备工作。

②成立防洪、防台风领导小组，明确责任，落实到人头。

③坚持防洪、防台风值班制度。遇有险情及时组织力量抢修，并及时向上级报告。

④根据地形对场地排水系统进行疏通，以保证水流畅通、不积水，防止周邻地面水倒流进入场内。

⑤机电设备的电闸箱或开关采取进盒和搭篷等防雨、防潮措施，并安装接地保护装置。

⑥雨中灌筑混凝土时，快速测定粗、细骨料的含水量，根据含水量的大小，及时调整混凝土的施工配合比，确保水灰比的正确性。同时对正在灌筑的部位或已被灌筑混凝土未初凝的部位，用防水材料遮挡或覆盖。

⑦应完善水泥库及混凝土搅拌场所的挡雨设备，防止雨水飘入而影响施工质量。

⑧备足覆盖材料，保证已喷脱模剂的模型板和浇灌混凝土不被雨水冲刷。

⑨在填方坡脚以外挖掘排水沟，保持场地不积水。

⑩选用透水性好的、符合要求的填料分层填筑。每一层的表面做成 2%～4% 的排水横坡，当天填筑的土层应当天完成压实。

⑪边坡及时夯拍密实，防止塌方和冲刷，避免造成水土流失和环境的污染。

⑫雨天过后基层土过湿，所填土含水量过大，应采取翻晒换填、掺拌生石灰等措施进行处理，防止填土出现填土过湿碾压不密实现象。

⑬对未安排跨雨季施工的基础工程，在人力、物资和机械设备上保证在雨季来临之前施工至不受雨季影响的阶段或完成施工。

⑭基坑设置排水沟和集水坑，配以抽水机将积水排出基坑以外。

⑮现场备足覆盖材料，以保证砌好的建筑物不受雨水冲刷。

10.1.5 工程项目安全事故发生的原因及处理

伤亡事故是职工在劳动过程中因企业设备和设施不安全、劳动条件和作业环境不良、管理不善或被企业领导指派到企业外从事企业活动过程中，所发生的人身伤害（轻伤、重伤、死亡）和急性中毒事故。安全事故不仅威胁职工个体，也会造成社会影响。因此，找到安全事故发生的根源并妥善解决，是建筑从业人员乃至全社会的共同责任。

1）建筑工程的危险源

危险源是指可能导致人员伤害或疾病、物质财产损失、工作环境破坏的情况或这些情况组合的根源或状态的因素。危险因素与危害因素同属于危险源。危险源辨识就是从组织的活动中识别出可能造成人员伤害或疾病、财产损失、环境破坏的危险或危害因素，并判定其可能导致的事故类别和导致事故发生的直接原因的过程。常用的危险源辨识方法有现场调查法、工作任务分析法、安全检查表法、危险与可操作性研究法、事件树分析法和故障树分析法等。

根据危险源在安全事故发生发展过程中的机理，一般把危险源划分为两大类。

第一类危险源：根据能量意外释放论，事故是能量或危险物质的意外释放，作用于人体的过量的能量或干扰人体与外界能量交换的危险物质是造成人员伤害的直接原因。于是，把系统中存在的、可能发生意外释放的能量或危险物质称作第一类危险源。

第二类危险源：导致约束、限制能量措施失效或破坏的各种不安全因素称为第二类危险源,如电缆绝缘层、脚手架、起重机钢绳等。第二类危险源包括人的不安全行为、物的不安全状态和环境的不安全诱因三个方面。

事故的发生是两类危险源同时作用的结果。第一类危险源是事故的主体,决定该事故的严重程度;第二类危险源出现的难易,决定事故发生的可能性大小。

安全事故的主要诱因多,包括:

①人的不安全行为:包括身体缺陷、错误行为、违纪违章等。

②物的不安全状态:包括设备、装置的缺陷、作业场所缺陷,物质与环境的危险源等。

③环境的不利因素:现场布置杂乱无序、视线不畅、沟渠纵横、交通阻塞、材料工器具乱堆、乱放,机械无防护装置、电器无漏电保护、粉尘飞扬、噪声刺耳等使劳动者生理和心理难以承受,则必然诱发安全事故。

④管理上的缺陷:对物的管理失误,包括技术、设计、结构上有缺陷、作业现场环境有缺陷、防护用品有缺陷等;对人的管理失误,包括教育、培训、指示和对作业人员的安排、安全生产职责等方面的缺陷;管理工作的失误,包括对作业程序、操作规程、工艺过程的管理失误以及对采购、安全监控、事故防范措施、事故应急措施的管理失误。

2) 安全事故的分类和等级

综合《企业职工伤亡事故月(年)报表》和中华人民共和国国家标准《企业职工伤亡事故分类》(GB 6441—1986)所列与建筑业相关的造成职工受伤害方式,主要分为以下13种。

①物体打击,如落物、滚石、锤击、碎裂、崩倒、砸伤等伤害,但不包括因爆炸引起的物体打击。

②提升和车辆伤害,如机动车辆在行驶中发生的挤、压、撞以及倾覆事故及车辆行驶中上、下车和提升运输中的伤害等。

③机械伤害,如机械零部件、工件飞出伤人,切屑伤人,人的肌体或身体被旋转机械卷入,脸、手或其他部位被刀具碰伤等。

④起重伤害,如在起重作业中,脱钩砸人,移动吊物撞人,钢丝绳断裂抽人,安装或使用过程中发生倾覆事故以及起重设备本身有缺陷等。

⑤触电(包括雷击)伤害,如人体接触裸露的临时线或接触带电设备的金属外壳,触摸漏电的手持电动工具,以及触电后坠落和雷击等事故。

⑥淹溺,如船舶在运输航行、停泊作业和在水上,从事各种作业时发生的落水事故以及在水下施工作业发生的淹溺事故。

⑦灼烫,如火焰引起的烧伤,高温物体引起的烫伤,强酸碱引起的灼伤,放射线引起的皮肤损伤等。

⑧火灾,如火灾发生时造成的人体烧伤、窒息、中毒等。

⑨高处坠落,如从各种架子、平台、陡壁、梯子等高于地面位置的坠落或由地面踏空坠入坑洞、沟以及漏斗内的伤害事故等。

⑩坍塌,如因设计、施工不合理造成的倒塌以及土方、岩石发生的塌陷事故等。

⑪火药爆炸,如施工所用火药储存、储藏等过程中发生的爆炸事故等。

⑫中毒和窒息，常见的中毒如煤气、油气、沥青、化学、一氧化碳中毒等；窒息指在坑道、深井、涵洞、管道、发酵池等通风不良处作业，由于缺氧造成的窒息事故。

⑬其他伤害，如扭伤、跌伤、冻伤、钉子扎伤、野兽咬伤等。

建筑业伤亡事故率仅次于矿山行业。其中，高处坠落、物体打击、机械伤害、触电、坍塌事故，为建筑业最常发生的5种事故，近几年来已占到事故总数的80%以上，应重点防范。

安全事故造成伤害程度分为轻伤、重伤和死亡3个程度：

①轻伤，指损失1个工作日至105个工作日的失能伤害；

②重伤，指损失工作日等于和超过105个工作日的失能伤害，重伤的损失工作日最多不超过6 000工作日；

③死亡，损失工作日超过6 000工作日。

按照2007年6月1日起实行的《生产安全事故报告和调查处理条例》，按照生产安全事故造成的人员伤亡或直接经济损失，将安全事故划分为4个等级。

①特别重大事故，是指造成30人以上死亡，或者100人以上重伤（包括急性工业中毒，下同），或者1亿元以上直接经济损失的事故。

②重大事故，是指造成10人以上30人以下死亡，或者50人以上100人以下重伤，或者5 000万元以上1亿元以下直接经济损失的事故。

③较大事故，是指造成3人以上10人以下死亡，或者10人以上50人以下重伤，或者1 000万元以上5 000万元以下直接经济损失的事故。

④一般事故，是指造成3人以下死亡，或者10人以下重伤，或者1 000万元以下100万元以上直接经济损失的事故。

安全事故处理必须坚持"事故原因不清楚不放过，事故责任者和员工没有受到教育不放过，事故责任者没有处理不放过，没有制订防范措施不放过"的"四不放过"的原则。

3）安全事故处理的程序

①应急处理并报告安全事故。安全事故发生后，施工单位应立即停止施工，抢救伤员、排除险情，采取防止事故扩大的必要措施，做好标识，保护好现场。受伤者或最先发现事故的人员应尽快将发生事故的时间、地点、伤亡人数、事故的原因等，上报至企业安全主管部门。企业安全主管部门视事故造成的伤亡人数或直接经济损失情况，按规定按照事故等级，以书面形式及时、如实地向政府主管部门报告。

②事故调查。项目经理应指定技术、安全、质量等部门的人员，会同工会代表组成调查组，开展调查。调查组成员如与调查的事故有直接利害关系的必须回避。

③事故处理。根据事故调查的结论，对照国家有关法律法规规定的权限和程序，对事故责任人进行处理，落实防范重复事故发生的保障措施，贯彻"四不放过"原则的要求。

④写出事故调查报告。调查组应把事故发生的经过、原因、性质、损失责任、处理意见、纠正和预防措施撰写调查报告，并经调查组全体人员签字确认后报企业安全主管部门。

⑤事故审理和结案。查明事故原因，并提交事故调查报告后，须经当地有关审批权限机关审批后方能结案。事故责任者应视事故情节轻重、损失大小、责任轻重加以区分，给予处理。事故资料应专案存档。

4）事故报告

（1）事故报告的要求

事故报告应当及时、准确、完整，任何单位和个人对事故不得迟报、漏报、谎报或瞒报。施工单位事故报告要求生产安全事故发生后，受伤者或最先发现事故的人员应立即将发生事故的时间、地点、伤亡人数、事故原因等情况，向施工单位负责人报告；施工单位负责人接到报告后，应当在1 h内向事故发生地县级以上人民政府建设主管部门和有关部门报告。实行施工总承包的建设工程，由总承包单位负责上报事故。情况紧急时，事故现场有关人员可以直接向事故发生地县级以上人民政府建设主管部门和有关部门报告。

（2）建设主管部门事故报告要求

建设主管部门接到事故报告后，应当依照下列规定上报事故情况，并通知安全生产监督管理部门、公安机关、劳动保障行政主管部门、工会和人民检察院。

①较大事故、重大事故及特别重大事故逐级上报至国务院建设主管部门。

②一般事故逐级上报至省、自治区、直辖市人民政府建设主管部门。

③建设主管部门依照规定上报事故情况时，应当同时报告本级人民政府。

国务院建设主管部门接到重大事故和特别重大事故的报告后，应当立即报告国务院。必要时，建设主管部门可以越级上报事故情况。建设主管部门按照上述规定逐级上报事故情况时，每级上报的时间不得超过2 h。

（3）事故报告的内容

事故报告的内容包括：事故发生的时间、地点和工程项目、有关单位名称；事故的简要经过和现场情况；事故已经造成或者可能造成的伤亡人数（包括下落不明的人数）和初步估计的直接经济损失；事故的初步原因分析；事故发生后采取的措施及事故控制情况；事故报告单位或报告人员。其他应当报告的情况。事故报告后出现新情况，以及事故发生之日起30日内伤亡人数发生变化的，应当及时补报。道路交通事故、火灾事故自发生之日起7日内，事故造成的伤亡人数发生变化的，应当及时补报。

5）事故调查

事故调查报告的内容包括：事故发生单位概况；发生经过和事故救援情况；事故造成的人员伤亡和直接经济损失；事故发生的原因和事故性质；事故责任的认定和对事故责任者的处理建议；事故防范和整改措施。

6）事故处理

（1）施工单位的事故处理
①事故现场处理。
②事故登记。
③事故分析记录。
④要坚持安全事故月报制度，若当月无事故也要报空表。
（2）建设主管部门的事故处理
①对事故相关责任者实施行政处罚。
②对施工单位给予暂扣或吊销安全生产许可证的处罚。

③对事故发生负有责任的注册执业资格人员给予罚款、停止执业或吊销其注册执业资格证书的处罚。

④负有事故责任的人员涉嫌犯罪的,依法追究刑事责任。

7) 事故报告和调查处理的违法行为

政府、有关部门及有关人员的违法行为主要有以下 13 种。

①不立即组织事故抢救。

②在事故调查处理期间擅离职守。

③迟报或者漏报事故。

④谎报或者瞒报事故。

⑤伪造或者故意破坏事故现场。

⑥转移、隐匿资金、财产,或者销毁有关证据、资料。

⑦拒绝接受调查或者拒绝提供有关情况和资料。

⑧在事故调查中作伪证或者指使他人作伪证。

⑨事故发生后逃匿。

⑩阻碍、干涉事故调查工作。

⑪对事故调查工作不负责任,致使事故调查工作有重大疏漏。

⑫包庇、祖护负有事故责任的人员或者借机打击报复。

⑬故意拖延或者拒绝落实经批复的对事故责任人的处理意见。

【案例10.1】 施工现场安全事故及其处理

2011 年 11 月 22 日 15 时 57 分左右,地处广东汕尾市区××在建综合楼工地发生坍塌事故,共造成 6 人死亡、7 人受伤,直接经济损失约 1 000 万元。该建筑为××培训综合楼,为地上 9 层框架结构,此次事故坍塌部分为 5 楼至顶楼中庭约 60 m² 顶盖。事故发生后,汕尾市政府成立了事故调查组,并邀请市人民检察院参加。经过调查取证、技术鉴定和现场勘察,查明了事故发生的原因、事故责任和事故的性质,并形成《××在建综合楼工地"11·22"建筑施工坍塌事故调查报告》。

调查报告称,造成坍塌事故的直接原因是高支模支撑体系搭设不符合要求、高支模支撑体系构造存在严重缺陷、高支模脚手架部分钢管壁厚尺寸和抗拉强度不合格、部分钢管脚手架扣件扭转刚度和扭矩不合格等。

调查报告还显示,坍塌事故存在多个间接原因,包括总承包商未履行安全生产主体责任,监理公司没有按照监理职责落实监理责任,建设单位没有提供由施工企业编制组织设计高支模工程等专项安全设计方案资料,建筑工程质量安全监督站没有按规定进行监督检查,住房和城乡建设部门对施工方案、项目部经理、监理公司监理人员的资质审查不认真、审核程序不规范、检查指导不力等。

在对这一事故的调查处理中,对事故发生负有直接责任的高支模支架搭设负责人在事故发生后逃匿,被司法机关抓捕归案并追究其法律责任,多名政府干部和公职人员被给予警告、记过、记大过等处分,5 个责任单位分别受到罚款、暂扣安全生产许可证、停业整顿行政处罚及通报批评等处理。

10.2　职业健康安全与环境管理

根据有关标准及企业文件要求,一般要建立和实施职业健康安全环境管理体系,充分满足项目人员的职业健康安全管理要求,有针对性地规范项目的职业健康安全和人员的职业健康安全行为,不断完善项目职业健康安全管理体系,持续改进项目职业健康安全绩效。

职业健康安全管理体系(OHSMS)与 ISO 9000 质量管理体系、ISO 14000 环境管理体系并称为三大管理体系,是目前世界各国广泛推行的一种现代安全生产管理方法,具有很强的规范性和实效性。

10.2.1　职业健康安全与环境管理体系标准

1)职业健康安全管理体系标准

①职业健康安全管理体系(OHSMS),其核心是要求组织采用现代化管理模式,使安全生产管理活动科学、规范和有效,识别健康风险,从而预防事故发生和控制职业危害。

②《职业健康安全管理体系要求》(GB/T 28001—2011)的总体结构:范围—规范性引用文件—术语和定义—职业健康安全管理体系要求。其要求内容:总要求—方针—策划—实施和运行—检查和纠正措施—管理评审。危险源识别、风险评价和风险控制策划,是企业通过职业健康安全管理体系的运行,实行事故控制的开端。

③职业健康安全管理体系的结构系统,由"职业健康安全方针→策划→实施与运行→检查与纠正措施→管理评审"五大要素构成的动态循环过程组成。其建立和运行特点体现在以下 6 个方面:

a.结构体系采用 PDCA 循环管理模式。

b.强调遵守职业健康安全相关法规。

c.重点强调以人为本,使职业健康安全管理由被动强制行为转变为主动自愿行为,从而要求组织不断提升职业健康安全管理水平。

d.内容全面、充实、可操作性强,不仅要求组织强化自我约束,而且要求组织提升社会责任感和对社会的关注度。

e.实施职业健康安全管理体系标准,组织必须对全体员工进行系统培训,强化组织内全体成员的安全意识,增强劳动者身心健康,提高职工的劳动效率,为组织创造更大的经济效益。

f.贯彻执行职业健康安全管理标准将有助于消除贸易壁垒,参与国际竞争。

2)环境管理体系标准

①环境是指组织运行活动的外部存在,包括空气、水、土地、自然资源、人,以及它们之间的相互关系。

②环境管理体系的结构系统,由"环境方针→策划→实施与运行→检查与纠正措施→管理评审"五大要素构成的动态循环过程组成。

③环境管理体系标准的应用原则如下：

a.强调自愿性原则,并不改变组织的法律责任。

b.有效的环境管理需建立并实施结构化的管理体系。

c.着眼于采用系统的管理措施。

d.环境管理体系不必成为独立的管理系统,而应纳入组织整个管理体系中。

e.实施的关键是坚持持续改进和环境污染预防。

f.必须有最高管理者的承诺和责任以及全员参与。

10.2.2　职业健康安全与环境管理要求

1)职业健康安全管理的基本要求

坚持"安全第一、预防为主"和"防治结合"的方针,建立职业健康安全管理体系并持续改进职业健康安全管理工作。施工企业法定代表人是安全生产的第一负责人,项目经理是施工项目生产的主要负责人;项目负责人和专职安全生产管理人员应持证上岗。在工程设计阶段,设计单位应对特殊结构等可能存在风险因素的环节提出安全事故预防措施和建议。在工程施工阶段,施工企业应制订职业健康安全生产技术措施计划,注意总承包单位和分包单位的职责划分。应明确和落实工程安全环保设施费用、安全施工和环境保护措施费等各项费用。施工企业应按有关规定为从事危险作业的人员在现场工作期间办理意外伤害保险。现场应将生产区与生活、办公区分离。

2)施工环境管理的基本要求

建设工程项目中防治污染的设施,必须与主体工程同时设计、同时施工、同时投产使用。防治污染的设施必须经原审批环境影响报告书的环境保护行政主管部门验收合格后,该建设工程项目方可投入生产或者使用。

10.2.3　职业健康安全与环境管理体系的建立和运行

1)职业健康安全管理体系与环境管理体系的建立

体系建立应当遵循以下步骤:领导决策,成立工作组,人员培训,初始状态评审,制订方针、目标、指标和管理方案,管理体系策划与设计,体系文件编写,文件的审查、审批和发布。

2)体系文件编写

①体系文件包括管理手册、程序文件、作业文件。

②作业文件是指管理手册、程序文件之外的文件,包括作业指导书、管理规定、监测活动准则及程序文件引用的表格。

3)职业健康安全管理体系与环境管理体系的维持

①内部审核:施工企业对其自身的管理体系进行审核,是管理体系自我保证和自我监督

的一种机制。

②管理评审：施工企业的最高管理者对管理体系的系统评价。

③合规性评价：每年进行一次的公司级评价；项目组级评价。

10.2.4 职业健康安全培训

职业健康安全体系培训包括职业健康安全管理体系文件培训和一般安全教育，培训和教育工作由项目安全部牵头组织实施。培训目的在于提高员工安全意识，使之具有在安全的环境下完成工作的能力，重点关注员工的上岗资质以及安全意识和能力，如技术员的上岗证，稽查人员的检查证和执法证等。根据项目管理人员的能力及工作需求，对于项目需要外派培训和拟请项目以外人员协助培训的，项目向公司人力资源部提出项目培训计划，按人力资源部或企划部的培训安排，组织人员参加培训。人员进场后，项目经理部、安全部和综合管理部共同组织全体管理人员（包括所属分包单位的管理人员）进行职业健康安全管理体系的培训，并做好培训记录。

职业健康安全管理体系文件培训内容包括：公司《职业健康安全手册》、程序文件及支持性文件；项目适用的职业健康安全法律、法规；项目的职业健康安全规章制度；《项目职业健康安全手册》。

项目的一般安全教育包括：入场三级安全教育、特种作业人员教育、经常性安全教育、现场安全活动、班前安全讲话、相关培训记录等。项目的各项一般安全教育由安全部统一组织、指导，各分包单位有关人员配合完成，并留存教育记录。

（1）入场三级安全教育

新进工人入场必须进行总包单位、分包单位、作业班组三级安全教育并做好记录，经总包单位安全部考试合格、登记备案后，方准上岗作业。总包级和分包级教育时间一般为15 h，班组级教育为20 h。工程项目可根据工程规模及特点对各级安全教育的时间做适当调整。

（2）特种作业人员教育

从事特种作业的人员必须经过专门的安全技术培训，经考核合格取得操作证后方可独立作业，并按特种作业人员有关管理办法要求进行年审。进入现场作业时应将有效的操作证复印件交总包安全部登记备案。项目总包单位对从事特种作业的人员要进行经常性的安全教育，并做好记录。

教育内容包括：

①特种作业人员所在岗位的工作特点，可能存在的危险、隐患和安全注意事项。

②特种作业岗位的安全技术要领及个人防护用品的正确使用方法。

③本岗位曾经发生的事故案例及经验教训。

（3）经常性安全教育

工程项目出现以下6种情况时，应对施工人员进行适时安全生产教育，做好记录，时间不少于2 h：

①因故无法完全执行安全操作规程。

②实施重大和季节性安全技术措施。

③更新仪器、设备和工具，推广新工艺、新技术。

④发生因工伤亡事故、机械损坏事故及重大未遂事故。

⑤节前假后及执行特殊施工任务。

⑥出现其他不安全因素,安全生产环境发生变化。

（4）现场安全活动

项目各分包单位每周一开始工作前应对全体在岗工人采取适当形式开展至少 1 h 的安全生产及法制教育活动。

现场安全活动的内容包括:

①上周安全生产形势、存在的问题及对策。

②最新安全生产信息。

③重大和季节性安全技术措施。

④本周安全生产工作的重点、难点和危险点。

⑤本周安全生产工作目标和要求。

（5）班前安全讲话

各作业班组长于每班工作开始前(包括夜间作业)必须对本组全体人员进行不少于 15 min 的班前安全活动交底,并做好记录。

班前安全活动交底内容包括:

①本班组安全生产须知。

②本班工作中的危险点和应采取的对策。

③上一班工作中存在的安全问题和应采取的对策。

（6）相关培训记录

①项目职业健康安全管理体系培训记录。

②现场安全教育记录。

③培训、教育考核成绩登记表。

④特种作业人员登记表。

⑤现场安全活动记录。

10.3　安全文明施工

10.3.1　安全文明施工概述

我国建筑安全文明施工管理形势依然严峻,施工现场脏、乱、差的现象十分普遍。只有大力推进安全文明施工标准化制度管理体系、施工工艺以及培训机构的建设,建立有效的激励约束机制,才能从根本上解决目前存在的问题。安全文明施工主要是体现在项目的实施过程中,项目中各参与方都要为安全文明施工承担相应的责任和义务。

10.3.2　安全文明施工管理程序

安全管理程序主要分为 4 个步骤,这 4 个步骤整体上与工程项目的全寿命周期同步进行。

1) 中标后及开工前期准备

①办理项目《安全施工许可证》《消防许可证》《环保许可证》《食堂卫生许可证》，以及食堂人员的《健康证》和《卫生培训证》；结合工程实际情况，编制《项目安全计划》。

②审核分包单位的分包合同、法人资格、安全组织保证体系与管理能力以及特种作业人员的配置情况；审核分包单位的《安全施工认可证》《管理人员安全生产资格证》《特种作业人员操作证》或《特种作业人员学习证》，以及现场作业人员的劳务用工手续(如《做工证》和《暂住证》)。

③建立安全文明施工组织保证体系、各项有关管理制度和各级人员的安全生产责任制；建立项目义务消防队和现场急救组织。

④在编制施工组织设计时要包含有关的安全生产文明施工的技术措施；编制并审核各项有关的安全措施和方案(如深基础施工、重要防护设施、高大异形架子等)。

⑤召开项目分包单位的安全技术交底会，签发安全交底书，并与各分包单位签订；组织分包单位人员进行入场安全教育(包括特种作业人员教育)、培训及年审、换证工作。

⑥按规划对现场临时建筑、大型机械、消防器材、环保设施等进行合理布置，并对分包单位划定责任区，确定责任人；建立现场周边联络办公室，指定专人负责施工扰民等沟通处理工作。

2) 施工过程管理

①督促各级各类人员落实安全生产责任制，贯彻执行有关规章制度和各项安全技术措施；组织验收临时用电工程及各项安全防护设施、机械机具、特殊材料(如保温材料等)和重要劳动保护用品；组织现场定期和不定期安全文明施工检查，及时发现问题，制止违章行为，杜绝野蛮作业，消除安全隐患。

②组织现场的日常安全教育，包括转场教育、变换工种教育、季节性施工教育、节假日施工教育和特种作业人员的定期教育等；定期组织项目的安全生产例会，掌握现场安全形势和安全动态，分析和评价各分包单位的安全工作，奖优罚劣；定期组织项目的安全活动，营造安全有序的施工环境和氛围，通过各分包单位的相互学习，提高安全管理水平。

③做好各项安全文明施工工作记录，按要求建立安全文明施工台账；接受上级有关部门的业务检查(包括"全国安全周活动"检查和创建"文明安全工地"的检查)和整改指令。

④项目部及时向公司质保部报送有关的安全与文明施工报表及相关业务汇报资料等；项目安全主管参加公司组织的安全文明施工大检查和安全系统交流会，以提高业务能力和现场管理水平。

3) 工程竣工总结

在工程竣工前整理好安全生产与文明施工有关的技术资料；做好项目安全文明施工管理工作总结，交送公司质保部。

4) 记录

施工现场责任区域划分记录表；做好施工扰民接待记录。

10.3.3　施工现场环境保护要求

1) 施工环境影响因素的识别与评价

①建筑工程施工应从噪声排放、粉尘排放、有毒有害物质排放、废水排放、固体废弃物处置、潜在的油品化学品泄漏、潜在的火灾爆炸和能源浪费等方面,对环境影响因素进行识别。

②建筑工程施工应根据环境影响的规模、严重程度、发生的频率、持续的时间、社区关注程度和法规限定等情况,对识别出的环境影响因素进行分析和评价,找出对环境有重大影响或潜在重大影响的因素,并采取切实可行的措施进行控制,减少有害的环境影响。

2) 施工现场环境保护的措施

(1) 组织措施

项目经理全面负责施工过程中现场环境保护的管理工作,成立环境保护管理组织机构,负责监督、检查、指导、服务本工程项目的环境保护管理工作,建立环境保护管理体系,责任落实到人,并保证有效运行。加强环保教育,宣传有关环保政策、知识,定期进行环保法规知识培训考核,强化职工的环保意识,使保护环境成为职工的自觉行为。

(2) 技术措施

①妥善处理泥浆水,未经处理不得直接排入城市排水设施和河流。

②除设有符合规定的装置外,不得在施工现场熔融沥青或焚烧油毡、油漆及其他会产生有毒有害烟尘和恶臭气体的物质。

③使用密封式的圈筒或采取其他措施处理高空废弃物。

④采取有效措施来控制施工扬尘。

⑤禁止将有毒有害废弃物用作土方回填。

⑥对产生噪声、振动的施工机械,应采取有效控制措施,减轻噪声扰民。

3) 施工现场环境污染的处理

(1) 大气污染的处理

①施工现场外围围挡不得低于 1.8 m。

②施工现场垃圾杂物要及时清理。

③水泥等易飞扬的颗粒建筑材料应入库密闭存放或覆盖,砂石等散料应采取覆盖措施。

④在施工前做好施工道路的规划和设置,临时施工道路基层夯实、路面硬化。

⑤禁止施工现场焚烧有毒、有害烟尘和恶臭气体的物资。

⑥拆除旧有建筑物或构筑物时要有防尘遮挡,在旱季适当洒水。针对易产生粉尘、扬尘的作业面和装卸、运输过程,制订操作规程和洒水降尘制度。在旱季和大风天气适当洒水,保持湿度。

⑦禁止在施工现场焚烧任何废物和会产生有毒有害气体、烟尘、臭气的物质,熔融沥青等有毒物质要使用封闭和带有烟气处理装置的设备。

(2) 水污染的处理

①施工现场搅拌站的污水、水磨石的污水等,必须经排水沟排放和沉淀池沉淀后再排入

城市污水管道或河流,污水未经处理不得直接排入城市污水管道或河流。

②禁止将有毒有害废弃物作土方回填,避免污染水源。

③对于现场气焊使用的乙炔发生罐产生的污水严禁随地倾倒。

④施工现场存放油料、化学溶剂等设有专门的库房,必须对库房地面和高 250 mm 墙面进行防渗处理,如采用防渗混凝土或刷防渗漏涂料等。领料使用时,要采取措施,防止油料跑、冒、滴、漏而污染水体。

⑤施工现场 100 人以上的临时食堂,应设置简易有效的隔油池。

⑥施工现场临时厕所的化粪池应采取防渗漏措施,防止污染水体。

(3)噪声污染的处理

①尽量降低施工现场附近敏感点的噪声强度,避免噪声扰民。

②在人口密集区进行较强噪声施工时,须严格控制作业时间,避开晚 10 时到次日早 6 时的作业;对环境的污染不能控制在规定范围内的,必须昼夜连续施工时,尽量采取措施降低噪声。

③建筑施工过程中场界环境噪声不得超过《建筑施工场界环境噪声排放标准》规定的排放限值。夜间噪声最大声级超过限值的幅度不得高于 15 dB(A)。

④施工场界噪声限值表:昼间 70 dB,夜间 55 dB。

⑤对主体工程采用吸声降噪板和密目网进行围挡。

⑥混凝土浇筑采用低噪声振捣设备。

⑦电锯、空压机等高噪声设备实行隔音屏障进行封闭式隔声处理。

(4)固体废物污染的处理

要综合利用固体废物,做到建筑垃圾的减量化处理;尽可能做到废弃物经分拣、剔除或粉碎后,可以作为再生资源重新利用。加强管理和维护收集、储存、运输、利用、处置固体废物的设施、设备和场所,及时清运、处置工程施工过程中产生的垃圾。并加强固体废物污染环境防治的研究与开发,推广先进的防治技术和普及固体废物污染环境的科学知识。

(5)光污染的处理

光污染处理是文明施工的重要内容之一。对施工场地直射光线和电焊眩光要控制或遮挡到位,避免对周围区域产生干扰。电焊作业应采取遮挡措施,避免电焊眩光外泄;施工现场大型照明灯安装要有俯射角度,要设置挡光板控制照明光的照射角度,应无直射光线射入非施工区;夜间施工使用的照明灯要采取遮光措施,限制夜间照明光线溢出施工场地以外范围,不对周围住户造成影响。

10.3.4　施工现场文明施工标准——以重庆为例

建筑工地应建立以项目负责人为责任人的文明施工组织管理机构,配备足够的管理人员,建立文明施工管理制度。下面以《重庆市房屋建筑和市政基础设施工程现场文明施工标准》为例进行讲解。

1)文明施工管理

在开工前,施工单位应编制文明施工组织方案,内容包括:施工总承包单位、分包单位、专业承包单位的文明施工管理工作责任和义务;文明施工责任体系、生活区文明公约和卫生责任制度；防治废气、废水、扬尘、噪声污染的措施；作业人员的饮食卫生、防暑降温、防寒保暖等防范和应急措施等。工程项目的文明施工组织方案或措施必须经监理单位、建设单位审定批准后，方可实施。

2) 施工围挡

工地必须实行围挡封闭施工，围挡可采用注水式塑料围挡、轻型板式固定围挡、半通透式活动围挡、墙柱式固定围挡等4种形式，不得使用竹笆、彩条布、砌体干码等，禁止以房代墙。围挡必须牢固稳定、连续设置。除注水式塑料围挡的高度可低于1.8 m外，其他形式的围挡高度不得低于1.8 m，且不得超过2.2 m。主城区主干道两侧范围内的工地装配式围挡高度不应低于2.5 m，次干道及其他区域工地围挡高度不应低于2.2 m。施工围挡应保持干净、整洁，围挡上不得有"乱涂写、乱张贴、乱刻画"等现象。围挡有破损、污渍的，应及时修复、清洗、见新。城市主干道和重点路段的施工围挡应采取措施进行绿化、亮化、美化。

3) 施工现场平面布置、施工标志图牌及材料堆放

建筑工地办公区、作业区、生活区在施工场地许可的情况下应分开设置，并按照施工现场平面布置图科学合理地规划布置。

施工现场必须设置进出口大门，设有门卫，有健全的出入管理制度，凭工作胸卡出入。施工现场进出口大门外应悬挂"六牌二图"，即工程概况牌、管理人员名单及监督电话牌、现场出入制度牌、安全生产牌、消防保卫牌、文明施工牌和现场平面布置图、建筑物效果图。工地应设有安全文明标语、宣传栏、读报栏、黑板报，施工危险区域或夜间施工均应设有醒目的安全警示标志，各类标牌整齐规范。施工现场应将工程项目名称，建设、监理及施工单位名称，以及工程开工、竣工时间等内容用大号字体标注在醒目位置。

施工机具设备及工地建筑材料、构件、料具、废料、建筑垃圾等建筑材料按施工现场平面布置图分类整齐堆放。建筑材料应设标识牌，标明材料名称、规格、型号、产地、保管人等，标牌标语醒目、规范、完整。易燃易爆物品应分类妥善存放。不得将各种施工机具设备和材料堆码在施工围挡外。

4) 施工现场进出口、场内道路硬化及冲洗保洁

建筑工地进出口通道设置不得超过2个。进出口通道及工地场内道路应用混凝土硬化覆盖，路面平整、坚实，能满足载重车辆通行要求。出入口内外侧应安装视频监控设施，重点拍摄车辆、人员进出场情况及车辆冲洗、冒装、撒漏、带泥上路等情况。施工现场进出口必须设置洗车池、冲洗槽、沉砂井和排水沟等车辆冲洗设施，配置高压水枪。车辆进出工地必须经冲洗干净后，方能驶出工地，严禁带泥上路。洗车池、排水沟要集中清除淤泥，污水不得外溢场内和场外。施工现场应配置专职保洁员，负责场内保洁和"门前三包"。

5) 封闭施工

与建筑施工有关的加工、制作等活动必须在施工围墙内进行，围墙外严禁堆放建筑材料和建筑垃圾。结构主体2层以上（含2层），必须采用符合安全要求的密目网进行全封闭，封闭必须高于作业面且同步进行，密目网要保持干净、整齐、牢固、无破损。施工现场使用的脚

手架钢管必须漆成黄黑相间或红白相间颜色。

6)施工现场扬尘、废气防治

施工现场的土方应集中堆放。裸露的场地和集中堆放的土方应采取覆盖、固化或绿化等措施。建筑物内施工垃圾的清运必须采用相应容器或管道运输,严禁凌空抛掷。粉尘材料必须入库保管,沙石料必须覆盖,防止扬尘。施工过程中,易产生扬尘的工序必须采取降尘措施,施工现场的浮土必须及时用湿水清扫。施工现场严禁焚烧各类废弃物。

7)临时生活设施

临时生活设施包括宿舍、食堂、厕所、淋浴房、盥洗处、医疗保健室、学习娱乐活动室等。建造临时生活设施所用的建筑材料必须符合环保、节能和消防的要求。搭设活动房应有防火、防风等措施,结构强度、刚度及稳定性必须满足安全和使用要求。活动房墙壁和屋顶应采用保温隔热材料,或采用有效的保温隔热措施,符合安全、卫生、通风、采光、防火等要求。

(1)宿舍标准

宿舍内住宿人员名单上墙。保证有必要的生活空间,室内净高不得小于 2.6 m,通道宽度不得小于 0.9 m,人均居住面积不得小于 3.5 ㎡。宿舍必须设置可开启式窗户,保证室内空气流通。宿舍内应使用钢制床架,床铺不得超过 2 层,严禁使用地铺、通铺。宿舍内应设置生活用品专柜,有条件的宿舍宜设置生活用品储藏室。宿舍地面应硬化。

(2)食堂标准

食堂应设置在距离厕所、垃圾站、有毒有害场所等污染源 20 m 以外的地方。食堂应设置独立的制作间、储藏间,门扇下方应设高度不低于 0.2 m 的防鼠挡板。制作间灶台及其周边应贴瓷砖,所贴瓷砖高度不得小于 1.5 m,地面应做硬化和防滑处理。食堂应配备消毒、冷藏和排风设施。食堂必须配备纱门、纱窗、纱罩。食堂必须符合《中华人民共和国食品卫生法》的要求,并持有《卫生许可证》,具有完善的食堂管理制度,炊事人员必须持身体健康证上岗,穿戴清洁的工作服。

(3)厕所标准

应设置通风良好的可冲洗式厕所,厕所应将门窗及照明设施安装齐全。厕所地面、墙裙、蹲坑、小便槽应贴瓷砖,蹲位之间必须设置隔板,隔板高度不得低于 0.9 m。厕所应有符合抗渗要求的带盖化粪池,厕所污水应经化粪池接入市政污水管网。男女厕所宜分设。蹲位不得少于现场职工人数的 5%。

(4)淋浴房及盥洗处标准

淋浴房、盥洗处应设置满足需要的淋浴喷头及节水龙头。淋浴房、盥洗处地面应做防滑处理。淋浴房、盥洗处应定时保证充足的热水供给。淋浴房内应设置长凳、储衣柜或挂衣架。

(5)医疗保健室标准

医疗保健室设在生活区内,要有保健医药箱,有合理的医治和急救措施。医疗保健人员必须经过培训合格,要经常性地开展卫生防病教育。

（6）卫生保洁标准

生活区内应设置带盖生活垃圾桶和清扫保洁工具,应通过建立、落实文明公约和卫生责任制,保证生活区的清洁卫生。

（7）学习娱乐活动室标准

建筑面积 8 000 m² 以上或工程造价 1 000 万元以上的施工现场,还应设置面积不小于 50 m² 的学习娱乐活动室,并配备电脑和电视以及书刊杂志等学习资料。

8）工完场清

每道工序作到"落手清",建筑垃圾集中堆放,及时清运,最多不超过 3 天。材料和工具及时回收、维修、保养、利用、归库,做到工完料净、场地清。

9）预拌混凝土的使用

按市建委有关文件规定范围必须使用预拌商品混凝土的工地,不得在现场设混凝土搅拌站。

10）人员标志标牌

施工现场所有人员要佩戴标明其姓名、职务（工种）的胸卡。有关管理人员和特种操作人员要按规定持证上岗。现场管理人员和工人戴分色或有区别的安全帽。现场指挥、质量、安全等检查监督人员应佩戴明显袖章和标志。危险施工区域应派人佩章值班。

11）消防措施

工地有严格的消防制度,有明显的防火标志和防火制度牌,配备有足够的消防器材,有满足要求的消防水源,防火疏散道路畅通,现场施工动火有审批手续和监护措施。

12）施工区域内既有管线保护

施工现场必须严格按照经过论证的管线保护专项施工方案进行施工作业,并采取有效保护措施,不得损坏施工区域内的电力、通信、给排水、油、天然气等既有管线设施。

13）对周边建、构筑物的影响

施工过程中,对周边既有的建、构筑物要采取必要的保护措施,不得危及周边既有建、构筑物的安全。

14）占道施工管理

需占道施工的建筑工地,施工现场要有经过审批的科学、合理的交通组织方案,并严格按照审批同意的交通组织方案,认真做好施工围挡设置、建筑原材料堆放、施工路段交通引导标志设置以及分流线路的交通基础设施及安全设施设置等工作,并抓紧组织施工机械和劳动力,尽快完成施工作业,尽可能减轻施工占道对道路交通造成的影响。对涉及施工占道情况的,施工现场应建立义务交通组织机构,配备义务交通人员,协助交警指挥行人和车辆通行,确保施工、行人和车辆安全。

15)运输管理

施工现场运送各种材料、预拌混凝土、垃圾、渣土等易撒漏物质,应采用合格的密闭车辆进行运输,防止建筑材料、垃圾和工程渣土飞扬、洒落和流溢,保证行驶途中不污染道路和环境,不影响市容卫生,建筑渣土实行准运证制度,运输车辆应按规定办理《建筑渣土准运证》,按规定线路运输到指定渣场弃放。

16)园林绿化和文物保护

遵守园林绿化和文物保护的有关规定,不得随意砍伐树木、毁坏绿地、损坏文物。要尽可能用盖土防尘网覆盖泥土,绿化、美化施工现场。

17)噪声控制

按照建筑施工噪声管理的有关规定,积极采取措施,控制施工噪声,做到施工不扰民。施工作业时间应控制在 6:00—22:00,因施工工艺或其他特殊原因确需延长施工时间的,必须经有关主管部门批准同意,并采取有效降噪措施。

18)治安秩序

工地有健全的治安保卫制度,责任分解到人,工作人员遵守国家有关法律法规,工地内治安秩序良好,无各种治安事件发生。

19)污水处置

施工现场作业区应设置生产污水排水管(沟)和集水井,车辆进出口应设置三级沉淀池等,沉淀池中积存的污泥应定期清理。生活区应设置化粪池,确保生活污水经沉淀后排入城市污水管网;化粪池应定期进行清掏,并按照环境卫生有关规定要求进行收集转运;化粪池容量应与清运频率适应,确保生活污水不外溢。

【本章小结】

施工现场的管理要突出安全施工责任制,施工现场参与各方要强化自己的安全职责,通过施工项目现场安全生产保证体系和安全技术措施等提升安全管理水平。建立和实施职业健康安全管理体系,始终体现“安全第一,预防为主,遵章守法,全员参与”的管理思路,充分满足从业人员等相关方的职业健康安全管理要求,有针对性地规范项目的职业健康安全状况和人员的职业健康安全行为,不断完善项目职业健康安全管理体系,持续改进项目职业健康安全绩效。

【习题研讨】

1.简述工程安全管理的要素与基本原则。

2.简述施工现场参与各方的安全职责内容。

3.简述施工项目现场安全生产保证体系。

4.简述常用的施工项目安全技术措施。

5.简述安全事故的分类、等级及处理。

第 11 章

SHOUWEI

GUANLI

收尾管理

【本章导读】

★ 本章主要介绍工程项目竣工验收及其作业程序、工程项目交付与收尾、工程项目后评价等内容。

【本章重点】

★ 工程项目竣工验收的条件和标准
★ 工程项目竣工验收的程序
★ 工程项目保修费用的承担
★ 工程项目后评价的程序、方法和内容

工程项目收尾管理是对项目的竣工收尾、试运行、竣工验收、竣工结算、竣工决算、考核评价、回访保修等活动进行的计划、组织、协调和控制,是工程项目管理全过程的最后环节。

11.1 工程项目竣工验收概述

工程项目竣工验收是我国工程建设的一项基本法律制度。工程项目竣工验收是依照国家有关法律、法规及工程建设规范、标准,完成工程设计文件要求和合同约定的各项内容,建设单位已取得政府主管部门(或其委托机构)出具的工程施工质量、消防、规划、环保、城建等验收文件或准许使用文件后,组织工程竣工验收并编制完成《建设工程竣工验收报告》。工程项目竣工验收是施工全过程的最后一道程序,是建设投资成果转入生产或使用的标志,也是全面考核投资效益、检验设计和施工质量的重要环节。

具体来说,在工程施工完毕后,由建设单位组织各部门人员对竣工工程进行检查和认证。建设单位负责组织竣工验收小组,验收组组长由建设单位法人代表或其委托的负责人担任。验收组副组长至少有一名工程技术人员担任。验收组由建设单位上级主管部门、建设单位项目负责人、建设单位项目现场管理人员及勘察、设计、施工、监理单位与项目无直接关系的技术负责人或质量负责人组成,建设单位也可邀请有关专家参加验收。

工程项目竣工验收可分为检验批、分项工程验收、分部工程验收、单位工程验收、单项工程验收和建设项目验收六种。其中,检验批是竣工验收的最小单位,主要针对复杂的大型项目。对于规模小、施工内容简单的工程项目,验收小组可以进行一次性建设项目验收。

工程项目竣工验收的交工主体是施工单位,验收主体是项目法人,竣工验收的客体应是设计文件规定、施工合同约定的特定工程。工程项目竣工验收能够帮助验收主体检验工程是否达到有关标准,是否满足客户的基本使用功能,是否还存在其他不足等。

11.1.1　竣工验收的范围

凡列入固定资产计划的建设项目或单项工程,按照批准的设计文件(初步设计、技术设计或扩大初步设计)所规定的内容和施工图纸的要求建成,具备生产和使用条件,无论新建、改建、扩建和迁建性质,都要经建设单位及时组织验收,并办理固定资产交付使用的转账手续。工程竣工验收的内容不仅包括工程实体的验收,还包括工程档案的验收。

有的建设项目(工程)基本符合竣工验收标准,只是在零星土建工程和少数非主要设备方面未按设计规定的内容全部建成,但不影响其正常生产,也应办理竣工验收手续。对剩余工程,应按设计留足资金,限期完成。有的项目在投产初期不能立刻达到设计能力所规定的产量,项目投资方不能因此拖延办理验收和移交固定资产手续。

有些建设项目或单项工程,已形成部分生产能力或实际上在生产方面已经投入使用,近期不能按原设计规模续建的,应从实际情况出发,缩小规模,报主管部门(公司)批准后,对已完的工程和设备,尽快组织验收。

11.1.2　工程竣工验收的条件及依据

建设单位在收到施工单位提交的工程竣工报告,并具备以下条件后,方可组织勘察、设计、施工、监理等单位有关人员进行竣工验收。

①完成建设工程设计和合同约定的各项内容。

②有完整的技术档案和施工管理资料。

③有工程使用的主要建筑材料、建筑构配件和设备的进场试验报告。

④有勘察、设计、施工、监理等单位分别签署的质量合格文件。

⑤有施工单位签署的工程保修书。

竣工验收的主要依据包括:

①上级主管部门对该项目批准的各种文件。包含设计任务书,用地、征地、拆迁文件等。

②可行性研究报告,初步设计文件及批复文件。

③施工图设计文件及设计变更洽商记录。

④双方签订的施工合同。施工合同具有法律效力。工程竣工验收时,可以对照合同约定的主要内容,检查承包人和发包人的履约情况,有无违约责任等。

⑤设备技术说明书。它是进行设备安装调试、检验、试车、验收和处理设备质量、技术等

问题的重要依据。

⑥国家颁布的现行的施工质量验收标准及规范。

工程质量检验评定标准及验收规范主要有：

①建筑工程施工质量验收统一标准(GB 50300—2013)。

②建筑地基基础工程施工质量验收标准(GB 50202—2018)。

③砌体结构工程施工质量验收规范(GB 50203—2011)。

④混凝土结构工程施工质量验收规范(GB 50204—2015)。

⑤钢结构工程施工质量验收标准(GB 50205—2020)。

⑥木结构工程施工质量验收规范(GB 50206—2012)。

⑦屋面工程质量验收规范(GB 50207—2012)。

⑧地下防水工程质量验收规范(GB 50208—2011)。

⑨建筑地面工程施工质量验收规范(GB 50209—2010)。

⑩建筑装饰装修工程质量验收规范(GB 50210—2018)。

⑪建筑给水排水及采暖工程施工质量验收规范(GB 50242—2016)。

⑫通风与空调工程施工质量验收规范(GB 50243—2016)。

⑬建筑电气工程施工质量验收规范(GB 50303—2015)。

⑭电梯工程施工质量验收规范(GB 50310—2002)。

国家规定,凡有引进技术和引进设备的建设项目,要做好引进技术和引进设备的图纸、文件的收集和整理工作,交档案部门统一管理。

11.2　竣工验收标准

建设工程项目门类很多,要求各异,竣工验收标准有区别。一般有土建工程、安装工程、人防工程、管道工程、桥梁工程、电气工程及铁路建筑安装工程等验收标准。对竣工验收而言,符合工程建设强制性标准、设计文件和施工合同的规定,是必须遵守的准则,如表11.1所示。

表11.1　竣工验收的质量标准

合同约定的 工程质量标准	合同约定的质量标准具有强制性,合同的约束规范承发包双方的质量责任和义务,承包人必须确保工程质量达到验收标准,不合格不得交付验收和使用。
单位工程竣工 验收的合格标准	合格标准是工程验收的最低标准,不合格一律不允许交付使用。单位工程必须符合各专业质量验收标准的规定,一般包括: ①单位(子单位)工程所含分部(子分部)工程的质量均应验收合格。 ②质量控制资料应完整。 ③单位工程所含分部工程有关安全和功能的检测资料应完整。 ④主要功能项目的抽查结果应符合相关专业质量验收规范的规定。 ⑤观感质量验收应符合要求。

续表

单项工程达到使用条件或满足生产要求	某个单项工程已按设计要求完工，即每个单位工程都已竣工、相关配套工程整体收尾已完成，工程质量经检验合格，竣工资料整理符合规定，能满足生产要求或具备使用条件，发包人可组织竣工验收。
建设项目能满足建成投入使用或生产的各项要求	全部子项工程已完成，符合交付竣工验收的要求。在此基础上，项目能满足使用或生产要求并达到以下标准： ①生产性和辅助公用设施，已按设计要求建成，能满足生产使用要求。 ②主要工艺设备配套，设施经试运行合格，具备生产能力，能产出设计文件规定的产品。 ③必要的设施已按设计要求建成。 ④生产准备工作完成，能适应投产需要。 ⑤其他环保设施、劳动安全卫生、消防系统已按设计要求配套建成。

更新改造和大修理项目，可以根据工程性质，参照国家标准或有关标准，结合实际情况，由业主与承包商共同商定，提出适用的竣工验收标准。

11.3　工程项目竣工验收的程序

竣工验收程序包括竣工验收准备、编制竣工验收计划、组织现场验收、进行竣工结算、移交竣工资料、办理交工手续等。

竣工验收准备包含：依据合同法律规定，施工单位在规定的时间内完成合同约定的施工任务；依据城建档案归档规定，建设单位通知城建档案机构对有关工程的施工技术、材料、工程质量保证资料、工程检验评定资料以及其他资料进行归档，进行资料预验收；依据建筑工程安全生产监督管理法规，施工单位通知建设工程安全监督站进行安全生产和文明施工方面的验收评价。此外，施工单位还要组织竣工验收班子；制订、落实和检查项目竣工收尾计划；对已完工程进行自检；进行竣工验收预约，提交竣工验收通知书。

编制竣工验收计划可以作为现场验收的依据，一般包括竣工项目名称、验收小组成员名单、验收时间、验收工作程序安排、验收工作要求和实物质量检查要求等内容。

在组织现场验收中，承包人确认工程竣工、满足竣工验收各项要求，经监理单位认可签署意见后，向发包人提交《工程验收报告》。发包人收到后，应组织勘察、设计、施工、监理等单位进行竣工验收，做出验收结论，并形成《工程竣工验收报告》。参与竣工验收的各方负责人应在竣工验收报告上签字并盖单位公章。

围绕竣工结算，承包人在规定的时间内向发包人递交工程竣工结算报告及完整的结算资料。编制竣工结算报告依据下列资料：

①施工合同。

②中标投标书的报价单。

③施工图及设计变更通知单、施工现场变更记录。

④工程所在地的预算定额、取费定额及调价规定。

⑤有关施工技术资料。

⑥工程竣工验收报告。

⑦工程质量保修书。

⑧工程签证及其他有关资料。

在编制竣工结算报告和结算资料时,应遵循下列原则:

①以单位工程或合同约定的专业项目为基础,应对原报价单的主要内容进行检查和核对。

②发现有漏洞、计算误差的,要及时修改。

③多个单位工程构成的施工项目,应将各单位工程竣工结算书汇总编制单项工程竣工综合结算书。

④多个单项工程构成的建设项目,应将各单项工程综合结算书汇总编制建设项目总结算书,并撰写编制说明。

工程竣工结算报告和结算资料,应按规定报企业主管部门审定,加盖专用章,在竣工验收报告认可后,在规定的期限内递交发包人或其委托的咨询单位审查。项目经理应按照《项目管理目标责任书》规定,配合企业主管部门督促发包人及时办理竣工结算手续。发包人应在规定期限内支付工程竣工结算价款。工程竣工结算后,承包人应将工程竣工结算报告及完整的结算资料纳入工程竣工资料,及时归档保存。

移交的竣工资料应包括工程施工技术资料、工程质量资料、工程检验评定资料、竣工图及规定的其他应交资料。有关的整理应符合以下要求:

①工程施工技术资料的整理应始于工程开工,终于工程竣工,真实记录施工全过程。可按形成规律收集,采用表格方式分类组卷。

②工程质量保证资料的整理应按专业特点,根据工程的内在要求进行分类组卷。

③工程检验评定资料的整理应按单位工程、分部工程、分项工程的划分顺序,进行分类组卷。

④竣工图的整理应区别情况,按竣工验收的要求组卷。

交付竣工验收的施工项目必须有与竣工资料目录相符的分类组卷档案。承包人向发包人移交由分包人提供的竣工资料时,应检查验证手续是否完备。

最后是办理交工手续。工程项目已正式组织竣工验收,建设、设计、施工、监理和其他相关单位已在工程竣工验收报告上签认,工程竣工结算已办完,这时承包人应与发包人办理工程移交手续,签署工程质量保修书。办完交工手续,项目经理部应及时撤离施工现场,解除全部管理责任。

11.4　工程项目交付与收尾

工程项目交付与收尾是工程建设的最后阶段,没有这个阶段,工程项目就不能正式投产使用,不能完全发挥投资效能,业主也就无法从投资中获得收益。

11.4.1　工程项目交付

工程项目经竣工验收合格后,建设单位应组织施工单位、监理单位、物业公司对项目进行承接查验,确认合格后正式交付管理。工程项目交付包括工程实体移交和竣工资料移交两部分。项目移交方和项目接收方在项目移交报告上签字,项目移交报告形成即表明项目移交的结束。

交付过程建设单位应履行的职责包括:组织监理、施工单位编写一份移交计划;负责成立移交小组,成员包括建设单位、物业公司、施工单位、监理单位、总包单位、各相关分包单位等;负责组织工程移交验收并办理移交手续;负责组织移交后的工程交底,对重要设备的使用进行相关培训;负责落实并督促施工单位进行整改,确保工程达到移交的标准。

施工单位在交付过程应履行的职责包括:安排人员对工程实体进行清洁、检修、封闭;成立整改小组,确定移交及整改负责人,参与移交验收;对验收中提出的整改问题严格按照承诺时限组织人员进行整改,满足复验要求。

监理单位参加物业移交验收,参与移交检查,负责监督施工单位的整改。物业公司负责成立物业接管验收小组,组织人员对工程进行移交验收,移交合格后签字确认。

11.4.2　工程项目竣工资料的移交与归档

工程实体验收合格以后,需要对工程资料进行移交和归档管理。城建档案管理机构应对工程文件的立卷归档工作进行监督、检查、指导。在工程竣工验收前,对工程档案进行预验收,验收合格后出具工程档案认可文件。

在工程文件与档案的整理立卷、移交验收工作中,建设单位应履行以下职责:在工程招标及与勘察、设计、施工、监理等单位签订协议、合同时,对工程文件的套数、费用、质量、移交时间等提出明确要求;收集和整理工程准备阶段、施工阶段、竣工验收阶段形成的文件,并进行立卷归档;负责组织、监督和检查勘察、设计、施工、监理等单位的工程文件的形成、积累和立卷归档工作。也可委托监理单位监督、检查工程文件的形成、积累和立卷归档工作;收集和汇总勘察、设计、施工、监理等单位立卷归档的工程档案;在组织工程竣工验收前,提请当地的城建档案管理机构对工程档案进行预验收;未取得工程档案验收认可文件,不得组织工程竣工验收;对列入城建档案馆(室)接收范围的工程,工程竣工验收后 3 个月内,向当地城建档案馆(室)移交一套符合规定的工程资料。

勘察、设计、施工、监理等单位在工程文件档案管理工作中应履行的职责包括:勘察、设计、施工、监理等单位应将本单位形成的工程文件立卷后向建设单位移交。建设工程项目实行总承包的,总包单位负责收集、汇总各分包单位形成的工程档案,并应及时向建设单位移交;各分包单位应将本单位形成的工程文件整理、立卷后及时移交总包单位。建设工程项目由几个单位承包的,各承包单位负责收集、整理立卷其承包项目的工程文件,并及时向建设单位移交。

11.4.3　工程项目的质量保修与回访

工程项目质量保修是指工程竣工验收后在保修期内出现质量缺陷或者质量问题,由施工单位依照法律规定或合同约定予以修复。工程承包单位在向建设单位提交工程竣工验收报告时一并提交质量保修书,保修书中应明确工程的保修范围、保修期限、保修责任、保修费用。

(1)工程保修期限

我国根据建筑物的主要部位和非主要部位的使用年限不同,对保修期给出不同的规定,并且各分部分项工程的具体保修年限由承发包双方在招投标过程中谈判,或在设定具体合同时进行约定。按照《建设工程质量管理条例》规定,在正常使用条件下,建设工程最低保修期限为:基础设施工程、房屋建筑的地基基础工程和主体结构工程,为设计文件规定的该工程的合理使用年限(我国规定一般性建筑为50年,纪念性建筑为100年);屋面防水工程、有防水要求的卫生间、房间和外墙面的防渗漏工程为5年;供热与供冷系统,为2个采暖期、供冷期;电线管线、给排水管道、设备安装和装修工程为2年;其他项目的保修期由发包人和承包人约定。

建设工程的保修期,自竣工验收合格之日起计算。分项验收的工程,按单项工程分别计算保修期。

(2)工程质量保修责任

工程质量保修责任的划分原则是"谁造成的问题谁承担"。工程在保修范围和保修期限内出现的问题,由施工单位来履行保修责任;因使用不当或第三者及不可抗力事件造成的质量缺陷则不属于保修范围。建设单位和施工单位就工程质量保修事宜,应遵守基本程序:若建设工程在保修期限内出现质量缺陷,建设单位应当向施工单位发出保修通知。施工单位接到保修通知后,应当到现场核查情况,并在保修书中约定的时间内予以保修。发生涉及结构安全或者严重影响使用功能的紧急抢修事故,应当立即到达现场抢修。施工单位不按工程质量保修书履行保修责任的,建设单位可以另行委托其他单位保修,由原施工单位承担相应责任。

(3)保修费用

保修费用由质量缺陷的责任方承担。出现质量缺陷后要根据具体情况认定责任人,由其承担相关费用。施工单位是保修义务人,但是承担保修义务并非一定要承担保修费用。《建筑法》规定:保修费的处理,必须根据修理项目的性质、内容等多种因素的实际情况,各方按责任承担相关的保修费用。一般由建设单位和施工单位共同协商处理费用问题。

通常按下述原则处理:

①施工单位未按国家有关规范标准和设计要求施工所造成的质量缺陷,由施工单位负责修理并承担费用。

②由于设计问题造成的质量缺陷,由设计单位承担相应的经济责任。先由施工单位负责修理,其费用按有关规定通过建设单位向设计单位索赔。

③因建筑材料设备等质量不合格引起的质量缺陷,属于施工单位采购的或经其验收同意的,由施工单位承担经济责任;属于建设单位采购的,由建设单位承担经济责任。

④因建设单位(含监理单位)错误管理而造成的质量缺陷,先由施工单位负责维修,其经济责任由建设单位承担;如属监理单位责任,则由建设单位向监理单位索赔。

⑤因使用单位使用不当造成的房屋损坏问题,由使用单位自行负责。

⑥因自然灾害和社会条件等不可抗力造成的房屋损坏,不管是否在保修期内,修理所发生的费用均由建设单位承担。

⑦在保修期间,因工程质量不合格而给用户造成损失,受损者有权向责任者要求赔偿,责任者不仅要做好修理工作,而且应承担相应的赔偿责任。

（4）工程质量保修金

工程质量保修金是指发包人与承包人在建设工程承包合同中约定或承包人在工程保修书中承诺,在建筑工程竣工验收交付使用后,从应付的建设工程款中预留的用于维修建筑工程在保修期限和保修范围内出现的质量缺陷的资金。比例一般为建设工程款的 3%~5%（具体比例可以在合同中约定）。

（5）工程质量保证金

工程质量保证金是指发包人与承包人在建设工程承包合同中约定,从应付的工程款中预留,用于保证承包人在缺陷责任期内对建设工程出现的缺陷进行维修的资金。所谓的缺陷是指建设工程质量不符合工程建设强制性标准、设计文件及承包合同的约定。缺陷责任期一般为 6 个月、12 个月或 24 个月,具体可由发承包双方在合同中约定。在保修期内,如发包方被撤销,保证金随交付使用资产一并移交使用单位管理,由使用单位代行发包人职责。

发包人应按照合同约定方式预留保证金,保证金总预留比例不得高于工程价款结算总额的 3%。合同约定由承包人以银行保函替代预留保证金的,保函金额不得高于工程价款结算总额的 3%。

在发包人与承包人的合同中,应对保修金的事项进行约定,比如保证金预留、返还方式;保证金预留比例、期限;保证金是否计付利息,如计付利息,利息的计算方式;缺陷责任期的期限及计算方式;保证金预留、返还及工程维修质量、费用等争议的处理程序;缺陷责任期内出现缺陷的索赔方式;逾期返还保证金的违约金支付办法及违约责任。

在缺陷责任期内,承包人认真履行合同约定的责任,到期后承包人向发包人申请返还保证金。发包人在接到承包人返还保证金申请后,应于 14 日内会同承包人按照合同约定的内进行核实,如无异议,发包人应当在核实后 14 日内将保证金返还给承包人,逾期支付的,从逾期之日起,按照同期银行贷款利率计付利息,并承担违约责任。发包人在接到承包人返还保证金申请后 14 日内不予答复,经催告后 14 日内仍不予答复,视同认可承包人的返还保证金申请。发包人和承包人对保证金预留、返还以及工程维修质量有争议,按承包合同约定的争议和纠纷解决程序处理。

（6）工程项目回访

在项目保修期内,施工单位应对竣工移交的工程进行回访,听取使用单位对施工工程质量、功能的意见和建议,发现问题及时加以补救,不断提高管理水平和信誉。一般工程在保修期内至少应回访一次;大中型项目、重点项目、有质量问题隐患的项目,应派常驻代表观察质量变化情况,发现问题能够做到及时反馈。回访的方法可以采用书信、面谈、实测等多种手段。一般由业主单位组织座谈会,由施工单位组织生产、技术、质量等方面的人员参加,检查建筑物和设备的使用情况。

回访方式一般有:季节性回访,大多是雨季回访房屋、墙面的防水情况;冬季回访采暖系统的情况;技术性回访,了解施工中所采用的新材料、新技术、新工艺、新设备等的技术性能和使用后的效果;保修期届满前的回访,标志着保修期即将结束,业主单位将承担对建筑物的维修责任。

11.5 工程项目后评价

在工程项目建设完成并投入使用或运行一段时间后,对建设目的、执行过程、效益和影响所进行的分析和总结,以不断地提高投资决策水平和投资效益。通过对投资活动实践的检查总结,确定投资的预期目标是否达到、项目是否合理有效、项目的主要效益指标是否实现等。通过分析评价,找出成败的原因,总结经验教训。通过及时有效地反馈信息,为被评项目使用过程中出现的问题提出改进建议。

11.5.1 工程项目后评价的基本内容

项目后评价包括技术、财务、经济、环境、社会和管理6个方面。

(1)技术效果评价

对已采用的工艺技术与装备水平的分析与评价,主要包括技术的先进性、适用性、经济性、安全性。从设计规范、工程标准、工艺路线、装备水平、工程质量等方面分析项目所采用的技术达到的水平,包括国际水平、国内先进水平、国内一般水平,评价技术先进性。从技术难度、当地技术水平及配套条件、人员素质和技术掌握程度分析,特别是维护保养技术和装备的配套情况,评价技术适用性。对照行业的主要技术经济指标,如单位生产能力投资、单位运营成本、能耗及其他主要消耗指标、环境和社会代价等,说明项目技术经济指标在国内同行业所处的地位,以及项目所在地的技术水平等,评价技术经济性。通过项目实施运营数据,分析所采用技术的可靠性、主要技术风险、安全运营水平等,得出技术安全性。

(2)财务效益分析

财务效益分析包含盈利性分析、清偿能力分析和生存能力分析。需要注意的是:在后评价中采用数据不能简单地使用实际数,而应将实际数中包含的物价指数扣除,使之与前评价中的各项评价指标在评价时点和计算范围上都可比。

盈利性分析要用项目投资和项目资本金现金流量表,计算内部收益率、净现值等指标;通过利润与利润分配表可以计算总投资收益率、资本金净利润率等指标,反映项目和投资者的获利能力。

清偿能力分析主要通过编制资产负债表、借款还本付息计算表,计算资产负债率、利息备付率、偿债备付率等指标,反映项目偿债能力。

生存能力分析根据现金流量表计算项目净现金流量、累计盈余资金等指标,反映项目自身是否有足够的净现金流量维持正常运营,以实现财务的可持续性。

(3)经济效益分析

经济效益分析通过编制项目经济效益和费用流量表,计算经济盈利性指标,此外还要分析项目的建设对当地经济发展、所在行业和社会经济发展、收益分配公平、对提高当地就业率、推动本地区、本行业技术进步的影响。经济后评价结果需要与前评估指标进行对比。

(4)环境影响后评价

环境影响后评价是指对照项目前期评估批准的《环境影响报告书》,重新审查项目环境影响的实际结果。审核项目环境管理的决策、规定、规范、参数的可靠性和实际效果,实施环境影响评价应遵守国家的环保要求,对可能产生突发性事故的项目进行预测分析。若项目生产或使用对人类和生态危害极大的物品,或处于环境高度敏感的地区,或项目已经发生严重污染事件,要编制单独的项目环境影响评价报告。环境影响后评价内容包括项目的污染控制、区域的环境质量、自然资源的利用、区域的生态平衡和环境管理能力。

（5）社会影响评价

社会影响评价常用的方法是定量和定性结合,以定性为主。在众多要素分析评价的基础上,开展社会影响综合评价。综合评价可以采用多目标评价法和矩阵分析法,具体包括:

①就业影响:主要指对就业的直接影响,计算公式如下:

$$单位投资就业人数 = \frac{新增就业人数}{项目总投资}$$

其中,新增就业人数包括项目及其相关的新增就业人数;项目总投资包括直接和间接投资。

②地区收入分配影响:项目对所在地的收入分配的影响。

③居民生活条件和生活质量影响:包含收入变化,人口和计划生育,住房条件和服务设施,教育和卫生,营养和体育活动,文化、历史和娱乐等。

④受益者范围及其反应:对照原定的受益者,分析项目真正受益者情况,投入和服务是否到达原定的对象,项目实际受益者的人数占原定目标的比例,受益者人群受益程度,受益者范围是否合理。

⑤各方面参与状况:主要分析当地政府和居民对项目的态度,对项目计划、建设和运行的参与程度,正式或非正式的参与机制是否建立等。

⑥地方社区发展:分析项目对所在地的城镇和社区基础设施建设和未来发展的影响,对社区治安、社区福利、社区的组织管理机构等的影响。

⑦妇女、民族和宗教信仰:包括对妇女的社会地位、少数民族和民族团结、当地人民的风俗习惯和宗教信仰等的影响。

（6）管理效果评价

管理效果评价是重点分析评价项目建设和运营中的组织结构及能力。其内容包含组织结构形式评价,组织人员的评价,组织内部沟通、交流机制的评价,激励机制及员工满意的评价,组织内部利益冲突调停能力的评价,组织机构的环境适应性评价。

11.5.2　工程项目后评价的程序和方法

1）后评价程序

工程项目后评价一般包含以下5个步骤。

一是自我评价。由项目组织内部进行,通常以项目总结会的形式开展,通过对项目的整体总结、归纳、统计、分析,找出实施过程、结果等方面与计划的偏差,并予以分析。其交付成果为项目总结报告。自我评价注重项目和项目成果本身,侧重找出项目在实施过程中的变化,以及变化对项目各方面的影响,分析变化原因,总结经验教训。

二是成立项目后评价小组。一般由项目组之外的人员组成(来自项目所属的业务部门、上级主管部门、第三方评价咨询机构或外聘专家)。评价小组要站在管理的角度评价项目的管理业绩和产生的效益。

三是信息收集。项目后评价小组依据项目总结报告审查项目管理部、财务部、业务部等部门记载和递交的项目记录和报告,查阅项目各时段的文档资料,访问项目关系人,尤其是向客户或用户了解项目产品的质量、问题和影响,对这些信息进行综合分析。

四是实施评价。为微观决策服务的后评价内容比较具体,如涉及项目的各方面管理行为的评价、进度管理评价、成本管理评价、人力资源管理评价、客户管理评价、质量管理评价、责任人业绩评价、效益和前景评价等。每一方面的评价可以细分为一些问题和条件,定制成几种便于操作的评分表,以便进行量化评价。

五是形成报告。后评价小组根据评分标准及评价模型对项目进行整体评价,形成评价报告。通过规定的渠道汇报给各个方面,以起到应有的评价现实项目、支持后续项目的目的。

2) 后评价方法

在项目后评价中,最基本也是最重要的方法有以下 3 种。

①前后对比法:将项目实施前(即项目可行性研究和评估时)所预测的效益和作用与项目竣工投产运行后的实际结果相比较,找出变化和原因。这种对比是进行后评价的基础,特别是对项目财务评价和工程技术的效益分析是不可或缺的。

②有无对比法:将项目实际发生的情况与若无项目可能发生的情况进行比较。因对项目区的影响不仅是项目本身的作用,对比的重点是要分清项目作用的影响和项目以外(或非项目)作用的影响。这种对比方法在前期评价中常用于技术改造项目。在后评价中有所不同的是,采用的基础数据是项目投产后的实际数据。

③目标树-逻辑框架法:从确定待解决的核心问题入手,向上逐级展开,得到影响及后果,向下逐层推演,找出其产生的原因,得到所谓的"问题树"。将问题树进行转换,即将问题树描述的因果关系转换为相应的手段——目标关系,得到所谓的"目标树"。目标树形成后,通过"规划矩阵"来完成进一步的工作。

【案例 11.1】 ××项目工程管理后评价报告

(1)项目概况

××项目分两期开发,一期建筑面积 3.5 万 m²,由 21 栋联排别墅和 1 栋会所组成,联排别墅为地下 1 层,地上 3 层。二期建筑面积 3.3 万 m²,由 14 栋联排别墅及 2 栋 9 层小高层组成,别墅结构形式同一期。

(2)项目管理架构

项目总监 1 人,项目总监是项目发展质量的第一负责人,具体包括:项目盈利水平、成本控制、进度控制、完成重大节点目标、工程质量、安全文明施工、项目制度和人才建设,帮助项目经理协调公司职能部门配合工作。

项目经理 1 人,项目经理协助项目总监进行项目管理,负责项目日常管理工作,全过程参与项目运作的各个环节,是项目发展质量的第二责任人,全面协调和推进项目发展质量和进度,把控好项目发展的各关键节点,严格进行现场质量管理和安全文明施工。

项目副经理 1 人,具体负责项目现场施工管理,重点控制项目施工组织策划、现场工程质量、进度和安全文明施工管理。

项目专业工程师若干，其中包括项目土建工程师、项目机电工程师、文员各1人。

各部门派驻项目专业人员若干，其中包括建筑师1~2人，项目策划师1人，项目合约工程师1~2人，项目配套报建工程师1人。上述各部门专业人员除遵守本部门管理制度和岗位职责外，同时受项目经理领导和考核，对项目发展质量负责，其考核由所在部门和项目发展部共同完成，权重各占50%。

（3）项目进度与计划

①项目发展计划与执行情况的对比，如表11.2所示。

表11.2　项目发展计划与执行对比

序　号	进度目标节点	计划完成时间	实际完成时间	延迟完成/天
1	规划设计方案定稿	2015-3-22	2015-3	0
2	施工图完成	2015-4-13	2015-4	0
3	项目开工	2015-4-17	2015-4-5	−12
4	售楼准备工程完成	2015-8-31	2015-8-28	−3
5	项目开盘	2015-9-18	2015-9-17	−1
6	项目竣工验收	2015-11-30	2015-12-30	30
7	交房入住	2016-6-30	2015-4-30	−60

②一期实际施工进度，如表11.3所示。

表11.3　一期实际施工进度一览表

序　号	工作内容	开始时间	完成时间	持续时间/天
1	会所开放	2015-4-5	2015-7-18	100
2	样板区开放	2015-4-10	2015-8-28	138
3	最后一栋别墅封顶	2015-6-16	2015-10-20	124
4	室外工程	2015-9-30	2016-2-28	150
5	质检验收	2015-12-30	2015-12-30	1
6	规划验收	2016-3-1	2016-3-1	1
7	通水、通电	2016-4-1	2016-4-1	1
8	交房入住	2016-4-15	2016-4-30	15

③二期实际进度,如表11.4所示。

表11.4　二期实际进度情况一览表

序　号	工作内容	开始时间	完成时间	持续时间/天
1	小高层打桩	2016-2-1	2016-2-28	27
2	别墅土方开挖	2016-3-5	2016-4-10	35
3	最后一栋别墅封顶	2016-5-20	2016-8-20	90
4	室外工程	2016-9-30	2017-1-30	120
5	质检验收	2016-12-8	2016-12-8	1
6	规划验收	2017-2-1	2017-2-1	1
7	通水、通电	2017-5-10	2017-5-10	1
8	交房入住	2017-5-20	2017-5-30	10

(4)项目发展进度对比分析

上述一期项目发展实际进度与计划进度差别比较大,主要原因有以下3个方面。

①计划编排不合理。在规划阶段编制的项目进度计划没有真实反映别墅项目栋数多的特点,而是简单编制了一栋别墅的进度计划,来代表21栋别墅的整体计划。这说明当时项目部对别墅项目特点认识不清,没有准确把握其发展规律。按照原计划,××一期于2015年6月开工,9月底即可达到单体竣工,与实际情况差别很大。由此,项目部认识到别墅工程的计划编排需根据施工班组的实际操作惯例,结合周转材料合理投入,综合考虑流水施工、现场平面布置等,是一项非常复杂且不确定因素较多的工作,应高度认真对待。

②没有考虑当地进城务工人员有回家农忙的习惯。在一期工程进行中,出现两次较大规模劳动力减员情况。原因是进城务工人员回家农忙,即收割庄稼,分别发生在5月中下旬和9月下旬,每次均需20天左右才能恢复正常生产。这可能与近几年我国大量农村劳动力外出打工造成农村无人务农情况有关,之后两年这种情况仍旧每年都发生。甚至有的进城务工人员回去农忙时在家乡找到其他工作机会,就没有再回来。

③土建施工单位没有别墅施工经验。由于土建施工单位缺乏别墅施工经验,同样对别墅施工特点没有认真分析和把握,导致盲目乐观,在出现问题后也没有对症下药。公司的第四代产品的特点之一是外立面复杂,加之有类似别墅项目施工经验的施工单位不多。由于别墅项目的施工难度和复杂性,大部分施工单位都不愿意参加投标。××一期总包单位之一中建四局六公司在上海时就参加过另一工程的施工,施工进度、配合等都不错。但是在××一期施工中,由于没有别墅施工经验,工程进度较慢,也不能有效组织劳动力,在问题发生后未及时找到真正原因,导致问题不能有效解决。

(5)项目发展进度管控措施

①分析和评价设计、报建、施工等进度计划与实际完成情况,查找并预警项目发展进度滞后的原因,并及时进行调整,使得各项工作完成进度节点目标。

②通过协调例会，对设计、报建、合约、营销等部门的进度执行情况进行检查，对进度实施过程中存在的问题进行讨论并拟订解决措施，从而加强各部门之间的沟通，确保发展进度计划全面、均衡地推进。

③通过工程例会和不定期的进度协调会，对总包和各分包单位的施工总进度计划、月计划、周计划进行检查，对进度滞后情况提出补救措施，对问题特别严重的施工单位召开专题进度协调会，并及时约谈其上级单位领导进行纠正，积极主动地采取多方式、多层次协调措施直至上升到公司层面来进行协调，以满足项目的整体进度要求。

④分析审核各施工单位的劳动力、材料供应、机械设备投入情况以及后勤保障等计划情况，判断施工进度计划的资源需求，提前做出预警。

⑤由于农忙、节假日、劳动力短缺、材料供应短缺、雨季以及政府部门审批等原因有可能造成工期延误时，需要对进度计划进行调整，并通过采取增加劳动力、加班、进度奖惩、保证关键线路、交叉施工等补救措施推动项目按期发展。

因工期紧张，为保证最终节点目标的实现，在编制计划时对工序进行优化，通过砌筑工程施工跟从主体结构施工进行（一般延迟2~3个楼层），以及室外工程提前介入施工等措施来合理压缩工期。

项目二期实施前，认真总结一期的经验教训，综合考虑场地平面布置、流水施工布置等，编制出了既符合实际又能完成任务的项目发展计划，有效地指导了项目发展管理工作，按计划完成任务。但由于未在二期计划中考虑农忙事件对工期可能造成的延误，在二期施工中，工人农忙导致工期延误近一个月。

（6）别墅项目发展经验总结

通过该项目可以总结出一些别墅项目发展规律。

①在招标阶段进行投标单位项目经理答辩。由于别墅项目难度大，若施工单位项目经理未充分认识并且没有做好劳动力、周转材料等资源充分的准备，项目注定失败。因此，在招标阶段应组织投标单位项目经理进行答辩，答辩内容为劳动力如何组织、施工计划如何编排、场地布置、项目难点特点分析等。对不合格的项目经理坚决更换或将该单位剔除，同时要求通过答辩的项目经理在中标后不得更换，否则取消中标结果。

②编制流水施工计划。尊重客观规律，根据别墅栋数分布合理安排流水施工，第一栋开工时间和最后一栋开工时间应间隔1~1.5个月。

③规划道路先行施工。由于别墅项目单体占地面积多，对施工道路使用时间长，为加快室外工程施工进度，使其可以早日穿插进行，应在总包进场前完成主干道的雨污水管线和路面混凝土施工，以规划的主干道作为项目的施工通道，以避免将来室外工程和交通运输的矛盾。

④工期合理预留，成本合理预算。由于别墅工程的复杂性特点，班组的人工工资普遍较高，但尽管如此，工人不愿意参与别墅项目的情况仍然普遍存在。因此，在工期安排时应合理预留1~1.5个月劳动力波动造成的时间损失，同时在成本估算时应比高层建筑多考虑15%左右的成本提高。

⑤加强质量管控措施。针对别墅点多面广、平立面复杂，质量问题较多，应着重加强以下两点质量管控措施：

a.样板引路制度。施工单位主要的分项工程在施工前必须在业主指定区域做出样板，经监理、业主认可后方能施工。

　　b.工序验收制度。各专业施工单位之间的工序搭接,按"一行交一行"原则,在各施工方见证下,办理交接手续,未办理交接手续而进行下道工序施工所引发的返工费用,由后道工序分包单位负责。对于重要工序特殊分部应由监理,业主见证下,办理交接手续。

【本章小结】

　　工程项目竣工验收是指当工程施工完毕后,由建设单位组织有关人员对竣工工程进行检查和认证。凡列入固定资产计划的建设项目或单项工程,按照批准的设计文件(初步设计、技术设计或扩大初步设计)所规定的内容和施工图纸的要求全部建成,具备投产能力和使用条件,不论新建、改建、扩建和迁建性质,都要经建设单位及时组织验收,并办理固定资产交付使用的转账手续。

　　工程进行竣工验收的程序大致分为竣工验收准备、编制竣工验收计划、现场验收、竣工结算、移交竣工资料、办理交工手续等。最后需要进行工程项目的交付与收尾,回访与保修工作。

　　项目后评价是对已完项目的目的、执行过程、效益、作用和影响所进行的系统、客观的分析。通过对投资活动实践的检查总结,确定投资预期的目标是否达到、项目是否合理有效、项目的主要效益指标是否实现等,通过分析评价找出成败的原因,总结经验教训,并通过及时有效地反馈信息,为提高未来投资决策水平提出建议,同时也为被评项目使用过程中出现的问题提出改进建议,从而达到提高投资效益的目的。

【习题研讨】

　　1.简述工程项目竣工验收的条件和标准。
　　2.简述工程项目竣工验收的程序。
　　3.简述工程项目保修费用的承担处理办法。
　　4.简述工程项目后评价的程序、方法和内容。

第 12 章

GONGCHENG
XIANGMU GUANLI
XINXIHUA

工程项目管理信息化

【本章导读】

★ 本章主要介绍工程项目管理信息化相关的概念,建筑信息模型(Building Information Modeling,BIM)与工程项目管理的关系,最后给出 BIM 技术在我国的发展及应用。

【本章重点】

★ BIM 的概念及特点
★ BIM 的应用价值
★ BIM 在工程项目管理中的应用

12.1　工程项目管理信息化概述

12.1.1　BIM 的概念

美国人查克·伊士曼于 1975 年提出了 BIM 的设想。此后,麦克格劳-希尔建筑信息公司在《BIM 的商业价值》的市场调研报告中,认为"BIM 是利用数字模型对项目进行设计、施工和运营的过程"。

本书借鉴美国国家 BIM 标准(NBIMS),将 BIM 的定义讲解为:一个建设项目物理和功能特性的数字表达;一个共享的知识资源,为建设项目从概念到拆除的全生命周期中的所有决策提供可靠依据。在项目的不同阶段,不同利益相关方通过在 BIM 中插入、提取、更新和修改信息,以支持和反映其各自职责的协同作业。

总之,BIM 是一种应用于工程项目全生命周期集成管理的数据化工具,通过整合项目的信息数据,建立参数模型,使得在项目全生命周期管理的过程中实现信息共享与传递,使工程项目管理人员对各种建筑信息做出正确理解和高效应对，为项目团队以及包括建筑运营单位在内的各方建设主体提供协同工作的基础。

12.1.2 BIM 的特点

BIM 具有可视化（Visualization）、协调性（Coordination）、模拟性（Simulation）、优化性（Optimization）、可出图性（Documentation）、联动性（Linkage）六大特点。

可视化对于建设项目管理意义重大。传统工程建设所用的施工图纸采用二维平面上的线条来表达构件的信息，需要建筑从业人员凭借识图能力和经验自行想象构件的构造形式。但对于现代建筑推陈出新、形式各异的复杂造型而言，仅靠人脑想象难度很大。BIM 技术将以往线条式表达的构件转换成一种三维的立体实物图形。与传统单一的设计效果图等表现方式相比，由于数字化工程信息平台包含了工程建设各阶段所有的数据信息，基于这种数据信息制作的各种可视化展示将更准确、更灵活地表现工程项目。可以说，可视化是一种能够同构件之间形成互动性和反馈性的可视。可视化的结果不仅可以用作效果图的展示及报表的生成，更重要的是实现工程项目设计、建造、运营维护、拆除的全寿命周期的可视化，使这些过程中的沟通、讨论、决策都能在可视化的状态下进行。

协调性体现在建筑业日常工作中。工程建设过程中，不管是设计单位、施工单位还是建设单位，都耗费大量的时间精力做协调配合的工作。现在国内的设计工作往往是建筑、结构、给排水、供暖、通风、强电系统、弱电系统等各个专业自行开展，交付成果也是各个专业的施工图纸，由于各专业之间的协调不足，经常会出现管线之间、管线与结构冲突碰撞等问题，使得施工中协调工作的重要性更加凸显。设计中的冲突碰撞问题、施工组织中的协调问题、业主方提出的变更等都会造成施工过程中的问题，一旦工程项目在实施过程中遇到问题，就要组织有关人员召开协调会，找出各施工问题的原因及解决办法，并采取相应的补救措施。但由于这种协调是事后补救，此时错误已经发生，造成损失不可避免。而通过 BIM 可以进行事前控制，在建筑物建造前对各专业的碰撞问题进行检查协调，并生成修改意见，提供给各专业设计方，将损失减小到最低。例如，电梯井布置与其他设计布置及净空要求的协调，防火分区与其他设计布置的协调，地下排水布置与其他设计布置的协调等。

BIM 技术不仅能模拟设计的建筑物模型，还可以对需要模拟的试验进行环境条件模拟。在设计阶段，BIM 可对节能、日照、热能传导、紧急疏散、人员车辆流线等进行模拟；在施工阶段，可以进行 4D 模拟（三维模型加施工进度），即根据施工组织设计模拟实际施工，从而确定合理的施工方案来指导施工。例如，在上海中心大厦项目施工中，由于垂直运输运力有限，每当上下班高峰期或者是物料的运输高峰期都会出现冲突。因此，项目部特地成立协调指挥小组，要求各施工方提前一天将次日的运输计划上报，以统一协调运输。同时，还可以进行 5D 模拟（基于 3D 模型和造价信息的随时间动态模拟），从而实现成本控制；后期运营阶段可以进行应急模拟，如地震中人员逃生模拟及消防人员疏散模拟等。

项目优化一般受信息、复杂程度和时间的制约。而 BIM 技术可以在这三个层面有较大的突破：BIM 模型提供建筑物的实际存在的信息，包括几何信息、物理信息、规则信息，以及建筑物变化的实时状态信息。由于现代建筑物越来越复杂，优化处理的信息量大多超过人脑的能力极限，BIM 及与其配套的各种优化工具提供对复杂项目进行优化的可能。利用BIM 可以极大地缩短信息收集与分析处理的时间，也可以对方案进行快速的优化修改，提高方案修改的效率,在相同的时间内可以对方案进行更多、更细致的优化。

BIM 技术可以利用软件快速生成施工所用的二维平面、立面、剖面等图纸,但是 BIM 的可出图性的内涵要远大于此。BIM 相关软件可以对建筑构建实现深化设计,生成构件的图纸,甚至实现无纸化加工。此外,应用 BIM 技术对建筑物进行可视化展示、协调、模拟、优化后,可以输出综合管线图、综合结构留洞图、碰撞检查报告和建议改进方案等。

传统的项目设计阶段,项目一旦发生更改就需要将已经出图的平面、立面、剖面进行相应修改,并且工程造价等基于建筑图纸的信息也需要依次进行修改,工作效率较低。借助 BIM 技术可实现三维建模和参数化设计,修改模型后可以直接反映在所有视图和数据上,不仅可以提高工作效率,还可以减少信息传递错误。

12.1.3　BIM 相关的软件概况

BIM 软件应用范围比较广,包含项目从前期规划设计、施工及后期运营管理整个生命周期。所以,BIM 软件并非为单一或一个系列软件,而是以一个核心建模软件为基础、各专业软件为支撑的软件集群。下面选取典型软件进行讲解。

1) 核心建模软件

Autodesk Revit 原是 Autodesk 公司一套系列软件的名称,它将原先 AutodeskRevit Architecture、AutodeskRevit MEP 和 AutodeskRevit Structure 三个软件的功能统一到 Revit 一个软件中。Revit 在民用建筑行业的市场占有率高,能解决多专业的问题。Revit 不仅有建筑、结构、设备,还有协同、远程协同、带材质输入到 3DMAX 的渲染,云渲染,碰撞分析,绿色建筑分析等功能。但针对中国市场施工图设计的本土化问题,当三维模型转化为二维图纸时,Revit 有时并不适应各专业的相关国家标准(计算标准、制图标准)和工程师的制图习惯。

CATIA 是法国达索公司的产品开发旗舰解决方案。作为 PLM 协同解决方案的一个重要组成部分,它支持从项目前阶段、具体的设计、分析、模拟、组装到维护在内的全部工业设计流程,可以帮助制造厂商设计未来的产品。CATIA 系列产品可以在包括建筑的诸多领域里提供 3D 设计和模拟解决方案 CATIA 建模能力强大,拥有先进的混合建模技术,在处理复杂形体和超大规模模型时较一般建筑模型软件有优势。其所有模块具有全相关性,可以覆盖产品开发的整个过程。但建筑并非 CATIA 的主要方向,建筑相关的专业性较弱。

Bentley 是一家美国软件公司,旗下有几百个软件形成一个体系,包括建模软件 AECOsim Building Designer、电气设计软件 Bentley Building Electrical Systems、机械设计软件 Hevacomp Mechanical Designe 等。Bentley 在工厂设计(石油、化工、电力、医药等)和基础设施(道路、桥梁、市政、水利等)领域有较大的优势。其产品形成体系,并且有自己的软件平台,使得数据的交互更加便捷,但软件的本土化有待加强。

2) 方案设计软件

方案设计软件是把业主要求通过软件进行建模,在遇到较为复杂抽象的建筑物形体时可以较为快捷方便地进行建筑物设计。这方面软件包括 Onuma Panning System、Affinity、Sketchup、Rhin 和 FormZ 等。

3）结构分析软件

结构分析软件是目前和 BIM 核心建模软件集成度比较高的产品，基本上两者之间可以实现双向信息交换。即结构分析软件可以使用 BIM 核心建模软件的信息进行结构分析，分析结果对结构的调整又可以反馈到 BIM 核心建模软件并自动更新 BIM 模型。ANSYS、ETABS、STAAD、Robot 等国外软件以及 PKPM 等国内软件都可以跟 BIM 核心建模软件配合使用。

4）机电分析软件

水暖电等设备和电气分析软件国外产品有 Designmaster、IES Virtual Environment、Trane Trace 等，国内产品有鸿业、博超等。

5）造价管理软件

造价管理软件利用 BIM 模型提供的信息进行工程量统计和造价分析。由于 BIM 模型结构化数据的支持，基于 BIM 技术的造价管理软件可以根据工程施工计划动态提供造价管理需要的数据，这就是所谓 BIM 技术的 5D 应用。

Revit 等建模软件都有工程量统计的功能，国外的 BIM 造价管理软件有 Innovaya 和 Solibri，而鲁班、广联达、斯维尔是国内 BIM 造价管理软件的代表。

6）可持续分析软件

可持续或者绿色分析软件可以使用 BIM 模型的信息对项目进行采光日照、风环境、供暖通风、景观可视度、噪声等方面的分析，软件主要有国外的 Echotect，IES，Green Building Studio 以及国内的 PKPM、斯维尔等。

7）可视化软件

可视化软件是在项目的不同阶段以及各种变化条件下快速产生可视化效果。常用的可视化软件包括 3DS Max、Artlantis、AccuRende 和 Lightscape 等。

8）BIM 模型检查软件

BIM 模型检查软件既可以用来检查模型本身的质量和完整性，也可以用来检查设计是否符合业主的要求、是否符合规范的要求等。目前具有市场影响的 BIM 模型检查软件是 Solibri Model Checker，Autodesk Revit 软件自身也有模型检查的功能。

9）深化设计软件

Tekla Structure（Xsteel）是基于 BIM 技术的钢结构深化设计软件，该软件可以使用 BIM 核心建模软件的数据，对钢结构进行面向加工、安装的详细设计，生成钢结构施工图（加工图、深化图、详图）、材料表、数控机床加工代码等。

10) BIM 模型综合碰撞检查软件

模型综合碰撞检查软件的出现有两个根本原因:一是不同专业人员使用各自的 BIM 核心建模软件建立自己专业相关的 BIM 模型,这些模型需要在一个环境里集成起来才能完成整个项目的设计、分析、模拟;二是对大型项目来说,硬件条件的限制使得 BIM 核心建模软件无法在一个文件里操作整个项目模型,但是又必须把这些分开创建的局部模型整合在一起研究整个项目的设计、施工及运营状态。

模型综合碰撞检查软件的基本功能包括集成各种三维软件创建的模型,进行 3D 协调、4D 计划、可视化、动态模拟等,属于项目评估、审核软件的一种。常见的模型综合碰撞检查软件有 Autodesk Navisworks、Bentley Projectwise Navigator 和 Solihri Model Checker 等。

11) BIM 运营管理软件

BIM 模型为建筑物运营管理阶段提供的服务,是 BIM 应用重要的推动力和工作目标。在这方面,美国运营管理软件 ArchiBUS 是最具市场影响力的软件之一。

12) 二维绘图软件

从 BIM 技术的发展目标来看,二维施工图应该只是 BIM 模型的其中一个表现形式和一个输出功能,不再需要专门的二维绘图软件与之配合。但是目前,施工图仍是建筑业设计、施工、运营所依据的法律文件,BIM 软件的直接输出还不能满足市场对施工图的要求。因此,二维绘图软件仍然是不可或缺的施工图生产工具。较有影响力的是:Autodesk 的 AutoCAD 和 Bentley 的 Microstation。

13) BIM 发布审核软件

最常用的 BIM 成果发布审核软件包括 Autodesk、Design Review,Adobe PDF 和 Adobe 3D PDF,发布审核软件把 BIM 的成果发布成静态的、轻型的、包含大部分智能信息的、不能编辑修改但可以标注审核意见的、更多人可以访问的格式,如 DOVF、PDF、3D PDF 等,供项目其他参与方进行审核或者利用。

由于 BIM 是一个共同工作协调的过程,所以软件的数据需要遵守统一的交互规则。现在国际上对 BIM 相关软件执行的主要是 IFC 标准。IFC 标准,是 IAI(International Alliance for Interoperability)组织发布的开放的建筑产品数据表达与交换标准,是建筑工程软件交换和共享信息的基础。IFC 标准的制定遵循了由国际标准化组织(ISO)组织开发的产品模型数据交换标准,即 STEP 标准。

12.1.4 BIM 的应用价值

BIM 通过软件建模,把真实的建筑信息参数化、数字化后形成一个模型,并以此模型为平台,使项目全寿命周期的参与方在整个项目周期里,都能统一调用、共享并逐步完善该数字模型。建立以 BIM 应用为载体的项目管理信息化,能够提升项目生产效率、提高建筑质量、缩短工期、降低建造成本。BIM 技术的产业化应用,具有显著的经济效益、社会效益和环境效益。

美国斯坦福大学整合设施工程中心（CIFE）根据32个项目，总结使用BIM技术的效果如下：消除40%预算外变更；造价估算耗费时间缩短80%；通过发现和解决冲突，合同价格降低10%；项目工期缩短7%，及早实现投资回报。

BIM技术在工程中产生的价值体现在以下8个方面。

（1）三维建模，方案展示

经过渲染三维模型动画，可以给人以真实感和直接的视觉冲击，特别是在复杂的空间三维形态的表达中，模型展示是最清晰直观的方式。而建好的BIM模型可以与专业建筑模型软件进行数据交互，使得BIM模型可以作为二次渲染开发的模型基础，大大提高三维渲染效果的精度与效率，业主可以通过三维模型和漫游展示更为直观地了解项目具体的设计情况，减少业主盲目干预设计。除对业主的方案展示外，设计、施工各方也可以通过动态漫游找到设计中的不合理问题予以提前处理。

（2）检查碰撞，减少返工

BIM最直观的特点在于三维可视化，利用BIM的三维技术在前期可以进行碰撞检查，优化工程设计，如净空、管线排布方案等，减少在建筑施工阶段可能导致的错误损失并降低返工的可能性。最后施工人员可以利用碰撞优化后的三维管线方案，进行施工交底、施工模拟，提高施工质量，同时也提高与业主沟通的能力。

（3）模拟施工，有效协同

三维可视化功能再加上时间维度形成4D-BIM模型，可以进行虚拟施工，随时随地直观快速地将施工计划与实际进展进行对比。同时，还可进行有效的多方协同，施工方、监理方、业主领导都可以对工程项目的各种问题和情况了如指掌。通过BIM技术结合施工方案、施工模拟和现场视频监测，最大限度地减少建筑质量问题、安全问题，减少返工和整改。

（4）快速算量，精度提升

通过建立BIM5D关联数据库，可以在项目各阶段准确快速计算工程量。在方案比选阶段就能对各个方案的工程量进行计算分析，提升施工预算的精度与效率。在施工阶段也能实时反映变更造成的工程量变动。由于BIM数据库的数据粒度达到了构件级，所以可以快速提供支撑项目各条线管理所需的数据信息，有效提升施工管理效率。

（5）精确计划，减少浪费

施工企业精细化管理很难实现的根本原因在于海量的工程数据，无法快速准确获取所需信息以支持资源计划，致使经验主义盛行。而BIM技术的出现可以让相关管理条线快速准确地提取工程基础数据，为施工企业制订精确的资源计划提供有效支撑，大大减少资源、物流和仓储环节的浪费，为实现限额领料、消耗控制提供技术支撑。

（6）计算对比，有效管控

BIM数据库可以实现任一时点上工程基础信息的快速获取，通过合同、计划与实际施工的消耗量、分项单价、分项合价等数据的计算对比，可以有效了解项目运营的实际成本及消耗量是否超标，进货分包单价是否失控等问题，实现对项目成本、进度、质量等目标的实时分析，实现对风险的有效管控。

（7）数据调用，支持决策

BIM数据库中的数据具有可计量的特点，大量工程相关的信息可以为工程提供数据后台的管理分析支持。BIM中的项目基础数据可以在各管理部门之间进行协同和共享，工程量信息可以根据时空维度、构件类型等进行汇总、拆分、对比分析等,保证工程基础数据及时、准确地提供,为决策者制订工程造价项目群管理、进度款管理等方面的决策提供参考依据。

(8)资料统计,方便运维

在物业管理阶段常常会出现工程资料缺失,或者工程资料与实际情况不符的情况,给设备维护、维修造成诸多问题。BIM 技术的应用使资料管理更简便,可以通过程序实现自动判定故障源、自动提示检修等功能。此外,还可以通过建筑模型和财务系统的结合自动计算可租赁面积、已租赁面积、租金收入等财务数据,为运营提供数据支持,提高管理效率。

12.2　BIM 与工程项目管理

12.2.1　BIM 与工程项目管理的关系

关于 BIM 有两个最常见的误区:一种认为 BIM 是单纯的工具,并不会改变现有工作模式;另一种则认为有了 BIM 就要抛弃传统的项目管理理论方法。然而,这两种思路都过于片面,BIM 技术与项目管理的关系应该是相辅相成、互相促进的。

首先,BIM 使项目管理的工作重心更偏向于管理。BIM 技术的出现,可以使项目管理人员将一些机械的技术工作交由计算机来完成,从而将更多的精力放在管理上。如在进度控制环节,项目管理人员将着重分析造成进度偏差原因、应采取的措施和如何预防进度偏差,而不会将大量时间用于编制和调整进度计划;在投资控制环节,项目管理人员将着重对技术经济指标和工程单价进行分析,而不再将一半以上的时间耗费在工程量计算上。

其次,BIM 与项目管理技术将共同发展。当前,BIM 技术的推广还不够广泛深入。BIM技术给项目管理带来的交互性便利,给多方协同工作提供有效的平台,但这就需要项目管理者去适应 BIM 带来的工作模式的变化。BIM 对 IPD 模式的推动作用也显示了 BIM 技术给项目管理技术带来的变革。与此同时,在项目管理中遇到的实际问题会促使项目管理者依托 BIM 的平台进行软件的开发或二次开发,项目管理的实际需求是推动 BIM 技术不断前进的动力。

最后,BIM 无法取代项目管理。正如当计算机技术出现时,人们曾畅想会出现机器人的世界,计算机会取代人的位置,甚至支配人。同样,BIM 的出现也引发了其将取代项目管理的言论。但是,我们必须认识到,BIM 只是一种工具,必须由项目管理人员来使用才能发挥其应有的作用。未来一个较为理想的趋势可能是由人工负责设计、创新和监控,而计算机和机器人负责具体执行相应任务。

12.2.2　BIM 在工程项目管理中的应用

1) BIM 技术适用于工程项目管理全过程的各主体

对设计单位来说,BIM 采用三维数字技术实现可视化设计。通过实现图纸和构件的模块化(图元),并且有功能强大的族和库的支持,设计人员可以方便地进行模型搭建。该模型包含项目的各种信息,如构件的坐标、尺寸、材质、构造、工期、造价等。因此,BIM 技术创建的工程项目模型本质上是一个可视化的数据库,这与 AutoCAD、MicroStation 等传统绘图软件有质的差别。采用 BIM 技术以后,枯燥的制图工作不仅操作更加简便,其过程和结果也更加直观。搭建的三维模型能够自动生成平面、立面和剖面等各种视图和详图,将设计人员从抽象烦琐的空间想象中解脱出来。另外,BIM 与很多专业设计工具能够很好地对接,这使得各专业设计人员能够对 BIM 模型进行进一步的分析和设计。同时,BIM 模型是项目各专业相关信息的集成,实现各专业的协同,避免冲突,降低成本。

对施工单位来说,BIM5D 模型加入工期和造价等信息,能够同步提供施工所需的基本信息,如进度成本及清单,施工方能够在此基础上对成本做出预测,并合理控制成本。同时,BIM 还便于施工方进行施工过程分析,如构件的加工和安装。基于 BIM 技术的四维施工模拟,不仅可以直观地体现施工的界面、顺序,从而使总承包与各专业施工之间的施工协调变得清晰明了,还与施工组织方案相结合,使设备材料进场、劳动力配置、机械排班等各项工作的安排更为有效、经济。

对项目管理公司来说,BIM 的应用主要体现在以下两个方面:冲突识别,如识别管线、设备、构件之间的碰撞,是否满足净高要求等;建立可视化的模拟环境,更可靠地判断现场条件,为编制进度计划,施工顺序、场地布置、物流人员安排等提供依据。主流项目管理软件 P3/P6 单纯依靠图表和文字对项目进行描述,缺乏一个直观形象的载体。BIM 恰恰弥补这个缺陷,不但为项目管理者提供一个实体参考,输出的结果也更加直观具体;BIM 模型能够自动生成材料和设备明细表,为工程量计算、造价、预算和决算提供了切实可靠的依据。以往工程量计算都是依据图纸手工测算,或使用鲁班和广联达等软件重新建模计算,与原有的设计模型难免产生偏差,耗时费力,结果也不准确。现在,借助 BIM 技术,造价人员直接使用原有的设计模型,提高了效率和准确性;最后,BIM 提供三维效果图、动画和漫游等功能,使非技术人员直观看到可视化的最终产品。

由此不难看出,BIM 对建设工程项目的影响是全过程、全方位的。BIM 模型与项目管理所需的模型可能存在差别,但是项目工程师以这些模型为依据,借助 P3 等项目管理工具,对项目进行进度控制、质量控制和资源管理。另外,项目工程师还可以在 BIM 模型的基础上开发适用于项目管理的模型。例如,使用 Navisworks 建立适用于施工的 BIM 模型,也可以更好地服务于项目管理。可以说,基于 BIM 技术的建筑信息模型在工程项目管理的全过程中将日渐趋于核心地位。

2) 项目全寿命周期各阶段中 BIM 技术的具体应用

①前期计划阶段:可以利用 BIM 提供的信息数据进行大数据调查以确定方案的选择。在前期计划的阶段可以对建造成本进行大致的估算,为方案比选的决策提供参考信息。

②概念产生阶段(信息化分析、可视化展示等):可以利用 BIM 的建模功能对设计概念进行可视化展示。

③勘察测绘阶段(GIS 测绘、BIM 展示等):可以利用 GIS 提供的数据直接指导设计方案。

④设计阶段(环境分析、参数化设计、交通线规划等):BIM 技术可出图性使得设计人员完成三维设计之后快速生产所需要的二维图纸。BIM 技术将原有多个部门的设计整合起

来,进行碰撞检查找出各个设计之间的碰撞点。

a.建筑设计阶段:由于使用参数化设计,在设计阶段利用 BIM 技术不仅能实现原有三维几何建模软件的建模和效果图渲染功能,而且还在室内环境分析、建筑能耗分析、动线设计及模拟、紧急疏散模拟、停车场设计、内外部交通线路规划等方面有着巨大的优势,改变传统的设计模式。

b.结构设计阶段:通过相应的有限元分析软件实现对结构设计计算。对钢结构的复杂结点模型进行深度优化,得到的数据结果可以直接输出并用于指导厂家的生产。

c.MEP 设计阶段:利用 BIM 软件进行三维设计,并可以进行碰撞检查。

⑤建设阶段(工程自动化、方案优化、施工模拟、安全监控、供应链管控、4D、5D 等):3D(三维模型)+时间形成的 4D-BIM,可以用于施工方案的模拟以优化原有的施工方案。4D+成本形成的 5D-BIM,则在 4D-BIM 上更进一步,将成本与进度相结合,可以直观反映出工程成本的形成过程,方便成本管理。利用 BIM 的模拟仿真,可以提前对施工场地布置的合理性进行分析。同时,结合 RFID 技术实现对工地人员的安全监控、材料的储存与运输进行精细化管理。随着技术的发展利用 BIM 技术可以结合自动化技术,如 3D 打印技术,实现工程自动化。

⑥运维维护阶段(维修检测、大数据分析、BAS、物流管理、3D 点云、清理修整等,智慧城市也包含在内):BIM 模型和数据交付运营方,可以快速查询故障点,分析故障原因。也可以通过 BIM 模型制订维护检修方案。BIM 技术与 BAS 楼宇自动化系统进行结合,实现对建筑环境、安全消防、设备运行情况进行实时监测,并实时做出相应的调整与信息反馈。物流管理与上述的施工现场物料仓储运输类似,结合 RFID 技术进行仓储管理。BIM 可以利用三维扫描所形成 3D 点云对已有建筑,特别是对缺少工程资料的历史建筑进行建模,为已有建筑的保护维护提供基础资料。

⑦建筑拆除阶段(爆破模拟、环境绿化、粉尘处理、建筑废弃物运输处理等):在建筑物拆除过程中,首先通过运维数据筛选出可回收再利用的部分将其提前拆除回收。对无法回收的部分可以分析拆除的顺序与方式。对主体结构实行爆破拆除时可以进行爆破模拟,将振动、粉尘等对周边的不利影响降到最小。BIM 也可以用于拆除后的废弃物运输方案制订。

3)各参建方对 BIM 技术的具体应用

(1)业主方

①记录和评估存量物业:用 BIM 模型来记录和评估已有物业,可以为业主更好地管理物业生命周期运营的成本,如果能够把物业的 BIM 信息和业主的业务决策和管理系统集成,就能使业主如虎添翼。

②产品规划:通过 BIM 模型使设计方案和投资回报分析的财务工具集成,业主就可以实时了解设计方案变化对项目投资收益的影响。

③设计评估和招投标:通过 BIM 模型帮助业主检查设计院提供的设计方案在满足多专业协调、规划、消防、安全以及日照、节能、建造成本等各方面要求上的表现,保证提供正确和准确的招标文件。

④项目沟通和协同:利用 BIM 的 3D、4D(三维模型+时间)、5D(三维模型+时间+成本)模型和投资机构、政府主管部门以及设计、施工、预制、设备等项目方进行沟通和讨论,大大

节省决策时间和减少由于理解不同带来的错误。

⑤和 GIS 系统集成：无论业内人士还是公众都可以用和真实世界同样的方法利用物业的信息，对营销、物业使用和应急响应等都有极大帮助。

⑥物业管理和维护：BIM 模型包括了物业使用、维护、调试手册中需要的所有信息，同时为物业改建、扩建、重建或退役等重大变化都提供了完整的原始信息。

（2）设计方

①方案设计：使用 BIM 技术除了能进行造型、体量和空间分析外，还可以同时进行能耗分析和建造成本分析等，使得初期方案决策更具有科学性。

②扩初设计：建筑、结构、机电各专业建立 BIM 模型，利用模型信息进行能耗、结构、声学、热工、日照等分析，进行各种干涉检查和规范检查，以及进行工程量统计。

③施工图设计：各种平面、立面、剖面图纸和统计报表都从 BIM 模型中得到。

④设计协同：设计有上十个甚至几十个专业需要协调，包括设计计划、互提资料、校对审核、版本控制等。

⑤设计工作重心前移：设计师 50% 以上的工作量用在施工图阶段。BIM 可以帮助设计师把主要工作放到方案和扩初阶段，使得设计师的设计工作集中在创造性劳动上。

（3）施工方

①虚拟建造：在 BIM 模型中使用实际产品后进行物理碰撞（硬碰撞）和规则碰撞（软碰撞）检查。

②施工分析和规划：BIM 和施工计划集成的 4D 模拟，时间-空间合成以后的碰撞检查。

③成本和工期管理：BIM、施工计划和采购计划集成的 5D 模拟。

④预制：BIM 和数控制造集成的自动化工厂预制。

⑤现场施工：BIM 和移动技术、RFID 技术以及 GPS 技术集成的现场施工情况动态跟踪。

12.3　BIM 在我国的发展与应用

我国工程建设行业从 2003 年开始引进 BIM 技术，最早应是出现在 2008 年北京奥运会、2010 年上海世博会场馆等大型重点工程中，这些重大工程为 BIM 技术在中国的推广起到良好的推动作用。

2011 年 5 月，住房和城乡建设部颁布的《2011—2015 年建筑业信息化发展纲要》提出："十二五"期间，基本实现建筑企业信息系统的普及应用，加快建筑信息模型（BIM）、基于网络的协同工作等新技术在工程中的应用，推动信息化标准建设，促进具有自主知识产权软件的产业化，形成一批信息技术应用达到国际先进水平的建筑企业。有专家学者以《2011—2015 年建筑业信息化发展纲要》发布的 2011 年称为中国 BIM 元年。

2015 年，第一个国家层面的指导性文件《关于推进建筑信息模型应用的指导意见》充分肯定 BIM 应用的重大意义，强调 BIM 在建筑工程项目全生命周期（策划、勘察、设计、施工、运维）的应用，并从企业和项目两方面制定五年的应用目标，提出可量化要求：截至 2020 年末，建筑行业甲级勘察、设计单位以及特级、一级房屋建筑工程施工企业应掌握并实现 BIM 与企业管理系统和其他信息技术的一体化集成应用。

2016 年 8 月,住房和城乡建设部颁布《2016—2020 年建筑业信息化发展纲要》,文件提出新的建筑业信息化建设总目标:"十三五"时期,全面提高建筑业信息化水平,着力增强BIM、大数据、智能化、移动通信、云计算、物联网等信息技术集成应用能力,建筑业数字化、网络化、智能化取得突破性进展,初步建成一体化行业监管和服务平台,数据资源利用水平和信息服务能力明显提升,形成一批具有较强信息技术创新能力和信息化应用达到国际先进水平的建筑企业及具有关键自主知识产权的建筑业信息技术企业。

随着政府总体目标的提出和 BIM 技术自身的不断完善发展,2011 年至今 BIM 技术在国内被快速推广,应用 BIM 技术的工程也从大型重点项目扩展到一般的中小型项目,如表 12.1 所示。项目类型从单一的房屋建设扩展到道路、桥梁、隧道、水利、港口等基础设施建设中。

表 12.1　我国部分应用 BIM 技术的工程案例

项目类型	项目名称	项目时间或进度	BIM 应用点
公共场馆	国家游泳中心"水立方"	2008 年 1 月竣工	钢结构深化设计
	国家体育场"鸟巢"	2008 年 3 月竣工	钢结构深化设计
	上海世博会中国馆	2010 年 2 月竣工	钢结构深化设计
	上海世博会世博文化中心	2010 年 3 月竣工	三维漫游、设计方案优化、结构分析、钢结构深化设计、碰撞检查、材料设备统计、施工模拟
超高层建筑	上海中心大厦	2016 年 3 月竣工	三维辅助设计、日照采光分析、设备负荷分析、三维幕墙设计、碰撞检查、管线综合优化、施工图深化设计、施工模拟、施工方案优化、运维管理
	北京中国尊	2018 年 10 月竣工	施工方案模拟、设计协同、碰撞检查、材料设备统计、造价计算、施工模拟、施工方案优化、施工现场交底
	天津 117 大厦	2016 年 8 月竣工	设计模型的 3D 可视化浏览、碰撞检查、施工模拟、施工组织管理、三维算量、钢构件预制加工
	深圳平安金融中心	2016 年 6 月竣工	进度管理、施工模拟、构件预制加工、智能全站仪测量集成、机器人、运维管理
区域综合开发	上海迪士尼乐园	2015 年 10 月竣工	三维辅助设计、方案比选、人员流线模拟分析、施工模拟、施工组织管理
码头	天津港国际邮轮码头	2008 年 7 月竣工	三维辅助设计、日照模拟、人员流线模拟分析、碰撞检查、工程量统计

续表

项目类型	项目名称	项目时间或进度	BIM 应用点
机场	南京禄口国际机场 T2 航站楼	2014 年 7 月投入使用	三维辅助设计、方案比选、管线综合优化、日照采光分析、通风分析、结构分析、人员疏散模拟、钢结构深化设计、材料设备统计、施工模拟、施工组织管理
	重庆江北国际机场 T3A 航站楼	2017 年 8 月启用	碰撞检查、管线综合优化、施工模拟、施工方案优化、人员疏散模拟、运维管理
铁路站房	银川火车站东站房	2011 年 12 月竣工	三维辅助设计、施工模拟
	广深港高铁深圳福田站	2015 年 12 月投入使用	三维辅助设计、碰撞检查、施工模拟、运维管理
	乌鲁木齐高铁火车站	2015 年 12 月具备运营条件	数字规划设计、日照采光分析、能耗分析、通风模拟、方案比选、结构分析、管线综合优化、方案深化设计
公路桥梁	金汇港大桥	2014 年 12 月建成通车	三维辅助设计、施工模拟、施工组织管理、施工现场交底
公路线路	邢汾高速公路	2015 年 12 月建成通车	施工模拟、施工组织管理
铁路桥梁	新白沙沱长江特大桥	2015 年 12 月大桥合龙	施工模拟、动态施工管理、构建数字化加工、材料设备统计
铁路隧道	西成客专清凉山隧道	2015 年 9 月贯通	施工模拟、碰撞检查、工程量计算

现阶段,国内的大型设计、施工企业均已配备 BIM 相关团队,BIM 咨询企业大量涌现,国内高校纷纷建立 BIM 研究机构。BIM 技术的应用从早先的方案展示、深化设计、碰撞检查向工程全生命周期的综合运用方向发展。

总体来说,BIM 技术在我国的发展情况整体较好,但是未来 BIM 技术的推广普及仍需各方的努力。例如,政府部门制定相应的制度标准、业主方加深对 BIM 理念的认知、设计施工咨询单位加强自身技术水平、高校及科研机构加快自主创新步伐等。

12.4 信息技术在质量管理中的应用分析

12.4.1 传统质量管理模式中存在的问题

对传统管理模式下工程质量管理问题进行探讨分析,是我国工程建设发展的基本需要,是工程管理理论需要不断深化的必然结果。通过难点、痛点分析,对于探索和实践适合我国国情的工程质量管理方法,提高工程质量的管理水平,保证工程项目建设质量具有非常重要的现实意义,同时也促进了工程质量管理理论和实践水平的提高。

本书从企业和项目两个层面,列举质量管理常常遇到的问题和难点。企业层面上,质量管理标准、体系、制度、措施规则繁多,更新频繁,质量体系在现实中容易流于纸面,难以执行。企业在面临项目多,分布广的情况下,很难实时、全面地了解项目质量管理执行情况。对此,企业常常需要依赖多种形式结合掌握现场情况,如企业巡检、现场汇报、项目报表,而这些线下的形式是间断的、滞后的,无法及时反映项目当下的质量管理状况。企业领导了解项目往往只能依靠会议、表格等间接手段,无法实时监控。项目评价、员工考核主观因素多、影响大,如何利用海量数据做到客观评判等问题值得探究。另外,项目层面临着质量问题频发,如何快速识别、过程形成闭环、后期便捷追溯成为难点;实测实量工作量大,急需减负;工序验收检查易漏项,验收记录数据量大;每周汇报准备资料费时费力,如何能快速形成汇报资料等问题亟待解决。

12.4.2　信息技术在质量管理中的实际应用

随着企业的不断扩张,其项目不断增多,分布区域、专业领域更加广泛,在企业标准化、精细化管理的时代背景下,质量管理幅度越来越宽、要求越来越严,依靠传统管理手段已经无法满足对质量管理的需求,必须借助信息化手段提高管理效率。针对质量管理领域多年来存在的问题,新的信息技术给出与时俱进的改进方法。

以下介绍6个常见场景下引入BIM的质量管理模式带来的便利及提出的解决办法。

①针对质量制度多形式、无落实的问题,质量管理电子系统通过内置质量管理制度、作业标准,现场作业引用标准来解决,做到及时更新,便于查看。电子系统提供质量管理过程中用到的各种标准库,包括多专业的常见问题库、质量验收库,多规则下的实测实量标准库等。在质量管理的各阶段,包括质量措施编制、巡检时、工序验收时、实测实量时等关键节点,帮助企业做到现场质量管理随时查用,辅助岗位作业专业化,信息获取标准化,切实紧抓质量制度落实问题。

②针对项目多、监管难的问题,通过信息化手段可以实现电子平台替代实地检查,企业可以在一个管理信息中心系统上一目了然地掌握多个项目的精准指标,而管理人员也可以在移动端随时随地跟踪项目实施情况。多项目施工过程的质量数据,通过系统集中在一起,便于统计分析,发现问题。

③针对评价考核无抓手的问题,通过质量管理电子系统自动数据分析,由系统统计代替人工,更加实时、高效、客观和准确。对各项指标及项目排名等一个个鲜活的数据动态监控,既有利于形成各项目之间多加交流、相互学习的良性竞争氛围,又方便企业管理层对多个项目的实时督促和事后考核。

④针对现场问题纷繁复杂,各种追踪耗时耗力的问题,质量管理电子系统将质量巡检划分为三步,从发起问题、整改问题到复查问题,由系统协助追踪、统计工作,划分不同重要紧急程度,还可以结合BIM查看,将问题点位分布、整改时限尽收眼底,更加直观。

⑤针对实测实量工作量大的问题,通过信息化手段可以简化场景流程,将传统的步骤电子化、智能化。可以直接录入或由硬件传输实测数据,系统自动汇总、分析、出图表。借助质量检查智能硬件搭建起的数据统计平台,可实现实测标准内置,过程问题形成闭环,从而在节省人力成本的同时,提高数据记录、汇总、分析的效率,达到降本增效的目的。

⑥针对工序验收检查易漏项,验收记录数据量大等问题,系统通过关联最新的验收规范以及对应的样例、图集,做到随时随地可查,辅助质量员在验收过程中准确发现问题,并及时整改。在此过程中,待验收项汇总集中,还可以一键生成验收原始记录,减轻质量员负担。通过系统的统计分析,便于质量员把控验收节奏,公司层也能清晰掌握项目验收进度,验收落实责任到人,项目验收进度管理更精细化。

总的来说,质量管理电子系统助力企业和项目两个层面的技术质量管理规范化,从而提升管理层工作效率,让工作方向更明确;岗位动作标准化,强化项目质量管控,从而大幅提升现场工作效率,降低二次经营成本。

随着行业与科技的发展,质量管理与 BIM 技术的融合实现更全面深入的应用和推广。以广联达 BIM+质量管理系统为例,它结合 BIM、大数据、物联网和智能硬件等技术,实现企业级多项目质量管理系统,通过质量体系标准化落地,实现项目质量管理业务提效替代,帮助企业有效监管项目质量情况,强化企业管理层综合决策能力,如图 12.1 所示。

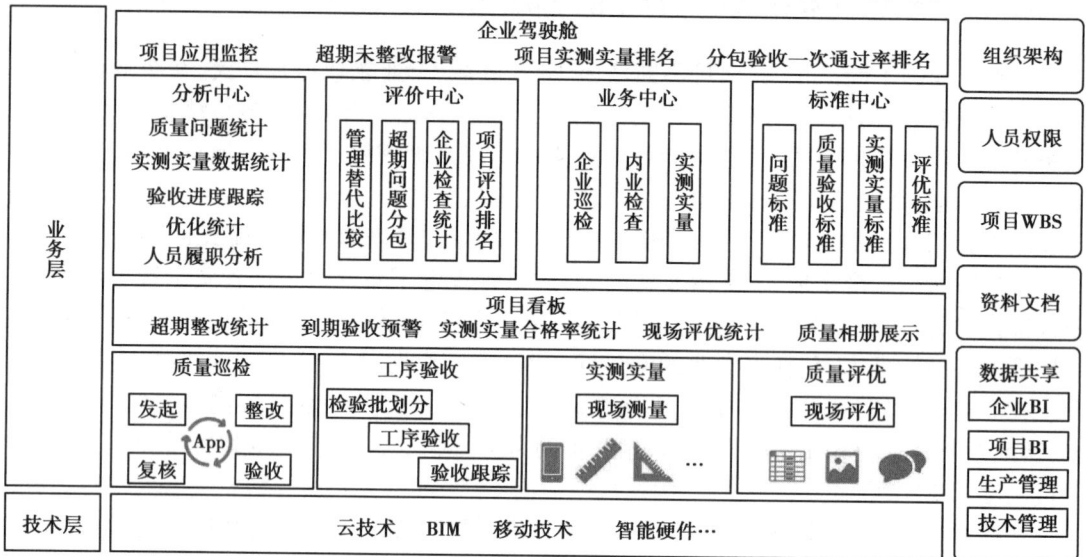

图 12.1　广联达 BIM+质量管理系统功能模块

(图片来源:广联达科技股份有限公司)

在企业层面,系统将质量管理中的各项职能通过分析、评价、业务(执行)、标准四大板块集成在一起,成为管理信息的中心。同时,系统针对质量管理流程涉及的质量制度资料进行规范化、标准化录入,涵盖问题定义及描述、质量验收标准、实测实量标准、整改制度、评价标准以及系统应用标准。平台可以基于项目大数据智能分析,帮助企业决策层快速了解项目技术质量管理情况,有利于决策快速高效,有据可依。

在项目层面,系统致力于辅助现场质量管理各环节,包括质量巡检、工序验收、实测实量、质量评优等,使之更加轻松高效,努力实现涵盖全流程、各业务的多方位智能化管理。例如,系统为实测实量对应开发了一系列质检硬件,如红外测距仪、红外测距卷尺、回弹仪、智能靠尺等,实现质量管理系统对接智能测量设备,数据一键上传系统,快速准确,节省时间。系统应用也方便快捷,用户使用时只需打开实测实量模块,选择部位、检查项、分包,定位并输入测量数据,即可发起问题整改,进入整改流程。

系统由企业持续维护,由项目具体执行,做到各司其职、双管齐下,合力做好质量管理工作。在智能化的质量管理系统应用过程中,工程项目管理人员探索系统化的技术手段对公司及项目的实际影响,有何种应用与推广困难,并取得哪些成效,为建筑施工行业的质量安全管理提供实践经验与思想引领。

12.5 信息技术在进度管理中的应用分析

12.5.1 传统进度管理模式存在的问题

随着供给侧改革和行业转型升级,我国需求侧的市场主导地位越加明显。施工单位面临行业内的竞争压力,不断尝试转型升级,朝着信息化、数据化、智能化的方向发展。对于企业而言,管理好工程项目进度是盈利的有力保证,然而随着工程项目施工工艺、管理模式的复杂化,传统的工程项目进度管理模式已经不能满足施工指导的需求,逐渐暴露一些弊端。因此,本书将从以下4个维度分析传统工程项目进度管理中存在的问题。

1) 计划管理

①进度计划编制时考虑不全面,导致逻辑不清晰。
②进度计划所需资源量并不是通过计算得到,而是靠经验估计,主观性过强。
③多级进度计划层级脱离,难以联动。
④当进度计划发生变动时,不便于调整优化。

2) 生产跟踪

①施工现场信息记录零散,导致难以汇总利用。
②质量安全问题难以追溯。
③进度管控效果难以量化。

3) 生产协调

①现场信息不共识,团队协调配合不到位,导致施工进度延迟。
②会议模式低效,而且整理汇报材料费时费力。
③项目进度因劳务或资源计划安排不合理导致滞后。
④生产决策主观性过强,缺乏科学性。

4) 资料输出

①施工过程数据未及时保存,导致无法为类似项目提供经验。
②项目周报等资料往往需要多部门共同撰写,流程烦琐复杂。

12.5.2 信息技术在进度管理中的实际应用

项目管理信息化是建筑行业发展的必然趋势。如今，BIM 技术的应用程度逐渐普遍和成熟化，相较于传统的进度管理方法，其应用后的优势逐渐凸显。下面从传统进度管控所遇到的难点问题介绍 BIM 技术应用的方案及其优越性。

在计划管理方面，BIM 技术的应用主要体现在项目总控计划和期间计划的编制，方便理清施工思路，有助于确定关键线路。行业内常用的进度管理软件有微软公司的 project、Primavera 公司的 P6 系统以及广联达公司的斑马进度等。另外，可以借助 BIM 模型，快速提取不同施工段的工程量，依据劳动力、资源、机械设备等生产数据，自动编制进度计划，生成预测工期。还可通过信息化手段，实现同一计划多人编制、即时合并，或多级计划层层分解和关联，既保证了复杂计划完成的准确性和效率，也加快多级计划编制与调整的信息传递。

在生产跟踪方面，施工员利用 BIM 技术实时反馈生产进度、人材机及影响等过程数据，通过数据分析发现进度偏差及原因，进一步自动调整进度计划和配套资源计划，有助于管理者全面地把控施工进度；通过信息化平台，可以使进度系统与质量、安全系统形成深度对接，一旦发生质量安全管理问题可以快速追溯，从而形成管理闭环；通过软硬件结合的方式，使用无人机记录现场实景及作业状态，利用塔吊吊重和 AI 技术识别材料来自动统计作业面进度，最终通过 BIM5D 模型呈现实际施工状态，实现施工实际状况的可视化展示。

在生产协调方面，随着数字化技术的发展，工程部利用三维施工模拟来进行技术交底和现场施工指导，确保施工流程的准确性；管理者可以通过数字例会的形式重塑会议模式，将会议通知、签到、会议议程、会议记录、考核评比及计划发布等过程集成数据化，摆脱传统的主观交流模式，用数据实现高效沟通；利用信息化技术实时掌握现场用工情况和物料使用情况，结合现场施工状况及时进行劳务调整和资源分配，通过多维度数据分析，便于有针对性地纠偏。

在资料输出方面，BIM 技术支持多种信息输出方式，如平面图纸、方案改进建议、进度分析表、工程量表以及造价分析表等；通过数据化平台集成生产、质量等各部门的施工数据，能够自动生成项目周报、施工日志、施工计划等资料，同时支持输出不同格式的文件，便于向业主或监理单位进行汇报，也简化了各部门共同书写周报的流程；现场施工影像等资料均可以实现分类永久存储，既能够为后期结算提供数据支持，又能为公司其他同类项目管理提供参考价值。

当前，行业内不同公司针对 BIM 在进度管理的应用开发进程和侧重点有所差异。以广联达公司为例，其开发的 BIM5D 现场生产管理系统功能模块，如图 12.2 所示。该系统是国内唯一一款将 BIM 技术和项目生产管理紧密结合的产品，具备较为完善的总、月、周计划体系，支持施工任务结构分解和里程碑管理；能够实时跟踪任务、劳动力、材料及机械设备等生产要素，实现质量管理和安全管理的良好协同；生产周会、生产全貌查看以及施工报表等功能贴合项目内部管理的实际场景。当然其也存在不足之处，如关键路径预警和形象进度分析及汇报等功能仍有待开发。未来如何更好地实现功能集成化来助力工程项目进度管控与决策，是广联达乃至整个行业所共同追求的目标。

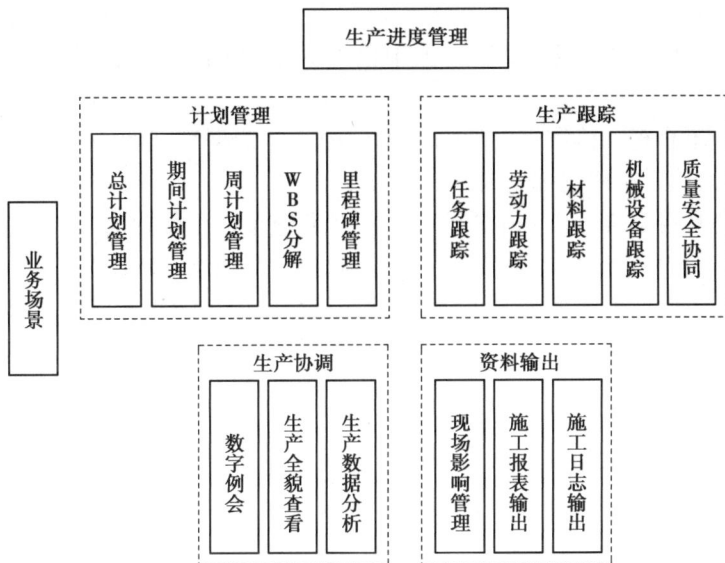

图 12.2　生产进度管理功能模块

（图片来源:广联达科技股份有限公司）

12.6　信息技术在成本管理中的应用分析

12.6.1　传统成本管理模式存在的问题

成本是项目各利益相关者最为关心的指标之一,它关系到业主方的投入、设计方的利润和施工方的盈利。目前,传统的成本管理模式仍占据主导地位,但已经无法适应社会经济发展的需求。传统模式在应对大型、复杂的现代建设项目时存在一些不足之处,主要表现在以下 3 个方面。

1) 成本预测

①算量计价准确性不高。传统的基于 CAD 的算量模式,准确性取决于个人的工作经验能力,可能会造成工程量少算、漏算或超算,导致成本控制失误。

②资金计划安排不合理。由于历史数据匮乏等原因,在商务计量计价过程中无法充分依据人材机等生产数据进行资金分析,合理安排资金使用计划。

③设计人员缺乏项目全过程规划意识。设计人员往往出于安全考虑,未能将设计方案与成本价值相结合,容易造成资源过度浪费,导致成本显著增加。

2) 成本管控

①信息沟通不畅。不同专业人员繁杂,沟通交流少,未能实现信息共享,导致大量重复而多余的工作,施工现场发生的状况也不能及时有效地传递。

②数据资料繁多，难以协同管理。不同部门数据信息众多并且单独存储，成本分析时无法充分利用，实现价值最大化，并且施工中的专业碰撞问题也会通过影响进度导致成本问题。

③物资管控不合理。传统模式下的成本管控往往依据管理者经验，极易造成施工现场物资的浪费，难以达到精细化施工成本控制需求。

④成本动态管控困难。当发生工程变更或工程进度产生偏差时，需要更新材料需求量，该项任务耗时较长，易造成材料储备不足或超量，进而对成本造成影响。

⑤风险控制失效。由于人为原因、体制原因等导致的风险控制措施失效。

3) 成本核算

①成本结算金额出现偏差。工程结算时需要依据相关文件核算整体工程量，由于工期长、数据文件多、人员变动频繁等因素，易导致最终成本结算时的金额与合同预算间偏差较大。

②成本核算中遗漏、错算现象频发。由于施工过程中以手工记录的方式来对人材机信息进行统计，加上成本数据传递耗时长、分析成本数据不到位，因此对异常数据没能及时跟踪修改。

③工程资料缺失时常发生。已完工程缺乏必要的资料，如过程变更签证缺少必要图纸，结算后数据不能为后期工作服务。

12.6.2 信息技术在成本管理中的实际应用

建筑企业为了跟上时代步伐，亟须更新成本管控手段，朝着信息化、精细化的管理方向发展。BIM技术作为建筑业转型升级的基石，将其与工程施工过程结合实现成本管理精细化已成为必然趋势。

对于成本预测，利用BIM软件创建工程项目建筑和结构模型，能够快速生成工程量清单，套取清单定额，生成造价信息，既简化工程项目前期的成本概算和招投标工作，也为后期成本控制奠定数据基础。BIM 5D可以集成众多与成本相关的数据，通过资金曲线进行进度款分析，从而合理配置资金，最大限度地节约资金成本；通过BIM及相关工具优化项目设计方案，将项目设计与投资回报分析结合起来，充分考虑设计方案对投资成本的影响，实现设计优化和成本控制的双赢。

对于成本管控，利用BIM技术共享平台实现不同专业之间的信息交换，打破信息孤岛，实现信息共享；通过BIM 5D技术，将成本信息关联起来，解决阶段割裂与专业割裂的问题，最大限度地实现对工程项目成本信息的全过程管控；BIM模型中含有不同构件的材料需求信息，通过提取信息形成材料物资需求计划，从而减少不必要的消耗，降低物资成本；将BIM 5D与挣值分析法相结合，能够应用于施工阶段的成本监测及纠偏，对成本进行有序的动态管理；利用BIM技术对工程数据进行有效整合和关联，即便是发生工程变更，也能够实时更新工程项目成本相关数据，避免传统模式下相关人员从事重复烦琐的流程来更新数据，提高各环节之间信息联动变更效率。

对于成本核算，商务人员仅需利用BIM 5D+云端数据进行竣工结算数据整合及汇总编制结算书上报，解决传统模式下支付结算工作带来的烦扰，为施工过程中的进度款结算提供便利和数据支撑;基于 BIM 技术创建的数据模型,除了包含传统 CAD 的基本信息,还新增材料价格、时间和资金流等信息,便于对成本数据的统计分析,大大降低工作人员的工作量,避免因主观因素造成的计算失误,节约人力和时间成本;项目施工全过程中的资料均可以上传云端储存备份,并且依据最终的 BIM 模型进行资料汇总,不易出现因资料遗漏造成的问题,保证结算价格的准确性。

在日趋激烈的市场竞争情况下,合理管控成本是工程项目管理的重要任务,而施工现场的物资管理是成本管控的关键所在。物资成本在项目直接成本中占比达 50% 以上,做好物资成本的管控成为助力企业精细化管理、提高企业竞争力的重中之重。随着物联网、云计算等技术的广泛应用,建筑行业也在探寻如何将智能化技术用于解决物资成本管理问题,广联达提出的智慧物料解决方案便能够切实改善项目物料管理状况,助力企业成本管控,如图 12.3 所示。该系统能实现物资进出场全方位的精细管理,通过地磅周边硬件智能监控作弊行为,自动采集精准数据;运用数据集成和云计算技术,及时掌握一手数据,有效积累、保值、增值物料数据资产;运用互联网和大数据技术,多项目数据监测,全维度智能分析;运用移动互联技术,随时随地掌控现场、识别风险、零距离集约管控、可视化决策。

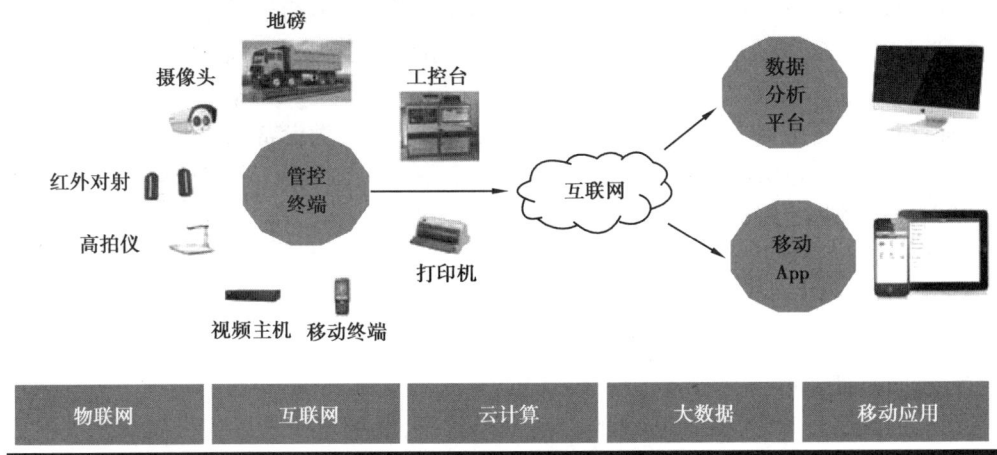

图 12.3　智慧物料解决方案
(图片来源:广联达科技股份有限公司)

12.7　信息技术在安全生产管理中的应用分析

12.7.1　传统安全管理模式中存在的问题

安全管理目前在大多数企业,甚至整个行业中都是管理的一个薄弱环节。安全业务以现场作业为主,受制于现场环境复杂、人员能力素质不一、跨部门协调难度大、安全主体责任划分不明确、企业经营模式多样等问题,现阶段安全管理的业务模式仍然粗放、落后,这与高标准的国家行业法规要求,精益化、数字化、智能化的企业管理需求之间存在较大的差距。

以下从 8 个方面列举企业层和项目层在安全管理中常常遇到的问题和难点。

（1）风险分级管控

企业层面，风险清单库整理费时费力且涵盖不全，项目不按照流程开展难以管控，管理层不清楚重大风险分布；项目层面，风险管控流程较多，效率低。

（2）隐患排查治理

企业层面，重大隐患公司不能第一时间得知并管控，企业检查时检查项繁多，整改过程缺乏监管，隐患未有效消除；项目层面，信息流转慢，时效性低，检查记录查找困难，难以汇总分析，下发的整改单经常不理睬不接收。

（3）危大工程管理

企业层面，各个项目的管控任务不统一，无法实时动态监控；项目层面，过程难管理，记录难留存，资料散乱难整理，台账的记录和上报费时费力。

（4）安全教育管理

企业层面，缺乏管理抓手，基本依靠抽查；项目层面，安全教育素材缺乏，建立档案困难，资料制作、整理、归档都费时费力。

（5）现场监控管理

企业层面，监控室实际使用效果不佳，无法及时预警，容易错过最佳防范或抢险时间；项目层面，监控点位众多，但效率低下，人工识别异常事件难度大，事后取证十分困难。

（6）机械设备管理

企业层面，设备数量一般比较多，不易管理，无法及时察觉设备的带病运行，而大型机械一旦出事故，将造成巨大损失；项目层面，设备档案整理工作量大，人工监测频率低、准确性差，无法对风险进行及时评估。

（7）安全资料管理

企业层面，内部资料查找不便，影像资料多；项目层面，项目规范不齐全，现场携带不方便，费时、费力、容易忘、容易丢等问题时有发生。

（8）数据决策管理

企业层面，没法清楚每一个项目的安全生产情况，缺少直观掌握人员履职情况的手段；项目层面，安全管理工作汇报难出彩、无亮点，分包考核无数据支撑。

12.7.2 信息技术在安全管理中的实际应用

企业通过先进的信息技术构建信息化安全管理体系，实现安全管理的全过程管控，为企业决策层搭建一个智能化的监管决策平台，不让风险转化成隐患，不让隐患转化成事故。实现以信息化为现场管控手段的工作机制，将信息化工具作为过程管控的一部分，实施常态化的信息系统管理。

下面从上述8个问题切入，探讨引入信息技术、建立电子平台后的新型管理模式下解决方案，具体如下：

（1）风险分级管控

企业层面，系统内置各专业的风险清单库，设立标准的风险分级管控流程，实时、全面掌控企业风险分布；项目层面，系统操作全程点选，简单便捷，实现风险预控、关口前移的作用。

（2）隐患排查治理

①日常检查、定期检查、专项检查。企业层面，系统内置安全隐患库，实现排查、整改、复

查闭环流程,发现重大隐患可由自上而下督办;项目层面,隐患排查自动关联规范要求,全流程实时流转至责任人。实现自动流转、闭环管理的作用。

②企业下项目自检查。企业层面,系统内置国标检查评分表,扣分项会自动生成隐患记录,电脑端可自动归集照片,按需下发整改;项目层面,现场检查直接通过手机端扣分,系统自动算分、统计、汇总并排名,检查记录只需对着隐患部位进行拍照,AI 智能识别出照片中隐患信息,提供推荐隐患详情供选,实现减少操作,省时省力的作用。

（3）危大工程管理

企业层面,系统提供完善的危大工程管控任务库,管控情况可随时掌握,还可以从危大工程类别库快速识别,自动带出管控任务及要点,形成企业管控标准;项目层面,系统轻量、易用,更贴合实际业务场景。根据业务动作可自动生成台账,快速归集危大工程管理资料,做到记录留存、管理有痕。

（4）安全教育管理

企业层面,系统内置海量教育短片,丰富的安全考题,通过线上做计划,线下一站式解决安全教育、考试,纸质版教育资料同步输出,云端留档;项目层面,室外室内结合,VR 虚拟感知与实体体验设备并重,提供丰富的教育设备和资源,可体验、可测试、可操作,普工、特殊工种都适用。另外,可通过刷身份证或者人脸识别记录工人日常教育成绩,完善工人安全教育信息,自动建档,实现多媒体教育、体验式教育的升级。

（5）现场监控管理

企业管理层面,运用 AI 智能,促进企业信息化建设,全天候动态监管,企业安全风险即时知晓;项目操作层面,手机端进行动火证申请、审批流程,作业过程中实时监控、AI 智能分析,出现异常进行报警,动静结合,实现部分人工检查替代,而且可将问题截图,存证取证更方便。

（6）机械设备管理

企业管理层面,通过智能化分析,实时了解大型机械设备的分布情况及安全状况。项目操作层面,可快速完成设备基本信息录入。通过智能物联 IOT 连接现场设备,实时掌握其运行情况,及时预警安全风险;按照机械设备安全检查表定期提醒、督促进行逐项检查,确保设备安全运行;对设备运行过程中违章情况、异常情况进行集中的记录、统计、分析,快速聚焦问题所在。

（7）安全资料管理

企业管理层面,运用系统有效辅助工作,内部资料分类存档,随时查看;影像资料自动分类归集,可多维度筛选,便于素材查找。项目操作层面,提供数本规范可随时查阅,涵盖国标、行标、地标等施工相关所有规范;可快速形成安全日志,方便快捷。

（8）数据决策管理

企业管理层面,通过系统建立企业安全地图,快速定位项目、风险、隐患分布并对安全管理问题进行主动预警,防患未然。通过全方位、多维度数据统计分析,随时随地掌握项目安全运营情况、管理人员履职情况。项目操作层面,提供模块化的安全管理总结分析素材,快速生成安全数字报告。对分包单位安全管理进行统计分析,为考核评优结果提供科学有效的数据支撑。

以广联达安全管理系统系统为例,它搭建"三防一联动"的业务架构,其中,"三防"是指人防、技防、智防；"一联动"是指企业的安全管理与项目的安全管理上下联动。

在项目应用层面，系统可帮助安全员进行隐患排查治理、风险分级管控、危大工程管理、安全教育等人为安防的业务。技防可以通过连接现场塔吊、施工升降机等大型机械、硬件设备，实现机械设备的台账登记、安全检查并获取这些设备运行信息和预警信息，动态预警，有效规避安全风险。智防是指 AI 智能识别隐患，可将现场布设的摄像头实时抓取画面以及手机拍摄的照片上传至云端，依据算法模型识别其中的隐患信息，通过现场语音广播第一时间制止违规行为，并推送给安全监管人员手机。同时，系统自动生成业务过程中各种表单资料，减轻安全人员内业压力，提高工作效率。而这过程中产生的安全预警、数据信息会向上传输至企业层，便于企业层进行业务管控及数据总结。

企业层的安全管理分为 3 个步骤，系统通过内置的标准清单库、标准业务流程、制度规范以及岗位职责的划分帮助企业层完成事前的建章立制工作，方便项目按照企业制度开展管理工作。在企业的安全管控中，重点为企业解决重大隐患督办、重大风险管控、危大工程管理、安全教育监督、企业通知下发、履职尽责分析等业务内容。最后，企业层可将业务管控中的数据、各项目采集而来的数据统一进行各方面的统计分析、总结提升，为管理决策提供科学数据支撑，如图 12.4 所示。

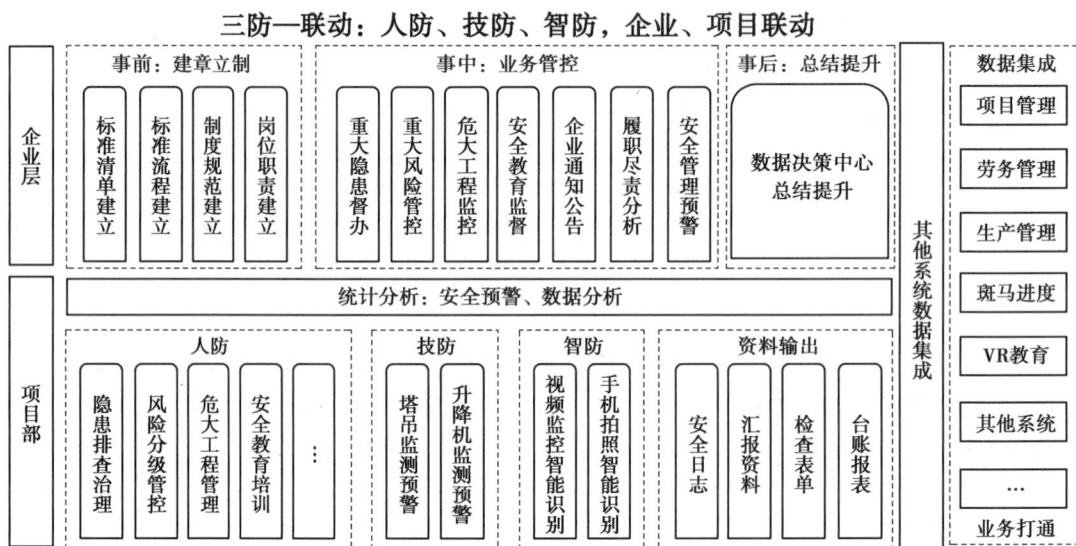

图 12.4　安全施工责任制

（图片来源：广联达科技股份有限公司）

总的来说，该系统为企业安全管理实现四大功能。

①为一线安全监管人员提供一个日常工作的使用工具。通过搭载的电子平台，可实现数据的一次录入、多次使用，减少重复工作。达成项目层与企业层联动，实现过程业务管控。

②为企业决策层搭建一个智能化的监管决策平台。平台自动生成安全管理数据分析，为决策提供支持。无障碍实现与其他系统集成，实现数据、应用统一管理。

③为企业建立一套更好的安全管理体系，形成新的安全管理制度、考核机制、岗位职责，改进安全管理体系。

④为企业培养一批新体系下的安全管理高素质队伍。随着体系的逐步深入变革，管理人才队伍也将随之成长，成为适应于这种新体系下的先进人才。

【本章小结】

BIM 作为一种具有可视化、协调性、模拟性、优化性、可出图性、联动性六大特点的数据化工具,有很大的利用和发展空间。BIM 通过将数字信息集成,可以使建筑工程在其整个进程中显著提高效率、大幅减少风险。BIM 技术的应用贯穿工程项目的全生命周期。无论是设计单位、施工单位,还是项目管理公司,都可以运用 BIM 技术。BIM 技术对建设工程项目的影响是全过程、全方位的。

【习题研讨】

1.什么是 BIM? BIM 有哪些特点?

2.项目管理公司怎么利用 BIM?

3.简述 BIM 对成本控制的影响。

4.你认为 BIM 在国内推行的阻碍有哪些?该如何解决?

5.有人认为 BIM 只是几款软件的集合,请从 BIM 与 BIM 软件之间的关系出发对该观点进行评价。

6.根据 BIM 基本概念和原理并结合工程实际需要,设想一个未来 BIM 的工程应用点。

第 13 章 可持续建设

KECHIXU

JIANSHE

【本章导读】

★ 本章主要介绍可持续发展与工程项目管理、绿色项目管理和利益相关者管理等内容。

【本章重点】

★ 可持续项目管理的内涵

★ 可持续项目管理与传统项目管理的比较

★ 绿色项目管理的概念;绿色采购和绿色施工技术

★ 建筑全生命周期利益相关者的管理

13.1 可持续建设概述

进入 21 世纪以来,建筑业越来越重视可持续发展问题,致力于减少企业生产活动对周边环境造成的负面影响,提高本行业对可持续发展的贡献度。建筑业围绕可持续发展的各种实践与探索,都可以用"可持续建设"(sustainable construction)一词来概括。将建筑经济与管理学科知识放置于可持续发展观的形成与演变过程,重新审视、发展与应用,即可构建可持续建设理论体系。

13.1.1 可持续建设的内涵

建筑产品对自然环境依赖大,需要消耗大量的资源和能源,建设过程产生的废弃物会对周边环境造成许多负担。改变建筑对环境产生的负面影响,需要用可持续发展观来改进建筑业生产与存续方式。1994 年召开的第一届可持续建设国际会议首次提出可持续建设的基本理念,即在建筑物设计、施工、运营、维护、更新改造、拆除或重建等全生命周期内,按照可持续发展思想组织各项建设活动,力求最大限度地利用不可再生资源,减少污染物排放和降低对人类健康的负面影响。可持续的建设项目管理重视建设全生命周期中各个环节的可持续性,强调对原有项目管理技术在可持续层面上的积极应用,保证各个环节中与生态环境的融合性、技术的高效清洁性、经济的合理性和社会的可持续性等,以在保障建筑工程项目管理的目标实现的同时,最大程度地实现经济、社会、生态环境的复合统一,取得良好的经济、社会和环境效益。

为此,世界各国人民不断努力,产生了一系列与可持续建设有关的里程碑事件。例如,1996年在伊斯坦布尔召开的人居会议强调建筑业和人居环境是人类实现可持续发展的关键领域。1998年提出的《21世纪可持续建设议程》要求人们更加重视可持续发展带来的机遇和挑战,加速推动全球建筑业可持续发展进程。2002年,CIB和联合国共同推出《21世纪发展中国家可持续建设议程》,阐述可持续建设应当遵循环境可持续性、社会可持续性和经济可持续性的"三重底线"原则。2000年,我国编制《我国21世纪人口、资源、环境与发展白皮书》,首次把可持续发展战略落实到社会经济发展规划中,在可持续发展框架里通盘考虑建筑业面临的机遇与挑战,提出要发展绿色建筑,推动建筑节能环保,减少碳排放等举措。

13.1.2　可持续建设的层次

可持续建设有四个层次——可持续施工活动、可持续建设过程、可持续建筑业、可持续建成环境。可持续施工活动关注施工企业在工地现场及周边的工程活动;可持续建设过程要求从工程前期到项目交付使用的各阶段都践行可持续发展观;可持续建筑业从产业整合的角度强调产业链各主体协同发展,全面实现可持续增长;可持续建成环境是可持续建设的终极目标,要求人工建成环境与自然生态环境有机融合。

（1）施工环节是可持续建设的"根"

施工过程是设计方案的物化阶段,在限定的时间和空间里密集使用资源和能源,对自然生态环境产生最直接的负面影响。施工现场倡导的可持续建设活动主要有绿色施工。住房和城乡建设部发布的《绿色施工导则》(建质〔2007〕223号),要求通过科学管理和技术进步,最大限度地节约资源并减少对环境的负面影响,实现节能、节地、节水、节材和环境保护。绿色施工以质量、安全等基本要求为前提,是建筑业为建设资源节约型、环境友好型社会做出的努力与尝试,符合可持续发展观。

实行绿色施工方案并非易事,在前期规划设计阶段应充分考虑、评估、尽量满足各种"绿色诉求",仔细分析施工现场条件,控制好工程实施阶段的材料采购、现场施工、工程验收工作。在传统项目管理框架的基础上,更加突出环境保护和高效使用资源的重要性。万丈高楼平地起,只有扎实地推行可持续施工活动,才有可能推出绿色建筑。因此,可持续施工过程如同可持续建设的"根",是可持续建设其他三个层次的"墙脚石"。

（2）建设全过程是可持续建设的"干"

建筑生产过程通常由前期的概念、决策、设计,中期的施工、交付和后期的拆除等阶段组成。按照可持续建设定义,这个过程如同树的"茎",要求在相应的范畴内最大限度地节约资源、保护环境和减少污染,为人们提供健康、适用、高效的居住空间。事实上,可持续建设中的"建设"并非单指项目的施工阶段,建设全过程都要严格遵从可持续发展思想。因此,可持续建设可以进一步分解为可持续策划、可持续设计、可持续施工、可持续运营、可持续拆除及处置。

（3）产业链是可持续建设的"枝"

产业链是产业经济学的一个重要概念，是各产业部门基于一定的技术经济关系，遵循特定的逻辑和时空布局而形成的链条式关联关系形态。建筑生产涉及复杂的技术经济关系，建设全过程包含许多从其他产业采购而来的成品或半成品。实现可持续的建设全过程应从源头开始，要求这些成品或半成品达到绿色、生态、节能、环保等要求。例如，钢结构施工速度快、污染少、可回收，但钢材在生产环节却排放大量粉尘和废气。又如，一栋零碳建筑在交付使用后，如果使用者不遵照流程使用就会让减碳、固碳等技术无"用武之地"。因此，仅从建设全过程来把握可持续建设问题是不充分的，更需要全员参与、全方位调动，要用可持续发展观来指导工程实践活动和建筑物使用。建筑业借助与相关产业部门内在联系，要求它们提供符合可持续发展基本原则的产品或服务，同时也对建筑产品交付使用后按规范使用提出要求。因此，如同大树的"枝"一样，可持续建设应延伸到建筑产业的方方面面。

（4）建成环境是可持续建设的"冠"

建筑生产投入要素包括资源、活动和产品，这些要素通过既定的程序转化为人工建成环境，与自然生态环境共同构成人居环境。可持续建成环境指可持续的人工建成环境，它是可持续建设的终极目标，是人类自我生存环境与自然环境有机融合的具体体现。如同"树冠"一样，它离不开树根、树干和树枝的养料，同时又需要与大自然融合在一起，根据当地的自然、地理、气候等生态系统，建设一个与周边环境有机结合的人居环境，促成人、建筑与自然生态环境和谐共生。

建成环境可大可小，小到一个社区、一个城市，大到一个国家甚至整个地球。在工业革命爆发后的数十年里，建成环境与自然环境的关系简单粗暴，甚至对立冲突。如今，在人们的努力下，小到依山而建的茅草房、逐水而居的毡房、就地取材的"蚝房"，大到生态城市、"绿色走廊""美丽中国"，建成环境越来越自然地融入自然环境之中。

13.1.3　可持续工程项目管理

1) 与传统工程项目管理的比较

传统工程项目管理的管理对象更加强调工程项目本身，对其的管理具有自然属性，社会属性体现得不明显；传统的工程项目管理突出工程质量、进度和成本的管控对工程项目目标实现的作用，往往忽略工程项目对经济、社会和生态环境的影响；传统的工程项目管理主体往往是建设工程具体工作的实施者，即施工方的项目管理人员；同时在管理过程中，对现代信息技术和其他先进技术的应用频率低。

可持续的工程项目管理重视实现经济、社会、生态环境等复合系统的统一，是站在工程建设项目所处的整个社会经济层次进行的管理活动，所以可持续的项目管理不但具有自然属性，同时也具有社会属性；可持续的工程项目管理的内容已远远突破传统的工程项目管理对工程质量、进度和成本的管控，而体现对实现经济、社会、生态环境的可持续发展和动态平衡；可持续的工程项目管理主体不仅仅是传统工程项目管理中的施工方的管理组织，所有参与到工程项目的团队组织，如政府相关机构、供货商等，都作为可持续的工程项目管理的主体；可持续的工程项目管理的实施也离不开管理方法的多样性，同时可持续的工程项目管理重视现代信息和先进技术的应用，实现项目和环境的协调发展。

可持续工程项目管理与传统工程项目管理的比较,如图 13.1 所示。

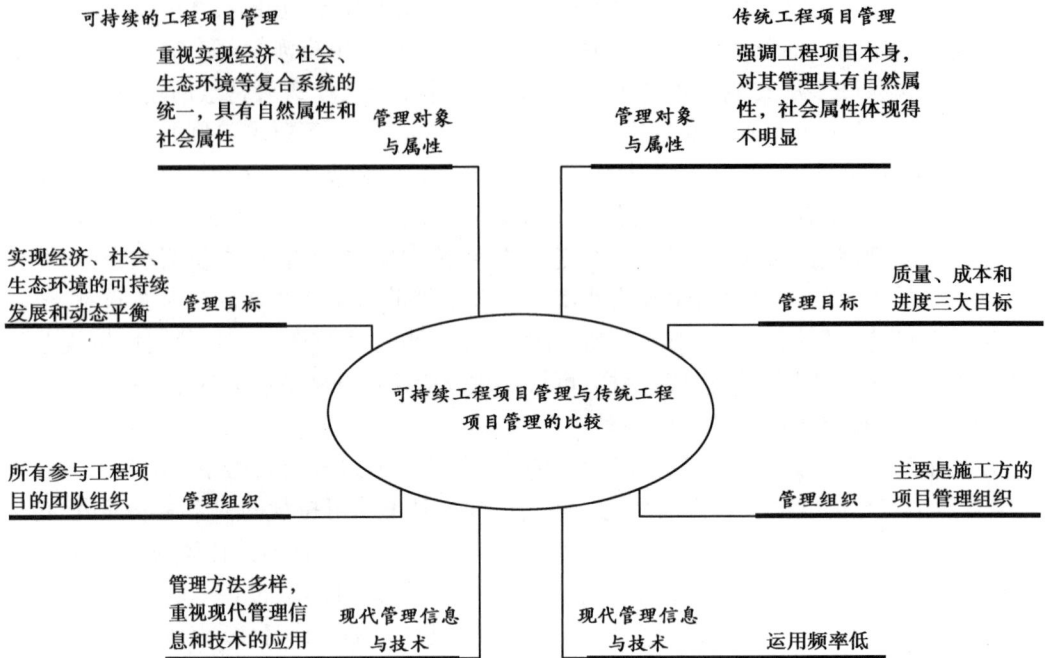

图 13.1　可持续工程项目管理与传统工程项目管理的比较

2) 可持续工程项目管理原则

可持续工程项目管理高度重视将工程项目作为经济、社会、生态环境的复合系统统一,强调工程项目建设过程中,要重视工程项目的生态效应、社会效应和经济效应,保障可持续建设的进行。在具体实施过程中,要坚持以下三个原则。

（1）环境保护的原则

积极制订环境方针与环境保护规划,保障环境管理体系的有效运行;积极采用新技术、新工艺减少因建设过程引起的环境问题;重视对大型机械噪声的控制,降低对周边群众的影响;做好现场固体废弃物的处理,减少对环境的破坏;控制现场施工和运输过程中的降尘和飘尘的污染,做好空气污染综合防治;重视现场及周边水体的保护工作,防止水体污染。

（2）减少资源浪费,提高利用效率的原则

尽量使用工程所在地区的建筑材料和可再生循环利用的材料;重视新技术、新工艺的采用,提升资源的利用效率;加强规划和管理,对已存在的建设设施（如脚手架等）进行重复利用。

（3）提升社会各方面效益的原则

重视给予组织内部员工充分的尊重与关怀,提供健康安全、公平、机会均等的工作环境,提供培训、给予参加决策的机会;与政府相关部门建立良好的关系,促进交流合作;与供货商建立合作伙伴关系,铺垫未来发展;重视企业社会责任,凸显企业正能量。

3) 可持续工程项目管理流程

可持续工程项目管理由传统工程项目管理与可持续理念融合而来,因此与传统工程项目管理流程基本一致,但是在工程项目全生命周期的各个阶段体现可持续的发展理念。各阶段相互联系、相互影响,共同构成特征鲜明的可持续的工程项目管理。具体流程如图 13.2 所示。

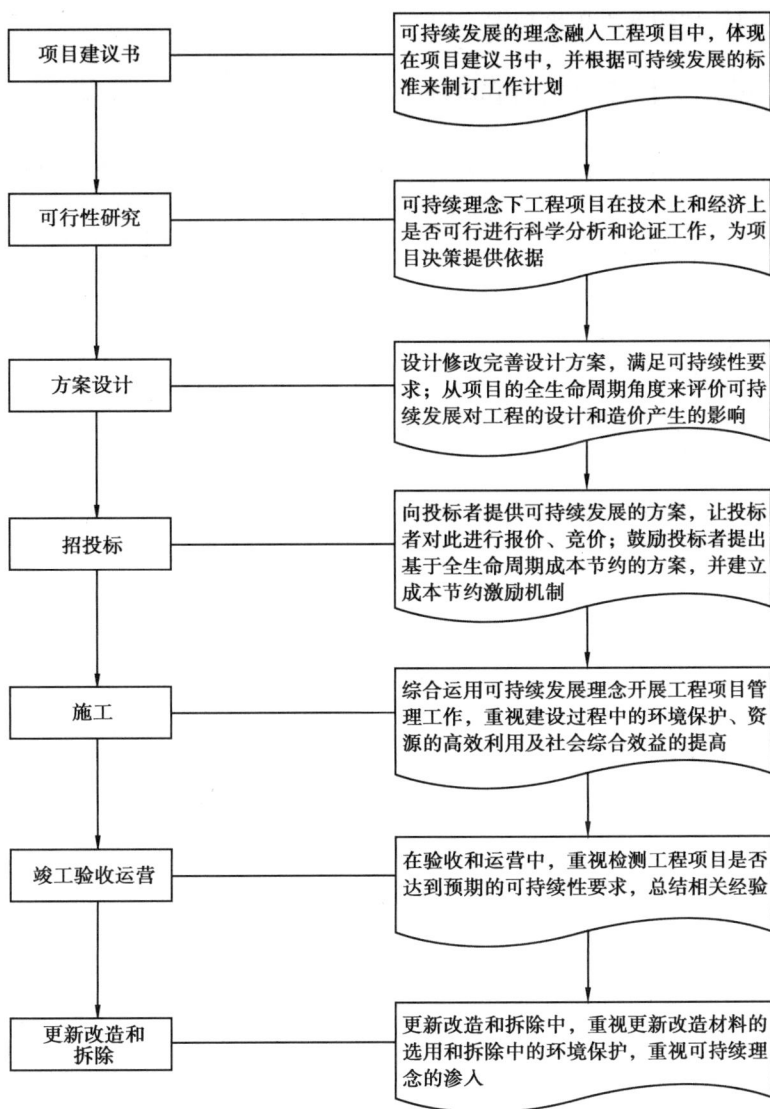

图 13.2　可持续的工程项目管理的流程

13.2　绿色工程项目管理

工程建设质量、安全和环境影响是衡量工程优劣的重要指标。工程项目全生命周期涉及概念、设计、施工和交付运营等阶段,不仅每个阶段内部时刻进行资源的分配和使用,而且各阶段也时刻与外部社会、经济、环境等大环境进行着资源分配与使用,这种时刻与外部资源的交互作用,越发强调工程项目对社会、经济、环境的影响。绿色工程项目管理是世界进入生态经济时代的必然选择。

研究表明，每建 1 m^2 的房子，将向大气中排放 574 千克 CO_2，而全球 40% 的 CO_2 来自建筑业。类似地，我国建筑能耗占社会总能耗的比重不断上升，近年来达到 23% 左右。建筑业对绿色工程项目管理的呼声越来越大。

13.2.1　绿色工程项目管理的内涵

20 世纪 90 年代初，随着西方绿色运动浪潮的兴起，绿色管理（Green Management）应运而生。1990 年，德国学者瓦德玛尔·霍普分贝克（Waldemar Hopfenbeck）在其专著《绿色管理革命》中正式使用"绿色管理"一词。1991 年美国学者 Patrick Carosn 和 Julia Moulden 在其著作《绿就是金：企业家对企业家谈环境革命》中提到"绿色管理是更好的管理"和"绿色管理哲学"的概念。

绿色项目管理在建设工程领域的推广就是绿色工程项目管理。学术界一般认为绿色工程项目管理是从概念规划到投产运营的建设全生命周期内的每个阶段，依据绿色管理的要求，在传统工程项目管理理论中融入"绿色"概念，并采用一系列有效并可操作的控制、分析和评价方法，重视对过程的合理管控，控制污染，节约资源，最终实现工程项目的经济、社会和环境效应的和谐统一。

1）绿色工程项目管理与传统工程项目管理的区别

绿色工程项目管理是传统项目管理融合绿色管理理念发展而来的，二者之间有以下五点显著区别。

（1）关注重点不同

传统工程项目管理以项目管理组织为核心，关注工程项目质量、成本和进度三大目标的实现情况，以此作为工程项目成功与否的标准。而三大目标实现情况只是绿色工程项目管理关注重点的一部分，除此之外的工程项目对地区社会、经济和环境的影响才是绿色工程项目管理关注的重中之重。如在前期进行技术论证时，社会、经济和环境的影响是利益相关者关注的重点内容。

（2）地域与时间跨度不同

在进行工程规划和项目评估时，传统工程项目管理考虑到的环境管理在地域和时间上的跨度明显小于绿色工程项目管理。如传统工程项目管理在环境管理时考虑施工现场的环境管理情况，施工完成后对施工现场及周边及时地进行环境整治，但绿色工程项目管理不仅仅考虑到对现场及周边环境的影响，更多的是考虑对工程所在地区的长久影响情况。

（3）对各参与方的协作要求不同

传统工程项目管理是以施工方的工程项目管理为核心的，虽然也要求各参与方之间相互加强协作，如供货商要及时提供合格的材料，但绿色工程项目管理对供货商的协作要求大得多，不只是提供合格的材料，还需要对材料进行监控，并对未来可能发生的对地区经济、社会和环境的负面影响负责。

（4）成功工程项目的评价标准不同

在工程项目完工后评价阶段，传统工程项目管理以三大目标实现情况及财务指标为标准,而绿色工程项目管理在评价时,注重社会、经济和环境效益的复合性评价。

(5)理论和实践成熟度不同

相对于传统工程项目管理,绿色工程项目管理理论还不成熟,需要进一步地研究和实践。

2)绿色工程项目管理原则

绿色工程项目管理高度重视将工程项目作为经济、社会、生态环境的复合系统统一,保障建设工程的可持续性。在具体实施过程中要重视以下五个原则。

(1)突出绿色理念

"绿色"是基于可持续发展理念提出的,代表较高的环境质量以及有益于环境的观念、行动和成果。在绿色项目管理过程中,要突出绿色理念,将工程建设过程中的环境保护摆在突出位置,提倡采用新技术、新材料,减少资源的浪费,提高资源的利用效率,切实贯彻绿色理念。

(2)重视项目全生命周期内的各阶段绿色理念的运用

绿色工程项目管理要确保在全生命周期内的各阶段践行,才能保证最终成果符合绿色理念。如概念阶段重视绿色理念的融入,设计阶段外墙保温材料宜选用环保节能材料,施工阶段重视环保材料的使用等。

(3)减量化

减量化是在生产、流通和消费等过程中减少资源消耗和废物产生。绿色项目管理的减量化一方面是指在直接消耗阶段的减量化,如施工阶段采用可再生的环保材料;另一方面也是间接消耗阶段的减量化,如加强设计阶段的控制,使得施工阶段的废弃物尽可能少等。

(4)循环利用,资源节约

工程建设项目需要消耗大量物质,也产生大量的废弃物。工程建设应提倡循环利用和节约资源,如脚手架的多次利用、将建筑废弃物改造成建筑预制板等做法。

(5)社会、经济和环境效益的统一

深入落实绿色理念,切实提高工程项目的社会、经济和环境效益,实现和谐统一,互惠共赢。

3)绿色工程项目管理的实践与意义

在实践中,一方面要在规划、设计和施工过程中积极推广绿色管理理念,努力建设绿色的项目组织文化,督促企业相关管理人员学习绿色工程项目管理理论,投身实践应用;另一方面要加快建设企业本身的绿色管理标准,积极推进国内外认证,切实做好绿色项目管理的推广和实践工作。

绿色项目管理的开展,对于社会、经济和环境及项目本身意义重大。能最大限度地节约资源,提高资源的综合利用率,降低环境污染,提升地区环境承载力;同时减少组织浪费,提升项目组织的经济收益;最终实现社会、经济和环境效益的和谐统一。

13.2.2　绿色工程项目管理的主要环节

1) 绿色采购

绿色工程项目管理涉及建设全生命周期的各个阶段,而绿色采购是绿色工程项目管理的重要环节,是实施过程中材料的源头。例如,北京奥组委强调"绿色奥运"中的一个重要环节就是绿色采购,优先采购带有环保标志的产品,降低奥运场馆建设的环境污染和运营阶段对环境的破坏等。

绿色采购是指:在资源供应采购阶段,以保护环境为出发点,通过加强企业内部采购部门与其他相关部门的联系,确定采购策略,加强采购与供应商之间的交流与合作,优先选取对环境负面影响较小的产品或服务,降低采购成本,实现采购目标。绿色采购既需要各部门之间及与供应商之间加强交流合作,选择最适合的产品或服务,降低采购成本;又要考虑到产品或服务的使用对环境的负面影响最小化。

绿色采购与传统的采购相比,主要特征如下:

(1)更加强调采购部门与其他部门的合作与交流

采购部门也许在知晓产品或服务方面经验更加丰富,但是这种经验上的富足有时候会与实际需要脱轨。要知道,实践中最需要的是适合的产品或服务,而最适合的在与其他部门交流中才能得知。所有采购策略是采购部门主导下与其他相关部门交流合作的结果。因此,要加强部门交流合作,将采购工作做到最优。

(2)产品生命周期内对环境的负面影响最低

对环境的影响,涉及该产品或服务的生产、存储、运输、使用等各个环节,要重视每个环节对环境的负面影响,而不仅仅是使用阶段对环境的不利影响。优先考虑产品生命周期内综合负面影响最低的产品或服务。如对环境有较大影响但又无法更改的材料遵循严格管理程序,在应用过程中遵循合理施工方式,将对环境的破坏降到最低。

(3)重视全生命周期内产品或服务的成本

原材料价格、库存价格等传统成本只是采购成本的一个重要部分,其他如采购方案对周边环境的影响,是否节约能源,对废弃物处理的花费等都应作为成本给予考虑。

(4)重视与供应商建立良好合作关系

选择优质的供应商与其建立稳定的供应链关系,成立战略联盟,加强交流与合作,可降低采购成本,实现最优化采购。在选择优质供应商时,要适当考虑供应商的环境绩效。

2) 绿色施工技术

施工阶段是项目管理的重中之重,涉及绝大部分建筑资源的投入与产出,是项目产品形成的最重要一环,也是对环境影响最大的环节。研究表明,施工粉尘占粉尘排放总量的22%,建筑施工垃圾占城市垃圾总量的30%～40%。

施工技术是建筑资源转换成成品的渠道,绿色施工技术是融合了绿色理念的施工技术,是针对环保理念在施工技术上的深化,采用绿色施工技术将获得经济、社会和环境等方面的和谐统一。例如,基坑施工封闭降水技术是一种典型的绿色施工技术,该技术在有地下水存在的所有非岩石地层的基坑工程获得广泛应用,经济、社会和环境效益明显。

绿色施工技术是为达到绿色施工目的而采用的技术。具体而言,在建筑施工过程中,运用科学管理措施和先进施工技术,重视资源的节约与高效利用,尽可能减少对环境的负面影响,实现可持续发展目标。

绿色施工技术是在由于施工的管理技术不科学,对相关的资源(土地、材料、能源等)造成极大浪费及对环境的负面影响加剧的背景下逐步发展而来的。其主要特征如下:

(1)重视施工现场的有效管控

除了对施工现场的产品质量、安全等方面进行有效管控外,还应重视对施工现场的组织机构、施工程序、质量评价及施工人员的安全和健康等角度进行合理的管控,保证施工的有序进行,如施工过程中的施工程序的实时把握与反馈机制等。

(2)加强施工环境的有效保护

施工环境保护不仅仅指施工现场环境,更重要的是施工对周边环境的有效保护。采取有效措施加强对水体污染、大气污染、噪声污染和固体废弃物的整治工作,保证良好的施工环境。

(3)建筑资源的高效利用

建筑资源涉及建筑材料、水资源、能源及土地资源等,因此要制订资源使用计划,以保证建筑资源得到最有效的利用,提高经济效益,如施工过程中脚手架、塔吊等资源的循环利用等。

(4)重视现代信息技术的应用

采用信息技术是提高生产力的重要途径。重视与建筑相关的现代信息的获取、传递、使用与反馈,提高现代信息技术在工程建造领域的使用效率,提高施工现场信息化水平,如当代绿色项目管理中,除了对传统的项目管理软件(如 Office Project)等的应用,建筑信息模型也逐渐被熟知和采用。

在绿色施工技术实施的过程中主要以洁净生产施工、现场综合科学管理和减少资源投入等为原则实现整体最优化,在对其进行评价时,多从材料、能源、水的消耗水平、"三废"排放量、对周边环境的安全影响、噪声和震动扰民等角度进行。

绿色采购和绿色施工技术只是绿色工程项目管理中的两个典型环节,其他如绿色设计等也是开展绿色工程项目管理的重要环节。积极在建筑全生命周期内融入绿色理念,对开展绿色工程项目管理意义重大。

13.3 利益相关者管理

建筑业产业链的上游、中游和下游充满各种各样的行为主体,如业主、总承包商、分包商、材料、设备供应商、政府部门和建筑物最终使用者。他们越来越趋向多元、动态、多变,且又与其他产业主体频繁互动,形成复杂的利益相关者群体。随着社会的发展和对项目管理认知的不断加深,代表传统的项目成功标志的"三大目标"逐步转化成为让利益相关主体的满意。然而不同的项目利益主体对项目的要求不一致,有的甚至完全相反。为获得项目成功,应加强对参与到项目中的利益相关者的有效管理。

20 世纪 60 年代,学术界提出了利益相关者(Stakeholder)概念。1963 年,斯坦福研究所将利益相关者定义为："利益相关者是没有其支持,组织就不可能生存的一些团体。"随后,对利益相关者的研究就没有间断,相关理论得到不断完善和发展。

一般认为,对通常所说的项目关系人进行的管理即利益相关者管理。具体而言,是指工程项目在概念、规划、设计、施工和试运行等全生命周期内,对项目目标实现产生影响或项目的开展对其产生影响的团体或个人的管理。利益相关者管理,对解决项目利益相关者之间的冲突,实现项目目标具有重要作用。

13.3.1　建筑全生命周期的利益相关者

建筑全生命周期一般包括概念决策阶段、设计阶段、施工阶段和投产试运营阶段等。各阶段因工作性质、方式和内容等不同,使得各阶段主要涉及的利益相关者也不同。

概念决策阶段是对所要进行的项目进行概念规划,并在可行性研究的基础上进行项目决策的阶段。该阶段主要涉及的利益相关者有政府相关部门、咨询单位、消费者、银行等金融机构等。该阶段,项目发起人通过自己的力量或者依靠专业咨询单位,对项目所处的市场进行有效调查、研究和分析,并在此基础上对项目进行合理决策。同时,业主就项目审批问题与政府相关职能部门(如国土资源和房屋管理局、市政管理委员会等)进行沟通。在此期间,业主也可能着手进行项目所需资金的处理(如与银行等金融机构签订贷款协议)。

设计阶段是在概念决策的基础上,对项目进行的实际设计工作。该阶段主要涉及的利益相关者有政府相关部门、勘察设计单位、施工单位、招标代理单位、消费者、银行等金融机构等。该阶段,业主就工程的报建、招投标等工作与相关政府部门进行合作,同时依靠招标代理单位的专业优势,开展设计、施工等专业的招标,设计单位做好设计工作,施工单位做好施工的准备工作。该阶段将对项目周边的群众造成影响,且业主也可能在资金等问题上再次与银行等金融机构取得联系。

施工阶段是工程项目资源的大量投入与建筑产品产出的过程。该阶段主要涉及的利益相关者有政府相关部门、勘察设计单位、施工单位、劳务供应单位、供货单位、监理单位、招标代理单位、消费者、银行等金融机构等。该阶段涉及的利益相关者众多,且关系复杂。业主主要是依靠施工单位力量进行施工作业,需要设计、劳务、供货、监理、金融机构和政府等单位的大力配合,完成建筑产品。

投产试运营阶段是建筑产品移交给业主或消费者的试运营阶段。该阶段主要涉及的利益相关者包括消费者、政府职能部门、勘察设计单位、施工单位、劳务供应单位、供货单位、监理单位等。需要申请政府相关职能部门的验收,验收合格后移交给相关消费者,同时要与勘察设计单位、施工单位、劳务供应单位、供货单位、监理单位等进行结算。

在项目生命周期内,不同利益相关者,通过直接或间接的合同关系,建立利益关系网络。上述四个阶段的主要利益相关者的关系只是简单描述,实际工程实践中,该关系要复杂得多,时刻受到不同因素的影响。

13.3.2　利益相关者管理程序

不同的建设阶段,利益相关者关系复杂,如何实现对不同阶段的利益相关者的管理,现实意义重大。建筑全生命周期利益相关者管理一般可以遵循如图 13.3 所示的程序。

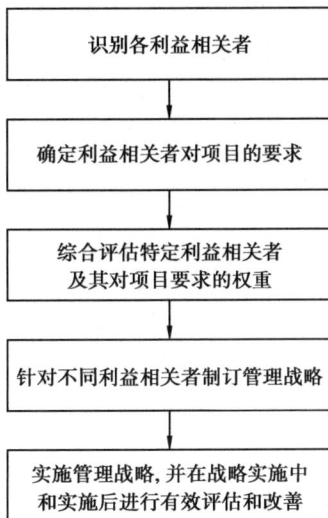

图 13.3　建筑全生命周期利益相关者的管理程序

13.3.3　利益相关者管理模型

对利益相关者的研究是一个重要议题,许多学者都在这方面进行大量的探索。下面介绍两个著名的利益相关者管理模型。

1) 利益相关者战略模型(Stakeholder Strategy Formulation model)

1984 年弗里曼(Freeman)提出利益相关者战略模型。在该模型中,企业或项目位于所有关系的中心,并和所有利益相关者直接建立联系。以建筑企业为例,其相互之间关系如图13.4 所示。

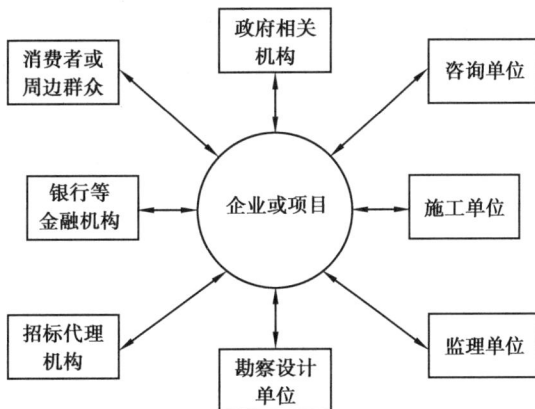

图 13.4　以建筑企业为例的利益相关者战略模型

2) 利益相关者显著模型(Stakeholder Salience Model)

1997 年米歇尔(Mitchell)等学者提出利益相关者显著模型,认为利益相关者的显著性取决于决策者对其属性的评估,这些属性包括权力、合法性和急迫性。Mitchell 通过研究把利益相关者分为如图 13.5 所示的七种类型。

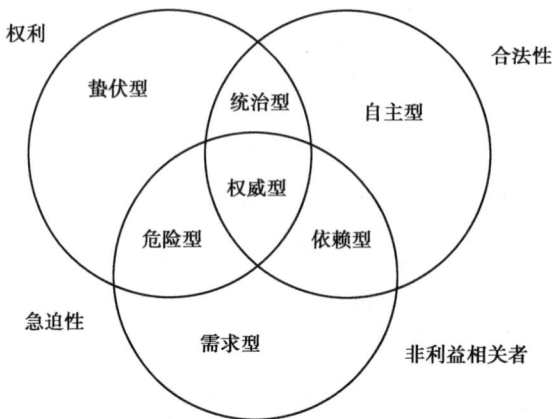

图 13.5 利益相关者显著模型的类型

13.3.4 提升对利益相关者的管理水平

利益相关者管理在传统项目管理中得到重视程度低,然而随着项目的影响因素增多,关乎利益的群体扩大,使得对利益相关者的管理越发重要,项目管理者急需提升对利益相关者的管理水平。

(1)建立良好的沟通渠道和合作关系

工程项目的生命周期一般较长,在生命周期内影响因素众多,需要各利益相关者的共同努力才能建成。然而各自努力难以形成合力。因此,要求管理者与利益相关者及利益相关者之间建立良好的沟通渠道,达成良好的合作关系,一同促使项目的成功。

(2)明确利益相关者的责权利

项目生命周期内权利义务关系较为复杂,要明确建立以合同、协议、规范等为主要形式的责权利分配制度,明确利益相关者的责任、权利和义务等的范围,做到赏罚分明。

(3)针对不同的利益相关者,实施差异化管理策略

不同的利益相关者在项目生命周期的不同阶段对项目的影响方式、内容和程度都是不一样的。在项目管理过程中,最大程度上做好分析,制订差异化管理策略,有助于实现项目管理目标。

【本章小结】

可持续的工程项目管理重视建设全生命周期各环节的可持续性,强调对原有项目管理技术在可持续层面上的应用,保证各环节与生态环境的融合性、技术的高效清洁性、经济的合理性和社会的可持续性,以在确保建筑工程项目管理的目标得以实现的同时,最大限度地促进经济、社会、生态环境的复合统一。可持续项目管理与传统的项目管理有着显著的区别,其实施原则主要包括环境保护、减少资源浪费,提高利用效率和提升社会各方面效益。

　　绿色工程项目管理宏观上重视建筑全生命周期各环节的社会、经济和环境效应的统一；微观上是实现工程项目本身的质量、进度和成本等方面的目标,同时注意项目的绿色环保。

　　利益相关者管理是指在工程项目的概念、规划、设计、施工和试运行等各个阶段,对项目目标实现产生影响或项目开展对其产生影响的团体或个人的管理。对项目的利益相关者进行管理,是解决项目利益相关者之间的冲突,实现项目目标的重要环节。

【习题研讨】

1.简述可持续工程项目管理与传统工程项目管理的区别。

2.简述可持续项目管理的原则及流程。

3.简述绿色工程项目管理与传统工程项目管理的区别。

4.简述绿色采购和绿色施工的主要特征。

5.简述建筑全生命周期利益相关者的管理程序。

参考文献

CANKAO WENXIAN

[1] 任宏,张巍.工程项目管理[M].北京:高等教育出版社,2005.

[2] 成虎,陈群.工程项目管理[M].3版.北京:中国建筑工业出版社,2009.

[3] 丛培经.工程项目管理[M].北京:中国建筑工业出版社,2006.

[4] 梁世连.工程项目管理[M].北京:清华大学出版社,北京交通大学出版社,2008.

[5] 宣卫红,张本业.工程项目管理[M].北京:中国水利水电出版社,知识产权出版社,2006.

[6] 宋伟,刘岗.工程项目管理[M].北京:科学出版社,2006.

[7] 危道军,刘志强.工程项目管理[M].2版.武汉:武汉理工大学出版社,2009.

[8] 陆惠民.工程项目管理[M].南京:东南大学出版社,2010.

[9] 冯宁.工程项目管理[M].郑州:郑州大学出版社,2010.

[10] 佘立中.工程合同法律制度与工程合同管理[M].北京:高等教育出版社,2000.

[11] 刘炳南.工程项目管理[M].西安:西安交通大学出版社,2010.

[12] 于立君,孙宝庆.建筑工程施工组织[M].北京:高等教育出版社,2005.

[13] 工程项目资源管理编委会.工程项目资源管理[M].北京:中国计划出版社,2007.

[14] 程大群.建设项目可持续管理理论与实施模式研究[D].上海:同济大学,2008.

[15] 侯方淼.绿色采购研究[D].北京:对外经济贸易大学,2007.

[16] 谷峰.现代建筑绿色施工技术探析[J].中国科技纵横,2011(6).

[17] 沈岐平,杨静.建设项目利益相关者管理框架研究[J].工程管理学报,2010,24(4).

[18] 王雪青.工程项目成本规划与控制[M].北京:中国建筑工业出版社,2011.

[19] 吴淘,丛培经.中国工程项目管理知识体系[M].北京:中国建筑工业出版社,2003.

[20] 马国丰.关键链项目进度管理[M].北京:中国建筑工业出版社,2014.

[21] 成虎,陈群.工程项目管理[M].4版.北京:中国建筑工业出版,2015.

[22] 周建国,刘保华.工程项目管理基础[M].北京:人民交通出版社,2007.

[23] 任宏,竹隰生,刘贵文,等.建设工程成本计划与控制[M].北京:高等教育出版社,2004.

[24] 李启明,邓小鹏.建设项目采购模式与管理[M].北京:中国建筑工业出版社.2011.

[25] 田元福.建设工程项目管理[M].2版.北京:清华大学出版社,2010.

[26] 邱国林,王志新.工程项目质量管理[M].北京:化学工业出版社,2005.

[27] 李启明,土木工程合同管理[M].3版.南京:东南大学出版社,2015.

[28] 张仕廉.建设工程经济学[M].北京:科学出版社,2014.

[29] 何清华.项目管理案例[M].北京:中国建筑工业出版社,2008.

[30] 何关培.BIM和BIM相关软件[J].土木建筑信息技术,2010,4(2):110-117.

[31] 董金祥,杨小虎.产品数据表达与交换标准STEP及其应用[M].北京:机械工业出版社,1993.